中華郵政史

張 翊著

東大圖書公司印行

國立中央圖書館出版品預行編目資料

中華郵政史／張翊著. --初版. --臺北
市：東大發行：三民總經銷，民85
面；　公分. --(滄海叢刊)
ISBN 957-19-1925-X (精裝)
ISBN 957-19-1926-8 (平裝)

1. 郵政—中國—歷史

557.68　　84013156

著作人　張　翊
發行人　劉仲文
著作財產權人　東大圖書股份有限公司
臺北市復興北路三八六號
發行所　東大圖書股份有限公司
地　址／臺北市復興北路三八六號
郵　撥／〇一〇七一七五——〇號
印刷所　東大圖書股份有限公司
總經銷　三民書局股份有限公司
門市部　復北店／臺北市復興北路三八六號
重南店／臺北市重慶南路一段六十一號
初　版　中華民國八十五年一月
編　號　E 55181
基本定價　柒元捌角
行政院新聞局登記證局版臺業字第〇一九七號

ISBN 957-19-1926-8 (平裝)

自序

民國二十五年六月，我才離開學校，便進入江西郵區的九江郵局，直到七十二年三月，在台北退休，在郵政工作了一輩子，換了各種不同的崗位，但從未想到寫郵史，也從不敢作此想。對于「郵」，我雖然不能算是一個完全的「外行」，但談到「史」，那是多麼「重大」，多麼「嚴肅」的事。我何人耶，怎能冒此「大不韙」，不自量力呢？

民國七十九年秋，我已退休七年，有一天，在重慶南路逛書店，在一家書肆中看到一套叢書，其中有中國航運史、中國鐵路史…等等，獨缺中華郵政史，因此引發了我的勇氣：「何不利用我的餘年，勉力寫一本郵史」的想法，油然而生。於是蒐集資料，開始撰述，其間因患病住院，赴美探親等等，耽擱了一些時日，直到八十三年初，大致完稿。其後又陸續修訂、補充、並尋覓出版者，又花費了些時日。今年夏，承劉董事長振強接受付梓，方得問世，這段經過，也可算是曲折的了。

郵政史是交通史的一部門，也是文化史的一部門，郵政的發展，可說是國家和社會發展的剪影。中華郵政的發展，尤其是近百年來的發展，是與百年來我國近代史息息相關、同一脈動的。從百年來郵政的成長，可以窺知百年來我國苦難的歷程。

在新式的郵政開辦以前，我國原有的驛遞之制，已有三千多年的歷史。就是新式的郵政，創辦也即將百年。相關文獻，可說卷帙繁多，如果鉅細無遺，一一記述，勢必連篇累牘，不僅耗費筆墨，且將枯燥乏味，無人能讀。因此本書的敍述，是採取重點的方式，擇其在當時對國家社會，有較大影響者，予以介紹。即連郵政內部經常性的管理，也予省略。他如圖表、統計等等，除必要者外，一概從略。重要但較長的文獻，則作爲附錄，總期正文簡明扼要，以提高其可讀性。

本書的重心：在清代新式郵政創辦前後，以迄勝利遷臺。清代以前的驛遞，僅佔一小部分，以明我國通信事業的淵源。遷臺後僅敍至三十八年郵政總局在臺開始辦公爲止。良以郵政自此順利發展，顚沛之日，已成過去，且在臺檔卷完整，不難覆按，毋待絮絮也。

百年來郵政有不少可歌可泣的事蹟，不爲人知，或僅爲一二歷史學者所發掘，如九一八時東北郵政的維持和撤退，即曾被歷史學者沈雲龍先生譽爲：「歷史的奇蹟」。本書對這些事蹟，有忠實而詳盡的記述，俾能長留人間，不被湮沒。對先賢的精神與節操，著者在撰述時，亦不禁肅然起敬，潸然淚落。

我國新式郵政開辦之初，外有列強的客郵局，內有各地的民信局，眞可說是郵政的「五胡亂華」和「春秋戰國」時期，那時是怎樣尋求統一郵權、開創新局的？而今公營事業趨向民營化，今昔對比，正是一事之兩極，究以何者爲是，定點何處，值得吾人深思。本書之作，也希望能從歷史的角度，得到一些啟示。

掘中，呈現出一些與以往不同的面貌。郵政史上的一些問題，如收回郵權、客卿秉政等等，本書都有較詳盡的敍述，希望能從資料的發

本書資料，採自中研院近史所圖書室及檔案館、郵政博物館、海關資料室等處所藏原始檔卷，兼及其他書刊。所有引述，均經一一註明出處，以便查考，在此對原作者敬致謝意。在蒐尋資料時，上述各單位給予諸多的便利，在此一併致謝。

書中各年代紀年：入民國後，採用陽曆；清代以前，係用陰曆。但若干地方，則視情形或依原資料仍使用陽曆，例如海關所發第一件有關郵政事務之通令，原件發文日期是一八七九年十二月二十二日，故依原件記述。必要時中西曆相互參注，以便查考。

明（八十五）年是我國國家郵政奉准正式創立的百年紀念。著者何幸，得終身服務郵政，又何幸得欣逢百年，值此百年前夕，此書的問世，也可算是我對郵政的一點回饋了。

人生如朝露，任何事業，也不可能永遠不變。隨著科技的日新月異，郵政未來的面貌如何，無可預料。但以往的足跡，將永不磨滅。

張翊

八〇、八、十二于台北

中華郵政史

目次

附錄

壹　引　言

郵政是提供人們通信方面的便利和服務的事業。通信，也就是訊息的溝通，是人類日常生活中重要的一環。人類對訊息溝通的需要，是隨生活方式的演進和文化的進展而逐漸產生的。洪荒時代，穴居野處，自然談不上什麼通信，人類彼此溝通，祇是靠咿唔發聲和比比手勢而已。其後由漁牧而農耕，生活由逐水草而居，漸趨於安定，社會組織逐漸形成。農耕的生活，雖因附著於土地，而甚少遷徙，也沒有什麼通信的需要。但無論當時的部落或王國，對於邊境來犯的敵人，不能不有快速的警報系統，也即是通報訊息的系統，以資及早發覺，及早抵禦。如那時的烽火臺，即是其例。

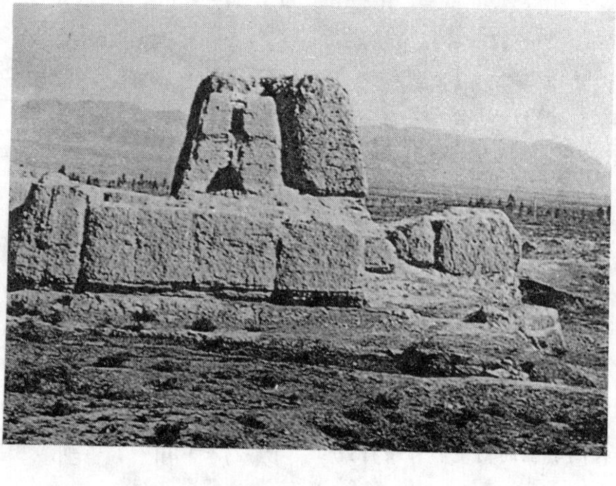

古代烽火臺

其後，通報訊息的系統，逐漸發展而有郵驛、驛站等等，其最初目的，也都是爲了配合軍事上的需要而設。

隨著政治組織的規模漸具和國境的逐漸擴大，爲了推行政令，傳送公文，也不能不有賴於郵驛，於是驛遞遂兼有了軍事上和政治上的雙重作用和目的。

其次，談到通信，自然會聯想到通信所使用的符號——文字。遠古之世，人類面對面表示簡單的事物，可倚賴發聲和手勢。但如遇事物需要記述時，那就難了。據《通志》〈三皇紀〉：燧人氏始作結繩之政，大事作大結，小事作小結。我們不必拘泥一定有燧人氏或某人教導人們，以

原始人傳送信息的符號

新石器時代陶器上的刻畫和彩繪符號

結繩的方法來記事。但其爲人類進化到某一階段的表徵，則無疑問。其後更演進到以簡單的畫圖來表示，再進一步演變爲文字。《漢書》〈藝文志〉，六書次第，即以象形居其首。文字的形成，通信的制度，都是人類文化發展的重要部分。郵政史是交通史的一部門，也是人類文化發展史的一部門。

貳　早期的通信組織

一、古老的驛遞

㈠周、秦

我國舊有通信組織——郵驛之制，起源甚早，一般謂為始於周朝，但《莊子》〈在宥篇〉：「黃帝立為天子十九年，令行天下。」想必那時已有類似郵驛之制的通信組織，惟周朝以前，不易查考❶，而周朝的典章制度，是較為完備的，故姑自周、秦起述。

古代郵驛的名稱是多樣的，古書中常見的有：傳（讀若「傳記」之傳）、遽、置、馹、郵、

❶ 樓祖詒《中國郵驛發達史》，頁九，中華書局印行。

驛等等，有時單用，有時聯用。如《左傳》昭二年：「子產在鄙，聞之，懼弗及，乘遽而至。」哀二十一年：「君辱舉玉趾以在寡君之軍，群臣將傳遽以告寡君。」文十六年：「楚子乘馹，會師於臨品。」《韓非子》〈難勢篇〉：「良馬固車，五十里而一置。」《孟子》〈公孫丑篇〉上：「孔子曰：德之流行，速於置郵而傳命。」而最有戲劇性的則是《左傳》所記弦高退秦師的故事，其中弦高一面矯命犒勞秦師，一面則「且使遽告於鄭。」因而化解了鄭國這次的危機。

古代的交通工具，陸上主要是馬、是車。在驛路上，每隔一定的距離，設有郵或置，其中備有車、馬。傳、馹，用的是車；遽、驛，用的是馬❷。故又稱傳車、驛騎或驛馬。但也有不同的解釋，一說謂：「從春秋左傳各書的敍述，我們明白當時的通信方法有三種：一是傳，就是車遞（駕馬的車）；二是郵，就是步遞；三是驛，就是馬遞；綜稱為傳遞。」❸一說謂：「春秋、戰國時期的郵傳制度，大概是在相當距離間置郵或置傳舍。郵或傳舍，預備得有遽、有驛、有徒。遽是用車，徒是徒步，驛，似是用馬。其實，傳是遽和驛的總名，有時可指用車說，有時也可指用馬說。」❶顧炎武《日知錄》卷二十九〈驛篇〉：「戴侗云：以車曰傳，以騎曰馹。」宋高承

❷《說文通訓》定聲履部第十二「馹」字注：車曰馹曰傳，馬曰驛曰遽。又乾部第十四「傳」字注：以車曰傳，亦曰馹；以馬曰遽，亦曰驛。

❸王士英《中國郵政史料叢稿》，頁五。

❹白壽彝《中國交通史》，頁二九，商務印書館。

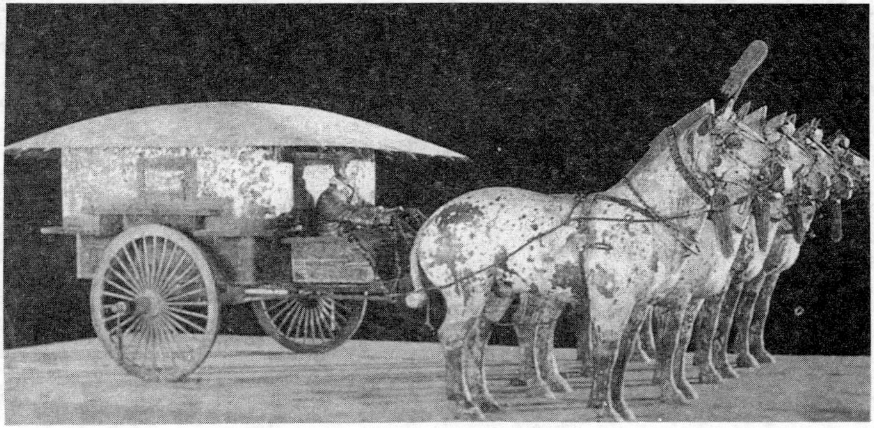

秦始皇陵出土的銅車馬

《事物紀原》〈驛章〉曰：「《左傳》有楚子乘馹。馹，驛馬也。」是馹又指用馬矣。

傳舍，是政府設置的，但也有私人設置的。戰國時孟嘗君即有私人傳舍的設置，且有傳舍、幸舍、代舍的不同名稱，有傳舍長之設。《史記》〈孟嘗君列傳〉稱孟嘗君曾將其養士馮驩安置在他的傳舍中居住，馮驩不滿，乃遷居幸舍，不久，又遷居代舍。

消息的傳遞，有時私人的傳舍，反較公家爲快。如《史記》所記魏信陵君和魏王作博戲的一段故事，就有非常生動而逼眞的描述。《史記》〈魏公子列傳〉的這段記述是：「公子與魏王博，而北境傳舉烽，言：趙寇至，且入界。魏王釋博，欲召大臣謀。公子止王曰：趙王田獵耳，非爲寇也。復博如故。王恐，心不在博。居頃，復從北方來傳言曰：趙王獵耳，非爲寇也。魏王大驚，曰：公子何以知之？公子曰：臣之客有能深得趙王陰事者，趙王所爲，客輒以報臣，臣以此知之。」這段描述，充分說明了當時情報的取得與迅速傳送的情況，足見當時的通信設施，是很有效率的。

至於館舍之設，依照《周禮》卷四〈地官司徒下遺人〉所述，是：「凡國野之道，十里有廬，廬有飲食；三十里有宿，宿有路室；路室有委。五十里有市，市有候館，候館有積。」這是設館舍以待四方賓客的情形。

以現代話說：郵驛制度，是屬於軟體方面的措施。而驛路的建設，則是主要的硬體設備。當時的大道，《詩經》中曾有生動的描述，《詩經》〈小雅‧大東〉說：「周道如砥，其直如矢，君子所履，小人所視。」從詩中的前面兩句，可見周朝國道的平實與直坦。後兩句說者有謂君子指達官貴人，小人則指平民老百姓。國道是官吏們走的，老百姓祇能看看而已。依此解釋，則古代不僅郵驛通信僅供政府之用，即國道亦僅供官吏行走，老百姓不與焉❺。

古代的郵驛大道，不僅「如砥」「如矢」，依《國語》〈周語〉（中）引述周制，還要：「列樹以表道」❻，即兩旁要種樹以作標誌。可見當時的驛道，是相當完美的了。

由於道路的完善，通信設施的有效率，故春秋戰國之世，會盟遣使，能以順利舉行，且次數特多。據統計，自隱公元年，即周平王四十九年，西曆紀元前七百二十二年，到哀公十四年，即周敬王三十九年，西曆紀元前四百八十一年，二百四十年間，各國會盟遣使，約有一百八十七次❼，幾於無年無之。

到了秦代，天下一統，過去七國並存，因此而產生的各國之間的藩籬，此時已完全撤除。書同文，車同軌，郵驛交通，因此更加流暢。始皇還開築馳道，照《漢書》〈賈山列傳〉所說：「（秦）為馳道於天下，東窮燕齊，南極吳楚……道廣五十步，三丈而樹，厚築其外，隱以金

---

❺ 糜文開、裴普賢《詩經欣賞與研究》(一)，頁三六二。
❻ 《國語》〈周語〉（中）：周制有之曰：「列樹以表道，立鄙食以守路。」注：制，法也。表，識也。鄙，四鄙也。十里有廬，廬有飲食也。
❼ 同❶，頁七八。

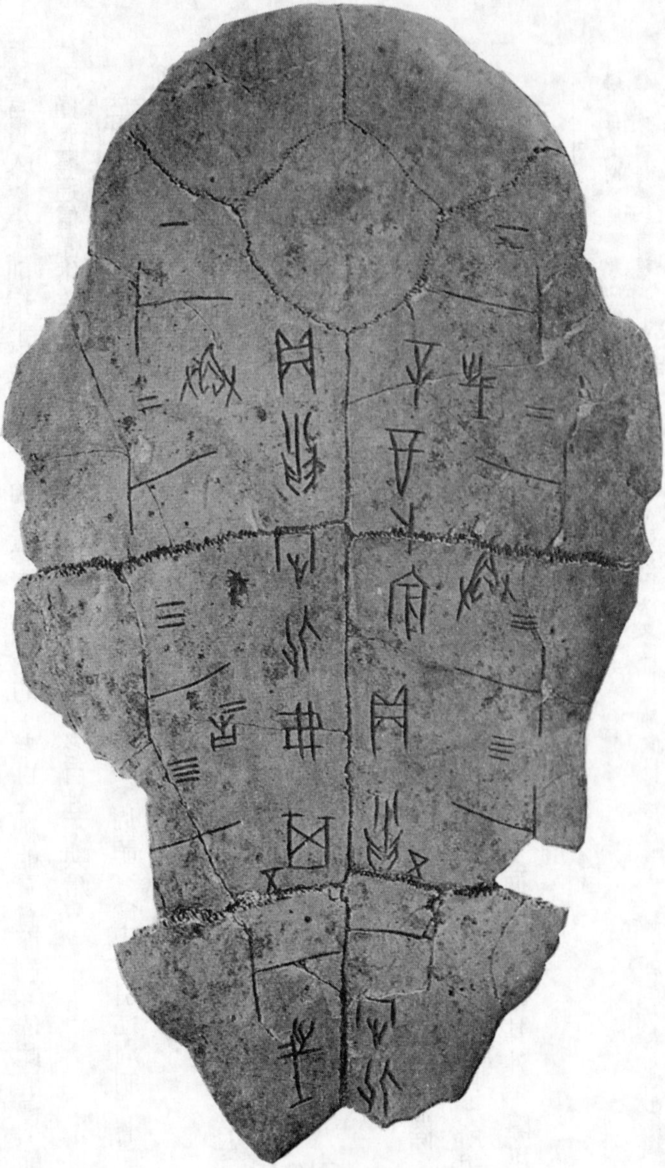

龜腹甲契刻文

椎，樹以青松，爲馳道之麗至於此。」可見馳道之良好，通達之遼遠。而十里一亭❽，於是通信的範圍，也隨之擴大。

通信所使用的文字，到了秦代，發生了很大的變化。我國古代文字，最早有甲骨文，其後是金文、籀文。到了秦代，才由李斯將籀文（即大篆）加以改變、簡化，稱爲小篆。程邈又創隸書，使書寫更加簡便，以之使用於公文書，使傳鈔便利，郵驛傳書，因之益形進展。至於書寫所應用的工具，則有竹簡與木簡，也用縑帛。杜預〈春秋左傳

❽ 唐杜佑《通典》卷三三〈職官十五鄉官節〉。

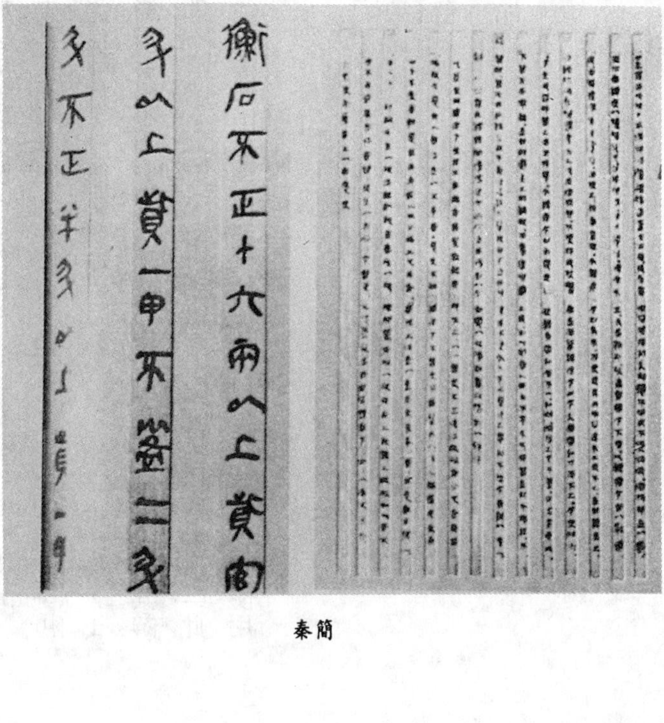

秦簡

序〉云：「大事書之於策，小事簡牘而已。」簡長二尺，短者半之，簡僅容一行字，牘較簡為寬，可容數行字，字多，牘不能盡者，則書於以簡連編之策（或作冊）。命官授爵，皆用策書。

由於文字書寫的繁複，論者以為供當時史官作簡或供諸侯作載書（盟書），已極困難，不可能用作大眾傳播工具。故春秋及其前為傳語通信時代，「置郵傳命」是對大眾口頭宣告政令，王室或諸侯有事，必遣傳遽或使者面告，用書通信者絕少❾。使者奉命而行，得權事制宜，騁其辭辯，既無書面文字之約束，也不隨帶文書，即《漢書》〈藝文志〉所謂：「受命而不受辭。」此時並有「遽人」，傳告消息，其後漸有書信往來，亦由使者傳遞，並加以口頭陳述❿。且須使用種種符信，以證明使者任務。

(二) 漢、唐

漢唐是我國歷史上的盛世，疆土開拓，聲威遠播，郵驛也隨著交通線之延長而擴展。

漢代郵政稱驛⓫，通稱漢驛。

---

❾ 同❸，頁六四。

❿ 王士英〈先秦之書簡〉《郵政資料》第四輯，頁三。

⓫ 《民國十年郵政事務總論》，頁一，〈置郵溯源〉：「郵之改名為驛，殆實肇始於漢代。」

漢制多承秦舊，太尉掌兵事，其下分曹治事，《後漢書》〈百官志〉㈠：「……奏曹主奏議事，辭曹主辭訟事，法曹主郵驛科程事。……」《辭海》：「科，法律之條文也。」「程，法也。」依此解釋，法曹應是主管郵驛法規的部門。

漢驛的組織，可分驛、郵、傳、置等幾個部分來說明；置，與郵、傳有時可以通用或聯用。就遞送的方式言：驛是馬遞，郵是步遞，傳是車遞。就機構的設置言：每三十里置驛，驛有驛馬，亦稱驛騎，並有驛卒。《續漢書》〈輿服志〉（上）說：「驛馬三十里一置，卒皆赤幘絳韝云。」

郵，是傳遞書信的機關，《後漢書》〈郭太傳〉：「又識張孝仲芻牧之中，知范特祖郵置之役。」注：《說文》曰：「郵，境上傳書舍也。」《廣雅》曰：「郵，驛也。」置，亦驛也。在傳送文書之一點上，郵與驛同。所不同的是：郵可以派人代爲傳

甘肅嘉峪關魏晉墓漢代畫像磚上之驛吏

送，負完全傳送的責任。驛則祇提供交通工具，仍由發書人自行派使遞送⑫。正因如此，驛有時也被用作通信以外之其他用途，如《後漢書》〈東海恭王彊列傳〉：「永平元年，彊病，顯宗遣中常侍鉤盾令將太醫乘驛視疾。」此處驛又似被用作一般的代步工具了。

郵的分布，較驛爲密，《史記》〈留侯世家〉：「留侯病，自彊起，至曲郵。」集解：司馬彪曰：「長安縣東有曲郵聚。」索引：《漢書》〈舊儀〉云：「五里一郵，郵人居間，相去二里半。」五里一郵，較之三十里一驛，是密得多了。驛有驛卒，郵則有郵人。

郵，不祇是傳遞書信，也可供人止宿。《漢書》〈黃霸傳〉說：「太守霸爲選擇良吏，分部宣布詔令，令民咸知上意，使郵亭鄉官，皆畜雞豚，以贍鰥寡貧窮者。……嘗欲有所司察，擇長年廉吏遣行，屬令周密。吏出，不敢舍郵亭，食於道旁。」既然不敢舍郵亭，可見郵亭原是可舍的。

漢時的傳，是用車，傳車既供使者齎送文書，也供政府或特許之人因公乘坐，其作用和驛不盡同，而制度和驛相類，都是在一定的距離，供給交通工具，以利更換，以便行旅。

傳車可以分做幾種：以馬的數量多寡來分，有一乘傳、四乘傳、六乘傳、七乘傳之稱。當爲

---

⑫ 白壽彝《中國交通史》，頁九六。

一馬、四馬、六馬、七馬之傳車⑬。急者乘一乘傳。

以傳馬的良否來分：四馬高足爲置傳，四馬中足爲馳傳，四馬下足爲乘傳。一馬二馬爲軺傳⑭。

傳與驛是設在一起的，專門的名稱，叫作「置」。前引《續漢書》〈輿服志〉：「驛馬三十里一置。」《漢書》〈文帝紀〉：「太僕見馬遺財足，餘皆以給傳置。」注：師古曰：「置者，置傳驛之所，因名置也。」驛是三十里一設，而傳、驛共設，因此，傳也是三十里一設了。

文景之世，軍事略定，馬匹有餘，多移作乘傳之用，廄置亦改稱傳置。武帝以降，乘傳之供應日繁，新莽時浮濫益甚，車馬不足，則隨意取自民間。東漢復興，瘡痍滿目，車馬一空⑮。且傳之費用，又遠較驛爲高，東遷後，傳頗省略，但設騎置，而無車馬⑯。

漢代地方組織，依《漢書》〈百官公卿表〉（上）：「大率十里一亭，亭有長，十亭一鄉，

---

⑬ 樓祖詒《中國郵驛發達史》，頁九八。

王士英《中國郵政史料叢稿》，頁六九。

⑭ 《漢書》〈高帝紀〉：「横懼，乘傳詣雒陽，未至三十里，自殺。」注：如淳曰：「律，四馬高足爲置傳，四馬中足爲馳傳，四馬下足爲乘傳，一馬二馬爲軺傳。急者乘一乘傳。」

⑮ 同③王著，頁七一。

⑯ 《晉書》〈刑法志〉：秦世舊有廄置、乘傳、副車、食廚，漢初承秦不改，後以費廣稍省，故後漢但設騎置，而無車馬。

鄉有三老，有秩、嗇夫、游徼。三老掌教化，嗇夫職聽訟，收賦稅，游徼徼循禁賊盜。縣大率方百里，其民稠則減，稀則曠，鄉、亭亦如之，皆秦制也。」亭是供給旅客止宿的地方。亭長的職責，除了管理亭務之外，還要禁捕盜賊，並供給平訟的處所。但從前引《漢書》〈黃霸傳〉的「吏出不敢舍郵亭」一語看來，亭與郵應是有關連的。戈公振《中國報學史》有一段如下：「漢承秦制，十里置亭，有亭長。武帝光元六年，始於南夷置郵亭，此外，所置諸亭皆秦置，迨武帝通西域，自敦煌臨澤之間，皆置亭。後漢時，亦常有亭傳郵驛之制，或通未開之地，置亭傳，皆鑿山而設郵驛，以利交通焉。」亭與郵的關係是更加清楚了。

設在邊境的亭，有的不叫亭，而叫鄣或亭障、叫烽燧、叫候。鄣是軍事基地，有鄣尉、令史、尉史、鄣卒，其組織遠較亭驛為複雜。候有候官、候長、候史。燧有燧長、燧卒⑰。

按古時未有紙張，文字書於竹簡，或用縑帛，後為取材便利，多用木簡。二十世紀初，位於漢代邊境的敦煌與居延兩地，出土大批漢、晉木簡，簡長二十二至二十四公分，寬一公分至一公分半，其上書字一行或二行，較寬者可寫四、五行，書體多隸草，間有近於章草或八分書，亦有近於現代之行楷者，書法有極精妙者，而粗劣者居多，益以年代久遠，字跡模糊，殘缺支離，極

---

⑰ 同③王著，頁八〇。
《玉海》（宋王應麟撰）卷一七二〈漢亭候、郵亭、傳置節〉。

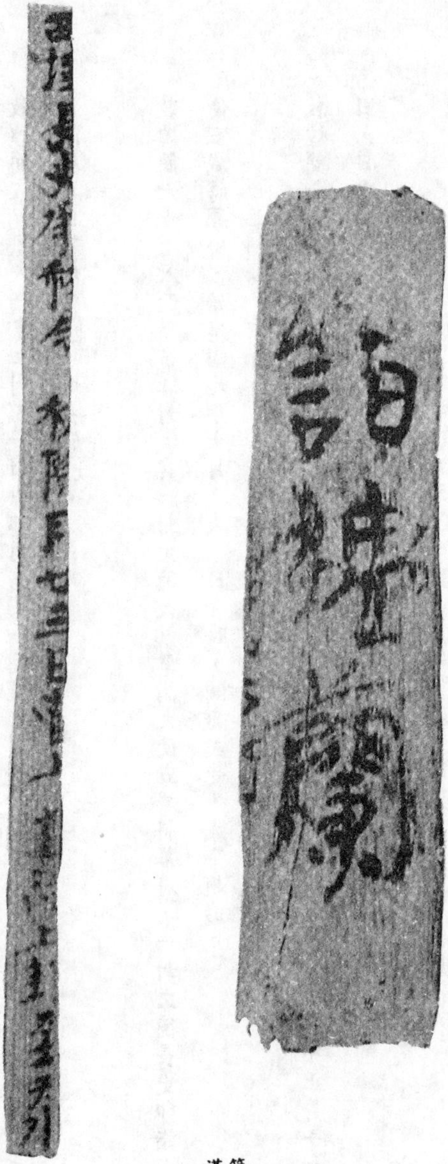

漢簡

費考釋。學者羅振玉、王國維、勞榦諸人均有釋文。茲就其有關郵驛者三簡⑰，照錄其原文如次。文中之□表原簡中模糊看不清的字：

敦煌簡五九：入西書二封，一封中部司馬□平望侯官，一封中部司馬□陽關都尉府。十二月丙辰，日下餔時□，燧長張□。

敦煌簡六十：入西蒲書二封，其一封文德大尹章詣大使五威將幕府，一封文德長史印詣大使五威將幕府，始建國元年十月辛未，日食時，關嗇夫受，戍卒趙彭。

敦煌簡六十一：入西蒲書一，吏馬行，魚澤尉印，十三日起詣府。永平十八年正月十四日，日中時，揚威卒□□受，□□卒趙彭。

參照王國維氏跋所述：蒲、或作簿。這三簡，都是記郵書之簿，有如今日各機關使用之收發文簿。這些文書，都是來自東而寄向西的，因此登入西簿，「中部司馬」、「文德大尹章」、「文德長史印」、「魚澤尉印」都是泥封上的文字，也即是寄件人。「平望侯官」、「陽關都尉府」、「大使五威將幕府」都是封面上所寫的文字，也即是收件人。「日下餔時」、「日食時」、「日中時」皆指收件時間，「吏馬行」指該件文書傳送之方式，有如今日之限時專送、掛號等等。每簡最後則注明經手人身分、姓名，以明責任歸屬。五九簡司馬下之□，猜想可能是「詣」字。

木簡中關於傳送之方式，除上述之「吏馬行」外，尚有「附馬行」、「以次行」、「以郵行」、「以亭行」、「亭次走行」、「亭次傳行」等等。「吏馬行」爲專使乘驛而行者，其餘依次爲：交便驛而行者、依尋常次序而行者、交由步卒而行者、交由驛馬遞行者、先馬遞後步遞者、先馬遞後車遞者等等⓲。

從上述諸簡的記載，可以窺知漢代亭燧關於郵遞的作業情形。

遣使發驛，必須要有憑證，就是符信。符信制度，早已有之，到了漢代，更推廣使用，其使用的符信，共有四種：一是銅虎符（銅鑄虎形），爲徵發軍兵之用；二是竹使符（竹製），爲其餘徵調之用；三是繻，或稱繻符（帛製），爲出入關門之用；四是木傳信（木製），爲徵發驛馬之用。三、四兩種，是與郵驛有關的⓳。

漢通西域，國威遠播，郵驛也隨著軍事上的進展而向西展延，《漢書》〈西域傳〉說：「漢

⓲ 同⓭王著，頁八一。　同⓬，頁九四。
⓳ 同⓭樓著，頁一〇三。

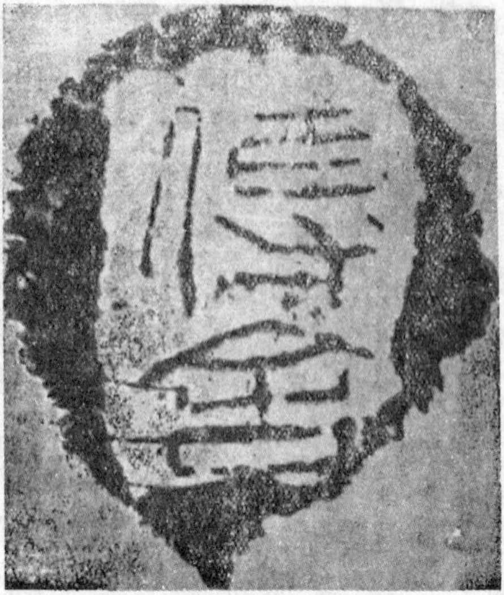

漢代"傳舍"封泥

秦漢時代固封木簡的封泥

興至於孝武，事征四夷，廣威德，而張騫始開西域之迹……初置酒泉郡，後稍發徙民充實之，分置武威、張掖、敦煌，列四郡，據兩關焉。……於是自敦煌西至鹽澤，往往起亭。」又說：「初，武帝感張騫之言，甘心欲通大宛諸國……於是武帝遣從票侯趙破奴將屬國騎及郡兵數萬擊姑師……虜樓蘭王，遂破姑師，於是漢列亭障至玉門矣。」直到武帝晚年，尚有搜粟都尉桑弘羊與丞相御史奏言：「故輪臺東捷枝、渠犁皆故國，地廣，饒水草……臣愚以為可遣屯田卒詣故輪臺以東，置校尉三人分護……事有便宜，因騎置以聞……稍築列亭，連城而西，以威西國。」但由於連年征旅，海內虛耗，此時武帝已有悔意，改採與民休息政策，不欲再擾勞天下，故此一建議，並未採納。

但通西域後，這一帶地方甚為繁盛，《後漢書》〈西域傳〉說：「論曰：西域風土之載，前古未聞也。漢世張騫懷致遠之略，班超奮封侯之志，終能立功西遐，羈服外域……立屯田於膏腴之野，列郵置於要害之路，馳命走驛，不絕於時月，商賈販客，日款於塞下。其後甘英乃抵條支而歷安息，臨西海以望大秦，拒玉門、陽關者四萬餘里，靡不周盡焉。」可見當時的盛況與郵驛之發達。

漢代的郵驛制度且遠傳至西方，《後漢書》〈西域傳〉說：「大秦國一名犁鞬，以在海西，一名海西國……以石為城郭，列置郵亭，皆堊塈之。」注：堊，白土也。塈，飾也。又說：「鄰國使到其界首者，乘驛詣王都。」又說：「從安息陸道繞海北行，出海西至大秦，人庶連屬，十里一亭，三十里一置，終無盜賊寇警。」所述情形，與漢驛甚相似，以當時通西域之交通言，來自漢驛，甚有可能。

前面曾提及由於傳車的費用大，東漢以降，已少使用，使者行人，大都乘單騎馳行，既快速，又省費。曹魏時，遂依據此一事實，將原有形同虛設之廄律廢止，而將其中有關郵驛者提出，編爲一單行法，稱爲郵驛令，郵驛並稱，自此通用。《晉書》〈刑法志〉：「秦世舊有廄置、乘傳、副車、食廚，漢初承秦不改，後以費廣稍省，故後漢但設騎置，而無車馬，而律猶著其文，則爲虛設，故除廄律，取其可用合科者，以爲郵驛令。」

當時的郵站與驛站是合設的，主管人員叫承驛吏，而驛路的建設，也有可稱道處。《晉書》〈載記第十三苻堅（上）〉有如下一段：「王猛整齊風俗，政理稱舉，學校漸興，關隴清晏，百姓豐樂。自長安至於諸州，皆夾路樹槐柳，二十里一亭，四十里一驛，旅行者取給於途，工商貿販於道。」可見一斑。

南北朝時，佛教東來，而我國僧侶赴西域、印度求經者也很多，驛路通暢，接觸頻繁。《洛陽伽藍記》有一段記載：「自葱嶺已西，至於大秦，百國千城，莫不歡附，商胡販客，日奔塞下，所謂盡天地之區矣。樂中國土風因而宅者，不可勝數，是以附化之民，萬有餘家。」可見當時繁盛情形。

隋朝國祚雖短，但開運河，鑿馳道，開溝渠，煬帝更巡幸四方，交通利便，可以想見，郵驛自也隨之發達。

隋創行六部官制，郵驛事務，屬於兵部的駕部，當時的郵驛包括所有交通事務，以今日官制比擬，駕部有如交通司，而隸於兵部。

唐承隋制，郵驛事務，仍屬兵部之駕部郎管轄，武德三年，其下加一「中」字，稱駕部郎中。高宗龍朔二年，改司輿大夫，咸亨初，復爲駕部郎中⑳，除掌理驛政外，並管馬政。《唐六典》卷之五駕部郎中條：「駕部郎中員外郎，掌邦國之輿輦車乘及天下之傳驛廄牧官私馬牛雜畜之簿籍。」郎中有如今日的司長，員外郎有如副司長，這一條所定事項，就是他們的職掌。

唐分天下爲十道，道轄州、府、縣，諸道節度使各設有館驛巡官四人，各州則設有兵曹司兵參軍，分掌郵驛，京畿及諸縣，則由縣令兼理驛事㉑。

驛有驛長，其下有驛夫。三十里一驛，有驛長一人、驛馬匹數及驛夫人數，則視事之繁簡及驛之等級而定，其非通途大路則曰館㉒。京師有都亭驛，各道的驛，分爲六等，《大唐六典》卷

---

⑳《唐會要》卷五九駕部郎中條：「隋爲駕部郎，武德三年，加中字；龍朔中，改司輿大夫；咸亨元年，復爲駕部郎中。」

㉑《唐書》卷三九（下）〈百官志〉四（下）：「節度使、副大使知節度事……館驛巡官四人」「兵曹司兵參軍事，掌武官選……傳驛、畋獵。」「縣令掌導風化……籍帳、傳驛……」

《唐六典》卷三〇：「京畿及天下諸縣令之職……若籍帳傳驛，雖有專當官，皆縣令兼綜焉。」

㉒見《通典》卷三三〈職官十五鄉官節〉。

之五：「凡三十里一驛，天下凡一千六百三十有九所，二百六十所水驛，一千二百九十七所陸驛，八十六所水陸相兼㉓。若地勢險阻及須依水草，不必三十里。每驛皆置驛長一人，量驛之閑要，以定其馬數，都亭七十五疋，諸道之第一等，減都亭之十五，第二第三皆以十五爲差，第四減十二，第五減六，第六減四……凡水驛亦量事閑要以置船，事繁者每驛四隻，閑者三隻，更閑者二隻。凡馬三各給丁一人，船一給丁三人。」

驛程，即驛路之里程。如上所述，當時全國有驛一千六百三十九所，每三十里一驛，則唐代驛程應有四萬九千一百七十里。

驛使，乘驛者之通稱。奉差乘驛齎送公文者謂之驛使，入覲蒞任給驛之官員亦謂之驛使。官員身後家口亦給傳還鄉。發驛遣使，在京由門下省主之，在外由留守及諸軍州主之㉔。

乘驛與給傳是有分別的。《漢書》〈高帝紀〉：「橫懼，乘傳詣雒陽。」注：師古曰：「傳者，若今之驛。古者以車，謂之傳車。其後有單置馬，謂之驛騎。」故傳是車，驛是馬，但驛馬之外，也有傳馬。驛馬快，傳馬慢，故事急的給驛馬，事緩的則給傳送。

㉓ 此處細數與總數不符，不知何故。又依㉒《通典》〈鄉官節〉所載，爲一千五百八十七所，與《六典》亦有不符。

㉔ 《唐六典》卷五：「凡乘驛者在京於門下給券，在外於留守及諸軍州給券。」

驛使乘驛或給傳，其馬匹數是依其官階的高低而有不同的規定。載重量也有定限。驛使行程，通常乘傳者日不逾四驛，乘驛者日六驛。驛使抵驛，必須換馬更行，違者要受罰。乘驛馬而齎私物者也要受罰。其止驛者，供給食宿，但以三日爲限。文書應遣驛而不遣驛及不應遣驛而遣驛者都要受罰㉕。

驛有驛舍，也稱傳舍，又稱郵舍，也叫驛館或館驛。是供來往驛使食宿休止之處。「郵騎傳遞之館在四方者謂之驛。而驛之設，所以安遠人、息出外使之所也。」㉖驛，一方面「郵騎傳遞」，一方面也要「安遠人，息出外使」，是一個具有通信與旅舍兩項功能的機構。

唐代的驛館，規模很宏大，設備也很完善，有樓、有廳，有上廳、別廳㉗。有亭、有竹林、

㉕《唐律疏議》卷一〇：「經驛不換馬者杖八十。」「諸乘驛馬齎私物，一斤杖六十……」「諸文書應遣驛而不遣驛及不應遣驛而遣驛者杖一百。」《唐會要》卷六一〈館驛章〉：「乘傳人使事閑緩，每日不得過四驛。」「諸使至京都，經一日已上，即停乘傳驛及供給。」「無故不得於館驛淹留，縱然有事，經三日已上，即於主人安置館存其供限。」「諸給驛馬，職事三品，及爵三品已上，若王，四疋；四品已上，及國公……二疋；餘官爵各一匹。」

㉖趙效宣《宋代驛站制度》，頁一，聯經出版事業公司。

㉗《唐會要》卷六一〈館驛章〉：「舊例，御史到驛館，已於上廳下了，有中使後到，即就別廳；如有中使先到上廳，御吏亦就別廳。」可見有「上廳」、「別廳」之別。此一規定，係肇因於有爭廳之事發生：「先，監察御史元稹，自東臺赴闕，至敷水驛，與中使劉士元爭廳事，因士元以鞭擊元稹之面，稹跣而走，故有是命。」

有柳蔭。古人的詩句，常有描述。如李義山〈昭郡詩〉：「猿上驛樓啼」，孟浩然〈泊宣城界詩〉：「南陵問驛樓」，杜甫〈秦州雜詩〉：「臨池好驛亭，叢篁低竹碧，高柳半青天」等，可見驛館的建築與環境，都是不錯的。

關於驛政的考核，京畿以內有京兆尹，各道有觀察使、刺史，又有御史兼館驛史之職，專察驛站。《新唐書》〈百官志〉(三)監察御史節：「初，開元中，兼巡傳驛，至二十五年，以監察御史檢校兩京館驛，大曆十四年，兩京以御史一人知館驛，號館驛使。……興元元年，以第一人察吏部、禮部，兼監察使，第二人察兵部、工部，兼館驛使。」可見其分工的情形。

唐代發驛遣傳所使用的符信有傳符及驛券二種。傳符一名傳信符，是沿襲漢代木傳信的辦法而來，由符寶郎掌管。開元中，給券往來，改給驛券，以期簡便㉘。

驛馬的來源有三：一是官給，二是民馬供役，三是官給民養，就是官馬而由民衆給養。驛夫則由百姓服役，每年每丁服役二十天，事忙增加十五天，最多以五十天爲限。徵調的次序，是先徵家庭富強的，而後及於貧弱的；先徵丁口多的，再及於丁口少的，農忙之月，徵家庭丁口多

㉘《唐六典》卷八：「符寶郎掌天子之八寶及國之符節……凡百大事，則出納符節……一曰銅魚符……二曰傳符，所以給郵驛，通制命。」宋吳處厚《青箱雜記》卷八：「唐以前，館驛並給傳往來。開元中，務從簡便，方給驛券。驛之給券，自此始也。」

的，農閑之月，才徵祇有單丁的[29]。

驛馬，有驛田種植飼料，《新唐書》〈百官志〉：「凡驛馬，給地四頃，蒔以苜蓿。」館驛費用，則十分龐大，《唐六典》卷三〈戶部〉：「凡天下諸州稅錢，各有準常，三年一大稅，其率一百五十萬貫。每年一小稅，其率四十萬貫，以供軍國傳驛及郵遞之用。」此在國家府庫不充裕時，誠然是一大負擔。

唐代典章制度，甚爲完備，盛名遠播扶桑三島，日本曾數度派遣「遣唐使」來中原觀摩，帶回東瀛，郵驛之制，也於此時傳入日本。日本遞信省所編《日本遞信事業發達史》第一章載：「日本大化新政，各項文化文物，均皆效法唐朝制度，通信工作，亦依唐制，設立驛馬、傳役、驛鈴、傳符等。」[30]又《日本遞信六十年史》載稱：「大化二年正月，距今約千三百年，施行驛制，在諸國設置驛馬傳馬，製驛鈴、關契、傳符以供公用。驛馬用在緊急的時候，傳馬用在不緊急的場合，傳馬日行七十支那里，約十二里（日里）。依照大寶律令諸國街道每三十支那里置一驛，地勢險阻，缺少水草之處，置驛不拘里數。驛馬的配置，規定大路各二十匹，中路各十匹，小路各五匹。驛有陸路水路的分別，水驛以船代馬，依事繁事閑，自二隻至四隻不等，驛數時有

[29] 樓祖詒《中國郵驛發達史》，頁一五九，中華書局印行。

[30] 同[29]，頁一八七。

增減，大化革新後二百六十年到延喜間全國有四百一驛，一切依照唐制。」㉛可見唐驛東渡的情形。

㈢ 宋、元

宋代郵驛，與其他官制，都承襲唐制：郵驛事務，仍歸兵部之駕部郎中及員外郎管轄。《宋史》〈職官志〉兵部駕部郎中條：「駕部郎中員外郎掌輿輦、車馬、驛置、廄牧之事，大禮，戒有司具五駱。凡奉使之官赴闕，視其職治，給馬如格。官文書則量其時速，以附步馬急遞。」《續通志》〈職官略〉㈠兵部駕部郎中員外郎條亦謂：「唐置郎中一人，員外郎一人，宋因之。」駕部郎中的職掌，隋唐宋都一脈相承，並無何項變動。

宋代郵驛，可分爲：步遞、馬遞、急腳遞、金字牌遞等，合稱省遞或省鋪㉜。步遞最慢，日行二百里，一般普通不急要之文書，稱爲常程文字者，交由步遞遞送；次爲馬遞，較步遞爲快，日行三百里㉝，交付馬遞的文書，有相當的限制，擅發馬遞者要治罪。

㉛ 王士英《中國郵政史料叢稿》，頁一〇，今日郵政月刊社。
㉜ 《永樂大典》卷一四五七五：「舊法三等，曰急腳，曰馬遞，曰步遞，並十八里或二十里一鋪，今總謂之省鋪……常行並入省遞。」
㉝ 同㉜：「入馬遞日行三百里，常程入步遞日行二百里。」

急腳遞又稱急遞鋪，日行四百里，惟軍興用之[34]，是宋代創設的一種通信制度。有人認爲急腳遞創辦以後，我國才開始有純粹的通信系統[35]。有人則認爲急腳遞無殊現代郵政戰時所辦之軍郵[36]。《永樂大典》卷一四五七四〈急遞鋪章〉：「宋朝急遞鋪，凡十里設一鋪，每鋪設鋪長一名，鋪兵要路十名，僻路或五名或四名。」日本學者認爲急腳遞是飛腳（Foot Runners），即是用鋪兵急走，而不用鋪馬之謂。但有人則不以爲然，認爲急腳遞實爲馬急腳遞，即以鋪卒乘馬傳送之謂[37]。

《永樂大典》卷一四五七五，頁一一：「諸應入急腳馬遞鋪文書，並當官實封，不題事目，上排字號及題寫官司，遣發限日時、用印，以臘固護入筒，逐

"急腳遞"交接信件

[34] 《永樂大典》卷一四五七四：「驛傳舊有步馬急遞三等，急遞最遽，日行四百里，唯軍興用之。」
[35] 王士英《中國郵政史料叢稿》，頁一一，今日郵政月刊社。
[36] 樓祖詒《中國郵驛發達史》，頁一九二，中華書局印行。
[37] 趙效宣《宋代驛站制度》，頁五二，聯經出版事業公司。

鋪驗封印及外引牌子，交受傳遞，如有損失，所至鋪分押赴本轄使臣或所轄州縣究治……裹角封記損動者，並准此。」

按古代郵驛之起源，即是爲了適應軍事上的需要，何以到了宋代，需要另創具有軍郵性質的急腳遞呢？說者認爲原有郵驛的步馬傳遞，經過長期演變，再經五代十國的紛亂，國家已無足夠的財力與人力，來維持一個體系龐大的通信系統。而原有郵驛的通訊效率也因而低落，無法適應軍事上快速而機動的要求，因此有另辦急腳遞的必要。十里一鋪，晝夜兼程，日行四百里，以配合戰時的需要。而一般郵驛，則是依照「郵驛行程」的定期郵班，以應平時通信的需要㊳。

金字牌遞，亦稱金字牌急腳遞，始用於熙寧年間，牌長尺餘，木質，日行五百里，較馬急腳遞更速。所遞送的文件，爲有關赦降及軍機要務，或皇帝親自處分之事件，不經門下省，而逕發遞送。宋沈括《夢溪筆談》卷十一〈官政〉(一)云：「熙寧中，又有金字牌急腳遞，如古之羽檄也。以木牌朱漆黃金字，光明眩目，過如飛電，望之者無不避路，日行五百餘里，有軍前機速處分，則自御前發下，三省、樞密院莫得與也。」岳飛一日接奉十二道金牌，即是指此。《永樂大典》卷一四五七五，頁一一：「諸急腳遞承轉御前不入鋪及金字牌文書，並日行五百里，不以晝夜，鳴鈴走遞，前鋪聞鈴，預備人出鋪就道交受。」可見金字牌遞之遞送情形。

㊳ 樓祖詒《中國郵驛史料》，頁三三，北京人民郵電出版社。

此外，尚有設於水路之水遞。建炎三年初，立斥堠遞，專爲傳送探報金賊並盜賊文字之用。紹興三十年，又創擺鋪，承傳軍期緊切文字。九里或十里一鋪，鋪兵五人[39]。

宋驛的一項特點即是改以軍卒代替民夫充當驛卒。按宋代以前，郵驛之驛夫，都由民伕充當，屬於力役之一種。此種制度，流弊所及，老百姓不堪其擾，甚至因此逃亡，淪爲盜賊。宋太祖即位之始，即革此弊，以軍卒代百姓爲遞夫，其後更設置驛卒，遂爲定制。宋王栐《燕翼貽謀錄》卷三：「前代郵置皆役民爲之，自兵農既分，軍制大異於古，而郵亭役兵如故。太祖即位之始，即革此弊，建隆二年五月，詔諸道州府以軍卒代百姓爲遞夫，其後特置驛卒，優其廩給，遂爲定制。」

宋驛另一特點即朝廷正式許可臣僚以家書附遞。《燕翼貽謀錄》卷三：「景祐三年五月，詔中外臣僚，許以家書附遞，明告中外，下進奏院依應施行。」這項辦法，該書作者也說：「此制一頒，則小官下位，受賜者多。」但一般老百姓，自不在內。

宋驛所使用之牌符，除上述金字牌外，尚有青字牌、紅字牌二種，前者雌黃青字，用於馬

---

[39] 《永樂大典》卷一四五七五，頁三：「建炎三年初，立斥堠。紹興三十年，又刱擺鋪，立九里或十里一鋪，止許承傳軍期緊切文字。」卷一四五七四，頁二一：「朝廷置立斥堠，專爲傳送探報金賊並盜賊文字。」

遞，後者黑漆紅字，用於步遞㊵。

宋代乘傳，仍襲前制，奉使外出的人，或外地來京公幹者，都可乘傳，到了驛舍，可以寄宿並供給膳食。宋代驛舍，承唐餘緒，亦甚寬敞，如丹陽館，中門南向，有東館、西館；如鳳鳴驛，如數世富人之宅，四方之至者，如歸其家；京師則有都亭驛㊶，以供各方來使之宿頓。

驛路之維護，均有定制，驛道兩側，植有樹木，枝葉繁茂，午蔭清涼，甚至有百年古木，此非僅少數驛路如此，全國驛路，莫不如此㊷。

蒙古族崛起漠北，入主中原，其郵驛之制，早在太宗時，即已設立，《元史》〈太宗本紀〉元年節曰：「始置倉廩，立驛傳。」蒙古語稱驛傳爲「站赤」，《元史》〈兵志站赤篇〉：「元制，站赤者，驛傳之譯名也。」迨後滅金併宋，又承襲漢地原有驛站，因之，元驛形成了兩個系統，一爲蒙地站赤，一爲漢地驛站。二者隸屬之單位亦不同，蒙古站赤由蒙人主持的通政院管轄，漢地驛站則由漢人主持的兵部管轄。但以不欲漢人掌郵驛大權，其間亦曾數度更易，《元史》〈兵志站赤篇〉：「四年（按指武宗至大四年）三月，詔拘收各衙門鋪馬聖旨，命中書省定

㊵ 同㊱，頁一九四～一九五。
㊶ 同㊲，頁二六九。
㊷ 同㊲，頁二九八～三〇〇。

議以聞。省臣言：『始者站赤隸兵部，後屬通政院，今通政院怠於整治，站赤消乏，合依舊命兵部領之。』制可。四月中書省臣又言：『昨奉旨以站赤屬兵部，今右丞相鐵木迭兒等議，漢地之驛，命兵部領之，其鐵烈干、納鄰、末鄰等處蒙古站赤，仍付通政院。』帝曰：『何必如此，但令罷通政院，悉隸兵部可也。』閏七月，復立通政院，領蒙古站赤。」前後不過數月，已一再變更。

中央的驛傳管理，是通政院與兵部互爲消長，在地方的驛傳管理，則是達魯花赤與郡縣管民官相互更易。達魯花赤爲蒙語，是提調長官的意思，各級地方行政機構都設有此一長官，高居監督指揮地位，由蒙人充任。驛傳的地方管理，原歸各路達魯花赤，嗣改歸各縣地方官；不久又復舊制，仍由各路達魯花赤總管提調，州縣不得參與。《元史》〈兵志站赤篇〉：「七年（按指仁宗延祐七年）四月，詔蒙古、漢人站，依世祖舊制，悉歸之通政院。十一月，從通政院官請，詔腹裡、江南漢地站赤，依舊制，命各路達魯花赤總管提調，州縣官勿得預。」

元驛每十五里有一郵亭，每六十里有一候館，北方諸站置驛令，南方諸站則設提領㊸。但據《馬可波羅行紀》第九七章的記述，則略有不同，他說：「如從汗八里首途，經行其所取之道

㊸《永樂大典》卷一九四一六，頁二，〈站赤章〉：「每十五里爲一郵亭，每六十里爲一候館，上有通政以絜其綱，下有郡縣以贊其力，而又有省脫脫禾孫以驗使命之眞僞。北方諸站則置驛令，南方諸站則設提領。」

時，行二十五哩，使臣即見有一驛，其名曰站（Iamb），一如吾人所稱供給馬匹之驛傳也。……應知諸道之上，每二十五哩或三十哩，必有此種驛站一所。……設若使臣前赴遠地而不見有房屋邸舍者，大汗亦在其處設置上述之驛站，惟稍異者，騎行之路程較長，蓋上所述之驛站，彼此相距僅有二、三十哩，至若此種遠地之驛站，彼此相距，則在三十五哩至四十五哩之間。」

站戶由百姓服役，站赤馬匹的費用，也由鄰近的地方供給，居民出馬，還要負擔飼料，百姓不堪其擾，成爲元朝覆亡原因之一。

各地站赤，可分陸站與水站兩種，陸站除馬站外，有用牛的、用驢的、用羊的，遼東方面，爲了適應寒冷的天氣，還有用狗的。此外，除了用車之外，還有轎站與步站，依照《元史》〈兵志站赤篇〉所載，全國站赤合共一千四百處。

准予給驛的文件叫「鋪馬聖旨」或稱「鋪馬劄子」，

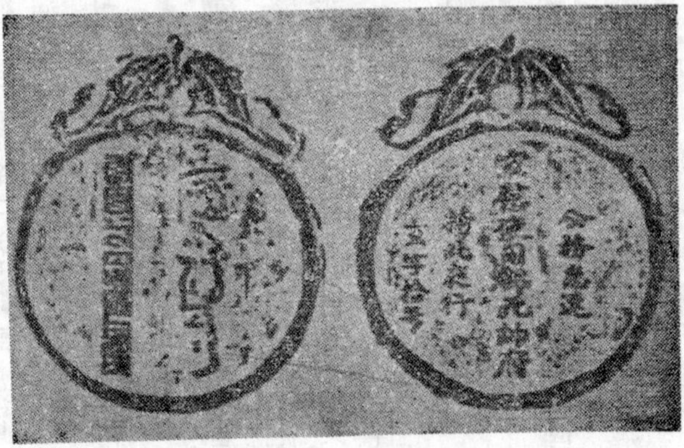

元代站赤腰牌

遇軍務緊急，則有金字圓符，銀字者次之。

各地站赤之查視，則在衝要地方，設有「脫脫禾孫」之官職，負查察之責，未設「脫脫禾孫」之處，則由各路總管府查驗。

《元史》〈兵志站赤篇〉對元代站赤，綜述如次：

元制，站赤者，驛傳之譯名也。蓋以通達邊情，布宣號令，古人所謂置郵而傳命，未有重於此者焉。凡站，陸則以馬、以牛，或以驢，或以車，而水則以舟。其給驛傳璽書，謂之鋪馬聖旨。遇軍務之急，則又以金字圓符為信，銀字者次之；內則掌之天府，外則國人之為長官者主之。其官有驛令，有提領，又置脫脫禾孫於關會之地，以司辨詰，皆總之於通政院及中書兵部。而站戶闕乏逃亡，則又以時僉補，且加賑卹焉。於是四方往來之使，止則有館舍，頓則有供帳，饑渴則有飲食，而梯航畢達，海宇會同，元之天下，視前代所以為極盛也。

除站赤外，元承宋制，設急遞鋪，遞送文件。《元史》〈兵志急遞鋪兵篇〉：「古者置郵而傳命，示速也。元制，設急遞鋪，以達四方文書之往來。」至元九年，急遞鋪改名為通遠鋪。元急遞鋪始於世祖。〈急遞鋪兵篇〉：「世祖時，自燕京至開平府，復自開平府至京兆，始驗地里遠近，人數多寡，立急遞站鋪。每十里或十五里、二十五里，則設一鋪，於各州縣所管民戶及漏籍戶內，簽起鋪兵。中統元年，詔：隨處官司，設傳遞鋪驛，每鋪置鋪丁五人。……英宗至治三年，各處急遞鋪，每十鋪設一郵長，於州縣籍記司吏內差充，使之專督其事。」

各鋪對文書遞轉之處理手續，《元史》記述甚詳：

各處縣官，置文簿一道付鋪，遇有轉遞文字，當傳鋪所即注名件到鋪時刻，及所轄轉遞人姓名，置簿，令轉送人取下鋪押字交收時刻還鋪。本縣官司時復照刷，稽滯者治罪。其文字，本縣官司絹袋封記，以牌書號，其牌長五寸，闊一寸五分，以綠油黃字書號。若係邊關急速公事，用匣子封鎖，於上重刻題號，及寫某處文字、發遣時刻，以憑照勘遲速。其匣子長一尺，闊四寸，高三寸，用黑油紅字書號。已上牌匣俱係營造小尺，上以千字文為號，仍將本管地境、置立鋪驛卓望地名，遞相傳報。……凡有遞轉文字到，鋪司隨即分明附籍，速令當該鋪兵，裹以軟絹包袱，更用油絹捲縛，夾版束繫、齎小回曆一本，作急走遞，到下鋪交割附曆訖，於回曆上令鋪司驗到鋪時刻，并文字總計角數，及有無開拆、磨擦、損壞，或亂行批寫字樣，如此附寫一行，鋪司畫字，回還。若有違犯，易為挨問。隨路鋪兵，不許顧人領替，須要本户少壯人力正身應役。每鋪安置十二時輪子一枚，紅綽屑一座，幷牌額及上司行下、諸路申上鋪曆二本。每遇夜，常明燈燭，其鋪兵每名備夾版、鈴攀各一付、纓槍一、軟絹包袱一、油絹三尺、簑衣一領、回曆一本，各處往來文字，先用淨檢紙封裹於上，更用厚夾紙印信封皮，各路承發文字人吏，每日逐旋發放，及將承發到文字，驗視有無開拆、磨擦、損壞，批寫字樣，分朗附簿。

其後因入遞文書雜亂，至元二十八年，又重加規定如下：

近年入遞文字，封緘雜亂，發遣無時，今後省部并諸衙門入遞文字，其常事皆付承發司隨所投下去處，類爲一緘。如江淮行省者，凡江淮行省不以是何文字，通爲一緘，其他官府同。省部臺院，凡有急速之事，別置匣子發遣，其匣子入遞，隨到即行。鋪司須能附寫文曆，辨定時刻。鋪兵須壯健善走者，不堪之人，隨即易換。

鋪卒遞送文件情形，《元史》亦有詳細描述：「鋪兵一晝夜行四百里……凡鋪卒皆腰革帶、懸鈴、持槍、挾雨衣、齎文書以行。夜則持炬火，道狹則車馬者、負荷者，聞鈴避諸旁，夜亦以驚虎狼也。響及所之鋪，則鋪人出以俟其至，囊板以護文書，不破碎、不襞積，摺小漆絹以禦雨雪，不使濡濕之。」如此一鋪一鋪傳遞下去。

鋪卒的來源，〈急遞鋪兵篇〉：「（至元）二十年，留守司官言：『初立急遞鋪時，取不能當差貧戶，除其差發充鋪兵，又不敷者，於漏籍戶內貼補。今富人規避差發，求充鋪兵，乞擇其富者，令充站戶，站戶之貧者，卻充鋪兵。』」這項建議，奉准照辦。

關於急遞鋪事務之查核，《永樂大典》卷一四五七五，頁一六：「定制，晝夜走四百里，郵長治其稽滯者，郡邑官復督察加詳焉，而勤惰有賞罰。京師則設總急遞鋪提領，所秩九品，銅印，官三員，又有號牒鎖匣印帖，長引隔眼之法，可謂密矣。」

急遞鋪設置總數，據推算全國共有二萬零二十八處[44]。

元代疆域，橫跨歐亞，由元之上都（在察哈爾省多倫縣東南）至欽察汗都薩來（Sarai，俄屬窩瓦河下流），郵驛急行約需二百餘日，可見元驛之宏偉。其對東西交通，乃至文化，皆有極大之影響，說者謂：「通蒙古語，即可由歐洲至中國，毫無阻障，驛站遍於全國，故交通尤為便捷。藉蒙古人之勢力，中國人之軍隊，得從征敍利亞，東方之商賈星卜，麕集於伊兒汗之國都，西歐之欽察阿蘭斡羅思等軍隊，得駐紮太平洋濱，東羅馬西羅馬及日耳曼之遊歷家、商賈、教士、工程師等，皆得東來，貿易內地，自由傳教，掛名仕版。東西兩大文明，中華系與希臘羅馬系，以前皆獨立發生，不相聞問，彼此無關者，至此乃實行接觸，由元至今，演而成今日之文明

[44] 樓祖詒《中國郵驛發達史》，頁二三二。

狀況。」㊺

元代的驛路與驛站，《馬可波羅行紀》第九九章曾有描述如下：「大汗曾命人在使臣及他人所經過之一切要道上種植大樹，各樹相距二、三步，俾此種道旁皆有密接之極大樹木。」又九七章：

每驛有一大而富麗之邸，使臣居宿於此，其房舍滿布極富麗之臥榻，上陳綢被，凡使臣需要之物皆備，設一國王莅此，將見居宿頗適。……驛邸逾萬所，供應如上述之富饒，其事之奇，其價之巨，非筆墨所能形容者也。……此一驛與彼一驛之間，無論在何道上，大汗皆命在每三哩地置一小鋪，鋪周圍得有房屋四十所，遞送大汗文書之步卒居焉。每人腰繫一寬大腰帶，全懸小鈴，俾其行時鈴聲遠聞，彼等竭力奔走一切道路、止於相距三哩之別鋪，別鋪聞鈴聲，立命別一鋪卒繫鈴以待，奔者抵鋪，接替者接取其所賫之物，暨鋪書記所給之小文書一件，立從此鋪奔至下三哩之鋪，下鋪亦有一接替之鋪卒，輾轉遞送，由是每三哩一易鋪卒，所以大汗有無數鋪卒，日夜遞送十日路程之文書消息。緣鋪卒遞送，日夜皆然，脫有必要時，百日路程之文書消息，十日夜可以遞至，此誠偉舉也。……上述諸

㊺ 同㊹，頁二八四。

鋪別有人腰帶亦懸小鈴，設有急須傳遞某州之消息、或某藩主背叛事、或其他急事於大汗者，其人於日間奔走二百五十至三百哩之遠，夜間亦然。其法如下：其人於所在之驛站取輕捷之良馬，疾馳至於馬力將竭，別驛之人聞鈴聲亦備良馬鋪卒以待，來騎抵站，接遞者即接取其所賫之文書或他物，疾馳至於下站，下站亦有預備之良馬鋪卒接遞，於是輾轉接遞，其行之速，竟至不可思議。此種人頗受重視，頭胸腹皆纏布帶，否則不堪其勞，常持一海青符，俾其奔馳之時，偶有馬疲或其他障礙之時，得在道上見有騎者即驅之下，而取其馬，此事無人敢拒之，由是此種鋪卒常得良馬以供奔馳。

《日本遞信省六十年史》內載：「一代英雄忽必烈幾乎統一亞洲，驛傳制度完善，領土以內無處不可連絡，宜乎馬可波羅讚嘆不置，元驛傳入歐洲後，歐洲始有驛制，英國的官郵得其傳者更多。」[47]元驛之盛，有如此者。

(四) 明、清

明繼元後，其疆域僅有中土本部，郵驛之制，已無站赤之名，管理上隸屬於兵部，兵部設有

---

[46] 王士英《中國郵政史料叢稿》，頁一六，今日郵政月刊社。

車駕司，掌鹵簿、儀杖、禁衛、驛傳、廏牧之事[47]。在地方則有驛傳道[48]，係各省地方主管驛傳長官。各州縣則有驛丞[49]，掌郵傳迎送之事。

明驛之組織，可分爲驛傳、遞運所、急遞鋪三個部分。

驛傳之職責爲：遞送使客、飛報軍情、傳宣政令、轉運軍需，工作最爲繁重。驛傳又可分爲兩部分：在京曰會同館，在外曰水馬驛。京師驛館，規模宏大，爲各驛之冠，有天下首驛之稱。南京會同館係於明初改南京公館而成；永樂初，復於北京設會同館，其規模較南京爲尤大，接待番夷使客，有如今日之賓館。正統六年，定爲南北二館，北館六所，南館三所，北館專造飯食之館夫即達三百人之多，館事之盛，可以概見[50]。

驛站之距離，明太祖詔令定爲：「凡陸站六十里或八十里。」但事實上仍有相當大的伸縮。明萬曆十五年刊行的《明會典》卷一四五〈水馬驛章〉所載：全國水馬驛共有一、〇三六處。這些驛站都是由老百姓出力應役的，屬於「民站」；此外，尚有部分驛站，係由軍人出力應役，屬

[47]《明史》〈職官志〉一，兵部章車駕節：「車駕掌鹵簿、儀杖、禁衛、驛傳、廏牧之事。」
[48]《明史》〈職官志〉四：「按察使掌一省刑名按劾之事……按察司副使、僉事分司諸道。提督學道，清軍道、驛傳道，十三布政司俱各一員。」
[49]《續通志》卷一三六〈職官略〉七：「明制：府、州、縣置驛丞，掌郵傳迎送之事。」
[50]《明會典》卷一九〇〈會同館〉、卷一四五〈驛傳一〉。

於「軍站」。兩者在驛路的安排上，有互補的功用[51]。

遞運所亦有陸路與水路之分，陸遞運所主要是運送物資，所用工具有牛、騾、大車等；水遞運所則兼運物資與人員，所用工具爲馬船與紅船；由於水遞運所與水路驛站所用工具同爲船，不過船的等級不同而已（水驛所用等級較高，稱爲站船），故水遞運所部分逐漸裁撤，併入水驛。依《明會典》所載，全國遞運所總共三四六處，其路線遠較驛路爲少，有的即利用驛路。

急遞鋪是承元舊制，其任務是傳遞公文[52]，是一個單純的通信機構。《明太祖實錄》卷二九：「急遞鋪凡十里設一鋪，每鋪設鋪司一名，鋪兵，要路十名，僻路或五名，或四名，於附近有丁力，田糧一石五斗之上、二石之下點充，須要少壯正身，……各州縣於司吏內選充鋪長一人，巡視提督。」

急遞鋪的工作情形，《實錄》亦有記述：

每鋪設十二時日晷，以驗時刻，鋪門置綽楔[53]一座、常明燈燭一副、簿曆二本，鋪兵各置

[51] 蘇同炳《明代驛遞制度》，頁一四七，中華叢書編審委員會，臺灣書局經銷。
[52] 《明會典》卷一四五〈驛傳一〉：「至於公文遞送，又置鋪舍，以免稽遲。」
[53] 此節《大明會典》卷一四九亦有相同記載，但本句《會典》爲：「鋪門首置立牌門一座，幷牌額全。」

夾板一副、鈴攀一副、纓鎗一把、棍一條、迴曆一本。遞送公文，依古法一晝夜通一百刻，每三刻行一鋪，晝夜行三百里。凡遇公文至鋪，隨即遞送，無分晝夜，鳴鈴走遞，前鋪聞鈴，鋪司預先出鋪交收，隨即於封皮格眼內塡寫時刻、該遞鋪兵姓名，速令鋪兵用袱及夾板裹繫，持小迴曆一本，急遞至前鋪交收，於迴曆上附寫到鋪時刻，毋致違失停滯。

有違失者，並予處分：「若公文不即遞送，因而失誤事機及拆動損壞者罪如律。……每月官置文簿一本給各鋪，附寫所遞公文時刻、件數，官稽考之。其無印信文字，並不許入遞。」急遞鋪之設置，遍於全國各州縣，但驛站則祇限於驛路所經之地[54]。各州縣所設急遞鋪之多少，視轄區大小而定，多的可達一、二十處，少的也有四、五處左右。

各州縣主要鋪路，多半利用境內驛路，亦有鋪路與驛路相重疊者。其無驛路之地，則專闢鋪路[55]。驛路有如蛛網，鋪路則於其末端加以延伸，或於不銜接處加以銜接而已。

明中葉以後，鋪遞制度，漸趨廢弛，政府公文，改由專人經驛站遞送，於是鋪遞日就衰落[56]。

---

[54] 同[51]，頁一八五。
[55] 同[51]，頁一八八。
[56] 同[51]，頁一九一。

明代驛符

乘驛人員所使用的憑證，可分三種：一爲符驗，一爲勘合，一爲火牌。符驗用織錦文，是一種准許乘驛的書面證明，持有者依驛遞使用之規定，憑以起驛。勘合，則是乘驛人員所持的公文書，其上開列使用人職級、姓名、到達地點、往還日期及應得之夫馬、車船、廩給等數量，以便經過的驛站照給，並代替舊日的符驗。火牌則「專備飛報聲息，爪探賊情」之用，使用單位，限於兵部、各省總督巡撫、各邊鎭守總兵57。

驛站使用最繁，遞運所、急遞鋪後來都逐漸併入驛站。但驛站本身，卻因使用日趨浮濫，管理鬆弛，耗費最多，擾民最甚，成爲一大弊政。建國之初，太祖鑒於元末驛遞之冗濫，站戶之困苦，於洪武初年頒訂驛遞制度時，即已注意及之。曾謂：「自今馬夫必

57 同51，頁三五一、三五八、三六五。

以糧富丁多者充之，有司務加存恤，有非理擾害者罪之。」然而明季仍不免蹈元末之覆轍，法令廢弛，固其一因，但基本上郵驛爲一般人生活上所必需，在驛遞限於官用之情形下，私用勢所難免，因之，冒用濫用，日趨嚴重，弊竇叢生，百姓不堪其擾，甚至驛卒淪爲盜賊，終明之世，無法挽回。

清代郵驛，承襲明制，兵部設車駕司，掌管郵驛及馬政。京師設有皇華驛，各地則有不同之名稱，內地各省稱驛，隸屬於各廳、州、縣，亦有專設驛丞管理者，如盛京。軍報所設叫「站」，蓋沿元代之站赤而來，其路線一自京城向西至張家口，接北路；一沿邊城經山西、陝西、甘肅出嘉峪關，接西路。此外，直隸喜峰口、古北口、獨石口、山西殺虎口外所設也叫站，並接設蒙古站，以達六盟四十九旗。又吉林、黑龍江所設也叫站。

西路嘉峪關外，除安西州、鎭西府、迪化州各本屬差務仍設驛外，安西、哈密、鎭西三屬，特設軍塘，以達出入嘉峪關軍站文報；又設營塘，以達尋常文報。

北路自張家口抵賽爾烏蘇，分爲兩路：一路北至庫倫、恰克圖；一路西至烏里雅蘇臺，以達科布多，都叫「臺」。

此外，沿元代遞運所舊制，遞運官物者稱「所」，後併歸於驛，猶存於甘肅一帶。又遞送公文者爲「鋪」，與驛相輔而行。各省腹地，廳、州、縣皆設鋪司，下有鋪夫、鋪兵。由北京至各省之鋪，又稱「京塘」(58)。

鋪遞專管遞送尋常公文，每十五里設一鋪，鋪兵四名，鋪司一名，於附近有丁力糧近一石之上二石之下者點充，須要少壯正身，與免雜泛差役。每鋪置備各項雜物：十二時輪日晷牌子一個、紅綽屑一座、幷牌額鋪冊二本（上司行下一本，各府申上一本），遇夜常明燈燭。鋪兵每名合備什物：夾板一副、鈴欅一副、纓鎗一副、油絹三尺、軟絹包袱一條、箬帽、簑衣各一件、紅悶棍一條、回冊一本。鋪兵遞送公文，晝夜須行三百里，公文到鋪，不問角數（按即件數）多少，鋪司要隨即派鋪兵遞送，不可等待下次文件併送(59)。

驛，係以馬遞，以軍報爲重，除遞送緊要公文(60)外，還供應官員乘傳、食宿以及護送公物等。驛有驛丞，管理驛務，《清史稿》職官㈢驛丞條說：「驛丞，掌郵傳迎送，凡舟車夫馬，廩糗庖饌，視使客品秩爲差，支直於府、州、縣，藉其出入。」並有驛夫、驛馬、驛車、驛船之設，以供使用。驛的設置，視地方的遠近、衝僻等情況而定，全國計有驛、站、臺、塘、所不下

(58) 清朝《續文獻通考》卷三七四〈郵傳十五〉。
(59) 《大清律例彙輯便覽》卷二二。
清朝《續文獻通考》卷三七六〈郵傳十七〉，頁考一一二一九。
(60) 《大清律例彙輯便覽》卷二二：「國朝因之，步遞曰郵，馬遞曰驛。」
清朝《續文獻通考》卷三七六〈郵傳十七〉，頁考一一二一九。

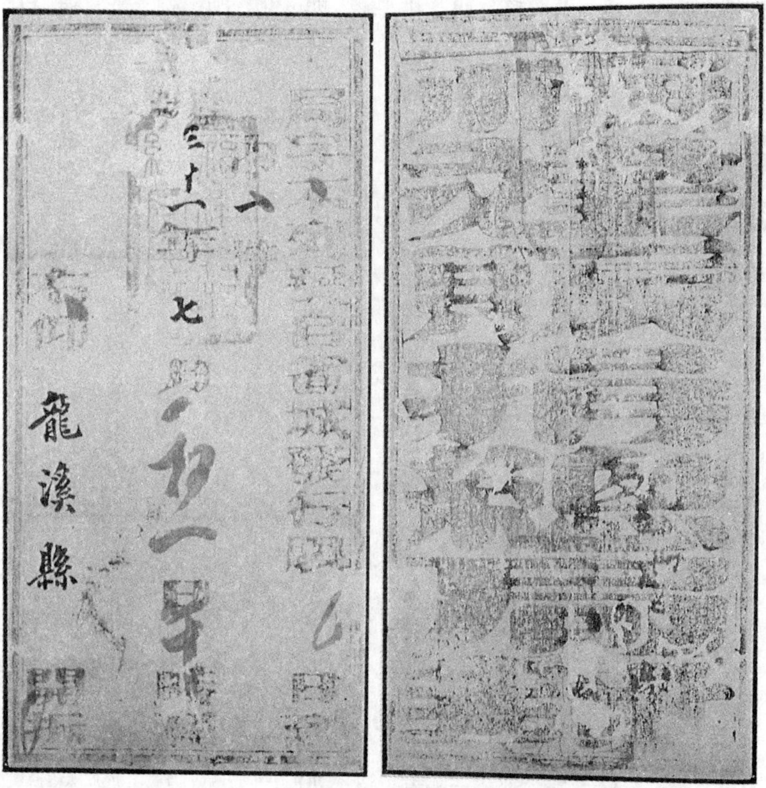

驛遞之信件

三千零二十九處[61]。鋪的數目則更多。

四方驛站，以京師之皇華驛爲中心，東北至盛京（今瀋陽），以達吉林、黑龍江。東路至山東，再分二路：一至江寧、安徽、江西、廣東；一至江蘇、浙江、福建。中路至河南，再分二路：一至湖北、湖南、廣西；一至雲南、貴州。西路至山西，原有二路：一經居庸關外；一由正定越太行山，再由山西以達陝西、甘肅、四川；又由甘肅以達新疆、青海、西藏，或由四川以達西藏。西北路至張家口，以達庫倫、烏里雅蘇臺、科布多[62]。

京師與各省往來文報之傳送，《民國十年郵政事務年報》有一段記載如下：

驛站之設施，實綰於京師之兵部，特設一司，曰車駕司……主管所有京外驛務……別於東華門左近設兩機關……與各行省接洽往來，一曰馬館，專司夫馬，一曰捷報處，收發來去文移……用以傳遞該兩署與兵部車駕司續持交換之事務。一面由兵部就該兩署派出差官十六員，名爲提塘，均係高級武選，駐紮各省都會，經管該處直接寄京之文報，凡各地駐紮之提塘，皆歸按察使司轄管……其中一員特管黃河運河一帶，凡經驛站傳寄各省之官封，

[61] 彭瀛添〈列強對華郵權的侵略與中國郵政〉《史學彙刊》第五期。

[62] 樓祖詒《中國郵驛發達史》，頁三二四。

先由車駕司驗妥蓋戳，隨即送往捷報處，經由馬館預備夫馬，然後由京傳至第一站，西路即係良鄉縣，東路則係通州，此一州一縣擔負轉發下站之責任，如是沿站遞轉，以達原封應投之處所。而各省之文報，亦係如是送達北京，即交提塘發交首站，再由各站遞轉，以達在京之車駕司，嗣由該司分送各署。凡由驛站遞送之文報，必須使用馬封，附黏排單，注明所經各站城邑，即由各站將經過時日在該單上塡明，其有加緊傳遞者，該夫役每日遄行二百里乃至六百里（即七十至二百英里），每站大抵須將夫馬備妥，又驛站除遞送文報外，兼爲乘傳官員供應一切。

給驛乘傳所用之符證：一曰勘合，一曰火牌63。何者可以給驛？《清史稿》卷一四八記載如下：「驛差大者，皇華使臣，朝貢蕃客；餘如大臣入覲、蒞官、視鹺、監稅皆是。若賫奏員役，呈奉表冊，其小者也。要者：如星馳飛遞，刻期立赴之屬。若閔勞邺死，允給郵傳，其散者也。」至於邊外之驛，則是：「凡明詔、特遣及理藩院飭赴蒙古諸部宣諭公務，得乘邊外驛馬。」

清驛制度，承襲前代，雖稱完備，但及其季世，亦正與前朝相同，流弊滋多，《清史稿》有

---

63 同58。凡差給驛者皆驗以郵符，曰勘合，曰火牌。

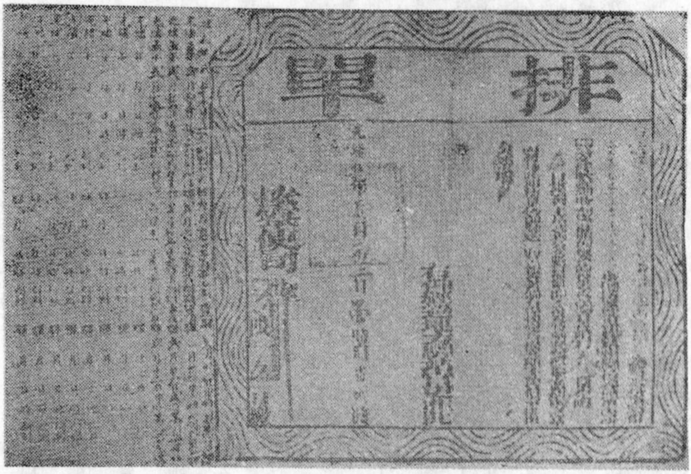

清代郵驛排單

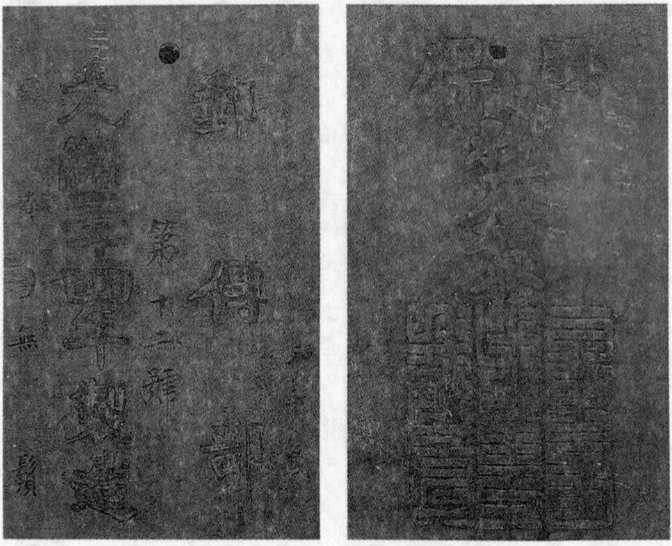

光緒三十四年郵傳部驛遞腰牌

云：「驛政弊壞，張汧嘗極言之。越數誅求，橫索滋擾，蠹國病民，勢所必至。」此際歐風東漸，舉辦新式郵政，舊驛不得不裁撤。民國元年，各省驛站事務，陸續結束，公文則改交郵局寄遞[64]。

綜觀歷代郵驛之制，各朝雖有小異，但大體一脈相承，自周初以迄清末，數千年來，並無太大的改變。舊式驛遞，並非單純的通信組織，而是一具有通信、運送與接待等功能的綜合體，此與今日的郵政，是不相同的。

由於驛遞限於官用，私用在禁止之列，而私人通信，又屬生活上所必需，無法避免。當法令無法長期嚴格約束，漸趨鬆弛之際，於是濫用、冒用等情形都出現了。加上管理上的腐化，乃至擾民、害民，種種弊端，成了各朝末代的一大秕政，歷唐、宋、元、明、清，莫不如此。

反之，在各朝開國之初，國威四播，驛站之所及，即國力之所至，郵驛幾成為國家之表徵。秦、漢、唐、元，是其著者。尤其是元驛，廣被歐亞，聲威之盛，可說是震鑠古今了。

二、源遠流長的民信局

[64]《交通史郵政編》(一)，頁三〇，郵政博物館藏書。

(一) 綜述

前述各朝驛遞，是專供政府使用的通信設施。民間通信，在郵政開辦前，則祇有靠民間的通信組織——民信局了。

幾千年來，我國原是以農立國，農民佔全人口的絕大多數。農村生活，安土重遷，農民一生都附著於所耕種的土地，親友也都是附近的村民，異地通信的需要不多，即使偶有書信往來，在此情形下，也多是託便人捎帶，或派專人遞送，乃至利用種種可能的傳遞方式，傳說中如鴻雁傳書、雙鯉尺素等等的故事，正反映出那時通信的困難。

隨著經濟生活的發展，城市的興起，特別是商業的發達，使得上述情形，也隨之而有了改變。商業的功用與目的，就是貿遷有無，使兩地間的貨物，彼此流通，以增加其經濟價值與效益。隨著貨物的流通，也就有了錢財的流通與訊息的交換——也就是通信的需要了。

遠在唐代，我國已有了匯錢莊的出現，當時稱爲鏢局。同時，也有了「飛錢」❶的辦法，有

❶ 彭瀛添《民信局——中國的民間通訊事業》（中國文化學院史學研究所博士論文。民國六十九年四月，頁六七、七七。）《新唐書》卷五四〈食貨志〉四：時商賈至京師，委錢諸道進奏院及諸軍、諸使、富家，以輕裝趨四方，合券乃取之，號「飛錢」。 全漢昇《中國經濟史研究》頁一八八：飛錢始於唐元和年間。

如今日之匯票。可見那時商業興盛的情形。商業既然興盛，通訊自必也隨之而頻繁，當時有無類似民間信局之組織，固已無可考，但民間自有其通信的管道，即如匯錢莊因其業務上的需要，自然會有信件往來，隨之也可能爲人便帶信件。唐代私人旅舍事業，十分發達❷，旅客往來，自也可能受託便帶信件。唐代長安、洛陽一帶，不僅已成爲熱鬧繁華的都市，且已成爲國際貿易的城市❸，來往頻繁，其興盛的情形，從前章所引《洛陽伽藍記》的記述中即可看出。在這樣的情形下，若說沒有管道，以溝通訊息，是難以想像的。

《民國十年郵政事務總論》〈置郵溯源〉一文中說：「民間郵遞之法，有明永樂以前，似未嘗有也。」所謂「民間郵遞之法」，應是指的較具體的郵遞組織，如信局；而「永樂以前似未嘗有」，反之，則是應起於永樂或以後了。齊如山氏在其所著《北平小掌故》一書〈中國的郵政〉一文中謂：「中國未經創立郵政局之前，已經有兩種類似郵政的事業，一是信局子……，這種信局子已有五百年的歷史，雖然沒有什麼準考據，但據他們說：最晚自明朝初年就有。」由此以觀，民間非專業之通信管道，雖早已有之；但專業性之信局，依上述記載，則是自明代始。

清初，發行有一種京報，京城內當差之人及大商家以及各省官員多看此報，其內容首載宮門

❷ 白壽彝《中國交通史》，頁一四八。
❸ 同❷，頁一三六。

送報圖

抄、次上諭、又次奏摺。以黃色紙爲面，故又名黃皮報。送報的報房，北京約有三、四家乃至七、八家，他們不專送報，也帶著送信。有南紙鋪名榮祿堂者，在正陽門外設立報房，其性質猶如南方之信局❹。

民國二十三年六月，郵政總局曾對全國民信局作過一次調查，當時全國共有已登記領照的民信局三八六家❺，另批信局三二二家，民信局中，創設於乾隆年間的有四十六家（包括未注明確實創設年代，但注明已創設百餘年者三十八家，這些百年老店，設在江蘇吳縣的有二十四家，設在鎮江的有十四家），嘉慶年間十一家，道光年間十四家，咸豐年間二十四家，同治年間，遽增爲六十四家（其中包括未注明確實創設年

❹ 齊如山《北平小掌故》，頁二三。
戈公振《中國報學史》，頁四九。

❺ 見民國二十三年六月一日郵政總局復交通部郵電司第一五三號函及其附件，原檔存郵政博物館。

代，但注明已創設六、七十年者二十一家），光緒年間六十三家，宣統三家，迄至民國，尚有十六家設立。其餘百餘家何時開設未說明。在已注明確實創設年代中最早的是：乾隆十六年五月創始的北京廣泰，它有兩個分號，一設天津，一在保定。其次則可能是已創設一百七、八十年的老福興（依此推算，約在乾隆二十五年前後），設在鎮江。最晚的則是民國十九年設立的汕頭鄭致成，它也有兩個分號，一在香港，一在廈門。次晚的是設於民國十四年的黃尚志玉記，地點在安徽懷寧。

上述各民信局中，分號最多的是設在閩侯的協興昌，共有分號二十四處，其次是上海順成，有分號二十一處。有趣的是各地有同名而分別登記領照的，不知是否實為一家，或僅同名而已。如各地登記的老福興即有十八處之多，最老的是上述的鎮江老福興，已有一百七、八十年的歷史；其次是吳縣的老福興，也有百餘年的歷史；分號最多的是上海老福興，有分號十處，散設各地。

至於未登記領照的民信局，依照郵政總局民國二十二年二月的調查，全國共有八十四家，此外尚有因變更或頂替而未經核准登記者二十一家，兩者共一〇五家❻。又此次調查中，已登記領照的也同時作了調查，計有民信局及批信局共七九一家，與前述二十三年的調查計共七〇八家相

❻　見民國二十二年二月十七日郵政總局上交通部呈第二〇七號，原檔（一三四號）存郵政博物館。

較，一年間已減少了八十餘家之多。又上述七九一家，共有分號三三四九處，連同本號，計共四一四〇處，設置的密度，可說是高的了。

民國二十二年，全國共有二十一個郵區，是年十月，其中有民信局開設的，計有十二個郵區，是：蘇皖（包括江蘇、安徽兩省）、上海、浙江、江西、湖北、東川、山東、河北、北平、河南、福建、廣東。其餘九個郵區：湖南、西川、山西、陝西、甘肅、廣西、雲南、貴州、新疆，其時並無民信局開設。各郵區中，民信局最多的是福建，二三一家；其次蘇皖，一八七家，再次廣東，一七四家❼。就各地言：最多的是思明（廈門），一七五家，分號有一九〇五處；其次是汕頭，九一家，分號四八〇處；再次是瓊山，四一家，分號一四六處；第四才是上海，三八家，分號二一二處。而五口通商之一的鄞縣（寧波），則祇有十二家，分號三一處。當然：此時（民國二十二年）民信局已近尾聲，與其以前各時期之情形，自有甚大之變動，客觀環境，亦有極大之變遷。

(二) 經營情形

民信局最大的可議之處，即它們的經營，是一種純商業行爲，追逐贏利，爲其唯一的目的，

---

❼ 見民國二十二年十月三日郵政總局上部、次長呈第一二六八號及附表，原檔（一三四號）存郵政博物館。

故集中於有利可圖之城市及路線，不能獲利的地方，則棄置不顧❽。由於它們都是民間私人經營，故此點雖屬無可厚非，但自發展國家整體通信之觀點言，則有悖普遍均衡之原則，殊不足取。其次，在營業方面，有違法令規定之違禁品及漏稅品，亦予收寄，即令被發現，亦不稍戢，成爲慣常之走私者。有的地方，如雲南之蒙自，當地民信局業務之衰落，即與鴉片之禁止有關，因販售鴉片之匯款，早年曾爲彼等之主要收入❾。第三，民信局收取信資，無一定之標準；收取方式，又因人而異，老主顧與無知之鄉巴佬，收費大有差別，帳務上如何能詳實記載，令人懷疑。又如何能有效管理❿。

民信局所經營的業務，種類甚多，除收寄一般信件外，也收寄新聞紙、商業文件、有價證券、各項票據等等以及包裹，並辦理匯兌，代派報紙。在不通輪船、火車，交通不便之地，還代辦旅客行旅及貨物運送等事項。民信局也兼營其他銀行業，如兌換鈔票等，晚期更因信業受郵局之競爭而萎縮，乃兼營其他商業，以求生存⓫。

❽《民國十年郵政事務總論》〈置郵溯源〉，郵政博物館。
❾《交通史郵政編》(一)，頁三五，郵博館藏。
Report on the Post Office: Kuaug Hsü 34th Year, p.12.
❿ *China: Imperial Maritime Customs Decennial Reports*, 2nd Issue, Vol.2, p.142.
⓫ 同❾，頁三四、三五、三六、三八。

民信局收寄之信件，除普通信件外，尚有火燒信、羽毛信、公幫信及掛號信等的不同。火燒信是用火燒信件的一角，羽毛信則以雞羽插信封上或其四角，以示火急快遞之意。公幫信則是派腳夫專送，有如今日之限時專送。掛號信則是交寄時給予收條，遺失時給予賠償的信件。這些信件，自是要另外加付信資⓫。

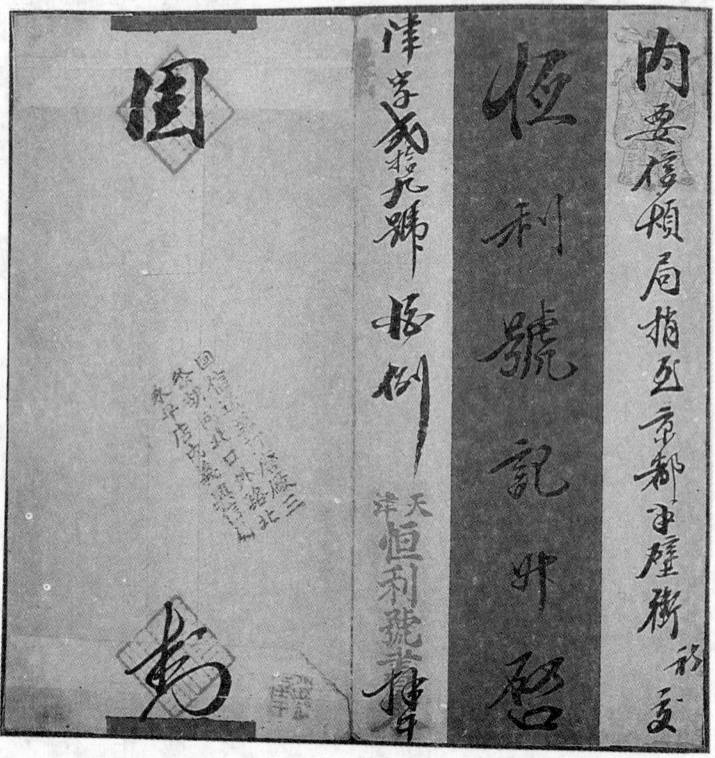

民信局實寄封

民信局信資的給付方式，有兩項特點：其一是可由寄件人全部預付；也可半數由寄件人預付，半數由收件人給付；也可全數由收件人給付。信資分兩部分：一叫酒力，或稱酒資，一般多由寄件人預付。一叫號金，或稱保險費，多用於包裹，但亦不盡然，多由收件人給付。如何給付，多於信封上寫明：如：酒資已給、酒力付訖等等，表示已由寄件人全部預付；酒資照例、號金照例或信到酒力若干

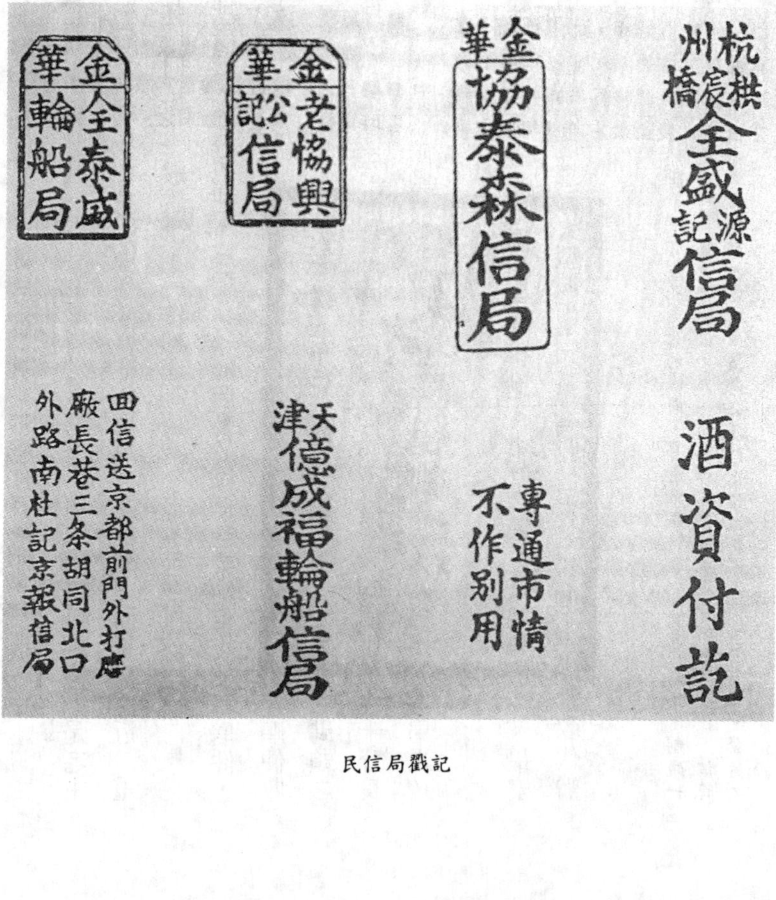

民信局戳記

等等，表示全部由收件人付給；滬至寧酒力付訖，寧至鄂照例，則是表示先付了一部分。

另一特點是信資可以折扣計算，也可記帳。如一次交寄件數甚多，可以面議折扣；如是老主顧，可以記帳按月或按年、節結付，並予折扣⓫。信資之收取，並無一定標準，而是按遠近、重量、內件價值、交寄件數等等條件而定。一般說來，一件約在制錢⓬二十文至二百文之譜。

民信局工作效率很高，信件寄遞，十分迅速。爲配合各商店多於每日營業結束後交寄信件，故其營業時間，延至夜半。並於發班前，派腳夫向各商號挨戶詢收，或由送信腳夫，沿途順便收集。輪船抵埠，尚未停靠碼頭，信件即由帶送之人，投入預先來接之小艇中，小艇划回碼頭之際，信局經理即在艇中分揀信件，一俟抵岸，即行投遞，異常迅捷。民信局的信用，也十分良好，寄件人祇要在信件封面上寫明內裝銀兩數目或物件之價值，遇有遺失，如係出於信局之疏忽，即予賠償。

民信局有著極其廣泛的聯繫，對內地邊遠地區信件的寄送，十分精通，投遞亦最快、最安全，妥善可靠。他們能毫不費力地在諸如北京等大型城市中，尋到收信人。一個小小郵政代辦

⓬ 制錢是清代的通用貨幣，銅質，重約一錢。外圓，中有方孔，孔之四周，有清帝年號及「通寶」二字，制錢一枚稱爲一文。光緒晚年，又有無孔之當十銅元發行，每枚當制錢十文。銀元一元，按規定合銅元一百枚，但時有漲跌。紋銀一兩，約合銀元一元五角，但亦常有變動。當時米價每公石約需銀二·一七兩；《申報》發行之初，上海各店零售，每張制錢八文。

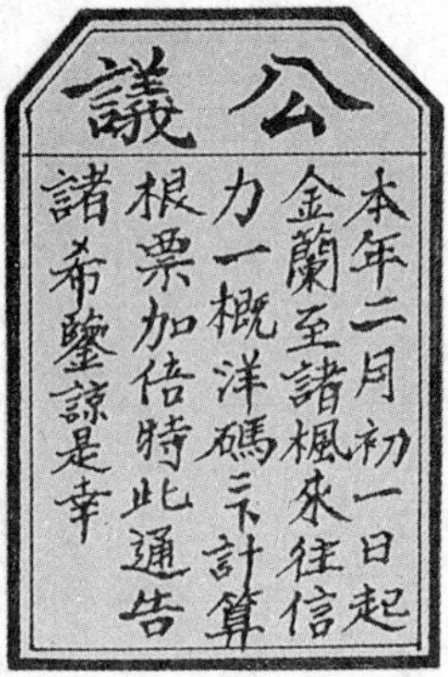

公議

本年二月初一日起
金蘭至諸楓來往信
力一概洋碼三下計算
根票加倍特此通告
諸希鑒諒是幸

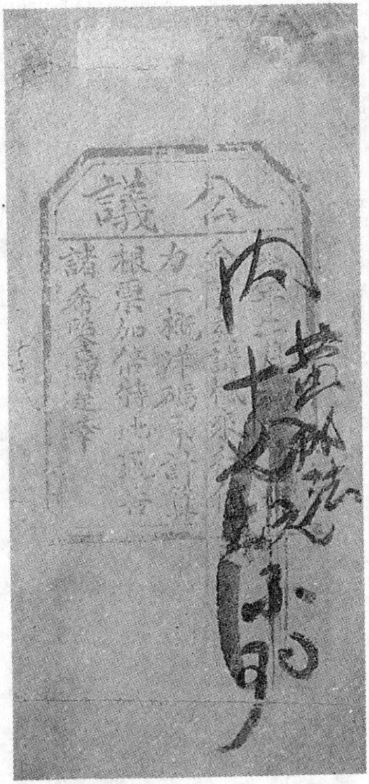

民信局通告

所，即便信件超出自己郵路，或不屬於他們自己的郵路時，也從不拒絕爲顧客寄遞⑬。但各地信局之房屋、設備，則並不考究。多在小街狹巷中，設一鋪面，高懸招牌，上書某某信局，其下詳列投送之地點，以廣招徠而已。

民信局依其地域、歷史與經營方式，可分爲三大類：東南沿江沿海部分，以上海爲中心，經營者多爲寧波人；西北西南內地，則以漢口、重慶爲中心，經營者多爲四川人；閩粵一帶，以廈門、汕頭爲中心，經營者多爲閩南及潮汕人⑭。

自輪船航運來到我國沿海及內河後，以其便利迅速，民信局有專營輪船航線之通信業務者，稱爲輪船信局。自有輪船信局之後，其他信局，則稱爲內地專行信局。其營業區域，限於一、二省或一地方，以腳夫或民船運送書信物品，分投內地各埠。輪船信局，分爲北洋、長江、南洋三路，各有其專營區域，獨佔該區域內各埠輪船通信⑮。

我國閩、粵一帶人民，長久以來，去南洋各地謀生者，爲數衆多，他們羈旅海外，心懷故

---

⑬《清末天津海關郵政檔案選編》，天津市檔案館，頁九。
⑭ 王孟瀟〈清代之民信局〉《郵政資料》第二集，郵政博物館。
　 劉承漢《從郵談往》(一)，頁四七，廣文書局。
　 張樑任《中國郵政》上卷，頁一二，商務印書館。
⑮ 謝彬《中國郵電航空史》，頁二一，中華書局。

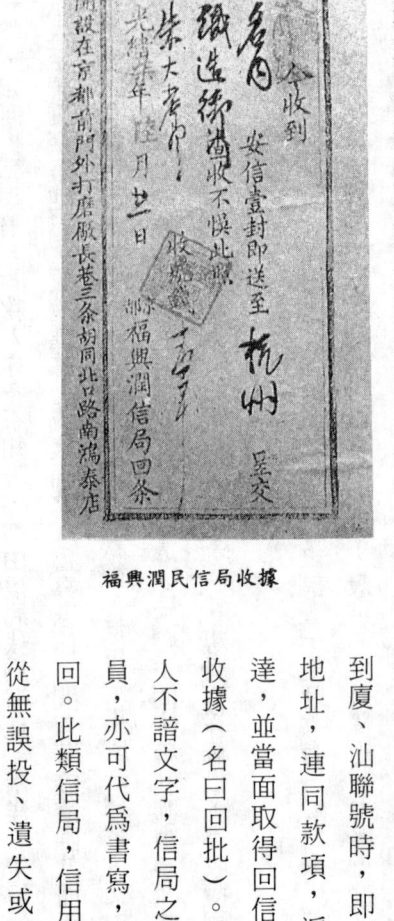

鄉，不僅與國內聯繫不斷，辛勤所得，亦匯寄國內，接濟家用。起初不過託人便帶，或託來往輪船上工作人員帶交，其後，往來日繁，於是漸有專業興起，而有信局之設，遍及南洋各埠，除信業外，並經營小宗匯兌，且多爲普通商號所兼設，其總（聯）號則設在閩、粵兩省之較大商埠如廈門、汕頭等地，一面又於內地設分號，構成閩、粵內地與南洋各埠之間的通信與匯兌網。前往南洋一帶僑胞，大多出身貧寒，所受教育不多，不諳文義，其家人世居鄉村，亦艱於文字，彼此通信，必須賴人代筆。因此，設在南洋一帶之信局，對於新到僑民，即招徠在店，將其本人及在國內之家屬姓名、住址、職業等項，詳細登記，並予編號，同時，備具副本，送交設在廈門、汕頭等地之聯號存查。日後此僑民如有款項匯回國內，僅需於其信件上書明編號及其家屬姓名，寄到廈、汕聯號時，即可查明地址，連同款項，派人送達，並當面取得回信，以爲收據（名曰回批）。如收款人不諳文字，信局之投送人員，亦可代爲書寫，隨手帶回。此類信局，信用可靠，從無誤投、遺失或冒領情

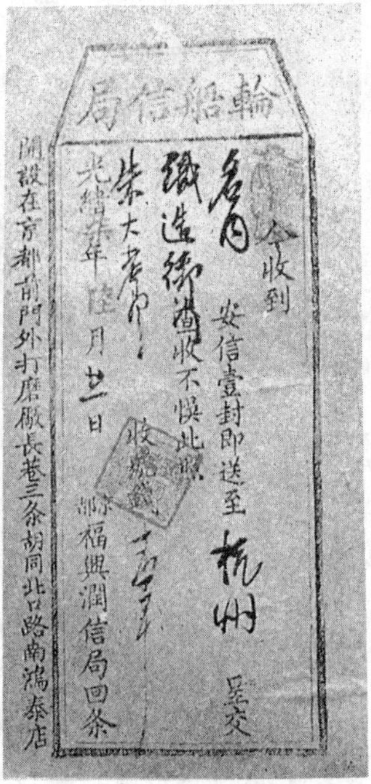

福興潤民信局收據

形。匯回之外幣，如何折算國幣，收款人亦多不知曉，均由信局代為辦理。南洋一帶信局，每月一次或數次派人至華僑聚集地方，收攬匯款，或代匯款人書寫家信。間有華僑欲匯款而手邊無錢時，亦可先代墊匯，惟須另計利息。而信局收到零星匯款後，每每彙集成一總數，交由銀行匯出；或購買商品，運回銷售，再以售得之款，分送收款人，一轉手間，獲利甚豐⑯。此類民信局，另有一名稱，叫作「批信局」，也叫「批局」或「批郊」，專營南洋僑批，不收攬國內普通信件⑰。批郊者，廈門語即信商之意。

國內批信局，依前述民國二十三年六月郵政總局所作之調查，是時共有三二二家，其中絕大多數，開設於民國建元以後。創始於清朝的，祇有十五家，最早的是梅縣的振大興，設立於光緒六年。而開設地點，則以思明（廈門）、汕頭為最多。且各地批信局，各有其海外的路線，如設在汕頭的批信局，其南洋的聯號多在暹羅、安南一帶；設在閩侯、詔安的，則在新加坡一帶；設在思明的，則在呂宋、馬來西亞、印尼一帶。依照民國二十一年十月十五日外交部所作調查，華僑在南洋各地所設批信局共有一八五家⑱，又檳榔嶼一地，是年有批信局計五十八家⑲。

---

⑯ 見民國二十二年六月一日郵政總局致郵電司函附件：郵政總局視察長濮蘭繕具之民信局沿革概略。原件存郵政博物館（檔號一三四）。此一概略，對民信局沿革，敘述甚詳，全文（經加注標點）錄為附錄二。

⑰ 樓祖詒《中國郵驛發達史》，頁三四九，中華書局。

⑱ 同❻，分布情形如後（截至民國二十一年十月十五日）：

地名	批局數
北婆羅洲亞庇埠（Jesselton, British North Borneo.）	八
緬甸仰光埠（Rangoon, Burma.）	一五
暹羅曼谷（Bangkok, Siam.）	二九
斐利濱小呂宋（Manila, Philippine Islands.）	六〇
斐利濱宿務（Cebu, Philippine Islands.）	六
斐利濱納卯（Davao, Philippine Islands.）	五
斐利濱怡朗（Iloilo, Philippine Islands.）	七
斐利濱蘇洛（Iolo, Philippine Islands.）	五
望加錫埠（Macassar, Calebes.）	一二
萬鴉老埠（Bengalone, Dutch East Indies.）	一〇
泗水（Surabaya, Dutch East Indies.）	一三
峇厘峇厘陵埠（Singaradja, Bali.）	三
峇厘島峇塘埠（Denpasar, Bali.）	三
合計	一八五

(三) 各地民信局

各地信局，除總號與分號外，各家之間，彼此沒有隸屬關係，祇有業務上的協調與彼此的支援互補。例如信局營業，各有其專行區域，投送專行區域以外之信件，類與友局協定，相互寄投，按期結算。如在同一地方，有數家同一專行區域之信局時，則組聯合機構，輪流寄送。各地信局，係由各地之實際需要而產生，其背景並不相同，故彼此間業務及工作方式等，亦並不完全

---

⑲ 見民國二十一年三月十一日外交部致交通部公函情字一二七八號附件：檳榔嶼民信局之調查。原件存郵政博物館。原文（經加注標點）如下：

華僑離鄉背井，遠涉重洋，多含辛茹苦，節儉儲蓄，以接濟家庭。因之民信局之設立，遍於南洋各埠，專營小宗匯兌，且多爲普通商號所兼設。檳榔嶼之民信局共七十四間，去歲商況凋蔽，因而停業者計十六間。各民信局經營匯兌，多以信用爲主，資本最多者不過數萬元，總共投資二百餘萬元。茲經調查現存營業者五十八間，其商號如下：

乃裕　仁裕　榮利　承福興　廣合興　潮利亨　東南　民生　益豐　潮億興　遠奇基　源裕昌　光華
泰興　德興　榮泰昌　瓊南安　新南興　大安　崇記　民豐　黃瑞記　瓊悅興　萬慶興　萬新　廣
源　廣隆　南隆　新裕隆　萬勝安　駱萃記　泰和　三益　祥隆　聯益　南盛棧　余仁生　建裕棧
大通　源泰　華光　隆利　錦隆　長興　天理棧　東南局　福源成　福新　甘泉　龍興　瑞記　瓊發
金隆　協興局　綏遠　宜鄉　聯合公司　瓊僑聯合公司

已停業之民信局計十六間，其商號如下：

潮順興　僑安　順生　瓊興　泰利　信美　萬生　華興　廣生隆　公益　祥和　麗英　志和　義美
協昌　普濟安

相同，故進一步探述各地民信局情形，對整個民信局之了解，甚有助益。茲就光緒年間，較大商埠之民信局情況[20]，摘介如下：

一、**重慶**　光緒十七年，共有十六家民信局，其中三家，總號在漢口，經營重慶至沿海各埠之信件、包裹及貴重物品之運送事項；其餘各家，總號均在重慶，經營至四川、貴州、雲南、陝西及甘肅各地之業務。以重慶至西安爲例，信路長達二千四百里。每局各有一經理，其下有司帳、職員及腳夫，信件封發及收費等依章則及資費表行事。遇封發之日，除一般公衆到窗口交寄外，並派人至各大商號收取信件，收到之信件，由司帳予以登記，並備好郵袋之路單。自漢口及宜昌上行之腳夫分兩段步行，二十四小時須行二百里，沿途有接應站及輪換之腳夫。下行則以小舟水運，可載重十擔（一擔一百斤），船上有水手一人或二人，除腳夫及信袋外，包裹以五十至六十斤爲限。貴重物品之價值，以一千兩爲限。信袋以油紙包裹，使不滲水，綑綁於槳上，即遇傾覆，亦不致沈沒。自重慶至宜昌及沙市，船資制錢三千或四千文，回程則由旱路返重慶。

除一般信件業務外，信局也收寄銀票及匯票，此項收入，爲其主要利潤之所在。例如：上

[20] 重慶等六地之資料，散見：*China: Imperial Maritime Customs Decennial Reports*; 1st Issue, 1882～1891; 2nd Issue, 1892～1901. 各書中相關各章之（S）節（按該節係專述各該地方民信局情況）。

海開來之匯票，面額每千兩收費制錢一千六百文，漢口及沙市一千文，宜昌八百文。反之：開往上海者，每千兩收費一千二百文，漢口或宜昌六百文，沙市四百文，遇有遺失，由信局負責。每年遞送之匯票總額達三百萬兩。

往來漢口—重慶的三家信局每五天各相對發班一次，其中一家另每月自漢口有六次加班，專送「么幫信」。

必要時，也可另再安排專差，但自有電報後，甚少利用。

其餘十三家信局，每月約有二至九名腳夫到達或派出，其中一家有加班六次，另九家並兼營貨物運送，及供應旅客所需之滑干。

十六家信局形成了一個聯盟，共同訂價；並在遞送信件上，互相支援。

總號在漢口的信局遞送下列城市之間的信件：

四川省：重慶、涪州、萬縣、雲陽、夔州、巫山。

湖北省：宜昌、沙市、漢口、樊城、老河口、襄陽、武昌、武穴。

湖南省：津市、岳州、常德、湘潭。

江西省：南昌、九江、湖口、景德鎮。

江蘇省：南京、揚州、儀徵、鎮江、上海、蘇州。

安徽省：安慶、蕪湖。

直隸省：北京、天津。

同時遞送山東、山西、福建、廣州、廣西、河南各主要城市之信件。

總號在重慶的信局則與成都及四川境內四十八個城市往來，並與下列地方遞送信件。

貴州省：遵義、桂陽。

雲南省：老雅灘、照通、東川。

甘肅省：秦州、蘭州。

陝西省：洋縣、江口鎮、略陽、西安、三原。

信資不必定須預付，也可於投遞時付給，或由寄件人、收件人各付一半。已預付時，信封上注明：「酒資已給」；未付時，則注：「酒資照例」。各家信資不一，依距離及信局信譽而定。信譽良好之信局，自重慶至漢口，約三千里，信資六十文，包裹每斤三百文。

光緒十七年（一八九一），自漢口至重慶，海關信件，最快需時十四天，最慢三十三天；自宜昌至重慶，最快九天，最慢十五天。自重慶至宜昌，最快四天；至漢口，十一天。

二、**廈門** 截至光緒十七年，共有二十三家民間通信機構。其中約有半數總號設在上海等地，其餘則純粹爲本地所設。這些機構，可分爲四類：㈠批郊；㈡信局；㈢文書館；㈣信館。

批郊共有八家，專營往來於海峽殖民地、暹羅、西貢、馬尼拉以及其他海外商埠之信件，由於彼等資本雄厚，並兼營廈門與上述各地間之商業及銀行業，開發匯票，取費低廉。信資可預付，或預付一部分，但通常是投遞時付給，並都在信封上注明。普通信件不給收據，寄至各埠，均收劃一之郵資五分。交寄貴重物品，應於封面書明內容及價值，給予收據，郵資按其價值比例計算，由收件人給付。信件彙總裝入封袋，交與輪船執事，並予報酬，由其負責管理，於到達時交與來接之人員。

信局即民信局，共有十二家，經營來往各商埠之信件，多係小本營業，僅作信件業務，偶或乘關員不注意時，走私小件應稅或違禁品。信資：來往福州者，每件三十文，來往上海五十文，來往漢口或天津一百文；貴重物品：來往福州或上海，依其價值收費百分之二，來往漢口或天津百分之四。

信資甚少預付，多由收件人照封面所書數額付給。平信不給收據，內裝貴重物品者給予收據，遇有遺失，可據以請求賠償。小包亦有收據，但遺失非因信局之疏失而致者，或被海關沒收者，則不予賠償。信件係封成總包，交輪船執事帶往目的地之商埠，彼此交收，均有記載，以便結帳。

文書館與海關訂有合約，遞送公家文報，並有定期信班至福州，十天一班，行程一八五英里，步行三天半，回程可遞送沿途一般信件。寄達地非沿線或超越福州者，亦可交代理人或覓人遞送，收取信資差額。平信信資：福州三十文，沿線各地十至二十五文。非沿線或超越福州之地方則依遠近及路程難易而定。

信館僅有兩家，規模均甚小，經營至內地之不定期信班（廈門至外地之定期信班祇有上述之福州線），遇有需要時，即雇專差遞送。信資為行程三天以上二千文，六天以上六千文。沿途信件，專差亦可順帶。

三、廣州　有為數不少之民信局，經營來往香港、澳門、沿海以及長江各埠之信件及包裹。此種信局，可分為兩類：一叫港澳信館，一叫輪船信局。前者僅遞送往來廣州與香港、澳門間信件；後者遞送範圍則甚廣。信館在香港、澳門均設有分號或代理人，信件裝入信袋或信盒，交輪船司事帶往，每袋（盒）一百文。到達後予以分揀、投遞，並收回程信件，裝入原袋（盒），仍由原輪帶回。寄香港或澳門平信每件十五文至二十文，可由寄件人預付，或由收件人於投遞時付給，大型信件則依比例付費。信件及包裹也可掛號，依其價值收費二十至一百文，遺失可以賠償。

光緒十七年，輪船信局約有五、六家，收寄輪船通往之國內各商埠之信件，是純粹以遞信為業之經常性信局。在各埠均設有代表或代理人，按期由直航輪船帶運信件，裝袋交輪船司事帶交寄達商埠之代表，並給予一定之報酬。寄往內地者亦交由其最近商埠之代表以最安全而迅速之方式轉送目的地。平信信資：天津以南沿線各埠二百文，以北或內地四百文，掛號另行加費。信資由寄件人與收件人各付一半。廣州附近村鎮之信件，則交由行駛該地之客船帶去。

四、上海　上海民信局之所以重要，係因廈門及汕頭以北沿海各口岸以及長江各商埠主要民信局之總號均設於此。它們之間的營業區域，自不免有重疊之處。如在南方，廣州之民信局其業務量即甚爲龐大；而在西部，漢口民信局亦有甚多之業務。但總號設在上海之民信局在此二地亦設有分號，經營線路相同之業務，彼此競爭。各信局多由老闆二、三人合夥組成，他們並不經常停留上海，而是在其指定的地段督察業務。

截至光緒二十七年，上海的民信局，向郵局登記的有四十六家，它們都經由郵局將信件總包交輪船運送。其餘未向郵局登記的有二十五家[21]，它們的信件，是自雇腳伕，組織旱班郵路來運送；或是交由行駛內河的小船來運送。這類民信局，因爲沒有與郵局打交道的必要，因此，也沒有向郵局登記。

五、天津 爲期快速，民信局趕在封班最後時刻派人至各店家收取信件；腳夫自火車站或郵局取得信件總包後，不俟回信局分揀，即沿途予以投遞。當然，「酒錢」也可能是「快速」的誘因之一。

平信遺失不賠償。如有貴重物品，須於封面書明價值，收取百分之一的掛號費，遇有遺失，可予賠償。腳夫過去係兼爲傳遞有關市場兌換率及市價之消息而僱用，自有電報後，則改以分送報紙、收取報費爲其經常工作的一部分。

---

[21] 上海已掛號民信局四十六家，未掛號二十五家，詳如下表（見頁七三～頁八八）（資料來源同[20]）：

上海已掛號民信局

編號	局名	路線（至何處）	班期	信資
1	協興昌記	北京	隨輪出發	60文
		天津	隨輪出發	60文
		煙臺	隨輪出發	60文
		牛莊	隨輪出發	60文
		廣州	隨輪出發	50文
		汕頭	隨輪出發	50文
		廈門	隨輪出發	50文
2	協興昌	通州	每日	40文
		江陰	每日	40文
		鎮江	每日	40文
		泰興	每日	40文
		南京	每日	40文
		蕪湖	每日	40文
		大通	每日	40文
		安慶	每日	40文
		九江	每日	40文
		漢口	每日	40文
3	協興	溫州	每月三次	50文
		寧波	每日	40文
		紹興	每日	40文
		蘇州	每日	40文
		杭州	每日	40文
		嘉興	每日	40文
		湖州	每日	40文
4	全泰洽	鎮江	每日	40文
		揚州	每日	40文
		南京	每日	40文
		蕪湖	每日	40文
		大通	每日	40文
		安慶	每日	40文
		九江	每日	40文
		江西	每日	40文
		武穴	每日	40文
		漢口	每日	40文

5	太古晉	通州	每日	40文
		鎮江	每日	40文
		揚州	每日	40文
		南京	每日	40文
		蕪湖	每日	40文
		大通	每日	40文
		安慶	每日	40文
		九江	每日	40文
		漢口	每日	40文
		江西	每日	40文
6	正大	寧波	每日	40文
		紹興	每日	40文
		溫州	隨輪出發	50文
		福州	隨輪出發	50文
		杭州	每日	40文
		蘇州	每日	40文
		湖州	每日	40文
		嘉興	每日	40文
7	森昌盛	天津	隨輪出發	60文
		北京	隨輪出發	60文
		煙臺	隨輪出發	60文
		牛莊	隨輪出發	60文
8	森昌	通州	每日	40文
		江陰	每日	40文
		鎮江	每日	40文
		揚州	每日	40文
		南京	每日	40文
		蕪湖	每日	40文
		大通	每日	40文
		安慶	每日	40文
		九江	每日	40文
		漢口	每日	40文
		宜昌	每日	40文
		岳州	每日	40文
9	永和裕	寧波	每日	40文
		鎮海	每日	40文
		慈谿	每日	40文
		奉化	每日	40文
		定海	每日	40文

9	永和裕（續）	紹興	每日	40文
		餘姚	每日	40文
		上虞	每日	40文
		新倉	每日	40文
		嵊縣	每日	40文
		福州	隨輪出發	50文
		溫州	隨輪出發	50文
10	永　和	杭州	每日	40文
		湖州	每日	40文
		嘉興	每日	40文
		硤石	每日	40文
		南潯	每日	40文
		蘇州	每日	40文
		松江	每日	40文
11	福興康	廣州	隨輪出發	50文
		汕頭	隨輪出發	50文
		廈門	隨輪出發	50文
		臺南	隨輪出發	50文
		臺北	隨輪出發	50文
		泉州	隨輪出發	50文
		漳州	隨輪出發	50文
12	全昌仁	鎮江	每日	40文
		揚州	每日	40文
		南京	每日	40文
		蕪湖	每日	40文
		大通	每日	40文
		安慶	每日	40文
		九江	每日	40文
		江西	每日	40文
		漢口	每日	40文
		湖南	每日	40文
		廈門	隨輪出發	50文
		汕頭	隨輪出發	50文
		廣州	隨輪出發	50文
		蘇州	每日	
		杭州	每日	
13	和　泰	寧波	每日	40文
		福州	隨輪出發	50文
		廣州	隨輪出發	50文

13	和泰（續）	汕頭	隨輪出發	50文
		廈門	隨輪出發	50文
		溫州	隨輪出發	50文
14	永利	寧波	每日	40文
		紹興	每日	40文
		溫州	每日	40文
		杭州	每日	40文
		蘇州	每日	40文
		湖州	每日	40文
		嘉興	每日	40文
15	永義昶	寧波	每日	40文
		鎮海	每日	40文
		慈谿	每日	40文
		定海	每日	40文
		溫州	隨輪出發	50文
		臺州	每日	50文
		海門	每日	50文
		常熟	每日	
		梅里	每日	
		太倉	每日	
		沙頭	每日	
		嘉定	每日	
		瀏河	每日	
16	協太	寧波	每日	
		鎮海	每日	
		定海	每日	
		臺州	每日	
		海門	每日	
		石浦	每日	
		慈谿	每日	
		柴橋	每日	
		山南	每日	
		溫州	隨輪出發	
		福州	隨輪出發	
17	全盛	寧波	每日	40文
		慈谿	每日	40文
		奉化	每日	40文
		鎮海	每日	40文
		餘姚	每日	40文

17	全盛（續）	紹興	每日	40文
		溫州	每日	60文
		福州	每日	60文
18	政大源	通州	每日	40文
		鎮江	每日	40文
		揚州	每日	40文
		南京	每日	40文
		蕪湖	每日	40文
		大通	每日	40文
		安慶	每日	40文
		九江	每日	40文
		武穴	每日	40文
		江西	每日	40文
		漢口	每日	40文
		湖北	每日	40文
19	全泰成	廣州	隨輪出發	50文
		汕頭	隨輪出發	50文
		廣西	隨輪出發	
		潮州	隨輪出發	
		香港	隨輪出發	50文
		廈門	隨輪出發	50文
		梧州	隨輪出發	
		泉州	隨輪出發	
20	全泰盛	天津	隨輪出發	60文
		北京	隨輪出發	60文
		煙臺	隨輪出發	60文
		牛莊	隨輪出發	60文
21	龘順	寧波	每日	40文
		鎮海	每日	
		定海	每日	
		慈谿	每日	
		溫州	隨輪出發	50文
		福州	隨輪出發	50文
		杭州	每日	
		紹興	每日	
		嘉興	每日	
22	福興潤	北京	隨輪出發	60文
		天津	隨輪出發	60文

22	福興潤（續）	煙臺	隨輪出發	60文
		牛莊	隨輪出發	60文
23	福潤	寧波	每日	40文
		溫州	隨輪出發	50文
		福州	隨輪出發	50文
		紹興	每日	
		蘇州	每日	
		杭州	每日	
		湖州	每日	
		嘉興	每日	
24	福興潤	通州	每日	40文
		鎮江	每日	40文
		揚州	每日	40文
		南京	每日	40文
		蕪湖	每日	40文
		大通	每日	40文
		安慶	每日	40文
		九江	每日	40文
		漢口	每日	40文
		江陰	每日	40文
25	老福興隆記	天津	隨輪出發	70文
		北京	隨輪出發	70文
		煙臺	隨輪出發	60文
		牛莊	隨輪出發	70文
26	老福興	漢口	隨輪出發	40文
		九江	隨輪出發	40文
		安慶	隨輪出發	40文
		大通	隨輪出發	40文
		蕪湖	隨輪出發	40文
		南京	隨輪出發	40文
		鎮江	隨輪出發	40文
		江陰	隨輪出發	40文
		通州	隨輪出發	40文
27	乾昌	鎮江	隨輪出發	40文
		九江	隨輪出發	40文
		蕪湖	隨輪出發	40文
		安慶	隨輪出發	40文
		大通	隨輪出發	40文

27	乾昌（續）	湖北	隨輪出發	40文
		漢口	隨輪出發	40文
		南京	隨輪出發	40文
28	乾昌仁	福州	隨輪出發	40文
		福寧	隨輪出發	40文
		廣州	隨輪出發	40文
		汕頭	隨輪出發	40文
		潮州	隨輪出發	40文
		廈門	隨輪出發	40文
29	全泰盛	鎭江	每日	40文
		通州	每日	40文
		南京	每日	40文
		蕪湖	每日	40文
		大通	每日	40文
		安慶	每日	40文
		九江	每日	40文
		漢口	每日	40文
30	裕興福	福州	隨輪出發	50文
		廣州	隨輪出發	50文
		廈門	隨輪出發	50文
		汕頭	隨輪出發	40文
		北京	隨輪出發	60文
		天津	隨輪出發	60文
		牛莊	隨輪出發	60文
		煙臺	隨輪出發	60文
		鎭江	每日	40文
		通州	每日	40文
		南京	每日	40文
		蕪湖	每日	40文
		大通	每日	40文
		九江	每日	40文
		漢口	每日	40文
31	正和協記	鎭江	每日	40文
		揚州	每日	40文
		南京	每日	40文
		蕪湖	每日	40文
		大通	每日	40文
		安慶	每日	40文
		九江	每日	40文

31	正和協記（續）	漢口	每日	40文
		天津	隨輪出發	60文
		北京	隨輪出發	60文
		汕頭	隨輪出發	50文
		廣州	隨輪出發	50文
		廈門	隨輪出發	50文
32	億大	鎮江	每日	40文
		南京	每日	40文
		蕪湖	每日	40文
		安慶	每日	40文
		大通	每日	40文
		九江	每日	40文
		漢口	每日	40文
33	仁昌正	汕頭	隨輪出發	50文
		廈門	隨輪出發	50文
		福州	隨輪出發	50文
		溫州	隨輪出發	50文
		寧波	每日	40文
		紹興	每日	40文
34	裕興昌	寧波	每日	40文
		鎮海	每日	40文
		定海	每日	40文
		紹興	每日	40文
		福州	隨輪出發	50文
		慈谿	隨輪出發	40文
35	茂昌	廣州	隨輪出發	50文
		汕頭	隨輪出發	50文
		廈門	隨輪出發	50文
		漳州	隨輪出發	50文
36	全泰洽	汕頭	隨輪出發	50文
		廈門	隨輪出發	50文
		廣州	隨輪出發	50文
37	福和昌	廣州	隨輪出發	50文
		廈門	隨輪出發	50文
		汕頭	隨輪出發	50文
38	太古盛	福州	隨輪出發	50文

38	太古盛（續）	廣州	隨輪出發	50文
		廈門	隨輪出發	50文
		汕頭	隨輪出發	40文
39	老億豐	廣州	隨輪出發	50文
		汕頭	隨輪出發	50文
		廈門	隨輪出發	50文
		福州	隨輪出發	50文
40	合發順	廣州	隨輪出發	50文
		汕頭	隨輪出發	50文
		廈門	隨輪出發	50文
		福州	隨輪出發	50文
41	松興公	廈門	隨輪出發	60文
		汕頭	隨輪出發	50文
42	胡萬昌	鎭江	每日	40文
		南京	每日	40文
		蕪湖	每日	40文
		大通	每日	40文
		安慶	每日	40文
		九江	每日	40文
		漢口	每日	40文
		湖南	每日	100文
		長沙	每日	100文
		湘潭	每日	100文
		醴陵	每日	100文
		益陽	每日	100文
		四川	每日	200文
		夔關	每日	200文
		重慶	每日	200文
		萬縣	每日	200文
		成都	每日	200文
43	永義泰	寧波	每日	50文
		紹興	每日	50文
		鎭海	每日	50文
		定海	每日	50文
		溫州	隨輪出發	100文
		福州	隨輪出發	100文
		蘇州	每日	50文
		杭州	每日	60文

44	銓昌祥	鎮江	每日	40文
		南京	每日	40文
		蕪湖	每日	40文
		大通	每日	40文
		安慶	每日	40文
		九江	每日	40文
		漢口	每日	40文
		通州	每日	40文
		江陰	每日	40文
45	松興公福記	通州	每日	40文
		江陰	每日	40文
		鎮江	每日	40文
		揚州	每日	40文
		南京	每日	40文
		蕪湖	每日	40文
		大通	每日	40文
		安慶	每日	40文
		九江	每日	40文
		江西	每日	40文
		漢口	每日	40文
		湖北	每日	40文
		廣州	隨輪出發	50文
		寧波	每日	40文
		鎮海	每日	40文
		杭州	每日	40文
		蘇州	每日	40文
46	正和合記	寧波	每日	40文
		溫州	隨輪出發	50文
		福州	隨輪出發	50文
		杭州	每日	40文

上海未掛號民信局

局名	路線（至何處）	班期	信資
永和仁	嘉興	每日	50文
	湖州	每日	70文
	硤石	每日	70文
	雙林	每日	70文
	烏鎮	每日	70文
	桐鄉	每日	70文
	杭州	每日	60文
	富陽	每日	70文
	餘杭	每日	70文
林仁記	嘉興	每日	50文
	湖州	每日	70文
	硤石	每日	70文
	雙林	每日	70文
	烏鎮	每日	70文
	桐鄉	每日	70文
	杭州	每日	60文
	富陽	每日	70文
	餘杭	每日	70文
永泰豐	嘉興	每日	50文
	硤石	每日	70文
	湖州	每日	70文
	雙林	每日	70文
	烏鎮	每日	70文
	桐鄉	每日	70文
	杭州	每日	60文
	富陽	每日	70文
	餘杭	每日	70文
老正大	太倉州	每日	40文
	羅店	每日	40文
	南翔	每日	24文
	嘉定	每日	24文
	蘇州	每日	50文
	無錫	每日	70文
	常州	每日	70文

老正大（續）	溧陽	每日	70文
	丹陽	每日	70文
	孟河	每日	70文
	同蠡	每日	70文
	常熟	每日	70文
通順	蘇州	每日	50文
	無錫	每日	70文
	常州	每日	70文
	溧陽	每日	70文
	丹陽	每日	70文
	孟河	每日	70文
	同蠡	每日	70文
	常熟	每日	70文
協源汪記	松江	每日	24文
	乍浦	每日	40文
	洙涇	每日	30文
	楓涇	每日	30文
	平湖	每日	50文
	嘉興	每日	50文
	湖州	每日	70文
	硤石	每日	70文
	雙林	每日	70文
	烏鎮	每日	70文
	桐鄉	每日	70文
	杭州	每日	60文
	富陽	每日	70文
協源	蘇州	每日	50文
	無錫	每日	70文
	常州	每日	70文
	溧陽	每日	70文
	丹陽	每日	70文
	孟河	每日	70文
	同蠡	每日	70文
	常熟	每日	70文
順成	松江	每日	24文
	乍浦	每日	40文
	洙涇	每日	30文
	楓涇	每日	30文
	平湖	每日	50文

順成（續）	嘉興	每日	50文
	湖州	每日	70文
	硤石	每日	70文
	雙林	每日	70文
	烏鎮	每日	70文
	桐鄉	每日	70文
	杭州	每日	60文
	富陽	每日	70文
	餘杭	每日	70文
協大	嘉興	每日	50文
	湖州	每日	70文
	硤石	每日	70文
	雙林	每日	70文
	烏鎮	每日	70文
	桐鄉	每日	70文
	杭州	每日	60文
	富陽	每日	70文
	餘杭	每日	70文
鴻源	蘇州	每日	50文
	無錫	每日	70文
	常州	每日	70文
	溧陽	每日	70文
	丹陽	每日	70文
	孟河	每日	70文
	同蠡	每日	70文
	常熟	每日	70文
寶順	南匯	每日	24文
	川沙	每日	24文
	周浦	每日	24文
	太倉州	每日	40文
	羅店	每日	40文
	南翔	每日	24文
	嘉定	每日	24文
	蘇州	每日	50文
	無錫	每日	70文
	常州	每日	70文
	溧陽	每日	70文
	丹陽	每日	70文
	孟河	每日	70文
	同蠡	每日	70文

寶順（續）	常熟	每日	70文
通裕	蘇州	每日	50文
	無錫	每日	70文
	常州	每日	70文
	溧陽	每日	70文
	丹陽	每日	70文
	盂河	每日	70文
	同蠡	每日	70文
	常熟	每日	70文
日生	南匯	每日	24文
	川沙	每日	24文
	周浦	每日	24文
全盛和記	嘉興	每日	50文
	湖州	每日	70文
	硤石	每日	70文
	雙林	每日	70文
	烏鎮	每日	70文
	桐鄉	每日	70文
	杭州	每日	60文
	富陽	每日	70文
	餘杭	每日	70文
致大	太倉州	每日	40文
	羅店	每日	40文
	南翔	每日	24文
	嘉定	每日	24文
	嘉興	每日	50文
	湖州	每日	70文
	硤石	每日	70文
	雙林	每日	70文
	烏鎮	每日	70文
	桐鄉	每日	70文
	杭州	每日	60文
	富陽	每日	70文
	餘杭	每日	70文
德和	吳淞	每日	16文
公利	徽州	每日	100文

馬正源	徽州	每日	100文
全泰順	徽州	每日	100文
恆利	蘭谿	每日	120文
	龍游	每日	160文
	衢州	每日	160文
	金華	每日	160文
	常山	每日	160文
	玉山	每日	160文
	廣信府	每日	160文
	嚴州	每日	160文
全泰福	福州	隨輪出發	100文
永其昌	沙頭	每日	24文
	崇明	每日	24文
永和合	杭州	每日	60文
	嘉興	每日	50文
	湖州	每日	70文
協泰順	蘭谿	每日	120文
	龍游	每日	160文
	衢州	每日	160文
	金華	每日	160文
	常山	每日	160文
	玉山	每日	160文
	廣信府	每日	160文
	嚴州	每日	160文
興裕康	通州	每日	50文
	海門	每日	70文
	如皋	每日	70文
	金沙	每日	70文
	白蒲	每日	70文
	江陰	每日	50文
	靖江	每日	50文
	鎮江	每日	50文
	揚州	每日	70文
	仙女廟	每日	70文
	泰州	每日	70文
	興化	每日	70文

興裕康（續）	鹽城	每日	70文
	邵伯	每日	70文
	高郵	每日	70文
	清江浦	每日	100文
	徐州	每日	100文
	桃源	每日	100文
	宿遷	每日	100文
	臺兒莊	每日	100文
	濟寧州	每日	100文
	河南	每日	200文
	南京	每日	70文
	六合	每日	70文
	湖熟	每日	100文
	滁州	每日	100文
	蕪湖	每日	70文
	太平府	每日	70文
	寧國府	每日	70文
	和州	每日	70文
	巢縣	每日	70文
	運漕	每日	70文
	廬州府	每日	100文
	六安州	每日	100文
	亳州	每日	100文
	鳳陽府	每日	100文
	穎州府	每日	100文
	大通	每日	70文
	和悅州	每日	70文
	安慶	每日	70文
	九江	每日	70文
	江西	每日	100文
	樟樹	每日	100文
	河口	每日	100文
	漢口	每日	80文
	湖北	每日	80文
	沙市	每日	100文
	宜昌	每日	100文
	湖南	每日	100文
	重慶	每日	200文

截至光緒二十七年，天津已登記領照的民信局計六家，未登記的七家[22]。

六、九江　截至光緒十七年，共有民信局十四家，它們都是代理商，而非分號，有時一人兼領數家，其總號都在上海或漢口，它們與各商埠均有輪船來往，與各省也有各種交通工具聯繫，各家各有其專行的路線，因而業務也特別興盛。

當某一地方逐漸繁榮，而有設立通信機構的必要時，其鄰近地方的民信局，就共同派人到該地設一臨時代理處，辦理信件的收發工作，代理人每年須繳一定的金額給所代理的民信局。如遇虧損，可由此項金額中予以彌補，如尚有多餘，則歸代理人所有。此項辦法，到成為正式之民信局為止。以後即由其自負盈虧之責。

江西省境內與九江有通信線路者計有下列十二處：南昌府、吉安府、贛州府、樟樹鎮、饒州府、弋陽縣、河口鎮、貴溪縣、景德鎮、樂平縣、鄱陽縣及吳城鎮。各家信局商訂有共同輪流行走上述十二線的辦法，由輪值的信局派出腳夫，代十四家運送信件至目的地，不必各家各派腳夫，以節人力。例如：每逢一、四、七（即一、四、七、十一、十四、十七、二十一、二十四、二十七等日）走南昌府、吉安府、贛州府、樟樹鎮線，由全太盛、福興二家擔任；每逢三、六、九走同一路線，由乾昌、森昌、億大、全太洽、協興昌、政大源、胡萬昌等家擔

[22] 天津已掛號民信局六家，未掛號七家，詳如下表（見頁九〇～頁九三）（資料來源同[20]）：

天津已掛號民信局

局名	路線（至何處）	班期	運輸工具	在途時間	信資
老福興	北京	每日	火車	4小時	
	保定	每日	火車	12小時	
	營口	每日	火車	2天	
	煙臺	隨時	輪船	約2天	
	上海	隨時	輪船	約3天	
	旅順口		暫停		
	濟南	隨時	步差	6天	
全泰盛	北京	每日	火車	4小時	
	保定	每日	火車	12小時	
	營口	每日	火車	2天	
	煙臺	隨時	輪船	約2天	
	上海	隨時	輪船	約3天	
協興昌	北京	每日	火車	4小時	
	保定	每日	火車	12小時	
	營口	每日	火車	2天	
	煙臺	隨時	輪船	約2天	
	上海	隨時	輪船	約3天	
	吳淞	隨時	輪船	約3天	
	通州	每日	火車	約6小時	
	濟南	隨時	步差		
森昌盛	北京	每日	火車	4小時	
	保定	每日	火車	12小時	
	營口	每日	火車	2天	
	煙臺	隨時	輪船	約2天	
	上海	隨時	輪船	約3天	
	通州	每日	火車	約6小時	
福興潤	北京	每日	火車	4小時	
	保定	每日	火車	12小時	
	營口	每日	火車	2天	
	上海	隨時	輪船	約3天	
文報局	北京	每日	火車	4小時	
	保定	每日	火車	12小時	

文報局（續）	塘沽	每日	火車	1小時	
	北塘	每日	火車	3小時	
	灤州	每日	火車	4小時	
	山海關	每日	火車	7小時	
	煙臺	隨時	輪船	約2天	
	上海	隨時	輪船	約3天	
	廣東	隨時	輪船	約5天	
	歐洲	隨時	輪船	約3 5天	
三盛	上海	該民信局信件均貼郵票向郵局交寄			
	煙臺				
	北京				
	保定				
	通州				
	宣化				
	蔚州				
	大同				
	豐鎮				
	西包頭				
	歸化城				
	張家口				
	多倫廳				
	辛集				
	順德府				
	安平州				
	小站				
	塘沽				
	蘆臺				
	錦州				
	營口				
	盛京				
	吉林				
	太原府				
	太谷縣				
	獲鹿縣				
	周村				
	濟南				
	濰縣				
	龍王廟				
	道口				
	衛輝府				
	新鄉縣				
	懷慶府				
	開封				
	周家口				

天津未掛號民信局

局名	路線（至何處）	班期	運輸工具	在途時間	信資
裕興福	上海	隨時	輪船	約3天	100文
	煙臺	隨時	輪船	2天	100文
	營口	每日	火車	2天	100文
	吉林	（已停）			
	旅順口	（已停）			
立成	北京	每日	火車	4小時	50文
公義成	保定	每日	火車	12小時	50文
	辛集	每日	火車及步差	2天	50文
	滄州	每日	步差	2天	50文
				（快）1天	
	泊頭	每日	步差	3天	50文
	桑園	每日	步差	$3\frac{1}{2}$天	50文
	德州	每日	步差	4天	100文
				（快）2天	
	鄭家口	每日	步差	5天	100文
				（快）$2\frac{1}{2}$天	
	南宮	每日	步差	6天	50文
				（快）3天	
	大營	每日	步差	5天	50文
				（快）$2\frac{1}{2}$天	
	臨清	每日	步差	6天	100文
				（快）3天	
	龍王廟	每日	步差	8天	100文
				（快）4天	
	大名府	每日	步差	8天	100文
				（快）4天	
	道口	每日	步差	9天	100文
				（快）$4\frac{1}{2}$天	
	新鄉縣	每日	步差	10天	100文
				（快）5天	
	懷慶府	每日	步差	13天	100文
				（快）7或8天	
劉公義	道口	每7或8日	郵差	9天	100文
天順	祁州	每日	火車及郵差	2天	50文
三順	北京	每日	火車	4小時	50文
	張家口	每日	步差	6天	50文
				（快）3天	

三順（續）	歸化城	每7或8日	步差	13天 （快）7天	50文
	西包頭	每7或8日	步差	15天 （快）8天	100文
	獲鹿	每7或8日	步差	6天 （快）3天	100文
	太谷	每7或8日	步差	12天 （快）6天	100文
	太原	每7或8日	步差	12天 （快）6天	100文
	榆次	每7或8日	步差	11天 （快）5天	100文
福和	北京	每日	火車	4小時	50文
	保定	每日	火車	12小時	50文
	辛集	每日	火車及郵差	2天	50文
	山海關	每日	火車	7小時	50文
	錦州	每日	火車	$1\frac{1}{2}$天	50文
	新民屯	每日	火車	2天	50文
	營口	每日	火車	2天	100文
	遼陽			9天	100文
	寬城子			13天	100文
	盛京			9天	100文
	鐵嶺			9天	100文
	吉林			15天	100文
	海龍城			（？）	
	周村	約每7日	郵差	7天	100文

任；每逢二、五、八走河口鎮、貴溪縣、弋陽縣線，由全太盛、森昌二家擔任；每逢二、四、六、八走景德鎮、饒州府、樂平縣、鄱陽縣線，由乾昌、全太盛、福興、銓昌祥等家擔任；每逢一、三、六、八走吳城鎮線，由太古晉、張瑞堂、福興、全太盛、政大源等家擔任。

除上述十二線，由各家協議輪流派人運送，有如一個小型郵政聯盟外，也有獨自經營的。如義寧州茶季的信件，即由張瑞堂信局獨家經營，由於這些信件，多屬快信，故多派專差運遞，以便於一定日期前到達。行程最快三天，一封信信資自三元至六元，依行程而定，茶季是獲利最佳時節。

平信信資，各家並無一定的規定，對於老主顧，常有折扣；對於老主顧——商行或店家——的雇員，如店員等，更是免費收寄。一般說來：寄上海平信或小包每件五十文，漢口、鎮江三十至四十文，吉安府、贛州府一百至二百二十文，樟樹鎮、景德鎮四十至六十文，南昌府三十至四十文，吳城鎮二十至三十文。信件內裝洋銀者，至上海每圓收費十至十二文，裝匯票者，至上海每千兩收費七百文。

江西省之民信局，對於寄往省內其他地方之信件，如該地方與其並無聯繫，而僅與另一民信局有聯繫時，常拒絕收寄。但寄往省外者，如有此種情形，則仍予收寄；送往其所經營信班之最末一站，加蓋戳記，移送另一民信局接續遞送，此民信局於接受該信件時，亦加蓋戳記，以示自此站起，由其負責，如此直至送交收件人為止。信資如未預付，則於投遞時收取。

迨至光緒二十七年，九江民信局，已增至十九家，其中十八家經向郵局登記；另一家專管內地信件業務者，則未登記。在茶季時，這家有專差往來義寧州。已登記之民信局，將其所收寄往外地之信件，交由郵局轉送至外地。反之，外地寄來者，則由郵局交民信局轉送內地。民信局在省內各地均有代理人，形成一個投遞網，而成爲全國整個投遞網之一部分。

㈣　官局與民局

光緒二十二年，清廷核准正式開辦新式郵政，即由海關兼辦。此時民信局早已遍布全國，從業人員衆多。開辦國家郵政，對於民間信業如何處理，是一值得愼重考慮之問題。先是光緒十八年十二月，總稅務司赫德（Robert Hart）呈遞郵政章程十三條於總理衙門，其中規定：㈠民信局如有信件自此一通商口岸寄至另一通商口岸時，應交郵局代寄，並貼納郵費。㈡經口岸寄往內地之信件，除口岸至口岸間郵資照㈠項辦理外；口岸至內地段，可交民信局寄遞，此段信資由民信局自定並自向收件人收取。㈢口岸寄國外信件，照郵局規定收費；內地寄外國信件，須加納由民信局轉寄之內地至口岸段信資[23]。赫德爲其後我國新式郵政創辦人，於此可以窺知其對民信局

---

[23] 同[9]，交史，頁一五。

之態度及未來之作法。

光緒十九年，總理衙門札飭赫德，對開辦郵政一事，應詳加討論，是否確於小民生計無礙。二十一年，復向赫德面商數次[24]。

光緒二十二年二月初七，總理衙門檢附赫德所擬開辦郵政章程四項四十四條奏請設立郵政，奉光緒帝硃批依議。是爲我國新式郵政奉准創立之始。其中關於民信局的有一段如下：「凡有民局，仍舊開設，不奪小民之利，並准赴官局報明領單，照章幫同遞送。」[25]這可說是當時朝廷關於民信局的政策宣示。是年七月，各地海關即公告：民信局限於八月十五日前申請掛號[26]。（此時掛號的是各口岸民信局，至光緒三十年，始推行及於內地各民信局。）

上述開辦郵政章程中有關民信局者有下列各點[27]：

一、寄送信件，分口岸、內地、外洋三項；信資亦分：岸資、內資、外資三種。此一口岸郵局至彼一口岸郵局之郵費叫岸資；口岸至內地之信資叫內資；口岸至國外之郵資叫外資。

二、口岸間往來信件，由各該郵局交輪船帶送。民信局則封成總包[28]，交郵局轉交輪船帶送。口

[24] 同[9]，交史，頁一二。
[25] 《皇朝續文獻通考》卷三七七，頁考一一二二六。
[26] 見 *I. G. Circular* No. 13/733, 17th July 1896。原件存郵政博物館。
[27] 同[25]，頁考一一二二八。

岸與內地往來信件，交民信局運送；其內資若干，由信局自定，並自行收取。內地與海外往來信件，其內地與口岸部分之信資，亦同樣辦理。

三、內地寄口岸信件，民信局須將其封成總包，交由最近之郵局轉交輪船運送，並依章完納岸資，不得逕交輪船寄送。到達該口岸時，交由該處郵局接收，再轉交民信局。

四、民信局應向郵局掛號領照。

當時岸資，每盎司洋銀八分（二十三年三月二十三日起，郵資略有調整，分級稍有改變，但每盎司仍為八分）㉙，依此計算，每磅應為洋銀一元二角八分，但事實上並未依照實施，而係依照暫行辦法，每磅僅收費一角㉚。

光緒二十二年十一月，總稅務司赫德呈總理衙門擬訂「通行各口兼辦郵政章程」㉛，其中詳訂與民信局交、接信件各項手續之細節，並規定：

一、除照章掛號之民信局可交寄總包外，郵局概不接受他項總包。

㉘ 總包在早期郵政英文公文書中稱為：Clubbed Mail。即將公眾交寄之信件，集合封成一包之謂。例如：九江民信局收到公眾十人，各寄上海信件一封，即可將此十封信封裝一包，交由九江海關郵局轉寄上海海關郵局，由其轉交總包上所書之上海民信局，由該民信局開拆，分送收件人。信件分寄與總寄，郵資上會產生一個差額。

㉙ 薛聘文《中國郵資考》，頁七，郵政總局。

㉚ 同❾，交史，頁四八。

㉛ 同❾，交史，頁四五。

二、民信局交郵局轉寄之總包，須按重於包上貼納郵費。金額由郵政總辦隨後酌定。

二十三年，赫德復呈報總理衙門，陳明對民信局之處置辦法[32]，其要點歸納如下：

一、民信局長久以來，予民衆極大之便利，宜予鼓勵與發展。

二、爲便導引、管理，須使其掛號，視爲郵局之代辦機關，與郵局相輔而行。

三、民信局收寄往來各商埠間之信件，可交郵局代寄，祇收通過費。至於往來內地之內資，仍由民信局照舊自行訂定與收取。

四、依此，在某一時期內，民信局仍形同獨立，但終將溶合於國家郵政。

此一陳述，可視爲前述二十二年核准開辦郵政時清廷對民信局宣示之政策的注腳。

光緒二十五年十一月十九日，公布大清郵政民局章程[33]，除重申以前曉示各點外，其主要內容如下：

一、民信局須至郵局重新掛號。掛號民局視爲官局，並酌情輔助。

二、公衆可向郵局或民信局交寄信件。

三、商民及未登記民信局不得以收寄、投遞信函爲業，違者酌量罰銀五十兩。

---

[32] 同[9]，交史，頁四七。光緒三十年《大清郵政事務通報》英文本，頁四。

[33] 同[9]，交史，頁四八。

四、民信局交口岸郵局轉寄他一口岸郵局之總包，過去規定應按重量納付滿費，但事實上係依暫行辦法每磅納付一角。現自二十六年二月以後，改爲納付半資，即每盎司四分，每磅六角四分。

五、自光緒二十六年三月起，郵局所收寄往內地之信件擬加增寄費。此類信件交民信局轉寄內地時，除內資可由民信局自訂並向收件人收取外，並按封面上所貼郵資付與民信局一半。

六、民信局人員與郵局人員，不得監守自盜，違者重罰。

上述民信局總包寄費由一角增爲六角四分之規定，事實上並未能徹底執行。二十六年三月初一日寧紹臺道致浙海關稅務司照會云[34]：

「爲照會事，據甬江信局全盛等稟稱：竊光緒丙申年（按即二十二年）奏奉上諭：祇因書信館之事而設郵政，不奪小民之利，在沿海各口岸分立郵政，並不設內河各處，與民局並無妨礙，仍准開設通寄等因，欽遵行知，曾亦具申前憲，蒙批在案。嗣定郵政局由各新關稅務司兼管，著各民局赴郵局掛號，領取規照，至海外信函，每日包封交郵遞，每磅出交費洋一角，本屬局等已受艱苦，今則郵須新章，經稅務司傳到局等面諭，每磅加費五倍之

[34]《中國海關與郵政》，頁一三七，北京中華書局。

多，計洋六角四分，民更難生，非特前照上諭，不奪小民之利，即則蝕民之利，明准開設，暗實加費而逼閉，民命何以聊生？……爲此照會貴稅務司請煩查照。……」

二十七年十一月二十六日外務部(是年六月九日總理衙門改組爲外務部)致赫德札云㉟：

「前准南洋大臣電稱：信局包封、郵政原章每磅取資一角，前歲加費，每磅須收六角四分，經總署飭據總稅司函復展限一年，酌定善法。現復改照前加之數收取，各民局以費重難支，停班聯名瀝訴，請飭總稅司將現加之數大爲酌減，以安民業，等因；當經劄行總稅司妥議申復在案。茲又准南洋大臣電稱：自漢迄滬，民局均紛紛呈訴，沿江上下均已停班，情甚迫切，必須將民局包封加費量予核減，方可息事寧人，等因。查郵政原章信局包封每磅取資一角，今復照前加費，每磅須收六角四分，以致民局紛紛呈訴，停班失業，自應量爲酌減，以順輿情。本部體察情形，酌中定議，擬於信局包封每磅收費三角，似於輿利便民，兩有裨益。相應劄行總稅務司速議申復……」

㉟ 同㉞，頁一三八。

可見增爲六角四分之規定，在展限一年後，仍未能順利施行，民信局抗拒甚烈，於是有改爲增加三角之議。

同月赫德致外務部第一五三號申呈㊱：

「……至代送包裹一事，郵政局不但代各民局寄送，各國分局亦歸代寄，而現收之費係按郵政公會定章，每磅九角，若彼代中國郵局寄送，亦係一律每磅與資九角，所代寄者亦多民局信包，郵局出費九角，而取之民局者祇一角，虧累豈非甚鉅？輪船寄費如此，不但鈞劄所定三角不敷，即新擬之六角四分亦尚有虧，再四思維，民局掛號方有代寄包裹納費之事，其掛號與否原聽自便，並非勉強。不若將現已掛號者，全行註銷，隨其自行設法寄送，倘日後有願回局掛號者，即按公會章程，每磅取資九角，以符定章，而資局費。若貴部不以爲然，只可照所擬收資三角辦理，惟以此數而論，仍屬入不敷出，應先訂明：自改納三角之日起，每年加費一角，加至九角爲止。……」

於是採行第一年每磅三角，以後逐年加一角，至九角爲止之折衷辦法。總稅務司乃於光緒二

㊱ 同㉞，頁一三九。

十八年正月初七日，即一九〇二年二月十五日以第54/1006號通令（I. G. Circular）㊲令知各關遵辦。文中並有：民信局交寄總包，其郵資截至目前爲每磅一角，現改爲三角（The rate has hitherto been 10 cents a pound, and it is now to be 30 cents.）等語，可見六角四分之民信局總包郵資，自始至終，並未實行。

上述辦法，不意甫經施行，即查覺民信局有與客郵局串通，以逃避加價之弊。爲阻止其串通，於是復規定：自三月一日起，在各口岸掛號之民信局，交寄總包，可予免費㊳。同時，國內郵資，亦予降低，信函每重半盎司由原來之洋銀四分遽減爲一分，成爲當時世界各國中最低廉之郵資，亦爲我國郵政史上最低廉之郵資，以資配合抵制。蓋是時民信局信資極爲低廉，每件視途程遠近，收費二分至三角不等，且與客郵聯手，以掣官局之肘㊴，因此不得不爾。此時大清郵政與民信局之間的態勢，已由掛號、合作而轉變爲相互競爭的局面。

此次總包免費交寄辦法，從相關通令及其附件總稅務司上外務部申呈㊵的內容看來，雖是十分簡單，祇要是「在口岸之官局掛號」的民信局，即可享有此種優惠。但事實上仍然是有區分

㊲ 原件存郵政博物館。
㊳ 見總稅務司 *I. G. Circular* No.55/1012 of 17th March 1902（光緒二十八年二月初三日）。原件存郵政博物館。
㊴ 同㉙，頁八。
㊵ 同㊳。

的。光緒三十年《大清郵政事務通報》有云：

「中國郵局，向已多年祇係管理口岸之輪船信局。……其始迫令掛號，尚屬無難。惟於伊等總包酌訂代交輪船之費，殊覺異常棘手。其現行辦法係：由通商口岸互相往來者，一概不取郵資；若至汽機所通之處，祇照信類完納半費。……至於內地民局，迨至光緒三十年始行准令掛號，並用大清郵政運其總包，應納之費，係視該包斤重，照信件完納滿費。」

可見實際上是分爲三種情況：

一、通商口岸互寄的——免郵費。

二、汽機（指輪船、火車）所通之處互寄——收半費。

三、往來內地的——收滿費。

需特予說明的：當時所謂的「通商口岸」，其英文原文爲treaty ports [41]，意爲我與外國簽訂之條約中指定開放之口岸。其他可以上下旅客或貨物的口岸（ports of call）如長江沿岸的大通、武穴

---

[41] 通商口岸（Treaty Ports），自一八四二至一九〇七年，計有上海等四十九處——*Hart and the Chinese Customs*, p.894。

等均不在內。此與現今一般泛稱之通商口岸，其內涵頗有不同。後者應屬汽機所通之處，須收半費（光緒三十年七月二十二日，郵資每半盎司由一分調整為二分，故在此以前，每磅為一角六分，以後為三角二分）。火車所及之處，也要收半費[42]。

當時民信局對其他口岸總包，須收半費，特別是交輪船帶運者，抗拒甚烈，要求：「所有民局包封，由口岸至口岸者，照章概不收費，以歸劃一，而昭平允。」[43]光緒三十一年十一月二十五日赫德上外務部京字第二四三號申呈[44]有云：

「竊查郵政代寄民局總包，酌收資費一事，前經迭次申呈貴部鑒核有案。此事至今尚未大定，其現在辦法，凡用輪船火車運送者，如往來通商口岸代寄，則准免費；如非通商口岸，則僅完半費。雖經如此定辦，而各民信局等，於火車代寄者，尚無異言；惟於輪船代寄者，始終阻撓，力欲全行免費。」

---

[42] *Report on the Post Office*, 1906, p.8. 存郵政博物館。

[43] 中研院近代史研究所檔案館02-02/9（2）號檔。《中國海關與郵政》，頁一四三。

[44] 同[34]，頁一四五。

因此建議：

「民局總包由官局代寄，本應交納郵便之資，今欲辦有把握，須令民局按照郵例國內郵資全數交納（即係每重五錢洋銀二分，按總包每重一斤六角四分）。若恐取資較重，則先行通融減半收費亦可。但必須呈明，通行遵辦，請覈奪示復。」

光緒三十二年八月二十九日，稅務處（是年六月二日成立，郵政改隸該處）以第三十號劄復總稅務司，一律按半資收費。總稅務司乃通令㊺各關：自十月初一（一九〇六年十一月十六日）起：

一、民信局交寄總包，經由輪船或火車運遞者，概收半費，每磅三角二分，在正常營業時間內交寄，以郵票貼納。

二、趕班交寄之總包及寄往內地由步差遞送之總包仍收滿費（趕班總包郵費依規定不必以郵票預貼，可於交寄後在規定時間內向郵局補付）。

是時，各民信局聯盟，正以罷業相挾，要求無論寄往何處及以何種方法運送，均予免費。郵局駁斥不准，罷業亦告失敗㊻。但信件走私，仍不能免。

㊺ *I. G. Circular* No. 149/1378, 20th October 1906. 郵政博物館。同㉞，頁一四七。

光緒三十二年十二月初五日稅務處以處字第八九號劄復總稅務司[47]：規定各民局不論口岸與內地、有未掛號者，准其赴官局掛號，以三個月為限。倘仍不遵辦，私自運寄，一經查明，從重罰辦。一面將該總包開拆，從速將各信分送收件人，罰收倍半之郵資（按當時郵資為每半盎司二分，加倍半共收五分），同時於信件上蓋一戳記：「此信由民局私寄，官局查獲，罰資倍半。」俾寄件人知有官信局之存在，不再向民信局交寄。但由於民信局之走私，連帶使無辜之收件人受罰，此一辦法，似亦有失平允。

事實上單憑一紙公文，自不能收遏制走私之效，必須從業務上加以改進，以適合商民之需要，使其樂於利用，取得競爭上的優勢，方是釜底抽薪的最實際的有效途徑。早在光緒三十年十一月，郵局即訂定交寄趕班總包的辦法，以便利民信局於輪船或火車開行前之極短時間內，交寄總包，而不必交輪船船員或火車員役私帶。又於三十一年，試辦快信，以應商民需要。同年，復在山東、直隸兩省，試辦晝夜兼程郵班[48]，三十三年，予以推廣，以加速信件之運送。凡此皆為促使民信局業務趨於不振之主因。

---

[46] 何建祥《郵政大事記》第一集上冊，頁五五。同[15]謝著，頁四〇。
[47] *Postal Circular* No. 159, 27th January 1907, 郵政博物館。同[34]，頁一四九。
[48] 同[46]何著，頁五九。

此外，限制輪船、火車使其不接受民信局交運之信件，自也是遏制走私的一項有效辦法。早在大清郵政開辦之初，海關即利用發還輪船公司「特許費」的辦法（詳見下節），與其訂定合約㊾，不載運大清郵政官局及其本國郵政以外之任何其他機關交運之郵件。光緒二十二年十一月二十二日與招商局簽訂之合約，其中即規定：除中國郵政局交來信件之外，其餘無論何人及何信局交來往來中國各碼頭之信件，一概不得接帶㊿。其後鐵路逐漸興建，光緒二十九年三月十九日，訂定鐵路代遞郵件章程八條，其中亦有相同之規定[51]。輪船火車，民信局既均不能直接交運，祇有向郵局掛號，接受郵局條件，交由郵局代寄信件總包了。

(五) 取締、結束

上述民信局半費交寄總包辦法，迄宣統三年七月，才改為滿費[52]。此時郵資已調整為每二十公克三分。

同月，郵傳部（光緒三十二年，清廷改革官制，設郵傳部，宣統三年五月，接管郵政）訂定

㊾ 薛聘文〈淺談海關郵件圖記〉《精粹郵刊》一卷三期，頁八。
㊿ 同㉞，頁八六。
[51] 同㊻何著，頁四四。
[52] 同㊻何著，頁八四。

地方官保護郵政辦法十條，其中第五條規定：凡未經郵局承認之民局應令關閉[53]。

民國建元後，民信局以國體共和，人民應享自由爲詞，要求信件自由寄遞，不服郵局之干涉，經政府駁斥糾正。可見未掛號民局及走私信件，依然存在。

民國十年十一月，頒行郵政條例，規定：信函、明信片之收取、寄發及投遞爲郵政事業，無論何人，不得經營。但在本條例頒行前，已從事並經郵局許可者，或於本條例頒行後三個月內呈請郵政局許可者，視爲郵政局之代理機關，不在此限。但郵政局認爲必要時，得停止其營業[54]。至此，郵政由國家專營之政策，始告確立，而民信局則在被取締之列矣。

民國十一年四月二十八日，交通部統一郵權委員會成立，取銷客郵及民信局爲其工作之二大目標[55]。民國十七年，全國交通會議，經議決全國民信局應於十九年一律取銷[56]，終因業者衆多，阻力甚大。十九年，上海各省信業聯合會以及寧波總商會、蘇州總商會等，紛紛呈請從緩取締，維持現狀。爰經訂定暫行民局掛號領照辦法，暫緩取銷，但須一律掛號[57]。幾經遷延，迄至

[53] 同[9]，交史，頁五七。
[54] 同[46]何著，頁一四六。
[55] 同[46]何著，頁一五一。
[56] 同[46]何著，頁一八四。
[57] 民國十九年五月十一日郵政總局上交通部部次長呈第二一八號（「民局」檔部七）。郵政博物館。

二十二年二月，經調查全國已掛號民信局尚有七九一家，分號三三四九處，未掛號一〇五家，國外僑胞所設批信局一八五家[58]。民國二十三年六月，復將國內已掛號者，分別民信局、批信局各別調查一次，計有民信局三八六家，批信局三二三家[59]。

二十二年十二月三十日，行政院發交通部第三七五三號指令：已通令各省市，協助郵局取締民信局，至二十三年年底爲止，一律結束，以維郵權。至此，限期停業，始告大定。於是郵政總局乃通令各郵區，預爲準備。並於二十四年二月二十七日以第二二〇號呈將各區民信局結束情形呈復交通部[60]。歷史悠久之民間信業，終於停止。

但在批信局方面，因有海外僑匯關係，情形稍有不同，民國二十三年十一月間交通部第一六三四九號指令規定：截至二十三年底止，民信局應停止營業，批信局則姑准通融補發執照，但其營業仍須從嚴限制。迄至三十三年九月，廣東揭陽有泰越華僑合作社擬開辦批局，申請發給執照，郵政總局即以限期早已過去，未允所請。但以時值非常，僑批有裨抗建，允宜扶植。而揭陽等地，頗多原設汕頭之批局撤遷該處，囑其可與之聯繫，作爲其分號，即可經營批局業務，經轉

---

[58] 同[6]。
[59] 同[5]。
[60] 「民局」檔部八。郵政博物館。

批信及回批，享受總包交寄之利益[61]。可見迄至抗戰期間，批局依然存在。

回溯大清郵政官局創辦之初，赫德主張：民局可幫同遞送，不奪小民之利。且以其具有悠久之歷史，深入民間，可視爲郵局之代辦機關，與郵局相輔而行，終必合而爲一，併爲國家郵政。其目光與胸襟，值得欽佩。在接受民局掛號之初，不旋踵登記者即達三百餘家[62]，可見民局亦樂於與官局合作。何期未幾即出現民局走私及官局鉅幅降價之惡性競爭局面，迄光緒三十四年赫德返英，此種情形，未能稍戢。迨進入民國，更在郵政國營及郵權統一之目標下，終至強行結束，與赫德所期，適相背馳。豈赫德所言爲虛假乎，抑歷史之演進如此，抑由於當時執事諸公之強烈企圖心與使命感而然？今日公營企業民營化之呼聲甚大，此與往昔之要求國營與統一者，正爲一事之兩極，究以何者爲佳，何者適合於何種事業，有無中庸調和之道，誠爲值得吾人於讀史之餘，擷取教訓，深切反省者。

《海關十年報告》第三集上海關曾謂：「赫德不壓迫民信局之開明政策，爲大清郵政獲致無可計量之裨益，設無民信局爲競爭之對手，郵政不會如此有效率。外國引進之辦法，對中國未必

---

[61] 民國三十三年十一月九日郵政總局致郵電司郵視渝字第四二九／五二四三四號公函（二五四號檔）。郵政博物館。

[62] 光緒三十年《大清郵政事務通報》，頁四。

能完全適用，祇有具有數百年歷史之民信局，才能指引正確行進之方向。正因有此活躍之競爭者，年青的大清郵政才會像一般商家一樣，多方配合用戶的需要，採用民信局的方法來改進。因此大清郵政的成功，大部分要歸功於這個競爭者的存在。」[63]謹以此作爲本節之結束。

三、列強的客郵局

(一) 起源

客郵，是外國政府在我國國土上擅自設置該國的郵政機構，從事於郵政業務的經營之謂。這是侵犯我主權，妨礙我郵務行政完整的行爲。

客郵的興起：導源自近世海上航路發現後，繼之而起的西人來華貿易。具體的設置，則始自清道光十四年（西元一八三四年）英駐華商務監督律勞卑（William John Lord Napier）在廣州所設的英國郵局[1]。其後：客郵數目，日漸增加，自沿海以至內地，自通都大邑以至邊陲，設置之

[63] China, Imperial Maritime Customs Decennial Reports. 3rd Issue, p. 13.
[1] H. B. Morse: The International Relations of the Chinese Empire, Chapter XIII, p. 344.

國家，也由最初之英國，而及於當時之列強。而設置之目的，則由便利商旅而轉化為列強對我侵略的工具，以遂其政治的目的。甚至成為列強在華劃分勢力範圍的表徵，例如日本在華客郵，以設在東北者為多，俄國客郵，則遠及於蒙古、新疆一帶。

歷史的發展，是由不斷的演進而來。在敍述客郵之前，讓我們回顧一下當時的時代背景，看一看那時的東西交通和貿易的情況。

自一四九七年（明孝宗弘治十年）葡人奧斯達伽馬（Vasco de Gama）繞道好望角而抵印度後，開啓了歐亞的海上航路。一五一六年（明武宗正德十一年），葡人拉斐爾伯斯德羅（Rafeal Perestrello）乘帆船至中國，是為近世歐人來華貿易之始。一五三五年（明世宗嘉靖十四年），葡人租澳門為通商地，歲納金二萬兩。其後歐洲國家，如西、荷、英、法等，均相繼來華。

明、清之季，我國因防倭寇，又因鄭成功入據臺灣，設有海禁。康熙二十四年（一六八五），臺灣平定，乃開放海禁，設粵海、閩海、浙海、江海四榷關於廣州、漳州、寧波及江蘇之雲臺山，准外商前來四口貿易，但實際上以廣州為最盛。乾隆二十二年（一七五七），關閉三口，僅留廣州一地通商，以迄道光二十二年（一八四二）南京條約，闢五口通商。

英國對華貿易，雖起步較晚，但後來居上，為各國之冠，從康熙二十八年（一六八九）起，英人每年都有商船來廣州❷，康熙五十四年（一七一五），英東印度公司❸在廣州設立商館。自嘉慶二十三年（一八一八）至道光十三年（一八三三）之間，英商船來華，平均年有五十六艘❹。

在此早期通商期間，並無何項通信設施，信件祇有託本公司船隻或情商其他公司船隻捎帶。對非本公司之收件人，其信件往往被遲延到船隻開行後一、二個月乃至三個月方能收到，使其不能及時得知商務上的消息，而避免本公司的商業利益受損。尤其是獨家消息，即使是延遲幾天，甚至幾小時，影響也是很大的❺。

對於儘快爭取商業消息的情形，我們可以從較晚時期對上海的一段描述，窺知一二：

「渣甸洋行和顛地洋行都是上海的主要洋行，他們在很長時期內勝過競爭者的地方在於郵件的遞送，當初上海是靠急差從吳淞騎著蒙古馬奔馳遞送郵件的，到達最早的可以得獎金，每逢郵期，急差們騎著最快的駿馬，沿著外灘急馳，大聲叫喊著，一邊把郵包擲向洋行的石階，一邊甚至不減低他們的速度，工役們把郵包揀起交給大班，他們就靠那些一鱗

❷ 黃大受《中國近代史》，頁一四〇。

❸ 一六〇〇年，倫敦商人組織東印度公司，與荷、葡競爭，經營東方商務，英政府並許以專利特權。產業革命後，自由競爭之說興，英國會遂決定其專利權至一八三三年為止。

❹ Ying-wan Cheng: *Postal Communication in China and its Modernization*, East Asian Research Center, Harvard University, p. 52.

❺ 同❶。

半爪的重要消息來進行貿易。」[6]

另一說法，則是：清乾嘉以後，西人來華貿易者日衆，聚集閩粵，每於躉船上及貿易監督處所，懸一信箱，備僑民之通信[7]。

西人來華貿易者多，因此而發生的糾紛也多，在每次糾紛之後，官府總要發布一套辦法，以加強管理。乾隆二十二年（一七五七）因英商洪仁輝（James Flint）事件，於二十四年有兩廣總督李侍堯「防範外夷規條」之制訂，一稱「防夷五事」，其中有一項如下[8]：

「一、外夷僱人傳遞信息之積弊，宜請永除也。

查粵東驛遞，向無馬匹，遇有各衙門緊要公文，僱撥力能奔馳迅速之人，給以工資飯食賫遞，名曰『千里馬』。若輩雖非額設人役，而民間僱倩，實所罕有。乃近來各夷商因分遣多人，前往江浙等省，購買貨物，不時僱覓『千里馬』往來探聽貨價抑昂，遂致汪聖

[6] 《北京郵史》，頁二九，北京出版社。
[7] 《交通史郵政編》㈣，頁一三〇七，郵政博物館存。
[8] 郭廷以《近代中國史》，頁三八一。

儀之案，臣等所發排公文尚未遞到，該犯先已得信逃避，臣現在嚴拘通信及走遞之人究擬。又如上年十月及本年九月欽天監西洋人劉松齡（Auguatinus von Hallerstein）等兩次奏請素諳天文之安國寧（Andreas Rodriguez）方守義等情願赴京效力，俱以澳門來信爲詞具奏，若非內地之人，代爲傳費，何由得信？臣愚，以爲外夷一切事務，似宜由地方官查辦，庶爲愼重，其內地人代爲傳遞書信，永當禁止。應請嚴諭行商，以及『千里馬』脚伕人等，嗣後概不得與外夷傳遞書信，倘敢不遵，將代爲僱倩及遞送之人，一幷嚴拿訊辦，分別治罪。至澳門寄住之西洋人，如有公務轉達欽天監臣，應令該夷呈明海防同知，轉詳臣衙門，酌其情事重輕，分別咨奏辦理。」

從以上的敍述中，我們得知一項重要的訊息：即夷商雇人在內地傳遞書信。此與前述之託商輪帶信及躉船信箱，性質上迥然不同，前者屬於外洋通信，當時我國並無此等通信設施，外商捨此途徑，別無他法。後者屬於國內通信，當時我國已有驛遞及民信局之設，驛遞專爲官用，外商自無法利用，但也不交民信局寄遞，可見其對民信局亦無信心，而必須出於雇用專人，傳遞書信，於此已隱伏了日後客郵猖獗的基因。

道光十四年（一八三四），因律勞卑不遵舊章，中英間又發生糾紛，而有兩廣總督盧坤等的

「防範夷人章程八條」之訂定。其中有一段如下⑨：

「……嗣後各夷人船到黃埔，或在省城澳門往來通信，祇准用無篷小三板船，不得再用插旗三板船隻，其小三板經過關口，聽候查驗。……」

可見省城（廣州）與澳門之間，早已有通信往來。較之律勞卑之在廣州設置英國郵局更早了。

現在讓我們看看當時商船從英國到遠東的航線和所需的時日，也即是信件的郵路和郵程。

早期自倫敦經好望角至廣州的信件約需時四個月至六個月⑩，中間須停印度或其他東南亞港口。自一八〇七年（嘉慶十二年）美人富爾頓（Robert Fulton）發明汽船（明輪汽船⑪，亦稱蹼輪汽船Paddle Wheel Steamer），航行於哈德遜（Hudson）河後，一八三五年（道光十五年），英輪渣甸號（Jardine）於五月二十日自英啓航來華，九月二十日抵我國廣東海面，航程四閱月。

---

⑨ 同❽，頁四二三。

⑩ 同❶，頁二八八。但亦有費時甚長者，如一七九二年英使馬戛爾尼（George Lord Macartney）來華，九月二十六日自倫敦啓航，翌年六月二十日始抵廣東洋面（黃大受《中國近代史》，頁五九）。

⑪ 明輪，是相對於暗輪（螺旋槳推進器）而言。裝於船側，半出水面，半在水中。早期輪船，仍用桅帆，而以汽機為輔。

渣甸號來華後，廣州外商曾向官方申請，擬許其定期往來廣州澳門之間，運送旅客及信件，但未獲准⑫。

這年，歐亞航線，又開闢了一條新的路線，即經地中海橫跨蘇彝士地峽，由陸路出紅海東航，以達印度或中國，這條部分經由陸路（overland route）的航路，採用當時的汽輪，全程約需二至三個月⑬，較繞道好望角的行程縮短不少，運送旅客及郵件。一八四一年（道光二十一年）中英鴉片戰爭中，英使濮鼎查（Sir Henry Pottinger）奉派來華，即是循此路線。他於六月五日離倫敦，七月七日到達印度之孟買（Bombay），十七日離孟買，八月十日抵達澳門，在途六十七天，實際行程祇花了五十七天。其後英使義律（Captain Charles Elliot）及英國的印度艦隊司令伯麥上校（Commodore Gordon Bremer）於八月二十四日離華，亦係採同一路線，經孟買而返英國⑭。

當時自英國到中國，由於沒有直接之郵路，而是分段交接，而在印度或東南亞之各交接點，因日期上不能彼此配合銜接，多有延擱，因此自倫敦至香港，整個行程平均需時八十四天。南京

⑫ 渣甸號也是以蒸汽機爲輔的帆船，長八十五呎，寬十七呎，吃水六呎。見呂實強《中國早期的輪船經營》，頁四，中研院近史所專刊。

⑬ 同④，頁五三。

⑭ 同❶，卷一，頁二八八。

條約以後，商務發展前途看好，此種情況，亟待改善。一八四五年（道光二十五年），英國大英輪船公司（Peninsular and Oriental Steam Navigation Company）得英政府補助，開闢自掃桑浦敦（Southampton）至香港之每月直接航線，運送郵件。由於信件自倫敦至掃桑浦敦，不過數小時，等於自倫敦至香港之直接郵路。此一郵路，採行前述之經由陸路路線，自掃桑浦敦經地中海至亞歷山大（Alexandria）港，橫跨埃及，出蘇彝士至錫蘭而達香港。是年八月十三日，該公司之瑪麗伍德夫人號（Lady Mary Wood）輪船（五五三噸，木殼，明輪）開抵香港，帶來首次直接來自倫敦之郵件，在途僅五十五天⑮。一八五〇年（道光三十年）三月，該輪復開行香港、上海間航線，以與香港每月一次之郵件銜接，該公司同時另派小輪航行澳門及廣州⑯。一八六〇年（咸豐十年），倫敦至香港信件約需時四十三至四十六天，至上海約五十天⑰。

道光二十二年七月二十四日（一八四二年八月二十九日）中英因鴉片戰爭簽訂南京條約，開：廣州、福州、廈門、寧波、上海五口通商，並割讓香港。其後各國相繼跟進，取得同樣的通商權利。我國從此門戶洞開，形勢不變，開數千年未有之局。西方文明，隨輪船大炮而俱來，不

---

⑮ 同④，頁五三。 同①，卷一，頁三四三。
⑯ 同④，頁五三。
⑰ 同④，頁五四。

僅貿易日增，外商亦可攜眷在五口居住，通信的需要，自然更加殷切。

清《續文獻通考》有云[18]：

「……自外國習於交通便利之人僑居吾土，既不能求官設之驛站，又不欲委民間之信局，於是各設機關，自爲交通之計，故通商而後，各國皆有外國信局，且紛紛效尤，各自爲政，侵我主權，莫之能阻。……」

這就是客郵在我國興起的原因。

(二) 發展

英國在上述五口，都設有領事館，爲適應英政府文書傳送及歐洲至中國一般通信之需要，當時英國的郵政大臣羅德（Lord Lowther）建議由領事來代辦郵務，公衆可納付郵資，將信件交各埠之英領館，寄送他埠之英領館或寄送香港，再轉寄歐洲。於是上海、寧波、福州、廈門的英領館分別自一八四三年（道光二十三年）及一八四四年起代辦郵務，稱爲 Consular Packet-agency

---

[18] 見該書卷三七七，頁考一一二三三。

（領事代辦郵務）。至於廣州，則早在一八三四年，已有英郵局之設，故此時英國在華已有郵務機構五處[19]。

繼之，咸豐八年（一八五八）之中英天津條約及咸豐十年之北京條約復開牛莊（營口）、登州（煙臺）、臺灣（臺南）、潮州（汕頭）、瓊州（海口）及天津爲商埠，來華之外商及傳教士亦倍增。其後，又續開鎮江、九江及漢口爲商埠。英政府復於一八六一年在汕頭、一八七二年（同治十一年）在漢口、一八七三年在瓊州、一八八三年（光緒九年）在天津開設了領事代辦郵務[20]。煙臺則至一九〇三年（光緒二十九年）方予設置[21]。

一八六一年，由於信件增多，上海英領事代辦郵務工作日繁，乃與領事館分開，成爲一獨立之全功能郵局。

先是在南京條約之前，道光二十年十二月二十八日（一八四一年一月二十日），欽差大臣兩廣總督琦善與英使義律商妥了一項「穿鼻草約」，割香港予英國，英人乃於二十一年正月四日

---

[19] 同[4]，頁五三。Consular Packet-agency 郵政總局《郵展選粹》一書中稱之爲「領事郵務代辦」；他書亦有稱爲「領事郵政代辦所」者。著者以爲稱之爲「領事代辦郵務」，似較易解。按英在華領事，不僅代辦郵務，抑且兼理裁判，如所謂之「領事裁判權」是。

[20] 同[4]，頁五〇。

[21] 李頌平《客郵外史》，頁二九。

（一八四一年一月二十六日）佔領香港。一八四二年四月十五日，香港郵局正式對外營業。南京條約批准後，一八四三年四月，香港成爲英殖民地，香港郵局乃置於倫敦英郵政大臣的管轄之下㉒。

設於中國各埠的「領事代辦郵務」，原歸倫敦的英郵政大臣管轄，一八六八年，改歸香港郵政總局長管理。事實上在此以前，香港郵政當局對中國各埠的郵務，早就十分注意，尤其是港、滬間的航運，希望能由獲得英政府補助的大英輪船公司專營，亦即是兩地間郵件運送由其獨家經營，但以其他私人航運公司每天都有船開行，而大英則是每兩週才開行一次，因此此一構想，無法實現㉓。

繼英國之後，法國亦於一八六二年由輪船公司 Compagnie Messageries Imperiales 開闢來華汽船航線。美國則有 Pacific Mail Steamship Company 於一八六七年開闢自舊金山至香港航線，每月一次，首航輪船 Colorado 號，全程費時三十天十一小時又十分鐘，中途經停橫濱。日本於一八七五年由 Japanese Mitsubishi Steamship Company 開闢橫濱至上海航線。德國亦於一八八五年由 Nordeutscher Lloyd Company 開闢來華航線。

㉒ 同❹，頁五二。

㉓ 同❹，頁五四。

上海是我國最大商埠，各國至華航線，都以上海爲終點，因之隨航線之開闢，各國都在其上海領事館下，開設「領事代辦郵務」。法國是一八六二年，美國一八六七年，日本一八七六年，德國一八八六年㉔。

俄國方面，早在咸豐八年（一八五八）中俄天津條約第十一條第一款訂定：「爲便利二國之交通及留駐北京俄國教會運送之應用，在北京及恰克圖之間設辦常班郵政。……各項費用均歸二國政府各出一半。」咸豐十年北京條約第十二條第四款訂定：「運送郵件（即信件、包裹）之車夫、郵差應將一切信件、包裹經庫倫俄領事處移交與住在該城之人民，並由該處接收其應發之一切信件、包裹。」第五款訂定：「如俄國商人爲其商務之應用起見，審得應另自費辦理郵務、運寄信件及貨物，應隨時報告該處長官允辦，以輕國家郵政手續。」第十三條第一款訂定：「俄國外務大臣與大清國軍機處，及東西比利亞總監與理藩院之平常信件，均由郵局照常發寄，概不指定期限。如有特別重要事件，此種信件能派俄國信差寄遞。」㉕因此在北京、恰克圖之間建立了常班郵路，運遞公文及一般信件與包裹，俄國商人並可於請准後辦理郵務。

其後，帝俄政府就在北京籌建了郵政代辦所，專門處理官方和教士的信件，俄國商人則在北

㉔ 同❹，頁五五。

㉕ 中研院近史所檔案館第03~02, 24－35－1號檔，民國二年二月十三日交通部復外交部函字第二五六號函附件。

京成立了民信行，與庫倫、張家口的俄人商會密切聯絡[26]。一八六三年，恰克圖俄商民信行成立[27]。

一八七〇年三月二十三日，帝俄郵政部接收所有該國在華之私商郵政機構，並於北京、天津、張家口、庫倫等地設立客郵局。一八九六年，海參威至各通商口岸之海運通航，於是俄國更於上海、煙臺及漢口等地增設客郵局[28]。

迄至一八九六年（光緒二十二年），我國新式郵政於是年奉清帝核准開辦），各國在我國設置客郵之地點及年份如下表（見頁一二四）。

到了一九〇六年（十二月，光緒三十二年），此時我國郵政開辦已十年，由於當時外洋航線，都是外輪，國際往來郵件，祇好利用各地客郵局互換。此舉雖有承認客郵局之嫌，但在此客觀情勢下，亦祇有看作是一種例外情況。當時經大清郵政指定之此項互換郵件之客郵局如下（見頁一二五）。

此外，經查尚有下列各地客郵局[29]，未列入上述清單：

---

[26]《北京郵史》，頁八五。
[27] 同[21]，頁一一〇。
[28] 同[21]，頁一一〇。
[29]《天津郵政史料》第一輯，頁一〇六，北京航空學院。

國家 / 設置年份 / 設置地點	英	俄	法	美	日	德
廣州	1834					
上海	1843	1896	1862	1867	1876	1886
寧波	1843			1865(代辦)	1876△	
福州	1844				1876△	
廈門	1844				1896	
汕頭	1861					
煙臺		1896			1876△	1892
鎮江					1876△	
天津	1882～1890△△	1870	1889		1876△	1889
九江					1876△	
漢口	1872	1896			1876△	
瓊州(海口)	1873					
牛莊(營口)					1876△	
蕪湖						
宜昌						
重慶					1896	
蘇州					1896	
杭州					1896	
沙市					1896	
南京						
北京		1870				
黃埔	1858(9)～1863					
張家口		1870				
庫倫		1870				

△:1881 年關閉。除寧波外,其他局均於 1896 至 1905 年間重開。
△△:1906 年重開。

資料來源:*Postal Communication in China and its Modernization*, 1860～1896, p.56,並參閱《天津郵政史料》頁一二八及《客郵外史》頁一一〇予以補充。

國名	開設郵局處所
英	上海、天津、煙臺、漢口、寧波、福州、廈門、汕頭、廣州
德	上海、（北京）、天津、煙臺、濟南、青島、宜昌、漢口、南京、鎮江、福州、廈門、汕頭、廣州
法	上海、（北京）、天津、煙臺、重慶、漢口、寧波、福州、廈門、廣州、瓊州、北海、蒙自、龍州
日本	上海、北京、牛莊、天津、塘沽、煙臺、沙市、漢口、南京、蘇州、杭州、福州、廈門、汕頭、廣州、重慶
美	上海
俄	上海、（北京）、天津、煙臺、漢口

英國——瓊州

法國——雲南府

日本——鎭江、長沙、九江、蕪湖、濟南、山海關

這些客郵局，可能是未被指定互換郵件，故未列入。

民國二年，外人在我國所設郵局，經我郵與之訂章承認互寄郵件者：計英國十一處，德國十三處，法國十四處，日本二十四處，俄國九處，美國一處㉚。

其後，客郵數量，更續有增加：英國計有郵政機構十二處，新增地方爲新疆疏附；德國有十二處；法國有二十處；俄國有十八處，新增地方是：新疆的疏附、寧遠、伊犁，吉林的哈爾濱、寬城子、一面坡，黑龍江的海拉爾、昂昂溪；日本增設最多，計有二〇六處，新增地方之較大者，計有直隸之秦皇島，山東之博山，湖北之宜昌，其餘均設在東三省，較大地方有：奉天、錦州、長春、安東、遼陽、本溪、開源……等，大部分則深入東省內地；美國仍維持上海一地。六國客郵機構，共有二六九處，又信筒、信箱等計一八二具㉛。

英國設在我國各埠郵局，均歸香港政府管轄，惟在西藏者，屬印度政府管理。法國郵局在雲

㉚ 見近史所檔案館第03～02，24－35－1號檔民國二年二月十三日交通部復外交部二年函字第二五六號公函。此係官方統計，應屬無誤。但謝彬著《中國郵電航空史》（民國十七年，中華書局出版）第一七八面所列數字則有不同，詳情如下：

（甲）外國在華郵局數目

英國　一五　　法國　一五

俄國　二九　　美國　一

德國　二〇　　日本　六六

（乙）外國在華郵局所在地

（一）英國　廈門　廣州　汕頭　福州　海口　寧波　上海　漢口　芝罘　威海衛　天津　喀什噶爾　亞東　江孜　帕克里（以上三處皆在西藏）

（二）俄國　上海　北京　天津　煙臺　漢口　張家口　哈爾濱　滿洲里　恰克圖　庫倫　科布多　承化寺　塔城　迪化　伊寧　喀什噶爾　吉木乃　布爾津河　依爾克斯塘（此外皆在中東路沿線）

（三）德國　上海　北京　天津　煙臺　濟南　青島　宜昌　漢口　南京　鎮江　福州　廈門　汕頭　廣州　高密　秦皇島　塘沽　濰縣　膠州　鎮南浦

（四）法國　廈門　廣州　煙臺　福州　漢口　海口　蒙自　廣州灣　寧波　北海　北京　上海　天津　雲南　重慶

（五）美國　上海

（六）日本　煙臺　長沙　鎮江　福州　杭州　漢口　廣州　九江　南京　北京　山海關　沙市　上海　蘇州　汕頭　天津　塘沽　蕪湖　大連　旅順　金州　柳樹屯　貔子窩　普蘭店（以上六處在關東租借地內）　安東　長春　鳳凰城　撫順　海城　新民府　蓋平　開原　公主嶺　遼陽　奉天　本溪湖　蘇家屯　四平街　大孤山　大石橋　大東溝　鐵嶺　草河口　瓦房店　煙臺（奉天）　熊岳城　昌圖　牛莊　鞍山　立山　范家屯　吉林　哈爾濱　橋頭　連山關　鷄冠山　周水子　琿春　延吉　龍井村　青島　濟南　膠州　濰縣　周村（其他未及備錄）

以上依謝書所述，應係民國三年以前之情形，其所以與上述交部復外部數字不符，可能是調查日期及列表時取捨標準不同所致。

南者，屬安南總督管理，在他埠者，則直屬法國政府。日本郵局在南滿者，由關東都督府管理，在其他各埠者，則直隸日遞信省㉜。

㈢ 營運

客郵的組織有正式之郵局，也有郵務代辦所，乃至信櫃、郵票代售處等。正式郵局又分一、二、三等，隨地方之大小而設，如上海則各國所設多爲一等郵局，較大地方，也有設分局的。

在業務方面，客郵局最初服務對象，是爲了便利其本國在華人士與其本國的通信，其後則推展及於我國商民；寄遞範圍，亦不限於外洋，而擴及國內各地㉝；業務種類，除信件外，也收寄包裹；除普通郵件外，也收寄掛號㉞；除郵件業務外，甚至還辦理儲金。例如煙臺日本郵局，設有郵政儲金，甚爲發達；哈爾濱俄國郵局收存儲金，達八、九十兆鄂克幣之多；餘如天津、上海之俄郵局，亦均辦有儲金㉟，以致其後日、俄客郵撤銷時，清理爲難。

㉛ 《交通史郵政編》㈣，頁一三一六、一三六六。又民國十年，華府太平洋會議中我代表施肇基報告在華客郵局、所是：英國十二、法國十三、美國一、日本一百二十四（計一等局七、二等局二十三、三等局四、不分類之局十、支局三、鄉村郵局十、經理處三十三、信箱三十三）（見同書，頁一三三八）。

㉜ 謝彬《中國郵電航空史》，頁一七七，中華書局，民國十九年。

㉝ 《中國郵史通覽》第二冊，頁五一五，瀋陽集郵協會。

㉞ 同㉑，頁四三。

Germany
Trotha,
Hannover
CHINA
CANDARINS
REICHSPOST
SHANGHAI
7/2
91

客郵局的實寄封

客郵的效率，較民信局爲遜色。因之：一般民衆不甚信賴，不願利用，西方國家所設的郵局，收寄信件常不能確實送達收件人手中，尤以收件人居於中國內陸之情形爲最，而民信局則投遞效率驚人。

但一些參與洋商貿易的中國人，他們熟悉西方商業習慣，並深知客郵之遞送信件不規律及有失誤等情形，使一般公衆失去信賴，乃利用客郵，甚至租用信箱來替公衆轉信，從中牟利㊱。

不過客郵的局屋建築，有的甚是宏偉，遠非民信局局屋之簡陋可比。例如上海德國郵局局屋，位於公共租界四川路邊，是一座三層洋樓的大廈，甚是壯觀㊲。

各國在華客郵所使用之郵票，即爲其本國所使用之郵票，英國客郵則是使用香港郵票。郵票上並加蓋地名，例如上海美國客郵局所使用之郵票，即爲美國國內所使用之郵票，而於其上加蓋英文字二行，上行爲SHANGHAI，下行爲 CHINA 。

客郵所使用之郵戳，雖各各不同，即同一客郵局，前後亦可能有不同。但一般而言，除日期外，均刻有國名及地名，例如英國在煙臺之客郵局所使用之郵戳，即刻有英文字二行，一爲

㉟ 同❼，頁一三一四、一三三〇、一三三一。
㊱ 高傑〈外人筆下的清代民信局與客郵制度〉《郵政資料》第三集，頁八七，郵政博物館。
㊲ 晏星〈上海德國客郵之始末〉，郵總《郵人天地》，一九〇期。

上海德國郵局

U.S.POSTAGE
SHANGHAI
2 Cts.
CHINA
1 CENT 1
U.S.POSTAGE
SHANGHAI
4 Cts.
CHINA
2 CENTS 2
U.S.POSTAGE
SHANGHAI
2 Cts.
CHINA
1 CENT 1
U.S.POSTAGE
SHANGHAI
4 Cts.
CHINA
2 CENTS 2

客郵局（美國）郵票

BRITISH POST OFFICE，一爲 CHEFOO。上海美客郵局郵戳則一行爲 U. S. POSTAL AGENCY，一行爲 SHANGHAI, CHINA。

客郵局郵戳

我國郵政，在正式奉准開辦（光緒二十二年，西元一八九六年）前，是由海關試辦，早在光緒四年（一八七八）即已開始收寄公衆信件，並發行郵票。迄至正式開辦後，當時內地寄往外洋之信件，須寄至通商口岸，交該處之客郵局轉交輪船運送海外，除貼我國郵票外，尚須貼該客郵局所屬之外國郵票[38]。

一八九七年三月，郵政官局剛剛開辦，大清郵政即透過俄使館，與俄國郵政簽訂了一項協定，訂定雙方經由北京至恰克圖郵路互遞郵件的辦法如下[39]：

一、各港口中國郵局收寄之經由北京—恰克圖郵路至俄國信件，可交由北京俄國郵局轉遞。此項信件，須貼有郵資七分之俄國郵票，確係在中國郵局交寄，並未貼有其他客郵局郵票或蓋

---

[38]《中國海關與郵政》，頁一六二，北京中華書局。

[39] I. G. *Circular* No. 30/774 of 19th March 1897. 同[7]，頁一三六三。

有其郵戳者。

自俄國經上述郵路寄來之郵件，俄國郵局可交北京中國郵局遞送，不另收費。

二、按國內郵資貼有中國郵票，寄往至張家口、庫倫及恰克圖郵差途經各地之信件，中國郵局可交北京俄國郵局轉遞及投送。

一九〇〇年（光緒二十六年），大清郵政與法國郵政訂定互寄郵件辦法，並自一九〇二年一月一日起實施，其要點如下[40]：

一、中法郵局彼此互換郵件，包括所有平常、掛號、國際、轉口、總包、散寄等等，須在設有法國客郵局之地方，由中法兩國郵局辦理。

二、不論寄往何處之郵件，雙方均可使用其本國發行之郵票，彼此互相承認。交換之郵件，祇要貼足其本國之郵票即可，不必另再加貼對方之郵票。

三、法國在華各客郵局間互寄之郵資，不得低於中國郵政之國內郵資。中國寄萬國郵盟各會員國之郵資，應照郵盟之規定訂定。雙方所訂資費，應彼此知會。

此一辦法簽訂後，我方交法方運送之郵件，不必再貼法國郵票，確可簡化手續不少。且寄至其他各國之郵件，亦可經由法方蓋戳轉運。相反地：經由法方運來之國際郵件，其寄中國內地

[40] *Postal Circular* No. 55 of 17th December 1901.

者，當地如設有郵政官局，即一律代投，不另收費；如當地並無中國或法國郵局，即交由民信局遞送，費用由收件人負擔。至於法國在華各客郵局間互寄之郵資，不得低於我國內郵資，此一規定，亦可避免雙方之惡性競爭。但正式訂章利用法客郵局互換郵件，等於事實上承認了法客郵局，此點實亦有其不得已之處，因彼時我國自身尚無海外航線，外國海輪亦無法令其祇帶運我國郵件，而不帶運該國客郵局之郵件，故祇有遷就現實，再謀改善。赫德於此，亦曾數度解釋，以期獲得諒解。如光緒三十二年正月二十二日（一九〇六年二月十五日）赫德致外務部函稅字第一七六號有云㊶：

「……查各國在中國所設之郵局，凡在通商口岸者，總稅務司實無法令其閉歇，是以與之訂立章程，互行代寄，俾得交相為用。……」

又如同年十月十四日（一九〇六、十一、二十九）致稅務處申呈關字第一〇三號云㊶：

「竊查中國未設郵政以前，各國因中國無寄遞信件之辦法，是以不得已在各口岸自設分

㊶《中國海關與郵政》，頁一六五、一六六、一七一，北京中華書局。

局，便於郵寄，……迨光緒二十二年間奉旨推廣郵政後，各洋商民局陸續閉歇，惟各國之分局，中國無法令其撤回，既已無法令撤，即不得不與訂立互相收發寄遞之合同，以期兩益。……」

光緒三十三年四月十八日（一九〇七、五、二十九）致稅務處申呈關字第二五九號云[41]：

「……中國在未經奉旨設立郵政以前，各國已在公司郵船所到之口自行設立郵局，辦理一切郵務。迨奉旨後，不但難以令其將多年歷辦之事即時閉歇，且留此等郵局亦甚有用，緣中國尚無來往外洋各國之船，即不能不與之聯絡。惟既已自辦郵政，則在中國境內各口彼此寄遞，即屬中國郵局應辦之事，非他國所應干涉也。然各口岸所已設之各國郵局，既不能令其閉歇，則各國之船往來各口，即不能不代其本國郵局寄送郵件。中國此時亦不若即利用此等船隻，代中國郵局寄遞郵件，一面與各國郵局商訂互爲襄助，兩免掣肘之辦法，俾可相安。一俟中國郵政推廣已及全境，然後再行設法，請各國將其自設之局一律撤回。至現在之郵寄辦法，一係由中國郵局將郵件逕交輪船代寄，一係交由某國郵局轉交其郵船代寄。……」

其後，陸續與各國簽訂互寄章程，內容大致相同。由於是時我國尚未加入萬國郵政聯盟，我國郵票，雖經訂章之對方承認，但各郵件須經由另一國經轉時，又將發生承認與否的問題，因此仍須由訂章之對方郵局——亦即經轉之客郵局加蓋郵戳，其他郵政一見此戳，即予接轉[42]。

由於客郵局也收寄包裹，並利用其特殊的地位，不經海關檢驗，因此發生漏稅乃至走私毒品的情形，光緒二十七年十二月（一九〇二年一月）赫德致外務部申呈云[43]：

「……現據江海關稅務司詳報：數日之間，僅查得上海英國郵政分局一處，其收發各項小包，內有嗎啡一項，估值銀三千五百七十九兩，珍珠一項，估值銀四萬五千二百六十七兩……是該商等乘此加稅之際，匿將珍貴貨物，借外國郵局寄帶，顯係故意投門走私，不僅英國一國郵局如此，即俄、德、法、美、日本等國所設分局，類皆如此。……」

可見利用客郵漏稅及走私毒品情形，已甚嚴重。

在資費方面，一九〇二年（光緒二十八年）二月十二日，英國將其在國內所實施之「一便士

[42] 同[41]，頁一二六。《中國近代郵電史》，頁三二，北京人民郵電出版社。

[43] 同[41]，頁一五四。

郵資」制推行至其在華之客郵局44：一九○三年六月一日起，美國客郵局亦照其國內郵資每半盎司二分收寄上海至美本土之信件45。此項郵資，自遠較我國之寄英、美郵資爲低廉（按當時我國至聯郵各國每半盎司爲洋銀十分，至未聯郵各國爲二十分）46。於是即連遠居我國內地之外人，亦利用此漏洞，交寄其國外信件。方法是將交寄之信件，彙總成一包，貼我國郵票，寄交其在口岸之友人代爲轉寄，甚至直接寄交設在口岸之客郵局轉寄47。如此一來，原應照我郵規定，納付國際郵資，貼用我國郵票，向我郵局交寄之國際郵件，乃化零爲整，以多件整包爲一件，按國內郵資寄往口岸，內件則分貼外國郵票，由客郵局轉寄國外。因此不僅我郵政收益，大受影響，而將客郵局所在地之我國城市，視同其國內，按其國內郵資收費，也隱含有無視我領土及主權的意味，非常不合理。但一時又苦無適當方法處理，我郵祇好通知居住內地之外人，說明此種方式有違規定，請其勿再如此而已。至英、美寄來之信件，如未照郵盟規定，貼納國際郵資，而係照其國內郵資貼納者，一經交到我郵，即照欠資辦理48。

---

44 同21，頁二○。同7，頁一三一四。
45 同21，頁一○一。同7，頁一三一四。
46 薛聘文《中國郵資考》，頁九。
47 同7，頁一三一四。*Report on the Working of the Post Office*, 1906, p.10.
48 光緒三十二年《郵政年報》，頁一四。

(四) 擴張

上述與各國郵政互換郵件辦法與德國商訂時，適膠濟路已通車（光緒三十年），德國遂於沿線各處如膠州、濰縣、周村等地設寄信處所。又濟南亦已開闢為商埠，因而引起內地自闢之商埠，是否亦宜任客郵開設之問題。

光緒三十一年二月三十日（一九〇五年四月四日）外務部致赫德天字第三九號函云⓽:

「逕復者，前准函稱：郵政推廣一事，前經與日本、英、法等國互訂便利之章，復與德國正在商訂，因奉到山東開埠新章，不得不暫行停議等因。當經本部將此事先後辦理情形，函商北洋大臣暨山東巡撫去後。茲准該督撫復稱：濟南為自開商埠，與約開之通商口岸不同，凡工程、巡警等事皆歸自設，郵政亦係主權，自不得由外人開設。查德國在青島、膠州、高密、濰縣、周村、濟南西關六處附近鐵路車站，設有寄信處所，迭經向其詰辯，僅准寄鐵路西人信件，不准代中國商民寄信，並未掛牌設局。總稅務司所訂郵政條款，各國在通商口岸辦理郵務，已為中國承認，然此係指約開之口岸而言，其自開之口岸，本非租

⓽ 同㊶，頁一六〇。

界，不應援以爲例。目前各省內地鐵路漸次擴充，我爲利便中外商務起見，將來自行添開商埠、在所不免。若不持以主權，概照約開各通商口岸辦法，漫無限制，流弊滋多。濟南開埠章程，業已奏定，應請轉知總稅司，與德國商訂郵章，幸勿與埠章稍有違礙，並一面在該處一帶自行添設分局，以免借口等語。應即函達閣下查照，……」

同年四月初一日（五月四日），赫德致外務部汪大燮函稅字第六六號附件郵政節略云㊿：

「……嗣與日本、英國續經商同前由（按即援法國例簽訂互換郵件辦法），均已先後訂妥，刻與美、德兩國正在相商，成否尚難預定。惟德國議辦此事，另有情節，與他國不同。彼在山東有自行管理之租地，並有由青島通往濟南之鐵路，似以爲山東一省，均在德國範圍之中，他人不易攙越，因而中國郵務，難免掣肘。隨飭膠海關稅務司即在關署設立一局，惟此局與他局不同，局設青島租地，商民不准到局送信，該局亦不准在膠境內分投，只有出入該口之信包，准由該局成包轉遞而已。至膠濟鐵路，名雖屬之中國，實則德款德人所築，現已沿路設有德局，中國前欲用此路寄遞郵件，德公司不允，嗣雖允行，而

㊿ 同㊶，頁一六二。

索費甚昂。中國既圖擴充郵政，自不能不用此路，任受此虧，是則中國郵務與德國互訂辦法自與他局不同之情形也。德國在租地境內設立郵局，中國現不能干預，至境外准否設局，中國爲自主之國，自應作主。現於膠濟鐵路線內，德國已設有郵局數處，並在鐵路左右附近地方，亦有設局之事，現欲按照末後與英國議定，祇認通商口岸設局，此外不認之辦法，與德國相商，而德國甚不滿意：祇認通商口岸之局，而不認新開商埠之局。據云礙難允從。雖係如此，而總稅務司則不能不出此言，申明此款，以冀爭存中國之主權。伏思此案祇有兩項辦法，或不與定章，任其在山東隨意辦理，或酌允數處，俾事勢尚可約束，不致漫無限制。復經再四籌思，始曉然於德國意指之所在。其意以爲：若濟南商埠中國承認准設德局，則租地外之周村、濰縣暨他處各局，可即一律裁撤；青島之中國郵局仍可認爲辦理，且用鐵路運送郵件，亦可另商通融辦法。因思若不與定章，任隨所爲，則日後必無令其收回之法，酌允濟南一處，尚不致大礙主權，似不若循其意計而行之爲愈也。」

此案最後想出一轉圜辦法，即允德國在濟南設局，但不設在商埠範圍之內，而設在埠外鐵路之北，既與商埠無關，亦可證明係爲鐵路而設，他國無法效尤。德國亦允撤退在膠濟路沿線其他德客郵局計膠州、青州、周村等處，並允沿路亦可運寄中國方面交運之郵件，不必由德局中轉。德亦承認中國在青島所設之郵局。而中國亦承認德在北京使館區及濰縣（暫時）所設之郵局[51]。

各國客郵，起初是設在通商口岸，其後漸及內地。光緒二十九年，日本在南京城內租屋設立郵局，德國亦設立書信館，南洋大臣咨外務部，請轉商駐使令移通商場地方，外務部咨復南洋大臣文云㊷：

「光緒二十九年六月二十八日准咨稱：日本在金陵城內租屋開設郵局，德國亦在金陵城內設立書信館。金陵通商場，按照約章，係在鳳儀門外下關江邊。日本及德，均不應設立書信館於城內，應請轉商日、德駐京大臣，飭令照約遷移通商場地方，以符約章等因。本部查中國既設郵政官局，各國郵局、書信館，無論城內、通商場，均不准開設，經本部於本年三月初三日照會各國駐京大臣轉達政府，分飭在華郵局，迅即撤回，並分電出使各國大臣轉商各外部在案。除俟商定再行知照外，相應咨復貴大臣查照可也。」

三十年正月十六日，赫德爲日本在鎮江設郵局事致外務部申呈云㊸：

㊶ 同㊶，頁一六〇～一六五。I. G. *Circular* No. 87/1303 of 1st December 1905.

㊷ 同⑦，頁一三〇九。

㊸ 同㊶，頁一五九。

「……據鎮江郵政司報稱：去歲十二月十六日據駐滬日本郵局專員文稱：本國於鎮江地方分設日本郵局，由該處日本鋪商代爲經理，請由鎮江華局識認，照章互寄郵件，等語。……據此，當查鎮江所設日本代辦分局，係在口岸租界之外，……自屬不應承認。……」

可見各國客郵，無不伺機擴張。

此外，各國又取得我內河航行權，外輪遂航行我內河，我郵遂亦利用外輪帶運內河郵件。但外輪可分爲二類：一爲一般之商輪，一爲郵船，各國所用之郵船多即爲各公司之商輪，但一入郵船之選，即由政府助給津貼，訂立專章遵守，與官輪無異，往來他國口岸，均以優禮相待。至於實質上之差異，則是郵件交商輪運送者，運費由中國郵局直接與輪船商訂；交郵船運送者，其運費則由該國郵局轉付，並按萬國郵盟之規定計算。光緒三十三年（一九〇七），日本郵政請將日清汽船會社往來各線輪船代運郵件統按郵輪計費，其中有往來鎮江、清江浦、揚州、高郵、寶應、淮安者，赫德以日輪航行內河並帶運日本客郵局郵件，均屬無法禁阻之事，雖按郵船計費，實則仍爲舊日之商輪，「若中國再不用該船代寄，則不但郵務失一近助，是直舉中國郵寄內港一事徒奉於日本之局矣！……既已無法阻止，不若仍用之代寄郵件，亦頗有益，俟中國郵政推廣至極，各國郵局亦皆停撤後，則此事亦自易辦結矣。」但頂頭上司稅務處則認爲：「內河行輪載在條約，但祇裝載客貨，並無准郵船得行駛內河之條……倘因郵件便利起見，祇可酌交商船帶寄，未便允認郵船駛行內港，致落口實。」因此拒絕了日本郵政的請求[54]。

客郵不僅設立郵局，收投信件，且有自組郵路者，光緒三十三年（一九〇七），蒙自法郵局設代收遞人役，每週自蒙自至雲南省城傳遞三次，與我郵爭利。經副總稅務司斐式楷（Robert Edward Bredon）查復：數年前蒙自法客郵局不僅由蒙自至省城，且由越南至蒙自，再至省城，展伸至四川之重慶、成都，並由重慶分達萬縣、貴陽，均各設有法局，並有代收遞人役。經於光緒三十年四月間與駐京法使交涉，經先後撤退，不期現又重設。按自蒙自至省城，途中設有法局五處，除阿迷州、婆兮、宜良三處我已設有郵局外，尚餘二處，亦當設局通郵。總之，通商口岸租界內，外人設立郵局，以便轉遞外洋郵件，尚屬無法阻止。至於內地處所，中國既有自設之郵局，則與未辦郵政以前，情形迥異，萬無准外人在內地開辦郵局，甚至設代收遞人役之理。此案遂經轉行外務部核處[55]。

民國二年，參謀部據報：張家口大境門外元寶山設有俄國郵局一處，於張庫消息，極為靈通，民國籌備事宜，受莫大之影響，似宜禁止，以重機要。於是函外交部轉詢交通部：該局究於何年設立，有無辦法取締。交通部亦無成案可稽，但指出俄國可根據前引之咸豐八年及十年所訂

---

[54] 同[41]，頁一七一。

[55] 同[41]，頁一七五。

中俄條約設郵，其設立早在我開辦郵政之前，惟當時曾否報經我政府核准，則無從查考，於是此事遂祇好不了了之[56]。

民國五年十月十四日，阿爾泰（新疆省）辦事長官署咨外交部：

「查俄人駐兵阿防，歷年種種進行，均於主權有礙，而郵電兩端，關係邊防，尤爲危險。查由承化寺以迄俄屬宰桑，實中俄之要樞，亦邊防之門户，俄人郵政設備頗爲完全。……若我國不於邊界交通，力加擴張，不特將來對付爲難，即於我國邊政，亦諸多障礙。……自俄人設置郵政，於中國境内，設有八站……宰桑承化寺間，不惟彼族稱便，即中國商民，往往亦利賴之。……且各郵站佔有草場牧場，與兵站相輔而行，非常便捷。我則發生一事，全仗專差，數日始達，嚴冬酷暑，或竟交通斷絕，利鈍相懸，何殊霄壤。不圖及時挽救，將來邊民蒙哈，相與習而安之，損失奚堪設想。……處此時勢，惟有先將承化寺至邊界吉木乃一路郵電迅速籌設，藉保主權……在吉木乃地方與俄人互換信件電報……」

[56] 同[25]。第03－02，24－35－1號檔。民國二年二月四日外交部致交通部公函通字XOE號及同月十三日交部復外部二年函字第二五六號函。

經外交部行文交通部查復：自承化寺經布爾津河以抵吉木乃業已開為郵路，俄國在我領土內設置之郵站六處，無存在之必需，且亦不能再以郵寄未通為藉口，請與俄交涉撤消。經外交部於民國七年八月照會俄使館請撤銷後，俄使復知：此一問題甚關緊要，於俄國正式政府未成立以前，礙難解決。嗣於民國八年十一月外交部再行文俄使館請予撤銷，俄使仍以前述理由予以拒絕[57]。

客郵演變至此，已與國防發生密切之關連，並成為列強侵略我國的工具了。

按客郵的設置，各國最初是為了適應各通商口岸外人的需要，而以我國尚未有郵政官局為藉口[58]，及至光緒二十二年我國郵政正式奉准開辦後，又以我尚未進入萬國郵盟為藉口[59]，但民國三年我國加入萬國郵盟後，客郵機構不但未減，反有增加，可見這些都祇是託詞而已，真正的目的，還是以客郵為工具，以遂其侵略野心而已。

(五) 禁阻

我國郵政，基於郵權之完整，對客郵之禁阻，雖無時不在注意之中，但此事不能徒託空言，

---

[57] 同[25]。第03－02,28－40－7號檔。
[58] 《交通史郵政編》(一)，敍略，頁一一。
[59] 同[58]，頁一二。同[33]。

必須有堅強之實力，以爲後盾。所謂「實力」，即：普設郵政機構和掌握郵件運輸工具。關於前者，郵政自正式開辦後，即積極增設局所，光緒三十年，全國共有局所一、三二九處，至民國九年，已增至一〇、四六九處，至於郵件運輸工具，則主要是輪船與火車，當時輪船尤其是外洋航線，全是外輪，即內河航線，也大部分是外商，如何使行駛中國口岸之外輪帶運我郵郵件而不帶運客郵局的郵件，眞使早期的郵政當局大傷腦筋，終於想出一個發還「特許費」（special permit fee）[60]一半的辦法：輪船公司除運送其本國郵局之郵件外，如能代運我國郵局之郵件，並拒絕代運其他各局（包括民信局）之郵件者，發還其「特許費」的一半。直至民國八年與太古、怡和及招商三輪船公司訂立載運郵件合同時，才將此一辦法改爲付給津貼。合同中並正式以明文規定[61]：各該公司不得載運中華郵政及輪船公司本國郵政以外各機關所交運之郵件。至於航行內河之我國輪船，更有嚴格之限制，光緒三十年外務部核准內港華輪代運郵袋章程，即規定：除大清郵局郵件外，不得擅帶他局（指民局及客局）郵件[62]。

---

[60] *Report on the Chinese Post Office* 1921, p. 8. 郵政博物館。特許費，郵政文獻多稱之爲：買關費。海關上下貨，規定在平常辦公日早六時至晚六時之間辦理。逾此時間裝卸貨物，須繳納一項特許之費用，每半夜收銀十兩，全夜二十兩，假日日間二十兩，夜間四十兩。由於輪船日增，常在規定時間以外裝卸貨物，遂使此項特許費，成爲輪船公司一項不小之支出。

[61] 劉承漢《從郵談往》，頁九三。

[62] 何建祥《郵政大事記》第一集上冊，頁四八、一二七。

鐵路方面：光緒二十九年（一九〇三）外務部核准之大清郵政局鐵路公司互議章程八條亦規定：鐵路祇允中國郵政官局運送包件，民局及別國官局郵件概不准行運送[63]。

由於郵政局的日益普遍，而輪船火車等運輸工具又受到合同與章程等的約束，祇能帶運中華郵政的郵件，因此形勢逐漸對我有利，但客郵的撤消，仍待政治、外交等方面的配合，最後才獲得成功。

(六) 德、俄客郵之撤銷

民國三年，歐戰爆發，德、日在青島交戰，旋日本佔領青島，民國六年三月二十六日，交通部與日本駐華公使訂定關於膠州灣租借地及膠濟鐵路間中日處理郵電辦法，其主要各點如下：

一、所有膠州灣租借地及膠濟鐵路間中日兩國郵電均暫適用中國與德國政府暨鐵路公司從前已有之辦法辦理。

二、日本承認中國在青島繼續開設郵務局電報局各一所。

三、中國承認日本在濟南、濰縣之膠濟車站區域內繼續開設郵便局各一所。

---

[63] *I. G. Circular* No. 1076/61 of 16th April 1903.

至此，舊日德國在此一區域之客郵已爲日本所接管[64]。

是月，我國對德絕交，各地德客郵局，經政府決定暫停其營業，由地方官派員看守。至四月二十五日，德在華郵局均已閉歇。八月，我對德宣戰，德郵局房屋即照處置敵產辦法辦理[65]。

同月，俄國發生變動，沙皇被迫退位，十一月，共產黨執政。民國九年十月，國務院國務會議，交通部提出議案如下：

「竊查駐華之俄國使領等官，因俄國內亂，統一民意政府迄未組成，已失其代表國家之資格，業由外交部呈奉大總統明令宣布停止待遇在案。所有在華設立之俄國郵局亦係俄國政府所屬機關之一，且此項機關自我國加入萬國郵會後早無存在之理由，此時更不便任其繼續任職。交通部擬令郵政總局，迅令向與駐華俄國郵局有關係之各郵局，停止與各俄局互換郵件。並請外交、內務兩部，會同通電各省區軍民長官，將俄人在華所設郵局信箱，令其一律撤退。」

[64] 同❼，頁一三二四。
[65] 同❼，頁一三二五。

案經會議通過後，即由國務院於二日以第二千四百號公函函外交部並分函內務及交通二部通電各省執行[66]。執行中北京、張家口、漢口、煙臺俄郵局長曾先後函致交通部提出抗議[67]，上海俄郵局長費理門（R. Feldman）亦以一八六〇、一八八一、一九〇九年中俄條約爲詞，向我外務部提出抗議[68]，我均未予接受。至翌年三月，各地俄郵局均次第撤除[69]。

但俄猶野心未泯，民國十二年，此時各國在華客郵均已取消，交通部接新疆省長電稱：俄新黨在寧遠設立郵局[70]，傳遞中外往來文件，並辦理匯兌俄票，交通部乃轉令我新疆郵務長就商我地方官向俄人嚴重交涉，一面請外交總長飭令新疆交涉員設法禁阻，以重主權。

至民國十六年，新疆雖無俄郵局，但蒙古方面，則在庫倫、烏里雅蘇臺、科布多、札音、陶爾嘎、車臣汗、三貝子、資宰爾黎克等地，均設有郵局，使用蒙古郵票，庫倫爲管理局，均隸蒙古政府管轄，但局長及負責人員均爲俄人[71]，此種情形，又非屬單純之客郵而已了。

---

[66] 同[25]。第03~02, 37-1 號檔。
[67] 同[7]，頁一三二九。
[68] 同[25]。第03~02, 26-37 號檔。
[69] 同[25]。第03~02, 37-3 號檔。同[7]，頁一三三一。
[70] 同[25]。第03~02, 24-35-5 號檔。民國十二年五月二十三日，交部致外部咨第七〇二號。
[71] 同[25]。第03~02, 24-35-8 號檔。民國十七年五月二十三日，交部致外部公函六八二號附件。

(七) 撤銷客郵之努力

德、俄兩國客郵結束後，其餘英、美、法、日四國之客郵則於民國十年在華盛頓舉行之太平洋會議中，方告解決。於此我們且先回顧一下在此以前對撤銷客郵交涉的經過：

早在光緒四年，大清郵政尚未開辦之前，我國即被邀請參與萬國郵盟，是年，赫德赴巴黎，法外長即有撤消上海法郵局之意。香港英郵局長亦多次表示：願撤消沿海各口郵務代理機構，將上海工部局書信館歸併於海關郵務處，並已實際商討如何進行。終以當時清政府尚無開辦國家郵政之意向，此事遂無結果[72]。

我國禁阻客郵，維護我郵權統一之基本立場，雖始終如一，但在實際執行上，由於我國當時未有外洋航線，即沿海航線及內河航線，亦多為外輪，不得不利用各通商口岸客郵局之居間轉寄，故初期對客郵局祇有採取互助的立場。光緒二十三年正月初一日，赫德致電瑞士萬國郵盟說：「……外國在中國設立信局，雖於理未能允協，而於事實有用處，現時在所必需，礙難撤退。……」[73]

[72] *Report on the Working of the Post Office*, 1904, p.2. 郵政博物館。

[73] 《交通史郵政編》(三)，頁九〇七。

是年，萬國郵政大會在華盛頓舉行，我代表伍廷芳與會並報告，其中有云：「……各國在中國設立之信局……非特不令撤去，且願助其辦理，蓋撤去此等信局，時尚未至，深恐與官局有礙也。……」[74]

光緒三十二年，郵傳部成立，國人盛倡收回利權之說，政府亦曾提出收回客郵之交涉，無如各國視為既得權利，置之不理[75]。

民國三年，我國加入萬國郵盟，民國四年三月十八日，我郵函該郵盟[76]：

「……自中國加入萬國郵會之後，郵會中其他會員國在中國領土內設置之郵局，已不復有合法存在之理。中國雖因上述種種困難，以及因現在歐戰發生之困難，並為不令郵件耽誤傳遞，及暫時維持與各外國之關係起見，不得不用各國在本國領土以內設立之客郵，或用為間接機關，但中國即應聲明，如此辦法並不帶有承認此客郵為合法機關之意。又已往及將來各客郵局或與各客郵局所屬之管理處交換之公文，不能即因此援為承認之先例。現在

---

[74] 同[73]，頁九〇九。
[75] 同[33]，頁一八〇。
[76] 劉承漢《從郵談往》(一)，頁九七，臺北廣文書局。

各國在中國領土內之大多數客郵局於各該局間互遞之信件，或與其所屬之國家互遞之信件，其所取郵費之率，比之羅馬公約第五條規定之率爲低，此爲中國所最抗議反對者。」

民國八年，歐戰結束，我國以參戰資格向和會提出希望條件七項，其中第三項爲：裁撤外國郵局及有線無線電報機關。當時和會議長克勒蒙梭函復：承認所提問題之重要，但不認爲在和會權限以內，擬請俟萬國聯合會行政部能行使職權時請其注意。如此而已[77]。

民國九年十月，萬國郵政大會在西班牙馬德里舉行，我國代表郵政總局局長劉符誠於赴會時道經英美法三國，即就客郵問題向其郵政當局陳說，開會後法國代表提議將國際郵政公約施行細則第四十四條有關客局各款予以刪除（按各該款係規定：各國在他國所設郵局可一體列入郵盟範圍之內。經刪除之後，則是不得列入郵盟範圍之內，如此對我甚爲有利）。獲得大會通過[78]。

十一月二十七日，美國代表陶普雷格致函劉氏，表示美國政府對中國政府希望撤銷在華外國郵局之願望，甚爲同情，且他國如果停止，美當取一致之行動。劉氏並在閉會日發表宣言，謂：「……中國深知各國當吾國郵政萌芽時代，在中國土地上所辦之郵政事業，今日定有決定將此種

[77] 同[83]，頁一八〇。劉彥《中國外交史》，頁五五〇，臺北三民書局。
[78] 同[73]，頁一一一四。

機關裁撤，倘任其存在，實為反常之事，中國深信在座諸公定願代中國郵政向各本國政府辯明。……」言畢並宣讀美代表原函，獲在座各代表之熱烈回應[79]。

我外交部乃於民國十年六月七日照會英、美、法、日駐京公使，要求客郵之撤銷[80]：

「為照會事：郵政為交通行政之一，主權所在，全球各國於其領域內之郵政，均不容他國代庖，此固各國之通例。查中國自中外通商以還，各國於中國之通商各埠，時有設立郵局，經營郵便之事，當時純係自由舉動，既非條約所規定，並未先得中國允許，中國為顧全外僑郵件之便利，初未堅請撤銷，此乃篤念友誼，暫時權宜之舉。現在中國開辦郵政，已逾二十五年，設立局所統計一萬有奇，凡百設施，均依據萬國郵會章程著手，所有郵會各國之郵局，互相聯接，辦理各事，如互寄平常包裹、保險信函、保險包裹、國際匯票等事，均已次第舉行，故自民國三年我國加入萬國郵會後，與會內各國往來，數載於茲，均臻妥協，中外人士，亦久稱便利。去歲日京萬國郵會博議大會，中國代表提議將客郵撤銷，各國亦多表贊可，況當茲華郵完備之時，內地客郵，實亦無繼續存在之必要，相應照

---

[79] 同[73]，頁一一一〇。
[80] 同[7]，頁一三三二。

會貴公使查照，務希轉達貴國政府，速將在中國客郵即予撤銷，實紉睦誼，並希見復。至將來實行撤銷時，中國政府對於各客郵，自當予以種種便利，以襄助其結束一切。合併聲明，須至照會者。」

九月，交通部以「郵政條例」之頒布，於撤銷客郵，頗有關係，「外人在我國設立郵局，每藉口我國郵政條例未訂……現太平洋會議開會在即，該條例實為我國代表提議撤銷客局時對付外人所必須之資料，亟應從速公布。」遂由大總統於十月十二日以第三十二號教令公布。明定郵政事業由國家專營。無論何人，不得經營信函、明信片之收取、寄發及投遞[81]。我國郵政，至此始獲得法定之專營權。

(八) 太平洋會議

是年十一月十一日，太平洋會議在美京華盛頓開議，會議目的有二：一為裁減軍備，一為解決太平洋及遠東問題。我國代表提出的議案共十餘起，其一是十大原則，原則之一是：各國尊重

---

[81] 林泉〈太平洋會議與各國在華客郵之撤銷〉《政治評論》第三〇卷第一期，民國六十二年三月十日。

並遵守中華民國領土之完整與政治行政之獨立。議案之九是撤消客郵[82]。

中國於是月二十五日將撤廢客郵案向該會議之遠東委員會提出，說明理由三項：㈠中國郵務已遍設全國，與各國維持交通，極稱滿意。㈡客郵妨礙中國郵務之發展，剝奪中國之正當收入。㈢客郵並無條約及其他合法權利之根據，直接侵犯中國土地及行政之完整[83]。

本案討論時，美國代表表示：倘他國願撤廢在華郵局，美國亦可照辦。並認為中國郵務辦理完善。英國代表亦無反對之表示，但對現任中國郵政總局之總辦，認為應對其繼續留任，予以確切之保證。法國代表不反對撤廢法國在華郵局，但對現任之上述總辦，認為應仍維持其位置。又中國郵政應繼續保持其辦理之完善。日本代表雖有不願，但在此情勢下，亦未便正式反對，但請假以時日，俟情勢許可，亦願撤廢。其後又主張：租借地及鐵路界內之客郵局，不在本案討論範圍之內[84]。

本案經我國代表與交通部往復電商，最後由委員會制定議決案，經一九二二年二月一日大會通過如左[85]：

---

[82] 劉彥《中國外交史》，頁六八七，臺北三民書局。
[83] 見我代表施肇基在會議之宣言。同[7]，頁一三三四。
[84] 同[7]，頁一三四〇～一三四四。
[85] 同[82]，頁七〇九。

第一項　關於中國政府表示在中國境內之外國郵局，除在租借地或爲約章特別規定者外，請求撤消，認爲公平，因即議決：

(一)有該項郵局之四國，允許照下列條約將其撤消：

甲、中國保持切實辦理郵務。

乙、中國政府保持現在郵務行政與外國郵務總辦之地位有關係者，無變更之意。

(二)爲使中國及有關係之國舉行必要之設備起見，此項辦法實行之期，不得逾一九二三年一月一日。

第二項　外國郵局尚未完全撤消以前，該有關係之四國，各擔保予中國海關官員以充分之方法，俾得在各外國郵局查驗各項郵件。意在察知所裝之件應否納稅，是否違禁之品，或違反海關章程及中國法律。

英國在華客郵遂於民國十一年十一月三十日停歇，美、法兩國亦於十二月三十一日停閉，法在廣州、重慶、瓊州、蒙自、北海、雲南府之客郵局則於次年一月三十一日撤銷[86]。至英國設在

---

[86] 民國十二年四月十四日郵政總局通諭第二三四號。

威海衛之郵局，因其在租借地，則於民國十九年十月一日英國歸還租借地時，同時撤銷[87]。

至於日本客郵的撤銷，因山東問題，是我國提出太平洋會議的主要議案，經會外談判，簽訂了「解決山東懸案條約」及「解決山東懸案條約中日代表會議記錄中之協定條件」，後者第五項第十二及十三兩條規定如下[88]：

五　郵務局

第十二條　所有膠州德國舊租借地以外之日本各郵務局，如青島濟南鐵路在一千九百二十三年一月一日以前移交，應於移交鐵路時，同時撤去。但無論如何，不得逾上開日期。

第十三條　所有膠州德國舊租借地內之日本各郵務局，應於移交該租借地之行政權時，同時撤去。

但山東問題，在華會解決者，不過大綱。所有協定細目及移交一切事宜，應依該約第二條，組織中日兩國聯合委員會處理。同年六月二十九日，兩國委員在北京會議，山東問題始完全解

[87] 同[21]，頁一七、二〇。
[88] 同[82]，頁七三六。

決。膠州灣德國舊租借地，因於中華民國十一年十二月十日，由我國政府正式接收。租借地外鐵路、鑛山及其他各財產，概依協定，移交我國89。同日，設在山東省之日客郵局二十四處（煙臺不在內）關閉，其餘各地日郵局四十二處（包括煙臺）則於三十一日關閉90。至南滿日郵問題，未經商決，祇好作為懸案91，直到九一八事變，仍未解決92。

英、美、法、日四國撤銷之客郵局所在地如下：

英國十二處：

廈門　廣州　煙臺　福州　漢口　瓊州　寧波　北京　上海　疏附（喀什噶爾）　汕頭

天津

法國十三處：

廈門　廣州　煙臺　重慶　福州　漢口　瓊州　蒙自　北海　北京　上海　天津　雲南府

日本六十六處：

廈門　廈門水仙宮　安東縣舊市街　長春城　長沙　張店　廣州　煙臺　城陽　鎮江　周

---

89 同82，頁七三七。
90 民國十二年四月十四日郵政總局通諭第二三四號。
91 同7，頁一三六二。
92 同21，頁一七。

村　局子街　坊子　鳳凰城　福州　琿春　杭州　漢口　漢口居留地　哈爾濱　高密　膠州　吉林　九江　遼陽城　李村　李村九水　李村沙子口　龍井村　奉天大西關　奉天大北關　南京　南京下關　牛莊　北京　博山　上海　上海北四川路　山海關　沙市　新民府　蘇州　汕頭　四方　臺東鎮　塘沽　鐵嶺西門　鐵山　天津　天津紫竹林　頭道溝　滄口　濟南　青州　青島　青島膠州町　青島若鶴町　青島松根町　青島埠頭　青島大鮑島　青島天津町　青島佐賀町　齊齊哈爾　淄川炭礦　濰縣　蕪湖

美國一處：

上海

四、湊合應付的文報局

(一) 成立

清代，在對外開放前，我國原是採取閉關的政策，與外界少有往來。當時輪軌未通，舊式郵驛，在僅供遞送國內公文書之用的情形下，尚可敷用。但這種情形，在外力強行叩關，江寧條約，正式闢埠通商後，已起了極大的變化。此後，與外國商務乃至外交上的往來，日益增多。光緒元年，總理衙門奏：大意是：前經奏准以候補侍郎郭嵩燾使英兼法、比、義，候補三四品京堂陳蘭彬使美兼日、秘，現滇案已經議結，前派使臣，亟須剋期前往❶。這是我國派遣駐外使節之始，並訂定出使章程十二條❷。

使臣駐外，如何與國內通信，保持聯絡？這顯然已非舊式郵驛所能辦到，而成爲一亟待解決的問題。光緒二年十月，總理衙門奏稱：昨據郭嵩燾等始抵上海，定於十月十八日開行出洋，嗣後軍機處發還該署侍郎摺報，未能由驛遞寄，擬由兵部遞交直隸督臣李收下，由該督設法轉寄，並嗣後出使他國大臣之摺報，亦照此辦理，以免貽誤。至郭嵩燾等與總理各國事務衙門來往信函，暨由該衙門代奏各件，應如何遞寄之處，仍歸該衙門辦理❸。

同年，郭嵩燾奏：臣等出使英國，據總理衙門奏定章程，以駐紮三年爲期，海道相距約四、五萬里，每月公司輪船來往，皆停泊上海一口，臣等陳奏事件，關係緊要，應由駐紮地方拜發，餘皆函達總理衙門代奏，其遞送信函及長江遞發家書，應飭上海招商局經理，已札招商局員游擊

❶ 清朝《續文獻通考》卷三三七，外交一，頁考一〇七八三。
❷ 清廷派使出洋，始於同治六年，總理衙門奏派章京志剛孫家穀使西洋有約各國，由上海放洋，以美人蒲安氏爲參贊，故先至美。在此以前，同治四年，奏派斌椿並同文館學生等遊歷外洋。其後，同治九年，崇厚使法國。但常駐外國之使節，則自郭嵩燾等始（同❶，頁考一〇七八一、一〇七八三、一〇七八四）。
❸ 《皇朝掌故彙編外編》卷一八，遣使，頁九。

銜黃惠和收管來往信件，以專責成。於是成立了上海文報局❹。

光緒四年二月，北洋大臣❺李鴻章有關於上海設立東西兩洋文報總局劄一件，其主要內容如下：

一、光緒二年十月郭大臣奉使出洋，設立上海文報局，派委招商局黃游擊惠和經理。

二、出使德國大臣劉錫鴻往來文報，已委江海關吉稅務司經理。

三、過去駐美肄業華童洋局文報書信係由司事陸湛源在滬經理收發。

四、出使日本何、張兩星使文報，係派上海招商局王委員松森辦理。

五、上海爲出洋總匯之地，所有出使東西兩洋各國大臣往來文報，應統歸一處收遞，以專責成。

六、黃游擊駐紮招商局，凡遇各國輪船開行，無不盡悉，收寄文報，甚爲便捷，所有上海收發出使東西兩洋各國文報總局事宜，應即責成黃游擊總理。王委員松森、陸司事湛源皆作文報總局委員、司事，幫同黃游擊辦理。此後德國文報，亦應由黃游擊收遞，以免分歧。

❹《皇朝政典類纂》卷四七四，外交十、通使，頁一八，臺北成文出版社。

❺北洋大臣爲北洋通商大臣之簡稱。清咸豐年間，有五口通商大臣，駐上海。辦理上海、寧波、福州、廈門、廣州等五口之通商事宜。又有三口通商大臣，駐天津。辦理天津、登州、牛莊等三口通商事宜。同治間，改三口通商大臣爲北洋通商大臣，由直隸總督兼任之；又改五口通商大臣爲南洋通商大臣，由兩江總督兼任之（《辭海》）。

至此，上海文報總局成立，集中辦理出使東西兩洋各國大臣文報收發事項。並附原由郭大臣劄發之章程六條❻。從這六條中，可以獲知：

一、文報總局仍附入招商局，以節開支。

二、黃游擊轉寄文函，係交外國書信館由輪船遞送。

三、轉寄家書時，轉遞之信資，不及一千文者，可由局付給。

四、文報局除經轉公牘信件外，各地發生重大事件，應隨時報知。因此黃游擊前已將《上海新報》、《申報》隨時購寄。

(二) 任務

從以上引敍之上海東西兩洋文報總局設立經過看來，文報局最初僅是爲配合駐外大臣與國內通信需要而設置的一項因應措施而已。其職責有如今日各機關中之收發，所謂「局」，可能前人

---

❻ 李鴻章劄及文報局章程六條見《皇朝掌故彙編外編》卷一八，遣使，頁一〇及《皇朝政典類纂》卷四七四，外交十、通使，頁一八。由於二者對清末文報局之探討，甚有參考價值，茲將原文（經加注標點）錄編爲附錄一。

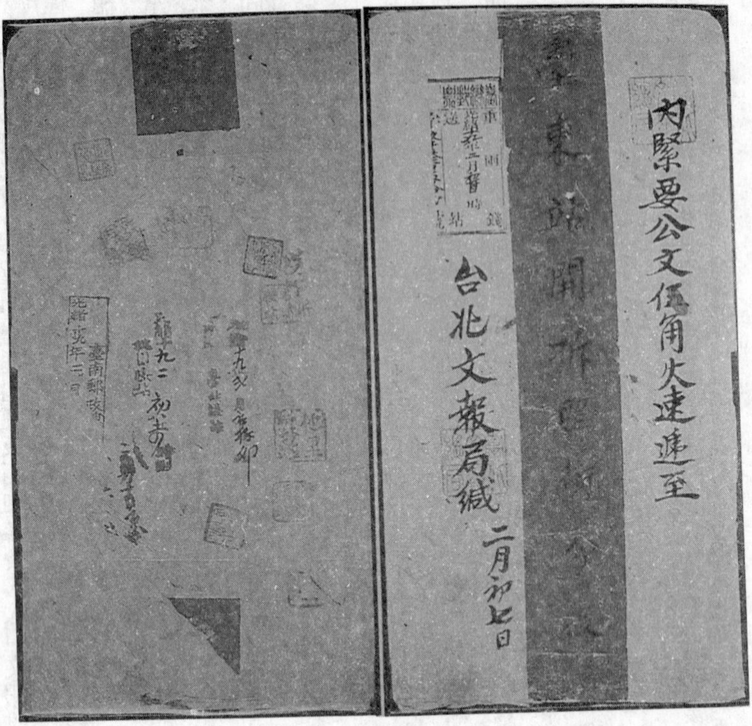

文報局實寄封

的用語，在某些情況下，其含義與現今並不盡同。尤其是「總局」，就當時的情形看來，似乎並非一個具體、有組織、有規模的行政機構，祇不過是「集中辦理」的意思而已。

文報局本身並不遞送文件，國內寄往國外的，轉交外國書信館寄遞；國外寄來國內的，則於到達口岸後，視情形交驛站轉遞，或交海關郵務機構轉遞。家書則也有可能交民信局轉遞。

光緒三年，福建巡撫❼丁日昌為加強臺灣與大陸間文報的寄遞，仿照上海文報局的辦法，在臺南成立了文報局❽。至此，文報局的性質，已有了一些改變，由當初的駐外使節國內、外互寄文報的代轉，一變而為國內口岸間文報的轉遞了。

光緒七年四月，清廷派岑毓英為福建巡撫，因臺灣為南洋的門戶，飭其加強防務❾。岑氏受命之後，首先即謀改善閩、臺間的交通與通信，當時赴臺輪船，係由福州之羅星塔（在馬尾附

---

❼ 清代，臺灣是屬於福建省的一個府，叫臺灣府。省會在福州，閩省巡撫駐節福州，有時蒞臺巡視。府治東安坊，在今臺南市。

❽ 曹潛《中華郵政史臺灣編》，頁七二，郵政總局。

❾ 《光緒朝東華續錄選集》，頁四四（收入《臺灣文獻叢刊》）。臺灣銀行經濟研究室。原文如下：（光緒七年）五月丁卯（初六日），岑毓英奏：「臣於光緒七年四月二十五日欽奉諭旨調補福建巡撫，當即恭摺叩謝天恩，專弁領齎北上」。同日，又承准軍機大臣字寄：「四月初八日奉上諭：『臺灣為南洋門户，防務緊要。日本前議琉球一案，未允所請；該使臣悻悻而去，難保不藉端生釁。自應思患預防，嚴行戒備。岑毓英久歷戎行，諳習兵事；即著責成該撫將臺灣防務悉心規劃，與何璟會商布置，務期有備無患。……』」

近）出五虎口繞道廈門、澎湖，需三十六個時辰始能抵岸，如遇天候不佳，則更難預定。岑氏奏請改由五虎口逕赴臺北，祇需九個時辰即抵基隆，並請撥大輪船一號，長爲渡臺之用⑩。一面札示其屬下，於基隆設立文報所，以加強閩、臺之間的文報遞送。在《淡新檔案選錄行政編初集》一書中，有一件光緒七年九月十八日臺北府行新竹縣的公文，說明了這一事實⑪。新竹縣旋於十一月十三日申復臺北府：嗣後遞省（按即遞至福建省城）公文，將遵由過去之送臺南文報局轉

---

⑩ 同⑨，頁四六。原文如下：

（光緒七年）秋七月乙酉（二十五日），何璟、岑毓英奏：「臣等前欽奉上諭：『臺灣爲南洋門户，防務緊要』等因，欽此。當經臣毓英奏請由黔酌帶官兵赴閩遣用，欽奉諭旨允准在案。伏查臺灣地方，孤懸海外，日本窺伺已久。不早籌整備之方，則戎心易啓；不量予變通之策，則兵氣不揚。臣毓英奉命督辦，責無旁貸；惟有懍遵聖訓，隨時親往履勘，認眞經營。該處情形，其北開闢未久，尤關緊要。而赴臺輪船，向來由羅星塔出五虎口繞道廈門、澎湖，必須三十六個時辰始能到岸；設遇風狂浪大，顚簸耽延，日期更難預定。若改由五虎口逕赴臺北，祇須九個時辰即抵基隆，甚爲妥速；而由基隆至臺灣府城，亦不過旬日可至。臣等再四籌商，擬即以此路爲渡臺正路；並咨商船政大臣黎兆棠撥大輪船一號，長爲渡臺之用。至由南臺到五虎口，用小輪船往來甚便。……」

⑪ 《淡新檔案選錄行政編初集》，頁三五七（收入《臺灣文獻叢刊》）。臺灣銀行經濟研究室。原文如下：

「照得本部院現渡臺督辦防務，所有省署、行轅往來文報，及廷寄、批摺，暨行轅拜發奏摺各夾板，在在均關緊要。凡由省來者，已飭本標中軍參將，派弁領賫，搭坐輪船，遞至基隆，交基隆通判，由驛轉遞前進。其自行轅發來者，亦由基隆，交輪船管駕，帶至馬尾投省交投。亟應委員，於基隆設立文報所，以專責成。茲查有候補知縣吳恩慶、大挑教職陳春瀛，堪以勝任。除逕給札委外，合行札知。……光緒七年九月十八日札。」

遞，改爲送基隆文報局轉遞，以期迅捷⑫。這是岑氏主閩後對臺灣通信的重要改善，同時從復文中也可看出：基隆文報所已改爲文報局了。

光緒八年（西元一八八二年），廣東文報局於是年十二月開始運作。由委員二人主持，下設一秘書及一書記，以爲佐理，僅收官文書，與設在福州、廈門、臺南、汕頭、上海、天津之相同機構，及設在香港之代理機構，交換郵件。寄往英、法、德、美及其他國家我國駐外大臣之郵件則送由設在沙面之領事書信館經轉。公文書及包件則有時送海關撥駟達書信館寄遞。文報局的工作處理方式，多與海關書信館相同。寄發之郵件，均附有通知及簽收之單式，所有信件及包件等之收發，均有紀錄。文報局各項費用，都由省級衙門支付⑬。由此可見，此時文報局之設立，應已推及沿海各大口岸了。

光緒九年，中法因越南問題經年不能解決，發生衝突，終至引起戰爭。翌年，法艦北上，

⑫ 同⑪，頁三五九。原文如下：

遵查卑邑遞省公文，向由臺南文報局，等候便輪，彙總寄帶晉省，計程七站。茲奉行知，在於臺北基隆地方，復設一局，僅祇三站，程途較近。以後遇有遞省公文，自應改由基隆轉遞，以期迅速而免耽誤。緣蒙前因，合將遵辦緣由，報明　憲臺察核。俯賜行知基隆文報局委員查照，實爲公便。光緒柒年拾壹月拾叁日承兵房呂祥。

⑬ *China, Imperial Maritime Customs, Decennial Reports*, 1st Issue, 1882~1891, p.573.

臺、閩一帶，形勢緊張，劉銘傳奉旨督辦臺灣軍務，曾於六月間奏請將臺灣摺件由廈門、福州文報局轉交天津縣代遞⑭。八月，基隆失陷，法軍又登陸滬尾（今淡水），並封鎖臺灣。此時臺、閩通信，十分困難，清廷甚爲關切，曾於十一月初五日電諭劉氏：「臺灣文報公棧業經委員經理，現在信息是否常通？法人久踞基隆，著劉銘傳懍遵疊諭，迅圖攻復，不得遷延。」⑮又於十二月初六日電諭：「前據楊昌濬（按時任閩浙總督）電稱：鹿港、泉州設道濟公棧，通臺灣文報。著督飭要辦，勿任阻滯。」⑯同日，又電諭劉氏：「泉州已設公棧，經理臺灣文報。」⑰足見當時爲應付緊急形勢，另在鹿港及泉州兩地，設有道濟公棧，以通臺、閩間文報。

光緒十六年正月，清廷以閩、臺摺奏，常於寄遞途中，遭拆毀、盜失，飭詳查。劉銘傳奏復：「經查明臺北文報局並無拆動夾板情形。」⑱劉氏奏摺，不言基隆文報局，而言臺北文報局，可見此時，基隆文報局已改爲臺北文報局了。

⑭《清德宗皇帝實錄》卷一八八，頁一二：督辦臺灣軍務直隸提督劉銘傳又奏：臺灣摺件，請准由廈門、福州文報局轉交天津縣代遞。朝廷允之。
⑮同⑭，卷一九七，頁六。
⑯同⑭，卷一九九，頁六。
⑰同⑭，卷一九九，頁七。
⑱同⑭，卷二八〇，頁五。

(三)精簡

駐外大臣國內外文報之轉遞，設立文報局集中辦理，自前述光緒四年訂定辦法實施後，可能執行並不嚴格，以致浮濫情形，仍難避免。光緒二十一年十月，御史陳其璋奏請重訂出使章程六條，其中最後一條說：「出使文報局委員宜由南北洋分派管理也。查一使臣出洋，每於天津、上海兩處設立文報局，派員接遞往來公文，向來各人各派，竟有一局派四五人者，此不過借名安置，徇各員之情面，爲開保舉地步也[19]。不知使臣雖別，文報則同，但於天津上海兩處各派一員統管各使臣文報，已可不誤公事，且此事亦應責成南北洋大臣派員管理，不准由使臣各人各派，致靡公帑，而徇私情。請飭所有出使各文報局見（按：即「現」之意）有人員統行裁撤，即由南北洋大臣派員專管，酌給薪水，毋庸再予保舉，則事有責成，而獎敍亦不致太濫矣。」[20]光緒二十三年，出使英義比大臣羅豐祿又請派文報委員多人，而是時津滬兩地文報局人員多達五十餘人，南洋大臣劉坤一因於五月十八日咨行總理衙門，請示如何處理[21]。總理衙門旋於二十四年閏

---

[19] 文報局設立之初，以事屬創舉，經理人員，三年期滿，准照異常勞績請獎，以收群策群力之效。嗣於光緒二十二年七月，吏部會同議復御史龐鴻書條奏，將之改照尋常勞績請獎，並限制員額。參見[20]。

[20] 《皇朝掌故彙編外編》卷一八，遣使，頁三六。

[21] 中研院近史所檔案館外交部舊檔01－09－17（4）。

三月十五日行文北洋大臣：所有出使文報，仍統歸南北洋大臣派員經理，毋庸由出使大臣各人各派，現派各員，一律裁撤㉒。嗣天津文報局即由北洋大臣札委二員經理，上海文報局則由南洋大臣委派江蘇候補道羅嘉杰爲總辦，候補知府翁熙孫爲會辦，試用縣丞李景枚爲委員，三人均常川駐局經理㉓。又以過去辦理文報委員，其中有由招商局員兼任者㉔，故文報局即附屬於招商局之內，今派專人經理，設立專局，與招商局無涉，經搬離招商局，遷往另址。至此，上海文報局才算有了一些「局」的規模㉕。

漢口是長江中游的交通樞紐，但漢口並無文報局之設，所有文報往來，都由招商局輪船交漢口電報局轉遞。其間電報局一度因事忙費絀，不允代轉。光緒三十二年十一月，經南洋大臣行文外交部，擬增加電報局轉遞津貼，其經費並擬照往例，在使費項下開支。外交部以上海文報局係轉遞駐外使臣文報，故經費在使費項下開支。現漢口設文報局，係轉遞各省文報，與使事無涉，

㉒ 同㉑。
㉓ 同㉑。
㉔ 郭嵩燾請設上海文報局之初，即委招商局游擊黃惠和經理。其後，各地文報，亦多有由當地招商局兼辦者。如福州之文報局即係由當地招商局代理人經理（見 *China, Imperial Maritime Customs, Decennial Reports*, 2nd Issue, 1892～1901, Vol. 2, p.111）。又如鎮江，雖無正式之文報局，但往來文報，則係由當地招商局辦理，交該局輪船帶運（見上述 *Decennial Reports*, Vol. 1, p.459）。
㉕ 同㉑。光緒二十四年十二月十八日南洋大臣劉坤一致總理衙門文。

未予同意㉖。

各地文報局，多在當地之郵政官局（即其後之郵局）註冊登記。文報包封，則向郵局作掛號交寄，免收郵資。上海則自光緒三十二年十月份起，改收半費㉗。

(四) 東三省文報局

由於原有驛站，效率低落，驛遞遲滯，光緒三十二年，東三省將軍趙爾巽乃設立奉天（今遼寧省）文報總局，當時鐵路僅通至新民，因先於省城設總局，並於新民設分局，以便與總局汽車往來。新民以西，則利用火車與北洋文報各局相聯接。是年夏，復增設興京、錦州、營口、遼陽、昌圖、鳳凰城等分局六處。秋，又設遼源分局，並將鳳凰城分局移設安東。冬，又設開源分局。其後，吉林、黑龍江兩省也請其將兩省文報，一併附辦，於是將奉天文報總局改名爲東三省文報總局。當時昌圖至四平街長一百二十里之鐵路被拆，以致文報之遞送，難以銜接，乃專設馬

㉖ 同㉑。外交部舊檔02－02－9（7），光緒三十二年十一月二十八日南洋大臣致外務部文及光緒三十二年十二月初三日外務部發南洋大臣咨。

㉗ 文報局向郵局註冊登記，除㉖南洋大臣文中提及之上海文報局外，經查得者，尚有福州文報局、廈門文報局及瓊州文報局（見㉔之 *Decennial Reports*, Vol.2, pp.111,141,392）。郵資原免費，後收半費，見上述南洋大臣文。

撥[28]十二名，接通吉、黑二省文報。宣統元年，又於奉省東部通化、臨江、十九道溝、懷仁、輯安、寬甸等六處設文報分局。此外，北京、天津、山海關三處亦設文報分局。光緒三十二年，黑龍江亦於省城設立文報局，並於昂昂溪設分局。三十四年，並將原有驛站一併裁撤，一律改設文報局。宣統元年，吉林省亦先於省城設文報總局，全省次第籌設分局，限半年內竣事。至此，東三省已遍設文報分局，舊設馬步各撥，均予裁撤，經費移撥文報局[29]。而文報局之性質又一變：不特已有由上而下之規劃與組織，且已取代驛站，自有馬撥與步撥，由收發文報而自行遞送文報矣。

宣統元年，因直隸文報局於光緒三十四年冬停辦，文報無人經理，朝廷又財政艱困，經兩江總督及直隸總督奏請，將南、北洋兩文報局合併，共設一局[30]。

(五) 尾聲

宣統二年，庫倫辦事大臣以各臺驛遞廢弛，奏准裁撤驛站，改設文報局，轉送郵局投遞。兩

---

[28] 馬撥爲馬兵專司遞信者之稱。見王孟瀟〈清代末葉之文報局〉《郵政資料》第二集，郵政博物館。
[29] 同[1]，卷三七五，郵傳十六，頁考一一二一六。
[30] 同[1]，卷三七六，郵傳十七，頁考一一二二〇。

廣總督張鳴歧奏請裁撤廣東駐京提塘，改設文報局。廣西巡撫沈秉堃亦奏請裁撤驛站，移款改設文報局，並請推廣郵政。擬於省城設文報總局，收發本省文報，全州、蒼梧、百色、懷遠各設一分局，經理往來湘、粵、滇、黔四省文報。駐京提塘一律裁撤，改設文報分局，經理桂省與內閣部院往來文報㉛。

文報局之設立，是否普遍推行各省；抑僅依各別的需要，而設置於某些地區？宣統二年九月，郵傳部關於接管驛站事有一片奏，其中有云：「本年七月十三日，庫倫辦事大臣以各臺驛遞廢弛，奏裁驛站，改設文報局，轉送郵局投遞，業經陸軍部核准在案。此外：南北洋暨東三省亦改設文報局，交郵局轉遞，先後均已通行。」㉜此處對文報局之設置，僅提出蒙古、南北洋及東三省三處，依此及前述漢口無文報局之設以觀，似可推定文報局祇設於這三個地區（臺灣孤懸海外，可能被忽略，或者包括在福建之內），而非遍及全國。

從以上所述，可知文報局完全是個「頭痛醫頭，腳痛醫腳」，且各自爲政的一項措施。文報局的工作，相去懸殊，有的文報局，其作用幾如一個機關的收發室，例如郵政總局《紅印花郵票》一書下編九四一面載有光緒二十六年二月十三日南京署理兩江總督寄武昌湖廣總督公文一

㉛ 同❶，卷三七六，郵傳十七，頁考一一二二一～一一二二二。
㉜ 《交通史郵政編》㈠，第二七面。

件，係交兩江督館文報局貼納郵資，轉送南京郵局寄遞者，是兩江督館之文報局，其性質不過有如今日機關中之收發而已，似尚不能謂為通信機關。

其次，隨著主辦者的不同，文報局經費來源也不同。最初，上海文報局是應出外使節之需而設，故經費由使費項下開支。其後轉為國內各商埠互寄，經費由各地方衙門負擔。最後取代驛站，經費則由原驛站費用移支。清末財政的紊亂與艱困，亦由此可見。

文報局何時結束？一般都認為：民國元年，交通部成立，驛站及文報局均經裁撤。在此之前，廣州文報局於宣統三年關閉[33]。吉林、黑龍江兩省文報局則延至民國三年停辦，文報局即成歷史名詞[34]。但《交通史郵政編》根據郵政總局民國元年八月報稱：吉黑兩省公文改歸郵局遞送，業經實行。是兩省文報局，民國元年似即已停辦[35]。而前引郵政總局編印之《紅印花郵票》一書下編第九四二面影印有民國二年四月二十日吉林新城文報分所寄省城文報分局實寄封一件，其上並蓋有各經轉文報分所戳記多枚，是則至民國二年，吉林省文報局應仍存在。

---

[33] *Report on the Post Office*, Hsuan T'ung 3rd year, p.16.（郵政總局）

[34] 《紅印花郵票》下編，頁六三七，郵政總局。王孟瀟〈清代末葉之文報局〉《郵政資料》第二集，郵政博物館。張樑任《中國郵政》上卷，頁一一，商務印書館。民國三年英文本《郵政年報》，頁七。

[35] 《交通史郵政編》(一)，頁三二。

五、工部局書信館

(一) 源起

工部局書信館又稱工部書信館，英文叫 Local Post Office，意爲「本地郵局」。集郵人士，也有稱之爲商埠郵局或商埠郵政者。

工部書信館與客郵同爲外人在我國國土上所設的郵政機構。不同的是：前者是外人、外商或其團體所辦，後者則是外國政府所辦❶。

最早的工部書信館於淸同治二年（一八六三）六月成立於上海，是由上海公共租界工部局創辦的❷。

上海是道光二十二年（一八四二）南京條約闢爲商埠，並准英人攜眷寄居，本無租界之說，其後才逐漸形成了日後的租界，居住界內的外人，並推舉了一些人，負責辦理公益事務，如清理

❶《中國郵史通覽》(二)，頁五〇四，瀋陽市集郵協會。
❷《民國十年郵政事務總論》，頁一三二，郵政總局。

垃圾、設置路燈、開掘下水道、成立救火隊，乃至造橋修路、建築碼頭等等。這些被推舉的外人，共有三位，遂合組一個「道路碼頭委員會」，主持其事。其後逐漸擴充，成爲公共租界的工部局，由全體納稅外人選舉董事九人主持❸。

工部局的英文原名叫 Shanghai Municipal Council，中譯應是：上海市議會。不知如何卻有了一個「工部局」這樣不倫不類的中文名稱。可能是這一機構原由「道路碼頭委員會」而來，較偏重於工務，因而有了這麼個譯名。事實上它不僅管理工務，也管巡捕房（即警察局）、義勇隊以及衛生、教育等等，儼然就是公共租界的「市政府」了❸。

當上海工部書信館成立時，上海英「領事代辦郵務」早已開辦多年，且已於一八六一年升格爲獨立之全功能郵局，何以尚要設立工部信館？說者有謂：領事代辦郵務祇負責在上海當地收發信件，至於其他各埠至上海間書信的收發，則有賴民信局，須額外收費，外商對此，心有不甘❹，可能對民信局也不很信任❺，於是有另組書信館之議。

❸ 黎東方《細說清朝》（上），頁三三四。
❹ 李頌平〈商埠郵政史話蒭稿〉《中國集郵》半月刊，七六～九三期。
❺ E.J. Reinhardt: *The Shanghai Local Post*; *China Clipper*, Jan., 1954, Vol.18, No.2, p.35.

㈡ 收費及營業

信館開辦之初，尚不知貼用郵票，而是採用集捐的辦法，認捐之人，每年交納一定金額的款項（初爲每一商行五十五兩，一八八八年左右，減爲三十兩），即可免費交寄信件，不另收費。未認捐者，則須按件照資例收費❻。

上述兩種收費辦法，在實際執行時，可能會發生不易分辨的問題。而認捐辦法，對信館的營運和收入，不意竟產生了漏洞。原來民信局的主持人，也認捐繳款，取得認捐人的資格後，即將民信局以高資費收寄的信件，轉交信館免費寄遞，坐賺郵資。於是信館乃採貼用郵票辦法，並於同治四年（一八六五）七月發行郵票，以蟠龍爲圖案，與其後光緒四年（一八七八）海關郵政初次發行之大龍票相倣，而且也叫大龍票，稱爲工部大龍票。同治五年，又發行小龍票。總計發行之郵票，共更易四次❻。

信館並發行一種明信片，專供認捐人免費使用。寄件人如將片角摺下，即表示投遞時須等候收件人之復音。故片上刊有字樣如下：「如須回音，請將本片之角端摺下一角。」此項服務，對

---

❻ 同❷。同❹。

公衆言，可稱便利了❼。

上海工部信館除收投本地信件外，依照其一八六五年六月二十六日發出之通告，尙收寄至沿江沿海各埠信件，國外方面，亦收寄去日本及美國三藩市的信件❽。

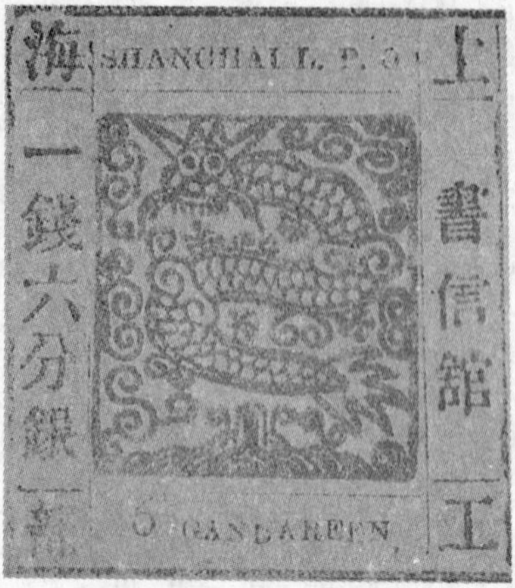

工部局書信館郵票

❼同❷。
❽同❹。

LOCAL POST
工部書信
To Philip Brunton Esqre
British Settlement
Ningpo

工部書信館實寄明信片

按此時我國輪船運輸，尚在萌芽時期，溯自一八三五年（道光十五年）英輪渣甸號來我國後，至鴉片戰爭時，航行我國沿海的外輪，已有二十艘，其中以東印度公司的「內美西施號」（Nemesis）最有名。一八四三年，英船「美達薩號」（Medusa）開到上海，是外輪進入上海的首次，次年，美達薩號又開香港、廣州的定期航線。兩年後，英國大英輪船公司開闢倫敦至香港的歐亞航線。一八五〇年，瑪麗伍德夫人號又開航香港、上海線，一八五三年，美國羅素公司（Russel）的「孔夫子號」（Confucious）也到了上海，是航行我國沿海口岸的專輪。一八五八年，簽訂天津條約後，外輪更得出入長江了❾。

依一八八八年再行公布的上海工部書信館簡章，與該館通郵的沿江沿海各埠計有：廈門、煙臺、鎭江、福州及羅星塔、漢口、宜昌（經漢口轉寄）、九江、南京、牛莊、寧波、北京、汕頭、大沽、天津、溫州、蕪湖等十六處，寄往北京之信件，須加納一項資費，以便在天津交由中國海關所辦之步差郵班轉寄❿。

但依據李文斯頓（L. F. Livingston）所述，其通郵地方，尚有：重慶、杭州、臺灣（安平、淡水、打狗、臺灣府）、香港等地。國外則尚有倫敦。日本可達之地爲：函館、神奈川、長崎、

---

❾ 王洸《中華水運史》，頁二一二。

❿ 同❷。同❹。

橫濱。寄往一些口岸海關郵政的信件，該館也予處理封寄。並從停泊上海的英國海軍船隻接收運來的郵袋。也經常將寄往外洋的信件備妥轉交英、法、德、日、美、俄等在滬的客郵局⓫。依此看來，書信館的對外運輸，仍是要靠客郵局爲之經轉。貼有書信館郵票之信件，祇能在各埠間互寄，如寄國外，須加貼經轉之客郵局郵票⓬。

自一八六五年起，上海工部書信館曾在一些地方設置分館或代辦處，設置地方計有：寧波、漢口、福州、汕頭、廈門、南京、鎭江、煙臺、九江、重慶等處⓭。其後，其中有一些地方，脫離與上海書信館的關係，而自行設立書信館，而其他商埠，也有自行設立書信館的。設立的方式，有在各該商埠工部局下成立的，計有廈門、漢口、九江、鎭江四處；有在外僑聯組之委員會下成立的，計有煙臺、福州、南京、宜昌四處；也有由外僑私人設立的，計有蕪湖、重慶兩處，連同上海工部書信館，共有十一處⓮。

⓫ L. F. Livingston: *Catalogue of the Shanghai Postal System*, p. 3.
⓬《郵展選粹》，頁四六七，郵政總局。
⓭ 同❹。
⓮ 同❹。《紅印花郵票》下編，頁六三九、九六七，郵政總局。

三 濫發郵票

各地書信館，多藉發行郵票以圖利，例如九江工部信館於一八九四年發行半分票十萬枚，但購買數量，竟達十五萬枚，二次發行，不旋踵也一掃而空⑮，更有故意製造變體票，以牟暴利的。例如一八九四年七月，有個名叫葛雷森的外商，在上海《字林西報》刊登「通告」，自行委派為書信館館長，大量發行郵票，並專門印製各式變體票出售，騙取暴利。甚至到一八九七年各地書信館撤銷時，還不肯放棄這最後的機會，出了一套蓋有"P.P.C."字樣，表示「告別」的加蓋票，騙取金錢。這些行徑，激起了集郵人士的公憤，因而要求不將這些郵票，列入郵票目錄，以示抵制⑯。

四 撤銷

早在一八八〇年（光緒六年），津海關稅務司德璀琳（Gustay. Detring）於一月十六日上赫德第十號呈文中提出建議九條，其第二條即建議：「指示並授權上海海關稅務司與英國和美國工

---

⑮ 同④，頁六三九。
⑯ 同①，頁五〇四。

部局談判，於本年四月一日起，或最遲於七月一日起，接管所謂的『本地郵局』（按即工部書信館）及其工作人員和必要的器具設備，如果談判失敗，則從上海關的房屋中撥出一幢，建立上海總郵政局。」[17]

一八八六年，清政府決定將海關兼管的郵務擴大及於通商各埠，當時暫兼郵務司葛顯禮（H. Kopsch）即函詢上海工部局總董何德：工部信館何時撤銷，郵務工作何時交海關郵局接辦？何德復以：此事工部局無權處理，必須徵詢納稅人會意見，當於年會時提出討論。同時並轉函上海西商總會主席潘敦，旋商會開會決議二點：㈠本埠各外國郵局不應撤銷，㈡工部書信館仍應由工部局管理。此事遂爾擱置[18]。

上海工部信館，在外人在華各郵務機構中，業務最繁忙，而又最有效率。一八九二年，謠傳上海工部局將以上海是「自由市」的理由，為工部信館申請加入萬國郵盟。此事震驚了赫德，遂於十二月十四日致電駐英稅務司金登幹（T. D. Campbell），囑其趕赴瑞士伯恩（Bern，萬國郵盟所在地），說明上海是中國的商港，並無獨立之資格，以期事先阻止此項申請[18]。

光緒二十二年（一八九六年）大清國家郵政正式奉准開辦，赫德即利用發還輪船公司「特許

---

[17]《清末天津海關郵政檔案選編》，天津市檔案館，頁一六三。

[18] 薛聘文〈赫德鏖戰工部信館記〉《今日郵政》三六八期。

費」一半的辦法，使各輪船祇帶運大清郵政的郵件，而不帶其他各機關交運的郵件。翌年正月十九（一八九七年二月二十日）郵政官局正式開業，各輪船公司，拒載工部書信館交運之郵件，各地信館，遂不得不停閉。惟上海工部信館，因其業務主要為本地信件，無需輪船運送，延不撤銷，至是年十一月一日，始由大清郵政予以接管。遲至民國十一年十一月三十日，才依照太平洋會議決議，與各國在華客郵同時撤銷[19]。

一八八八年，上海工部書信館重行公布其簡章，原文為英文，其中譯本[20]經錄入本書附錄三，自簡章中，亦可窺知其梗概。

(五) 力差信局

此外，尚有一種叫力差信局（Courier Post）的，係英商在重慶、宜昌及威海衛等地所設[21]。重慶是光緒十九年左右一家英商轉運公司負責人利多爾（A. Little）所辦，名叫「利川公司」，收寄郵件[22]。威海衛則是光緒二十四年英商和記洋行經理費古臣（L. G. Fergusson）在其行內所

---

[19] 同[18]。《紅印花郵票》下編，頁六四〇。

[20] 同[2]及[4]。

[21] 《紅印花郵票》下編，頁六三九。

[22] 亞飛〈重慶力川信局和利川二分票釋義〉。

設，每日將信件運至我煙臺郵局轉寄各地，所有信件，除貼力差信局特製之郵票外，寄國內者，須加貼我國郵票，寄國外者，須再加貼客郵局郵票㉓。

力差信局也與工部書信館一樣，藉發行郵票以圖利。

㉓ 同⑫，頁四六九。

叁　新舊的揉合——臺灣捷足先登

一、官辦民用

光緒十一年，清廷鑒於臺灣的重要，乃改福建巡撫為臺灣巡撫，並派劉銘傳為首任臺撫，劉氏抵臺後，對臺灣防務與建設，甚為注意，並銳意革新，實施了不少新政，如築鐵路、開學堂等等，而改舊式鋪遞為新式郵政，也是他的新政之一。

臺灣因不產馬，而內地的馬，又難渡海峽，故祇有鋪遞而無驛遞。光緒年間，臺南、臺北設立了文報局。但這些舊式通信設施，都效率不彰，甚至有文報遭拆動、盜失的情形。而維持這些設施，每年耗費不少，甚不經濟。劉氏之所以參酌當時海關郵政之例，毅然改制，一方面固然是由於他勇於革新，一方面當也是要提高通信效率，減少財政上的負擔，並希望能藉此獲得一些收益，以支應其他建設的需要。

光緒十四年正月三十日(一八八八年二月二十一日),一張臺灣郵政總局的告示❶張貼了出來,定自二月初十日起,開辦臺灣郵政,這開啓了臺灣通信的新頁,它比大清郵政官局的正式奉准創設(光緒二十二年二月初七日,一八九六年三月二十日)足足早了八年,比宣統三年(一九一一年)五月初一日郵政脫離海關,由郵傳部設立郵政總局主持,更早了二十三年。雖然劉氏所創辦的臺灣郵政,並不是完全依照西方方式辦理的郵政,而是一個新、舊的揉合體,但「郵政總局」這塊招牌,早出現二十三年,則是無可否認的。

臺灣新式郵政與過去最大的不同,便是它除收寄官府的文書外,也收寄民間的信件。

它也採用郵票,郵票分為兩種:一種官府用,免費供應,上印篆書「臺灣郵票」四字;一種則出售給民用,上印隸書「郵政商票」四字。兩種郵票上都印有重量及年月日,以備交寄時填入。

二、組織

郵件是按「站」遞送,站分四種:

❶ 見臺灣省文獻會《臺灣省通志》卷四〈經濟志交通篇〉。原文經加注標點錄入附錄四。

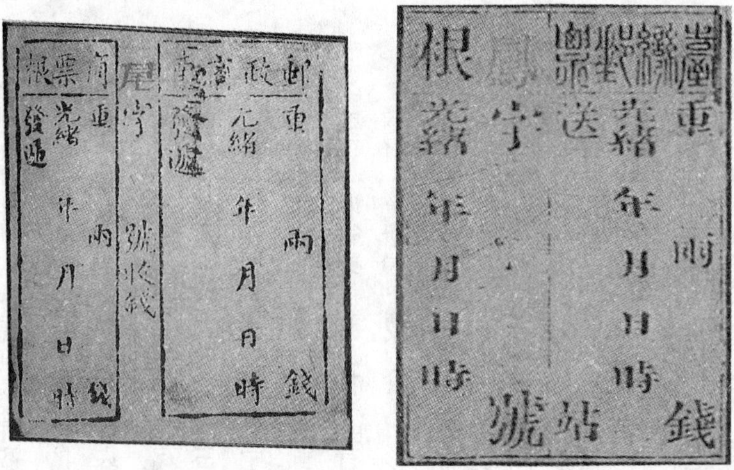

劉銘傳創辦之臺灣郵政郵票

一、總站　臺北、臺南各有一處，即就原有之文報局改稱。但對大陸往來，仍稱文報局，因此，臺灣郵政也有稱之爲：「特別文報局」的。總站是一完整的郵政機構，出售郵票、收寄郵件，封發並投遞郵件。自臺北總站向南，經中壢、新竹、彰化、嘉義、臺南（總站）、鳳山至恆春，計九百里，稱爲南路。自臺北總站向北，經基隆、頂雙溪至宜蘭，計二百七十里，叫北路。其餘如：臺北至淡水、宜蘭至蘇澳、彰化至南投等則是支路❶。臺灣與大陸各地

❶ 高賢治《臺灣三百年史》，頁一一二。

往來郵件，均由總站收發寄遞。

二、正站 設在南北兩路交通比較適中的地方。它也出售郵票、收寄郵件、封發並投遞郵件。正站也是郵件的轉運站，前站發來的郵件，必須儘快轉送到下一站。南路正站計十二處：中壢、新竹竹塹城、後壠、大甲、彰化城、張熙厝、嘉義城、茅港尾、鳳山城、枋寮、楓港、恆春城。北路三處：基隆、頂雙溪、宜蘭。

三、腰站 兩個正站距離較遠的，則於中間設腰站，以接運郵件，使站兵可以換替，節省體力。故腰站祇負責將前站送來的郵件，接送至下一站，而沒有其他業務上的功能，如出售郵票、收寄郵件等。腰站共有十三處：南路是臺北中壢間的桃仔園、中壢竹塹間的大湖口、後壠大甲間的呑霄、彰化張熙厝間的挖仔街、張熙厝嘉義間的大埔林、嘉義茅港尾間的急水溪、茅港尾臺郡城間的看西、臺郡城鳳山間的橋仔頭、鳳山枋寮間的東港；北路是郡城總站基隆間的水返腳、基隆頂雙溪間的龍潭堵、頂雙溪宜蘭間的大里簡、頭圍。

四、傍站 設在支路的站叫傍站。傍站也出售郵票、收寄信件，它與正站配合，構成該一地區的服務網。傍站共有十三處：宜蘭的利澤簡、蘇澳，淡水的滬尾，新竹的三叉河、大湖，彰化的南投、葫蘆墩、罩蘭，埔里社廳的集集、水里社、埔里社，埤南的埤南寮、北絲鬮。

三、郵資及收入

郵資是按信件的重量和寄達地的遠近來收取，而「遠近」則是以「站」爲計算單位。重量的計算單位也隨信件寄達地的遠近而有所不同，例如：

一、路程在一站以內，重量在一兩以內的，如臺北寄中壢，郵費二十文，貼郵票一張。

二、路程超過一站的，其起重放寬爲一兩五錢。如臺北寄臺南重不逾一兩五錢的信件，其路程爲九站❶，故郵費爲一百八十文，貼郵票九張。

三、正站與傍站互寄，每站郵票一張，郵費三十文。續重則每五錢三十文。

四、如寄達地在末站以外的地方，如南、北、中內山一帶，信件到達末站後，尙需接續遞送，須另加力錢，每里十文。

郵費於交寄時由收寄站總收，並製給寄件人收條，但郵票則不交與寄件人，而由站內辦事人員粘貼，票也不是由收寄站總貼，而是由所經各站，每站各貼一張❷。

---

❶ 連橫《臺灣通史》計爲十三站，共二百六十文（見該書五三五面），其他書籍，計算亦有不同，不知何故。

❷ 見臺灣省文獻會《臺灣省通志》卷四〈經濟志交通篇〉，頁六二三。

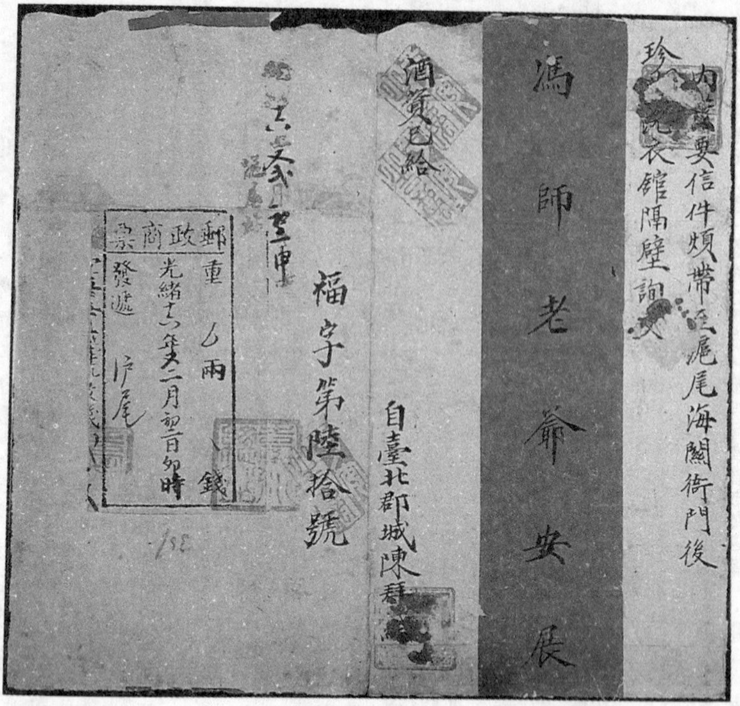

臺灣郵政實寄封

南、北正站每日寄發郵件兩次，規定卯、酉各一班，自臺北至恆春需時七日半。遞送郵件的站兵，即以綠營兵勇擔任❸，酌給津貼❹。自臺灣郵政成立之後，全臺汛弁裁去三分之二，一掃以前積弊。

臺灣郵政開辦一年郵政每年收入，達一萬兩❺。

---

❸ 臺灣省文獻會《臺灣史》，頁四五七。

❹ 曹潛《中華郵政史臺灣編》，頁一二六，郵政總局。

❺ 同❶，頁五三五。

獨虎郵票

後，光緒十五年十二月，劉銘傳氏將此事上報清廷，謂試辦一年，文報毫無稽遲，所在稱便，統計一年需用經費約一萬兩上下，比較舊章全年需要一萬五、六千兩，可省五、六千兩云❻。

至於寄大陸郵件，則與上海、福州、廈門等地海關郵政，取得聯絡，並特備「南道」、「飛捷」二郵輪，定期來往。

四、獨虎郵政

光緒二十一年，中日簽訂馬關條約，割讓臺灣，臺胞激憤，爲抗敵軍，乃擁巡撫唐景崧爲「臺灣民主國」總統。日軍進逼時，駐守臺南之劉永福將軍接受安平關稅務司麥嘉林之建議，設立郵政，印行郵票，圖案是一隻老虎俯視溪流，稱作「獨虎郵

---

❻ 見《光緒朝東華續錄》卷九七。劉氏奏報日期爲十二月初六，西元一八八九年十二月二十七日。但《海關十年報告》卷一第四八九面爲十二月十七日，二者相差十天，不知何者有誤。

票」。這一郵政，壽命甚短，是年六月初十開辦，九月初三劉氏離臺內渡而結束，僅八十一天❶。

❶ 曹潛《中華郵政史臺灣編》，頁一三二。麥嘉林何人，是否確爲安平海關稅務司，亦有存疑。見同書，頁一三四。

肆　國家郵政的前奏

一、海關試辦郵務

㈠不平等條約

不平等條約，是百年來束縛我國的桎梏，但「禍兮福所倚，福兮禍所伏。」為害我國的不平等條約，其中對我竟也隱含著一些新事物的契機。我國現代化新式郵政的開辦，追溯源始，具有臨門一腳的催化作用的，居然是不平等條約。

咸豐八年（一八五八），因英法聯軍簽訂了天津條約，其中有兩點對我國日後開辦國家郵政，有著深遠的影響：一是公使駐京。原來在此以前，外國使臣與我國辦交涉，清廷都是命當地的督撫，或派大臣到當地，與之周旋，而不讓他到北京，更不讓他面聖。因清廷堅持見皇帝必須磕頭，而外使則又堅持依外交慣例行禮，絕不磕頭，問題因此就卡在這裡，無法解決。直到此時，才以條約的方式，強行解決，中英天津條約第三條規定❶：

「大英欽差各等大員及各眷屬，可在京師，或長行居住，或能隨時往來，總候本國諭旨遵行。英國自主之邦，與中國平等，大英欽差大臣，作爲代國秉權大員，覲大清皇上時，遇有礙於國體之禮，是不可行。惟大英君主，每有派員前往泰西各與國，拜國主之禮，亦拜大清皇上，以昭劃一肅敬。……」

至此，面聖行禮的問題解決，公使可以長駐北京，遂成定制了。

其次，因公使駐京，接著便有了使館與外地通信的問題，因此，第四條又規定❶：

「大英欽差大臣，並各隨員等，皆可任便往來，收發文件，行裝囊箱，不得有人擅行啓拆，由沿海無論何處皆可送文，專差同大清驛站差使一律保安照料。凡有大英欽差大臣各式費用，皆由英國支理，與中國無涉。總之，泰西各國於此等大臣，向爲合宜例准，應有

---

❶ 黃大受《中國近代史》，頁二七六、三〇一。

優待之處，皆一律行辦。」

同年與法、美、俄三國所訂天津條約，條文雖有不同，但因有最惠國條款，享受之權利，大都相同。其後，同治二年五月丹麥國條約第四款，三年九月日斯巴尼亞國（即西班牙）條約第三款，四年九月比國條約第四款，五年九月義國條約第四款，也大都相同❶。從此清廷有了保護公使的送信專差的責任。

咸豐十年，中英北京條約也有：「英使駐京或是隨時往來，聽候本國政府命令」的規定。次年，英、法、俄派使來華駐京。同治元年，美、德派使駐京。其後，各國派使遂相繼而來❷，使館的郵件，也就越來越多了。

㈡ 使館郵件及其他

各使館的郵件，最初是與各國約定，由總理衙門交驛站不定期代為遞送❸。同治四年，總稅

❷ 清朝《續文獻通考》卷三三七，頁考一〇七八一。
❸ 《交通史郵政編》㈠，敍略，頁一〇。第一章，頁一。

務司奉命移駐北京❹（原駐上海），與各口稅務司往來文件，也由總理衙門代寄❺。同治五年（一八六六），經商定❻：冬季在天津港封凍期間，從北京往上海的，將使館發送的郵件，與海關發送的裝在一起，交總理衙門代運；由上海發來北京的郵件，總理衙門收到後，即交總稅務司署開袋分送。因此，在總稅務司署和上海、鎮江兩地的海關分別成立了辦理郵遞事務的部門——郵務處（Postal Department）。後來這項工作推及到解凍期間，即由總稅務司署自行飭差遞津，交輪寄滬，並為配合以海輪運輸郵件的需要，在天津和沿海他關也設立了類似的部門❼。

清《續文獻通考》有云：

「……同治五年，始訂有由總稅務司處彙集各駐京使臣文件，按期轉交總署代寄之章，但該章惟限天津封河後照行，至開河即將各信由總稅務司自行飭差遞津，轉為寄滬。……總稅務司兼辦郵遞，雖屬外國文件，然已為我國暫為兼辦郵政之始基。……」

---

❹ 一八六五年八月，稅署移京。見 Stanley F. Wright: *Hart and the Chinese Customs*, p. 285.

❺ 同❸，頁一。

❻ 一八八六年三月十七日赫德致浙海關稅務司葛顯禮第五七六號函（《中國海關與郵政》，頁四五，北京中華書局）。稅署接遞使館郵件日期，一說為一八六五年秋（即與稅署移京同時。見薛聘文〈郵政大事日期考〉《郵政資料》六集，頁一七六）。

❼ 稅署及上海、鎮江、天津海關郵遞部門之成立日期一說是同治四年（見❻薛文）。郵務處亦稱郵務辦事處。

這是海關辦理使館郵遞事務之始，也就是日後海關試辦郵務，以至我國創立現代郵政的起始。

(三) 最早的郵件封發時刻表

此時海關遞送的郵件，其內容僅限於使館信件、海關公件和關員私人信件而已[8]。而此時的郵路，也祇是自北京經天津以至上海而達海外而已。

同治六年二月（一八六七年三月），總稅務司署郵務處公布了我國郵政第一次有關郵件封發時刻和郵資的通告，其主要內容如下[9]：

一、北京寄天津（包括轉上海）的郵件每週四中午由稅署封發一次。

二、天津寄北京（包括上海來的）的郵件每週六下午二時由天津海關封發一次。

三、週四中午自北京稅署出發的信差應於週六中午到達天津海關，帶回當天天津封發的郵件。

四、自歐、美寄來的郵件於週日至週三到天津的，津海關將雇差運送北京。週四至週六到的，則併於當天下午二時封發後交信差帶回北京。

[8] 同[4]，頁三一七。

[9] 見一八六七年三月四日赫德致津海關稅務司狄妥瑪（T. Dick）第七號函及附件通告（《中國海關與郵政》，頁一），原文（經加注標點）錄入附錄五。

五、每期預納銀三十兩的訂戶，可於封發郵件時，每次由北京送發重不逾三斤之郵件一袋。非上述訂戶，則須按件納費：信件不逾一盎司銀四分，報紙每件二分，皆在北京收費。

從上述內容看來，可見：

一、此時郵務處在北京、天津間已有步差⑩，運送每週四北京封發天津的郵件。

二、此時已開始收寄北京某些公衆的信件，採用民信局的收費方式，可以按期預付，也可於信件寄到北京後由收件人付費⑪。

同年十二月，海關冬季郵遞之便利經予以推展⑫，天津外僑可將重不逾十磅之信件一袋，隨同北京郵件，發往上海，但以外文信件為限，此項信袋，都是天津外商寄交其上海的代理人的⑬。

此後數年，海關試辦郵遞，仍賡續進行。朝野人士，對於推行洋務，以圖富強，亦有較深之

---

⑩ *Report on the Chinese Post Office for the 10th Year of C.H.M.K.*, p.34.

⑪ 按❾之通告第六款：「凡寄遞非納費人的來往信件……」，可見寄北京之信件亦在北京收費，即由收件人付費。

⑫ 即冬季郵件交由總理衙門轉驛站運送之便利（王孟瀟〈民國十年郵政事務總論譯述之考證〉，郵博館《郵政資料》第五集，第一九二面）。

⑬ 同⑩。

認識。光緒二年八月二十六日，直督李鴻章復丁稚璜宮保函有云[14]：

「……惟中國積弱，由於患貧，西洋方千里、數百里之國，歲入財賦，動以數萬萬計，無非取資於煤、鐵、五金之礦，鐵路、電報、信局、丁口等稅，酌度時勢，若不早圖變計，擇其至要者逐漸仿行，以貧交富，以弱敵強，未有不終受其弊者……」

李氏認為信局亦要早圖變計，仿行西法。由於有此認識，因此對於開辦新郵，積極支持，不遺餘力。難怪有「郵政之父」的尊稱了[15]。

㈣煙臺議約

光緒元年，雲南發生「馬嘉理事件」，中、英交涉逾年，至二年五月二十四日終告決裂，英使威妥瑪（Thomas Francis Wade）憤而離京赴滬，清廷為恐事態惡化，難以收拾，乃命總稅務司赫德赴滬轉圜。英使提出之條件，計有八條，除：調查、懲兇、償卹、表示惋惜外，並涉及稅務

---

[14] 《李文忠公全集》朋僚函稿十六，頁二五。稚璜，丁寶楨字，時任山東巡撫。

[15] 薛聘文〈海關郵局及其郵票郵路誕辰考〉《精粹郵刊》二卷七期。

大清郵政之父——北洋大臣李鴻章

及商務，原來英使想藉此機會，小題大做，以達到洋貨免釐⑯，擴充商務的目的。八條中的第六條「補救通商大局」可說是整個要求重心的所在⑰。赫德又遞英使所索第六條內另議要端共七項，其中前五項都是有關完子口稅和抽釐的問題，第六項是：「通商各口設官信局，歸總稅務司管理。」第七項是：「設鑄銀官局，歸總稅務司管理。」⑰

是年閏五月十五日，李鴻章函總理衙門⑱：

「赫總稅司意存見好，既欲赴滬勸結滇案，自須因勢利導，……至第六、七條，送信官局、鑄銀官局，皆泰西生財之法，日本久已仿行，赫總稅司上年在津談及銀局一事，鴻章謂中國必應創辦，近日丁雨生中丞。上海馮道、津關黎道、招商局唐廷樞等，皆籌議及此，而未即舉行。信局牽涉洋商，似非稅務司管理不可，銀局變通圜法，抵完稅項，大利所在，黎道亟稱未便令總稅司專擅其權，致成尾大不掉之患。據赫云：二條係威使所願

---

⑯ 此時洋貨除進口納關稅外，尚須納釐金。故英使要求進口完稅時正子並交，正指進口稅，子指各內地之捐釐（釐金）。

⑰ 晏星〈中英煙臺條約議郵疑案索隱〉《交通建設》四〇卷三期。轉引薛福成《庸庵全集》，上李伯相〈論與英使議約事宜書〉。

⑱ 陳志川〈煙臺條約議郵史實考〉《郵政資料》六集，郵政博物館。轉引《李文忠公全集》譯署函稿卷五，頁二八。

辦。此事辦成，於洋商無甚利益，不知威使何以願辦，……擬俟赫過津面議時，再將信局銀局兩層，相機與之酌議」

十九日，赫德在津謁李，問答節略如下[19]：

「赫問：設立送信官局，是否可行？

李答：各口中國信局甚多，信資便宜，恐亦無大生意。

赫云：我擬設此局於通商各口，代人寄信，如京城、天津至香港，每信一件，酌量信封厚薄，少則取錢一二十文，多者七八十文至百餘文不等，並不代寄銀錢貨物，各處華商信局仍聽其自便。

李答：此節可由總稅司辦理。

赫云：所擬設立鑄銀官局一節，應請中堂裁示。

李答：此節關係較重。

赫云：我所擬各條，因恐威大人有不願商辦之處，是以多爲設法。信局、銀局皆與中外交

---

[19] 同[18]陳文。轉引李集，頁三四。

涉有裨，因將銀局必有利益之處再四慫慂，意在必辦，且謂銀局若由總稅司管理，選募洋匠順手，各口洋商亦皆信服，可以得利。

李告：此原中國應辦之事，我亦極願商辦，但事關重大，不妨妥細講求，將來如定開辦，須將詳細章程悉心核議，如買機器、蓋房屋、募用中外匠人，無論係交總稅司辦理，抑由中國官自辦，皆須會商，貴稅司似可不必急急。

該稅司堅請定一期限，擬於何時開辦，因姑與酌定兩年之內可以開辦，仍應先議妥章程，不必定由總稅務司管理。該稅司隨取洋筆記載別紙，意欲為他日請辦地步。」

二十日，李氏函總理衙門⑳：

「赫總稅司十七夜抵津，十九巳初來見，至未正始去，問答甚詳，另錄清摺呈覽。該總稅司所應與敝處酌議者，……第六條送信官局，據稱毋庸禁止民間信局，無甚流弊，即允定由該總稅司籌辦。第七條鑄銀官局，關係利害較重。該總稅司堅稱威使意欲必辦，可先議詳細章程，或限一兩年內開辦，鴻章姑允以兩年。……」

⑳同⑱陳文。轉引李集，頁三〇。

二十三日，總理衙門奏稱[21]：

「……臣等因八條中之第六條專論商務，因令總稅務司赫德來臣衙門晤商，赫德亦願居間前往上海，與英國使臣面商，冀有轉圜，所議各層，大致在洋貨進口，土貨出口，華洋各商如何領單，完正子各稅，及在口岸內抽釐，應照子稅數目議定劃一辦法，及在海口開官信局、官銀號由該稅務司管理等事，揆諸利害重輕，尚可開辦，臣等即令其由津赴滬，一面函致李鴻章，於赫德過津晉謁時，與之逐一商論，……」

九月初十，李氏復函致總理衙門[22]：

「奉公函鈔件，以威使催詢赫總稅司前議鑄銀官局，請由貴衙門先給一信，該總稅司回津

---

[21] 同[18]陳文。轉引《清季外交史料》卷六，頁一六。恭親王奕訢「奏中英交涉不能豫料，請整頓江海防務摺」。按清廷自經英法聯軍後，對外交涉，戒愼恐懼，深恐引起事端，無法收拾，總以息事寧人爲主。馬嘉理案，原是一地方治安事件，與商務、稅務無涉，更與開官信局、官銀局無關，但此摺「揆諸利害重輕」，認爲「尚可開辦」，正是此種心理的表現。

[22] 同[18]陳文。轉引李集卷六，頁三〇。

提及，屬即斟酌答覆等因。查鴻章初到煙臺時，赫德屢次來見，謂威使因彼在京，為鈞署解說前事，頗與齟齬，該總稅司意欲專幫中國一邊，自七月十二日讌會各使之後，威意稍解，允即另議條款。赫德又來稱，威自往尋伊，與商通商各節，而威使連日會議，絕未提赫德所陳商務六條，迨草稿定議後，威始言及赫擬辦信局銀局二事，皆與中國有益，聞已准行，請給伊一信為憑，鴻章告以信局無甚流弊，曾允試行，銀局須再商酌。緣係題外之文，迄未給予信函，畫押次日，各自啓程，遂亦不復置議。惟赫於在煙閒談之頃，謂信局準於來年開辦，銀局章程現令由英國鈔寄，續行繕擬呈核。赫又謂非欲攬中國利權，如中國有人能辦，亦聽其便。當時威使提及，自由赫之慫慂，茲果再向鈞處催詢，鄙意亦料赫過津時，當更議催，赫德於九月初四抵津，重九來謁，留談半晌，詢其曾接威使至京後信否，赫云並未接過，但泛論在煙訂約，及來年添開口岸各事宜，卻未復提此事。……他日或重申前請，似應俟該總稅司詳細章程送到，再詢之華商有願承辦者，另請示遵。」

按煙臺條約係於七月初三在煙臺開議，二十四日成議，二十六日畫押，此函是在此案結束後陳報者。設立寄信官局一事，雖經提出，卻始終未予置議，自亦未列入條約，因而未能及早實現，直到光緒二十二年，才奉准開辦，計延後了二十年。當時何以提出，又何以未議，此中消息，實耐人尋味。

我們首先要了解赫德應是一位企圖心（或是事業心）極爲旺盛的人。早在咸豐十一年（一八六一），赫德時在上海代行總稅務司職，是年夏，他初至北京，便向總理衙門建議創辦國家郵政，以結束當時通信機構紊亂的情況，他認爲這也是政府的職責，而且也可獲得財政上的收益[23]。

然而環顧當時的情形，創辦國家郵政，面臨有三項阻力：其一是官僚政體，會繼續支持古老的驛站；其二是根深柢固的商業利益，使得民信局會頑強抵抗；其三是運遞國外郵件，已漸成爲各國客郵局的禁臠。一九〇〇年以後，列強更視客郵局爲其政治勢力的延長，而不願放棄[24]。面對這些強大的阻力，不要說赫德，就連總理衙門，也得多加考慮，甚至心雖有餘，卻會有力不足之感。

因此，海關雖已自同治五年起，即奉命遞寄使館郵件，若干地方的海關，也已設有郵務處，處理郵件，但十年來，一直在原地踏步，並未有進一步的發展。

如今，赫德有此機會，參與中、英的談判，作雙方的調人，因此想到何不將設立送信官局，列爲商議的條款，納入條約，借條約之力，以抵禦各項阻力，開辦國家郵政。這種想法，是極其

---

[23] 同[4]，頁三一六。
[24] H. B. Morse: *The International Relations of the Chinese Empire*, V.3, p.61.

自然的，甚至已獲得威妥瑪的同意或默許，因而得以列入另議要端七項之中。赫德也向李說：「二條係威使所願辦。」

但會議中威使始終未提及此事，亦未列入條約，僅於草稿定議後，向李略一提及而已。此事如此收場，赫德亦必大感意外，是否威使事繁分心，因而遺忘[25]？或是他二人本有心結，因而故予阻撓[26]？

翌年九月十九日（一八七七年十月二十五日）赫德致其駐倫敦代表金登幹信中說：「我聽到威妥瑪跟西華德（George F. Seward）[27]說：他反對官銀局和官信局，是因爲這樣會給予我太多的權力。」[28]此事由於威之阻撓，似可於此得一證實。

光緒十二年二月十二日（一八八六年三月十七日）赫德致浙海關稅務司葛顯禮第五七六號函中有一段提及此事[29]：

---

[25] 同[24]，頁六二。
[26] 同[4]，頁四一一。
[27] 一八七六至一八八〇年美國駐北京公使。
[28] 同[17]晏星文。轉引赫金書簡（The I. G. in Peking, Belknap, Harvard）第一八四號函。
[29] 《中國海關與郵政》，頁四五。

「……一八七六年中英雙方爲雲南馬嘉理案進行談判時，總理衙門授權我去向英國公使威妥瑪說：作爲解決雲南事件的條件，總理衙門可以同意設立（甲）國家郵政局和（乙）國家造幣廠；南北大臣已經同意予以支持，中國政府願意在條約中規定立刻開辦郵政局，並在兩年內使造幣廠開工，可惜威妥瑪並沒有採取必要的措施在煙臺條約中加以規定。……」

該函續謂：

「……造幣廠計劃受到了這個挫折以後，一時不容易補救……郵政問題的情形有所不同，爲了適應使館和海關的需要，不僅過去那一套封發分送郵件的辦法還必須繼續辦理（只要這一套辦法繼續下去，早晚總會進一步發展），而且北洋大臣李鴻章對於我試辦郵政，極力鼓勵，並且答應試驗成功時，由他正式出面，建議改爲國家郵政局。……」

李氏的全力支持，使赫德受到極大的鼓勵。

光緒二十二年，開辦國家郵政，奏奉皇帝御筆批准後，赫德於是年西曆四月三十日以第九／七〇九號通令將這個好消息再行轉告僚屬時，還重提二十年前的往事——煙臺議約。認爲當時沒有將開郵政官局和造幣廠二事予以商議，是一項「沈默的陰謀」（a conspiracy of silence）。

㈤開放服務，組織郵班

在赫德因滇案請設送信官局時，同年（光緒二年）閏五月，總理衙門交總稅務司單內亦有在通商口岸及就近地方，設立送信官局，由總稅務司管理之議。一面並函商之於北洋大臣（李鴻章）。四年，得復：擬開設北京、天津、煙臺、牛莊、上海五處，略仿泰西郵政辦法，交赫德管理。這年，九江、鎮江兩關道，也稟請在通商口岸設局，經北洋大臣飭爲試辦[30]。在此前一年，一八七七年五月十六日，九江關稅務司葛顯禮即曾以第三六號呈建請赫德[31]：

「……中國過去已經仿行了西方的許多新政，例如造船廠和兵工廠等等，現在繼續做照西法，設立像郵政局這樣的機構，也已經是時候了。開辦郵政是對於人民的好事，也是國家收入的一個來源……」

---

[30] 光緒三十三年郵傳部第一次郵政統計表郵政沿革概略，郵政博物館。　同[2]。卷三七七，頁考一一二三三。

[31] 同[29]，頁三。

天津海關稅務司兼郵政司德璀琳

在各方逐漸形成共識並推動之下，赫德終於跨出大步，向前推進。光緒四年春，赫德請假一年赴歐，行前特將試辦郵政的工作，交與天津海關稅務司德璀琳辦理㉜。於是天津遂成爲推動的中心了。

這年的二月二十日（一八七八年三月二十三日）是一個值得紀念的日子。這天，海關試辦的郵政業務，對公衆開放㉝。而試辦郵務的海關，此時

㉜ 一八七九年六月十三日赫德致德璀琳第二六六號函（《天津郵政史料》第一輯，頁三一三，北京航空學院出版社）。

㉝ 一八七九年七月十九日津海關稅務司德璀琳呈赫德文（報告試辦郵政經過）第六九號（同㉙，頁一〇）。

共有六處：北方三口岸：天津、煙臺、牛莊以及北京總署和上海、鎮江兩關[34]。

爲了加速郵件運送，天津與北京之間，自二月二十九日（西曆四月一日）起[35]，開辦了逐日騎差的定期郵班，交商訂約承辦，每日對行各一次，行程平均需十七小時（過去的步差班需時兩天），信差穿制服，包括制帽和鑲有紅邊和白色盾形胸補的黑色號衣，上面有「津海關信差」字樣，每一信差並由津海關稅務司發給護照一份。

寄往外國、上海或上海以南或以西各通商口岸的郵件，送上海江海關郵務處處理；寄往天津、煙臺、牛莊或北京的郵件，送津海關郵務處處理。

運量以四十磅爲限。在另有規定以前，不收寄海關以外的郵件，公使館如願承擔費用，可以收寄其郵件，條件另訂。

海關總稅務司署寄南方的緊急信件，到津時如船已離港，郵務人員祇要認爲能在大沽趕上

[34] 薛聘文〈臺灣海關的古封與郵史〉《今日郵政》二八〇期。另據一八七九年海關貿易報告：對公衆開放者爲北京、天津、牛莊、煙臺及上海五處。參閱薛聘文〈海關郵局及其郵票郵路誕辰考〉《精粹郵刊》二卷七期，六十七年三月二十日。

[35] 一八七八年三月二十六日德璀琳呈赫德文第三十九號（同[29]，頁三）附件節略。一說開辦日期爲二月二十日（西曆三月二十三日，與開放郵務之日相同），見光緒五年五月之〈天津陸路郵差事務報告〉甲款（同[3]，頁四，又同[10]，頁一〇五）。

船，應派騎差趕送到大沽轉交，騎差能在三小時內趕到㊱。封河時寄往南方各處之郵件亦由騎差送至大沽轉交輪船㊲。

北方各口寄上海的郵件到達上海後，交上海工部局書信館分送，反之，工部局書信館收到的寄北方各口和北京的郵件到達後，由各該地海關負責分送㊳。

由於天津、煙臺、牛莊三港每年冬季冰凍，無法航行，於是德璀琳乃組織冬季陸路差班，交商承辦，計共三線：㈠天津、山海關、牛莊線，㈡天津、齊河、煙臺線，㈢天津、齊河、鎮江線。運輸工具，則利用騾、馬及船。其

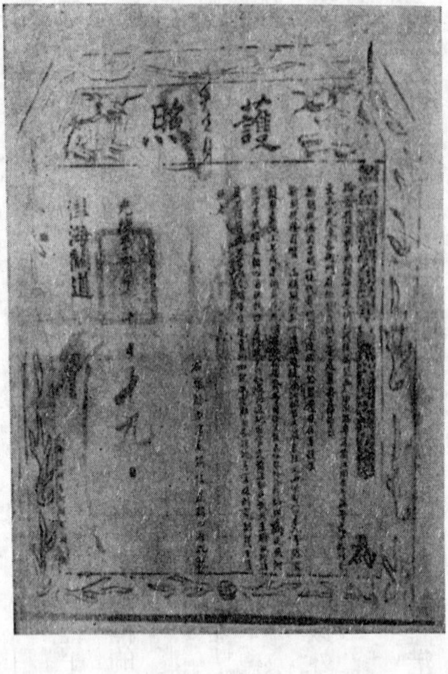

天津—鎮江郵路之護照

㊱ 一八七九年七月十九日德璀琳呈赫德文第六九號（同㉙，頁一一）。

㊲ 《民國十年郵政事務總論》，頁一二九。

㊳ 一八七八年六月七日德璀琳呈赫德文第六四號（同㉙，頁七）。

中天津、鎮江線，需時十二天，每週三班，冬季北方郵件，經由此陸路差班到鎮江後，再轉上海，與原有的天津、北京騎差班，構成一條主要的動脈。是年南下的郵件，第一批於十一月十七日（西曆十二月十六日）自天津啓程㊴。

不想這年首創的陸路差班，在到達山東省境後，竟被巡撫文格予以截留，郵件、郵差都被扣，郵件甚至被拋棄在大路上，最後還是由於直督李鴻章的支持，才得化解，郵件亦放行，該線差班則重予組織㊵。

直到光緒二十三年，冬季郵件運輸（Winter Mail Service）改採雙軌的辦法，一面仍繼續辦理陸路差班，運送南北間郵件；一面試行海運，利用海輪，將上海北寄郵件，運至煙臺，而後再利用郵局特備的輪船，送至北戴河（此處冰凍期間較少，十年之間，竟有七、八年並不冰凍，即偶凝結，距岸不遠。）起岸後，轉由火車運至天津，如此，由上海至北京的信，祇需五日，即可到達，較陸路差班，快速甚多。由北寄南郵件，則交回程輪船帶煙臺轉滬。

陸路差班郵路祇運送輕件（即信函、明信片），海路則可運送各種郵件，包括印刷物、包

㊴ 一八七八年十二月十七日德璀琳致江海關稅務司赫德（James H. Hart）函（同㉜，頁二三七）。

㊵ 一八七九年二月十五日德璀琳呈赫德文第十五號（同㉜，頁二五三）。一八九三年五月二十五日德璀琳呈赫德文第一一四一號（同㉙，頁五五）。

裏。

公衆交寄信件，如擬由海路運寄，須於封面注明：「由海輪運送」字樣。其未有注明者，則交由最近之陸路差班運送[41]。

光緒二十五年，鎮江、煙臺及天津間開辦了一項內地郵路，由郵差於白天步行遞送沿線重要各局郵件。至原設之冬季陸路差班，如海運通達，則予廢止；如海輪停駛，則仍予恢復，但改為一週三次，由郵局自行派差行走[42]。

迄至光緒二十六年，上述雙軌的辦法，仍賡續辦理，惟北運郵件的起岸起點，則改為秦皇島[43]。

天津海關於光緒四年三月二十九日（一八七八年五月一日）公布郵資表，四月十七日（五月十八日）實施，信函每重半盎司，北京與天津互寄三分銀（按前此是每盎司四分銀，且限在北京收費），北京及天津與其他各地互寄五分銀[44]。至四月底（西曆五月底），天津收入寄北京信函

---

[41] *Postal Secretary's Circular* No.1 of 9th November 1897.　晏星〈津沽封凍和冬令郵運〉《今日郵政》四〇一期。

[42] *Postal Secretary's Circular* No.26 of 26th September 1899.

[43] 同[42]，No.36 of 22nd November 1900.

[44] 《中國郵票目錄》（八十年版），頁四五〇，郵政總局。

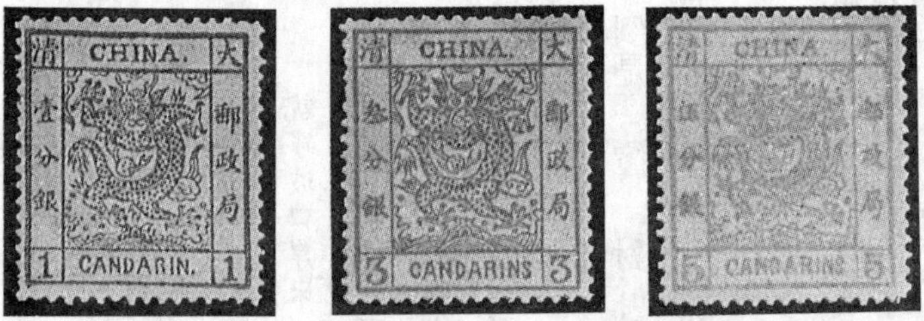

海關一次雲龍郵票——我國最早之郵票

的郵資共約十二元㊺。

六月（西曆七月），德璀琳又開辦了一項機構，以之作為海關郵務處的代理機構，從事接收、分送中文郵件，並委由商家辦理。這項機構叫「華洋書信館」，詳細情形，當於下章介紹。

㈥　發行郵票

六月，海關首次出售郵票，叫海關一次雲龍郵票，簡稱大龍票㊻，面值分五分銀、三分銀、一分銀三種。五分銀供北京及天津兩地公眾與其他各口岸公眾互寄信函貼用，三分銀則供北京、天津兩地互寄之用，一分銀則供寄新聞紙用。首批郵票，於六月二十五日運抵天津㊼。在此以前，預付郵資，係使

㊺ 同㉙，頁六。
㊻ 同㊹，頁一。
㊼ 同㊹，頁一。

用「郵資登記簿」辦理[48]。外地來信，則在北京由收件人補付。

起初，「……郵票滯銷，而且本地人仍然相信民信局，認為這些設立多年的信局，已經令人很滿意了。……中國人好像不懂郵票的用途，因此來買的都是外國人……」[49]

浙海關稅務司葛顯禮更率直批評[50]：

「就寧波口岸來說，海關書信館祇是一個空名，因爲本關和本口岸外籍人士並不利用它進行通信，將來也不見得會利用它，因爲郵費比英國郵政局貴得多，而英國郵政局對於沿海各口岸間信件所收的資費已經被認爲太貴了。……我們出售的郵票對於公衆沒有什麼價值，因爲貼用這種郵票的信件，連香港也去不了，更不用說寄到外國了。……」

倒是李鴻章，對於試辦郵政，十分支持，甚至命令他一手培植的北洋海軍各軍艦，將離港時間通知牛莊和天津的海關稅務司，以便海關利用此機會，託運郵件[51]。

---

[48] 一八七八年八月十八日德璀琳致稅署雷樂石（Ls, Rocher）函（同[32]，頁二一二）。
[49] 一八八二年八月二日浙海關代理稅務司馬吉（James Mackey）呈赫德文第八八號（同[29]，頁二四）。
[50] 一八八四年十月十四日浙海關稅務司葛顯禮呈赫德文第一二九號（同[29]，頁二七）。
[51] 同[10]。

對於山東巡撫文格扣留陸路差班郵件，李氏亦直言指摘，光緒四年十二月十九日，李氏復鄭玉軒觀察函云(52)：

「德稅司設立馬撥遞信一事，前准東撫來咨，轉行執事會商妥辦。旋據樂山廉訪送閱來函鈔件，當於鈔摺後手批數行付寄，計早達覽，昨准總署咨覆，又分別咨行查照矣。頃接望日密示云云，持論甚正，但於此事本末，毫未推求，於各國郵政辦法，素無諳訪，仍執一閧一見，與文式翁張樵野等一般識議，自以爲是耳。當光緒二年夏，辯論滇案之際，赫德在總署，請辦鑄洋錢開信館二端，總署不置可否，令其過津與鴻章會議，因駁去洋錢一節，謂與丁稅出入有礙，信館則仿照洋法逐漸推行，與郵政無甚窒礙也。嗣在煙臺議結前案，威使又面申此說，仍如前議答之，詎赫德於假旋時並未請示，即派德稅司試辦，弟今春至津，乃知原議在先，未便阻止，但屬該稅司妥愼籌辦。津京信館之設將近一年，執事在津當差已久，豈獨無聞見耶。封河以後，添設馬撥遞鎭江，勢亦出於不容已，仍爲各口通信起見，非爲內地另設驛站也。前函商總署，俟赫德明春回京，應請奏明歸南北洋大臣督辦，即當明定章程。茲東帥爲群下所蠱惑，大放厥詞，行文飭禁，在伊等可不問原委，

(52) 同⑱陳文。轉引李集卷十八，頁二五。

豈執事亦可不問原委耶，若慮因此或有齟齬，別滋物議，鴻章敢任受之，於執事無涉也。聞德税司添設馬撥，花費數千金，京津及南北洋人紛紛索討信件，恐其難遽裁撤，或與要約明春開河後，即將內地馬撥撤止，至沿途走信馬差，除由關道蓋印護照通報外，再能由該縣酌給腰牌，更爲周密，但慮税司未肯遵依，鄙意重在如查有滋事實據，由地方照例拏辦，必可杜絕一切流弊，至尊慮日後內地消息，洋人得信最先，此等迂論，最易動聽，其實即無馬撥，洋人得信，亦不在後。」

李氏憤慨之詞，支持之力，可以概見。

在李氏的支持之下，海關取得招商局的同意，免費帶運郵件，太古與怡和兩輪船公司，也經商得同樣辦理，自光緒四年七月十七日起實施(53)。

(七) 海關撥駟達書信館

光緒五年十月十三日，海關郵務處的中文名稱改爲「海關撥駟達書信館」(54)，並收寄中文信件，與洋文信件，同樣處理。收寄範圍，除北京、天津、牛莊、煙臺、上海、鎮江等口岸來往信

(53) 一八七八年九月三十日德璀琳呈赫德文第一〇七號（同(29)，頁八）。《天津郵政史料》第一輯，頁一五四。

件外，其內地等處信件，亦可代寄至各口岸轉交妥實民信局送投，寄費重不逾四錢（半盎司）者收銀三分（合大錢四十八文），由香港或外國寄至上海轉寄者，若未事先付費，可俟到達後向收件人補收。反之，自北京或別口寄至上海者，則必須先付寄費，信票可向撥駟達書信館購買[54]。

海關並斷絕與華洋書信館的關係，以天津爲例，可能在光緒七年三月左右[55]。華洋書信館終於停辦，全部停辦年月，推斷在光緒八年秋冬之交[56]。

一八七九年（光緒五年）十二月二十二日，總稅務司發出第一號完全有關郵務之通令（Inspector General's Postal Circular，簡稱 I. G. Circular），以後郵務事項，都繼續依序編號繕發，以與原有之有關稅務之通令，有所區分，自成體系，而便檢查。該第一／八九號通令之內容如下：

一、一八七八年春季開始，海關在北京及北方各埠試辦之郵務工作，決予繼續推展至其他各埠。

二、天津稅務司德璀琳派爲郵政司（Commissioner for Postal Matters），管理各關郵務處之工

[54] 一八八〇年一月十五日德璀琳呈赫德文第九號附件（同[29]，頁一八）。依照上引附件，海關郵務處之英文名稱係改爲：「海關撥駟達局」。此處仍依英文民十年報三四頁改稱：「海關撥駟達書信館」。

[55] 一八八二年七月二十六日津海關稅務司哲美森（Colin Jamieson）呈赫德文第一〇〇號（同[29]，頁二三）。

[56] 王孟瀟〈華洋書信館考〉《郵政資料》第六集，郵政博物館。亦有推斷停辦於光緒七年（一八八一）春夏之間者，見黃建斌〈華洋書信館停辦與大龍中文信封〉《今日郵政》月刊二九一期。另一說則謂爲：一八八二年二月赫德下令採取措施，勒令關閉，華洋書信館始告停業。見孫君毅《清代郵戳志》，北京中國集郵出版社。

作，天津是匯總機關（Central Office）所在地。

三、德璀琳關於郵政事項之指示，希各關切實執行。

四、對各位能在不影響稅務效率及支出之情形下，努力推展郵務，至表謝意。

海關試辦郵務之架構，至此遂粗具模型。

二、華洋書信館

㈠有限度的開放

自同治五年總稅務司署奉命辦理使館郵件轉遞的工作以來，其作業的對象，最初是駐北京各國使館的郵件和海關本身的公件以及關員們的私人信件。次年二月，海關首次公布郵件封發時刻及郵資表，開始收寄北京的一般訂戶和非訂戶交寄的郵件。十二月，居住天津的外僑，也可交寄發往上海的郵件，但以外文信件爲限。上述二月間北京開始收寄的公衆信件，郵政文獻中對於是否限於外文，雖尚未發現明白的記載，但從其後十二月間收寄天津信件的限制看來，可見也是限於外文的。

迄至光緒四年，此種情形，並無改變❶。這年二月海關所辦的郵務對公衆開放，實際上是限於外文信件。也就是說：各海關郵務處所收寄的信件，是以外文書寫的爲限。至於中文信件，德璀琳祇好大傷腦筋，另籌他法了。

開放收寄中文信件，郵件數量必定大增，不是海關當時有限的人力所能應付。且也可能與勢力強大的民信局，業務上發生衝突，不能不多加考慮。德璀琳於是有招商開辦「華洋書信館」收寄中文信件的構想，以與海關郵務處的收寄外文信件，相輔而行。

(二) 收寄中文信件

就在這一年，德璀琳找到了一家商行，願意作海關的代理人，辦理郵遞事務。「我很希望把中國人的郵件運送事務抓到手裡，在沒有其他辦法解決這一問題的情況下，我同意了該商行的申請。」德璀琳這樣報告赫德❷。

這家商行叫大昌商行，議妥的條件是❸：

---

❶ 薛聘文〈海關郵局及其郵票郵路誕辰考〉《精粹郵刊》二卷七期。

❷ 薛聘文〈淺談海關郵件圖記〉《精粹郵刊》一卷三期。

《中國海關與郵政》，頁八。一八七八年九月三十日德璀琳呈赫德文第一〇七號，北京中華書局。

❸ 同❷。

一、大昌商行在北京、牛莊、天津、煙臺、上海開辦郵務代理機構，名稱定爲「華洋書信館」。
二、該館的開辦費和經常費都由其自付。海關並不負擔。
三、郵費費率暫時由該館自行訂定，以便和民信局競爭。
四、試辦期間，從中國人的郵件所收郵費全部爲該館所有。
五、收到的郵件應分開包裝，交由海關連同海關郵件交輪船或信差免費運送。

華洋書信館遂於光緒四年六月二十五日(一八七八年七月二十四日)在上述五處開設❹。德璀琳並派原由稅署調來津關擬訂郵政計劃的文案吳煥監督該館的工作，暫時駐在上海。

德璀琳在一八七八年九月底報告赫德❺：

「……這些書信館……工作做得還能令人滿意，我想不久就可作一統計，把他們從開辦到本月底這一期間工作進展的程度和完成工作任務的情況向您報告。各地代理行的經理都有工

華洋書信館戳記

❹《初期郵政》中研院近史所圖書館藏書。華洋書信館開辦日期，亦有爲七月初旬之記載，詳見薛聘文〈華洋書信館(關郵文書之記載)〉《今日郵政》三〇一期。
❺同❷。

作能力，似乎都勤勉、謹愼地從事工作。到目前爲止，我還沒有聽到外界對他們有何指責，其他口岸的海關稅務司也沒有不好的反映。」

華洋書信館開設的前兩天，上海《申報》曾予報導❻，謂爲：信資甚廉，而投遞又甚妥速，與本地各信局誠堪並行不悖，云云。

(三) 章程

該館開設後，曾招募商股，以期充實資金，擴大組織，增設機構。其招商入股章程序云❼：

「蓋聞便民即所以裕國，創舉尤賴乎衆擎，以我中國幅員之廣，人民之多，素稱財富之區，宜擅變通之利。方今四海通聘，局面一新，即如輪船之行，煤礦之啓，無非因時制宜，力求強富。而泰西郵政之設，尤爲利權在上，下民便之。蓋泰西郵政，特派大臣，視爲要務，每歲所入，經費而外，可餘一二百萬兩至五六百萬兩不等，尤屬裕國便民之明驗。即上海香港等處亦已設有書信館，以分我中國利權。天津關德稅務司璀琳久司榷務，

❻ 王孟瀟〈華洋書信館考〉《郵政資料》第六集。
❼ 同❹。招商入股章程原文錄入附錄六。收送書信章程原文錄入附錄七。

洞悉輿情，遇事殫誠，當途倚賴。而於郵政一端，尤所留意，見泰西之能獲利，料中國無難舉行。於是尋繹西例，刻意講求，稍事變通，議歸商辦。奉經直隸爵閣督部堂李核准，在於京城、天津、牛莊、煙臺、上海五處設立華洋書信館，先行試辦。茲以重蒙不棄，謬荷招邀，勉竭駑駘，彙集資本，遵於本年六月二十五日，在京城、天津、牛莊、煙臺、上海五處先行一律開設。雖遞寄仍由輪船，而收送較為妥速。自開辦以來，承蒙仕商逾格垂青，尺素寸緘，紛紛投送，振興之象，不卜可知。惟是既立根基，當思推廣，所有長江各口暨南洋各埠，以及內地省垣城鎮，自當次第舉行。聲氣既通，措施更易，推而至於東洋等埠，再遠則歐美各洲，無不可以分設，是利權歸我，不慮侵移，裕國便民，可期立致，即將來郵政之興，亦莫不基於此矣。第念廈廣萬間，寧恃功於尺木，山高九仞，難收效於一坏，是股份之招，正有不容暫緩者。行遠自邇，幸始基之已安，集少成多，惟群策之是望，所冀望風遙集，欣欣者惠然肯來。庶幾不日而成，源源者招之即至。特此奉啓，並附章程，統乞青垂，不勝引領。光緒四年歲次戊寅仲夏之月，謹啓。」

看來華洋書信館當初的志向，的確不小。

其招商入股章程主要內容如下[7]：

一、擬招集股銀十萬兩，分作一千股，每股關平銀一百兩。

二、以滬館爲總匯，別口爲分館，各館資本，概由滬館酌發。

三、將來長江各口、南洋各埠以及內地省垣城鎮，將次第推廣，以商股十萬而論，約可開設百餘處。

四、其盈餘以十分之三助充國餉。

其收送書信章程主要內容如下❼：

一、中外士商來往書信皆可傳遞。

二、冬令封河後，上海寄北各信，先由輪船寄至鎮江，專用馬遞，間一日飛遞一次，不過十日，可到京、津。

三、可寄零星物件。

可見該館除收寄中國人信件外，也收寄外商信件，這與德璀琳當初創辦的動機是不相符的。

該館尚有馬遞章程，其主要內容如下❽：

一、封河期間，開辦陸路馬遞班，天津至鎮江，十日可達。

二、以濟南府城爲總匯，在周村、德州、濟南、清江、揚州增設分館。

---

❽ 孫君毅《清代郵戳志》，頁五六，北京中國集郵出版社。惜郵〈華洋書信館史料〉《新光雜誌》七卷一期。馬遞章程原文（經加標點，並將價目改列簡表）錄入附錄八。

三、信資可兩頭分付。

四 停辦

一八七九年七月十九日德璀琳向赫德報告天津華洋書信館工作情形說❾：

「……我去該館視察過兩、三次，事前並沒有通知他們，我對該館的工作情形很滿意，室內很整齊清潔，郵件登記簿記得很清楚、仔細，該館照老規矩每四個月向顧客收郵費一次，因此帳目比較複雜。經辦的郵件都須逐件分類登記，封發的郵袋或郵封也都裝有通知單，和海關書信館（按指郵務處）的辦法一樣。」

不意德璀琳忽於一八八〇年一月十七日建議赫德，斷絕海關和華洋書信館的關係❿。一八八二年七月二十六日津海關因赫德詢問有關該館的問題答復說：「……關於海關和華洋書信館斷絕聯絡關係的時間、原因和方式，我找不到文字紀錄，但是看起來斷絕關係的時間是在一八八一年

---

❾ 一八七九年七月十九日德璀琳呈赫德文第六九號（同❷，頁一三）。

❿ 一八八〇年一月十七日德璀琳呈赫德文第十號（同❷，頁二一）。

四月，原因是由於該館有違法情事，而且時常使海關書信館受到不必要的麻煩，如在夜間爲接收該館向外地發送的郵件須等待很長的時間等。」⓫

一八八二年十月四日，赫德令（第六三一號）津海關稅務司好博遜（H. E. Hobson），立即停閉天津華洋書信館⓬。旋據津關十一月八日（第一六〇號）呈復已遵照執行，並收回該館洋文郵戳，門口洋文名牌 Post Office 亦予塗銷，但未完全封閉⓭。

事實上「海關撥駟達書信館」已先於一八七九年十一月二十六日開始，收寄中文信件，華洋書信館已無存在的必要了。

⓫ 一八八二年七月二十六日津海關稅務司哲美森（Colin Jamieson）呈赫德文第一〇〇號（同❷，頁二三）。
⓬ 同❷，頁二五。
⓭ 同❷，頁二六。

伍　國家郵政的正式創設

一、開辦大清郵政官局

(一) 國際背景

人類的文明，東方與西方，其進步的軌跡，雖未必盡同，但其發展的趨向，則大體相若。就通信方面言，歐洲的發展過程，與我國亦正相彷彿。先是有政府所辦的驛遞，專送政府的公文；後則有民間通信組織，爲老百姓送信；繼之而起的，則是政府專營的國家郵政。所不同的是，我國的起步較晚，遲了數十年而已。

約在十八世紀中葉，正值我國乾隆盛世，英國發生了改變世界的產業革命，到十九世紀中，蒸汽機已爲大工業普遍應用，輪船、火車，也已先後行駛。由於工商的發達，經濟的勃興，刺激了對郵政的需要與改進。一八三〇年代，英國大部分地區的郵件，已可於交寄之次日投遞（Next-day mail delivery）❶。一八四〇年（道光二十年），由於羅蘭希爾（Rowland Hill）的建議，採行不論遠近均一收費的郵資，以及以郵票預付郵資的制度。並規定每重半盎司的郵資爲一辨士，同時也發行了著名的黑辨士郵票。郵件數量，隨之激增。一八七四年，國際郵政會議開第一次大會於瑞士京城伯恩（Bern），並組成今日的萬國郵政聯盟（當時叫郵政大聯盟），可見是時各國郵政，已很發達，時爲清同治十三年。

(二) 國內情形

黑辨士郵票

羅蘭希爾像

❶ *Compton's Encyclopedia*, Postal Service, p.557.

1. 輿論的支持

回過頭來看看國內，鴉片戰爭之後，未幾，又繼之以英法聯軍，經過這些教訓，朝廷中一些頭腦清醒的大臣，如奕訢、文祥，以及疆臣曾、左、胡、李等人，憬然於非「師夷之長技以制夷」，不足以圖存。因而講求所謂「洋務」，史稱「洋務運動」或「自強運動」。

當時所注意的「洋務」，大別有兩個方向：第一是軍事方面的，如設立製造局與造船廠，以製造軍器和兵船；鋪鐵道，設電報，以配合軍事運輸與通訊；以及設立武備學堂、派遣軍官出國學習等等。第二是經濟方面的，如創設織布、紡紗、製呢、造紙等廠以挽回利權，開煤礦、金礦以增加收益。前者是用以「強兵」，後者則是以之「富國」。

新式郵政，其制度本是來自西方，郵政雖不是當時「洋務」的重點項目，但亦屬於洋務，則無疑問。郵政在此一背景之下，獲得朝野有識人士的支持，經過多年的努力，終於能排除困難，衝破阻力，達成正式創辦國家郵政的目的。

2. 驛政的腐敗

再看看當時國內通信的實際情況，驛政的窳敗可說是推動創辦新郵的最大動力。驛政費用，多入私囊，如咸豐十一年諭翰林院侍讀學士楊秉璋奏請整頓驛站一摺謂❷：

「……近來各省驛站馬匹，每多缺額，其倒斃者，買補之價，多入私囊，見存之馬，類皆疲瘦，不堪乘騎。一有差使過境，或扣留過站馬匹應用，或派胥役勒取民間，百弊叢生，不可勝數。……」

甚至驛遞夾板，中途且有被私折者，如同治九年諭❸：

「……諭曾壁光奏：夾板被折，請飭稽查，以杜弊端等語。據稱：本年正月間接到兵部同治八年十二月封發夾板一副，查看黃布包印花内外封簡釘封，均已折損，上有隆橋驛站黏籤聲明：「前途折損」字樣，顯係隆橋驛以前各站私行折閱，等情。夾板公文，最關緊要，竟敢中途私折，實屬膽大已極，若不嚴行根究，何以重郵政而昭愼密，……至各省驛站，亦往往有私折公文之弊。……」

❷ 清朝《續文獻通考》卷三七五，頁考一一二一一。
❸ 同❷，頁考一一二一三。

同年，又諭英桂奏❸：

「本年八月初五日由驛具奏摺件，於九月十二日接到兵部火票遞回查驗，夾板內印封均有折動，甚至兵部加封之印花，倒黏夾板內面，破爛不堪，夾板上黏有紅籤聲明印花破損。……此必管驛之員，意在窺探機密要件，私自折看，實屬膽玩已極。……」

另一方面，驛遞亦早有被濫用之積習，早在嘉慶五年，上諭❹：

「……聞各省積習相沿，無論公文緊要與否，概由驛遞，即通問私書，屬員賀稟，均用印封交驛，甚至有由六百里加緊加快馳送者。……」

甚至❺：

❹ 同❷，卷三七四，頁考一一二〇三。
❺ 同❷，頁考一一二〇五。

「……督撫司道等官，經過所管州縣，該地方官不但預備夫馬，且須鋪設公館，供應飯食，爭華鬥靡，曲意逢迎，甚至有餽送程儀之事，惟以辦差爲能，而郵政轉置之不問。……」

咸豐七年，在野人士馮桂芬更綜論驛遞弊竇，而有裁驛站議，其言曰❻：

「……通二十一行省計之：國家歲耗銀三百餘萬兩，夫所以不惜巨資，而設此驛站者，原以奏牘公文，俱歸遞送，欲使之從速而不至失誤也。乃日久弊生，而竟爲地方官之利藪，每州縣衝繁者，其驛費多或萬餘金，其次五六千金，其僻靜無驛州縣，亦有千餘金及六七百金不等。此項費用，歸入留支項下，州縣官得缺時，必先探詢驛費之多少，其多者則爲之欣然色喜焉。大利既歸之州縣，故驛中所畜之馬，類多老弱病疲，且管理馬號者，有幕友，有僕人，於乾草料豆等物，又節節剋扣，至馬夫而剋無可剋，於是減其飼秣，俾不得飽，故驛站之馬，類多疲乏不能行走。至遞送公文，本不得遲延誤事，……然今之州縣，每接上站文書遞至下站者，止給馬夫錢數百文或數十文，管理馬號之幕友家丁，於中可以

❻ 同❷，卷三七五，頁考一一二一〇。

取利也，於是將文書任意延擱，併至數起，始遣一馬夫送之。故往往有數百里內文書，竟遲至十餘日始到者。夫驛遞之遲誤，其情固甚可惡，然平心論之，所遞之事，亦未必盡係緊要，凡官場家室平安之報，友朋通問之緘，大書投遞二字，即付驛遞送。執筆人昔曾幕游直隸，嘗見某道員以往來賀節賀壽之例信，而竟用五百里排單者，按例載：地方官驛官將尋常文報違例濫差，擅由馬上飛遞者，降三級調用，上司徇庇失察，分別議處。夫公文而尋常者，尚不得馬上飛遞，而況賀節賀壽之例信乎，馬上飛遞且不可，而況五百里排單乎。以國家有限之帑項，既飽州縣官私囊，復遞無足重輕之例信，亦何貴此驛站爲乎。……要之：驛站者，國家之漏卮，而州縣官之大利也。今帑藏日絀，司農仰屋而嗟，言利之官，又紛紛然爲羅雀掘鼠之舉，則何如省此可省之款，以利國而利民哉。」

光緒二十一年，廣西按察使胡燏棻亦有「創郵政以刪驛遞」之奏，他說❼：

「……中國各省皆設驛站鋪遞，每年支銷錢糧計三百餘萬金，其實各省之奏牘公文，所遞有限，而仕宦往來之所擾滋多，至督撫則更有提塘摺差，每一摺差抵京費以百十兩計，民

---

❼ 同❷，卷三七七，頁考一一二二五。

間所開信館，索費既巨，又多遺失，此公私兩困也。查泰西各國，莫不由國家設立郵政局，往來函牘，公私一體。……不但省驛站之費，而且歲獲盈餘，爲泰西各國進項之一大宗，亟應仿照辦理。……」

可見驛政腐敗，效率低落，已到不能不改變的地步。而舉辦新郵，不僅便利通信，又可以裨益財政，這也是當時論者的著眼點之一，如前述馮桂芬裁驛站議有云：

「……嘗查泰西各國，其初遞送公文信件，亦如中國驛站之制，嗣因費多而不便於民，於是創設郵政局，領以大臣，位儕卿貳，公私咸便之。其進款蒸蒸日上，就英一國而論，每年郵部所入，除用費外，計贏餘英金一百數十萬磅，其利亦可謂厚矣。今中國通商各口，郵政已經開辦，似宜推廣其法，凡通都大邑，僻壤遐陬，設立分局，一切公文信件，俱歸遞送，如此則每歲可省驛站三百餘萬之耗費，而收郵部數百萬之贏餘，一轉移間，即見成效，亦何憚而不爲哉。……」

胡燏棻氏亦有同樣之建議。至此，朝野人士，對興辦郵政，可說已有了共識。

3. 通信機構的紊亂龐雜

另一方面，當時通信機構的紊亂，幾已到了無以復加的地步，以上海一地爲例，有英、美、法、德、俄、日六國之客郵局，另有租界之工部書信館。我國之通信機構，則有驛站、文報局、民信局以及海關試辦之郵務機構。紊亂龐雜，可以想見。以上各種背景不同的通信組織，都在同一地方，經營同一業務——收寄信件，卻又彼此處於對立的地位。尤其是客郵的設立，並無條約的依據，也沒有任何規範，完全由列強自行開設，猖獗的情形，已是難以控制。妨礙我主權，破壞我郵務行政的完整，不能不設法予以阻遏、取締。光緒二十一年，署南洋大臣張之洞鑒於各國爭設客郵局而有請舉辦郵政之奏，他說❽：

「泰西各國視郵政重同鐵路，特設郵政大臣綜理，取資甚微，獲利甚鉅。即以英國而論，一歲所收之費，當中銀三、四千萬兩，各國通行，莫不視爲巨帑。且權操於上，有所統一，利商利民，而即以利國。近來英、法、美、德、日本先後在上海設立彼國郵局，其餘各口岸亦於領事署內兼設郵局，侵我大權、攘我大利，實背萬國通例。……各關試辦郵遞

---

❽ 交通部《交通史郵政編》(一)，敍略，頁六。總務，頁一二。

有年，未能推行及遠，外國所設信局，並未裁撤。良由稅關所辦郵遞，與國家所設體制不同，故推廣每多窒礙。現復與葛顯禮面加籌議，知其情形熟悉，各關稅務司熟語辦法者，當不乏人。請飭總理衙門，轉飭赫德，妥議章程開辦，即推行沿江沿海各省，兼及內地水陸各路，務令各國將所設信局全撤，並與各國聯會，彼此傳遞文函，互相聯絡。如果認眞舉行，各國在華所設信局，必肯裁撤。」

先是海關雖已於光緒四年試辦郵政，開始收寄一般公衆信件，但因未經奏定，外人以此爲藉口，認爲不得以之爲國家郵政，因而不肯撤銷客郵局。光緒十八年赫德函致總理衙門，即謂：數年來創辦艱難，若再不奏請設立官郵政局，以推廣爲抵制之計，恐將另生枝節。十九年，總理衙門迭接南、北洋大臣劉坤一、李鴻章咨，據江海關道聶緝椝稟稱：上海英、美工部局現議增設各口信局，異日中國再議推廣（郵政），必更艱難云❽。因此：正式設立國家郵政，以便進一步撤銷客郵，使通信機構趨於正常，是勢在必行的了。

4.民間的需要

國外、國內的客觀情勢如此，而老百姓對於通信的需要，並未因爲通信機構衆多，而獲得適當的解決，反而因機構龐雜，而更加不便。例如內地寄國外的信件，除以我國郵票貼納國內郵資，寄至通商口岸外，到了通商口岸，還得加貼客郵局所屬國家的郵票，轉寄國外。即以民信局而言，如前引胡燏棻氏奏摺有云：「民間所開信館，索貲既巨，又多遺失。」何況民信局祇選擇有利之處開設，無利之處，則無人問津。

5. 僑民的需要

國內通信，民信局不足以完全適應民間的需要；國際方面，則更需及早開辦國家郵政，以便加入萬國郵盟，與各國通郵。光緒二十二年，總理衙門准署南洋大臣張之洞咨❾：

「……十一年曾國荃咨稱：州同李圭條陳郵政利益各節，……中國工商旅居新舊金山、檀香山、新加坡、檳榔嶼、古巴、秘魯者，不下數百萬人，據李圭稟稱：該工等有一紙家書，十年不達者。緣郵會（按：當指萬國郵盟大會）有扣阻無約國（按：當指未加入郵盟之國）文函之例也。」

可見國際通信方面，需要開辦國家郵政，是如何地殷切。

---

❾ 同❷，卷三七七，頁考一一二二六。

(三) 李圭和葛顯禮

光緒四年二月德璀琳在北方諸港試辦的郵務，於次年十一月推展至長江各口岸，又在八年（一八八二年）繼續推展到福建以北各口岸，收寄外文信件，以與華洋書信館之收寄中文信件相配合⑩。

十一年，浙海關一位文案叫李圭⑪的翻譯了一本《香港郵政指南》⑫，經由該關稅務司葛顯禮於六月間轉呈赫德，李一面又抄了一份送浙江寧紹臺道薛福成，並附了一個稟帖，建議設立國家郵政，分設郵局，以防阻各地的外國郵局，維護我主權。

---

⑩ H. B. Morse: *The International Relations of the Chinese Empire*, V.3, Chapter III, p.62. *Report on the Chinese Post Office for the 10th Year of C.H.M.K.*, p.7. 以上二書，均謂一八八二年推展至福建以北。但：Stanley F. Wright: *Hart and the Chinese Customs*, p.630 則謂：「一八八二年，福建以南各口岸外僑得以享有海關郵遞有效的服務……。」另 I. G. *Circular* No. 4/204 of 22nd December 1882. 第四節（譯文）謂：

「溫州（溫州在內）以北各關，可儲備海關郵票，售予公衆，可向公衆收寄貼有此項郵票之信函，運交准許轉運公衆郵件之各口海關。此項信函，運送時應裝入海關郵袋，並遵照現行海關郵務規章辦理。目下溫州以南各關，不得爲公衆辦理郵件運輸。」

是則一八八二年僅擴及溫州以北。此處姑從前說。

九月初二，葛顯禮呈赫德第一一一號文說⓭：

「在本年第七八號呈文中，我曾報告將創辦郵政的計劃告知臺道薛福成的經過。現在兩江總督、閩浙總督和浙江巡撫都已經同意了這個計劃。」

其後，葛顯禮在後續的呈文中，又補充報告：如果接辦各國客郵局，在業務上和收支上詳細的分析數字。並且打聽到：香港不反對將在華郵局移交中國接管。同時也查明：上海英國郵局如移交中國，其房屋足夠辦理上海各外國郵局的全部業務，尚有餘地可供擴充之用⓮。他並說：本稅務司食俸中國有年，極欲幫助中國官員收回自有權利，以盡報效之忱，並無他意⓯。

⓫ 李圭另一頭銜是候選州同（見《交通史郵政編》㈠，頁七），並兼浙江寧紹臺道薛福成的洋務委員（見《中國近代郵電史》第二八面）。於一八六五年進入海關，曾於一八七六年因德璀琳之薦，隨團參加美國費城百年展覽。以習洋務名，後補海寧州知州。

⓬《郵政指南》（*Postal Guide*）是郵局編印的一種說明郵政各項業務及規章，以便公衆明瞭，從而加以利用的書。

⓭《中國海關與郵政》，頁三二，北京中華書局。

⓮ 一八八六年一月十二日浙海關稅務司葛顯禮呈赫德文第一五〇號（同⓭，頁三九）。

⓯ 一八八六年北洋大臣李鴻章關於葛顯禮郵政建議的通札（同⓭，頁五五）。

(四) 入奏前夕

光緒十六年，總理衙門劄行赫德，以所擬辦法，既於民局無損，即就通商各口，推廣辦理，俟辦有規模，再行請旨定設[16]。

光緒十八年（一八九二）冬，赫德函致總理衙門，謂數年來創辦艱難，若再不奏請創立官郵政局，以推廣爲抵制客郵之計，恐將另生枝節云云，已見前述，赫德當時並附送郵政章程十三條，其主要內容如下：

一、通商口岸各新關所設之郵局爲中國官郵政局。

二、北京總稅務司署中之郵局爲總局。

三、往來通商口岸船隻，除官郵局交運之郵件外，不得帶運他人交運之郵件。

四、總局備辦信票，發各官郵局出售。

五、各口岸間來往之信件，應交官郵局寄遞。口岸至內地信件，則由民信局寄遞。甲口岸至乙口岸轉內地信件，應貼信票交官郵局由甲口岸寄至乙口岸，再由乙口岸交民信局寄至內地，此段信資，由民信局自行收取。

---

[16] 何建祥《郵政大事記》第一集上冊，頁一九，郵政總局。

六、民信局所收口岸至口岸信件，亦應交官郵局遞送。

七、外洋來往郵件，由外洋郵輪與官郵局直接交接。

又前述十九年總理衙門迭接南、北洋大臣李鴻章、劉坤一咨據江海關道聶緝槼稟稱：上海英美工部局擬增設各口信局，異日中國再議推廣，必更艱難一節，總理衙門於據報後，乃飭赫德詳加討論，開辦郵政是否確於小民生計無礙⑰。

同年七月初九（一八九三年八月二十日）赫德致駐倫敦辦事處稅務司金登幹第A67號函說：「中國政府正在認眞討論郵政問題，並將由我來開辦，這一點差不多可以肯定了。……我主張緩步穩進，開始時祇做一些必須做而且可能做到的事。……」⑱

二十一年，葛顯禮奉赫德之命，前往南京，謁見南洋大臣張之洞，張主張地方辦理郵政，由各省辦理，經葛極力說明後，張最後同意由國家開辦，並表示要催促總理衙門著手⑲。是年，張片奏設立郵政，請飭議章程，奉旨交總理衙門籌議⑳。

同年四月，康有爲在北京召集各省舉人聯名向光緒帝呈遞了萬言書，極力主張開辦郵政等事

⑰ 同⑧。
⑱ 同⑬，頁五九。
⑲ 一八九五年九月十日葛顯禮（時任海關造冊處稅務司）呈赫德文第九二三號（同⑬，頁六九）。
⑳ 同⑧。

業，以富國興邦㉑。萬言書中說：「我朝公牘文移，諭旨奏折，皆由塘驛汛鋪傳遞，而軍務加緊，又有驛馬遍布天下，設官數百，養夫數萬，歲費幣三百萬兩，而民間書札不得過問，貲費重厚，猶復遠寄艱難，消息浮沈，不便甚矣。」「我中國人四萬萬，若設郵局，以官領之，遞及私書，給以憑樣，與鐵路相輔而行，消息易通，見聞易廣，而進坐收千餘萬之款，退可省三百萬之驛，上之利國，下之便民。」

同年六月至十二月間，總理衙門復向赫德面商數次，赫德乃擬具四項章程計四十四條㉒。

(五) 奉准開辦

二十二年二月初七(一八九六年三月二十日，時在中日馬關和約後一年)，總理衙門議由海關現設郵遞推廣，並與各國聯會，據赫德所擬章程入奏。同日，奉硃批：依議。附呈章程，奉硃批：覽㉒。海關試辦之郵政，自此日起，正式奉准，成爲「大清郵政官局」。所有開辦國家郵政事務，仍交由總稅務司赫德綜理。於是赫德又兼領總郵政司（Inspector General of Posts）之職㉓。二月十一日(西曆三月二十四日)，赫德電金登幹說：「奉旨由我開辦郵政，尚未接到公

㉑ 馬駿昌等《北京郵史》，頁四九，北京出版社。
㉒ 同❽。總理衙門原奏及所附四項章程四十四條(經加注標點)錄入附錄九。
㉓ 《民國十年郵政事務總論》，頁五，郵政總局。

我國郵政創辦人——赫德

文，三十年的舊話，二十年的經驗，最後終於成功了。」㉔

二月十六日（三月二十九日），赫德又電金登幹說：「對我來說，郵政開辦，已經嫌晚了。但是這總是一件好事，我要把它辦起來，我的方針是穩步前進。」㉔

總理衙門將奉硃批核准正式開辦國家郵政一事轉知總稅務司署後，赫德於二月二十七日（四月九日）以京字第三〇五一號申呈復稱：「……經奉旨允准，恭讀之下，惶悚莫名，伏憶總稅務司擬議此章，屈指三十餘載，於今欽奉諭旨飭辦，竊維

㉔同⑬，頁七〇。

忝承寵命，實屬任重責大，自顧衰老，深懼弗勝，現雖遵爲開創，誠恐未克慎始圖終，經理美善，惟有盡心開辦，無害百姓之生計，不使國家有礙難之處，官民咸獲其益，國課漸得其利，以期無負聖明之委任而已……」[25]

同日，赫德以第七〇六號通令，將奉旨正式開辦郵政一事，轉知各關時，也說：「……開始辦理時仍然要謹慎從事，逐漸發展，制定章則辦法時，應當防止對於現有的機構，作不必要的干涉，以免影響有關人們的生計，並替官方引起麻煩和困難……」[26]可見赫德的態度，是如何的穩健和緩進，並極力避免影響到他人。

在後續的通令中，赫德以葛顯禮、德璀琳、李圭等三人對開辦新郵著有貢獻，特表謝意[27]。

㈥ 大清郵政官局

在奉旨之初，海關試辦的郵務，祇限於通商口岸各關，計有：北京、天津、牛莊、煙臺、重慶、宜昌、沙市、漢口、九江、蕪湖、鎮江、上海、蘇州、杭州、寧波、溫州、福州、廈門、汕

---

[25] 同[13]，頁七七。
[26] 同[13]，頁七八。
[27] *I. G. Circular* No. 709 of 30th April 1896.

京都（北京）郵局

頭、廣州、瓊州、北海、蒙自、龍州等二十四處，乃就各關原設之郵務處改爲正式的郵局。其原在北京總稅務司署者，則改爲郵政總局（Imperial General Post Office）[28]。

由於當時的國家郵政，其機構祇限於上述各通商口岸，而民間信局，則廣布於全國各內地以及口岸，至於外洋及沿海輪運，那時雖已有招商局，仍然是外國輪船公司的天下，因此赫德祇有將郵件運遞，分爲三部分來處理：

一、通商口岸間往來之郵件。

二、通商口岸與內地間往來之郵件。

三、通商口岸與外洋間往來之郵件。

而郵資也隨之分爲三類，第㈠類叫岸資，第㈡類叫內資，第㈢類叫外資[28]。

岸資郵局訂爲每重二錢五分（四分之一盎司）收洋銀二分，須以郵票貼付。由此一口岸寄至彼一口岸轉往內地者，貼付岸資，由郵局寄至彼口岸後，交與民信局，轉寄內地，到達後由民信局向收件人收取內資，內資多少，由民信局自定。寄往外洋信件，其外資多少，自應俟加入萬國郵盟後照郵盟規定貼納，此時實際上是交由客郵局轉寄國外，故須照該客郵局所屬郵政之規定貼用該國郵票。自國外寄至通商口岸者，交本口郵局遞送。須轉內地者，交民信局寄送，送達時補

[28] Enclosure to I. G. Circular No. 706 of 9th April 1896—*Chinese Imperial Post.*

收內資㉘。

當時郵局收寄的信件，除封口的信函外，尚有明信片、以及商務文件（Commercial Paper）和印刷品等四種，此外，也將擬訂章則，收寄包裹。除平信外，亦可掛號。同時，也準備開辦匯兌㉘。

包裹後來在光緒二十三年一月十九日郵政實際開辦時即一同開始收寄㉙。匯兌則於次年一月一日開辦㉚。

民信局所收信件，途經通商口岸交輪運送的，須封成總包，經由郵局轉為交輪船運送，並收取岸資，不得直接交輪運送㉛。通商口岸的民信局應向郵局登記，領取執據㉜。

赫德同時也指派海關造冊處處長（Statistical Secretary）兼任郵政總辦（Postal Secretary）之職㉝，承他本人之命，督辦各關郵務。各關也經由總辦，向他提出報告。首任總辦，即由當時造

㉙《現代郵政》二卷四期，頁四〇。
㉚同⑯，頁三三。
㉛同㉘。
㉜同㉘。
㉝薛聘文《郵政組織沿革》，頁一六，郵政總局。Statistical Secretary 中文亦稱造冊處稅務司。Postal Secretary 中文亦稱郵務處長。按郵政總局各處處長英文原稱 Secretary，遷臺後民四十四年九月十三日起，始改稱 Director。

冊處處長葛顯禮兼任[33]，駐在上海[34]。

二月二十七日，赫德呈總理衙門照會瑞士政府，中國已正式開辦郵政，並在北京、天津、上海、廣州等通商口岸二十四處設有郵局，請轉知聯郵各國，自一八九七年正月初一日起，各國至中國郵件，均可寄上述各口郵局免費代爲遞送。並表明願意入會之意，一俟辦有成效，即當提出申請[35]。

郵資計費單位，也從二月初七奏准開辦之日起，由銀兩改爲銀元，在新票未印成前，即以所存小龍及慈壽銀兩面值之郵票加字改值爲銀元郵票，稱爲臨時加蓋銀元郵票，慈壽改值票於是年十一月二十九日(一八九七年一月二日)發行[36]。

二十三年正月十七日，赫德呈復總理衙門將與各國客郵局信件寄遞辦法規定如下[37]：

---

[34] 同[23]。
[35] *I. G. Circular* No. 16/738之附件。
[36] 加蓋票原定光緒二十二年十一月二十八日(一八九七年一月一日)發行，後改爲翌年元旦(一八九七年二月二日)。惟上海郵局因業已接受集郵者之預約，不得不於十一月二十九日提前出售。見郵政總局《中國郵票目錄》建國八十年紀念版，頁三。
[37] 同[16]，頁二九。

一、各國在華客郵局所收往來中國通商口岸之信件，應交中國郵局轉遞。各國客郵局不得自行逕向輪船寄發。

二、客郵局所收寄至中國境內之信件，應貼中國郵票，不得貼用外國郵票。

三、凡封包之信件，交中國郵局轉寄者，應照付費。

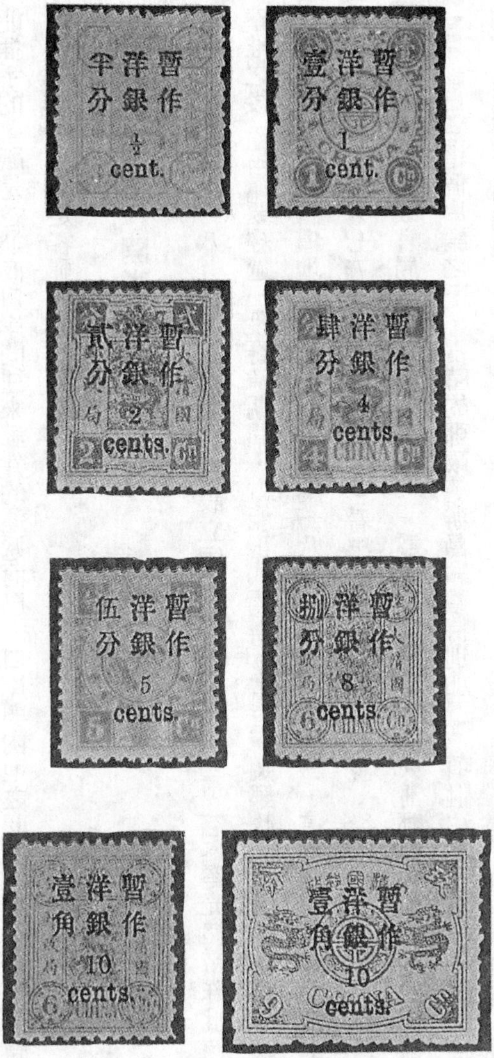

加字改值之慈禧壽辰郵票

從以上的敘述看來，在奉准開辦郵政之初，當時的郵件遞送，可說是三分天下：大清郵政官局所能插手的，祇是各通商口岸間往來郵件的運遞而已；口岸與內地之間的，則屬於民信局；而口岸與外洋間的，則是客郵局的禁臠。

(七) 開辦日期

光緒二十二年（一八九六）二月初七日設立國家郵政，祇是在這一天奉光緒帝硃批核准而已，奉准之後，自還要經過一段籌備期間，方能正式開辦。當時海關郵政的主持者都是外國人，一切依照西曆，因此習慣地將開辦日期，定為一八九七年的一月一日，這可從一八九六年十二月九日總稅務司第二一／七五五號通令（英文）看出，通令一開始便說：從一月一日起，郵件將分為兩類，一為大清郵政官局本身封發的郵件，一為民信局封發交由大清郵政官局轉運的郵件。而在「一月一日」這個片語之下，當時的郵政總辦葛顯禮特別加了一項附注，予以補充說：「郵政官局的開辦展延至中國新年」（Opening of the Imperial Post Office postponed till Chinese New Year.）。由此可見，開辦日期，原定在陽曆元旦，後改為陰曆元旦（陽曆二月二日）。但可能由於陰曆元旦，民間正在新年假期中，一切休市，故最後又改為陰曆正月十九日，即陽曆的二月二十日㊳。迄今郵政文獻以及郵局官方均以這一天為中華郵政的正式開辦（Formally opened）日期。但根據《海關十年報告》（*China, Imperial Maritime Customs, Decennial Reports*, 1892～1901,

Vol.2）所載各關報告，廈門、汕頭、瓊州、廣州四地的郵政官局都是在一八九七年二月二日開辦的，另據《皇朝政典類纂》卷四六三所載，溫州的郵政官局也是在這天開辦的[39]。又據上海郵工同仁聯誼會《會訊》第十期所載，上海的郵政官局也是在這天成立的[40]。

開辦的這一年——光緒二十三年，郵政營業數字如下[41]：

項目	收、寄件數
信函	二、四五三、四七七
明信片	二二、七七四
新聞紙	一、〇七五、九〇〇
書籍	八七、四八四
貨樣	一七、一七三

---

[38] *Postal Circular* No. 56 of 14th January 1902.

[39]《皇朝政典類纂》四六三卷（郵政十三郵政新章）第一〇八七九面所載光緒二十三年浙江溫處道宗源瀚上南洋大臣稟有云：「……興辦郵政局自去春奉文後……現於正月朔開辦……」正月朔即陽曆二月二日。

[40] 一九九四年三月十五日出版之該《會訊》敬淵撰：〈上海郵政沿革掌故一束〉：「上海大清郵政局於一八九七年二月二日成立，設在江海關後院，這是上海國營郵政的開始。」

[41] *I. G. Circular* No. 873 of 3rd January 1899, Enclosure, p. 3.

掛號信	一三二、五八四
包　裹	九五、一〇一
民局交寄之總包	二三五、〇〇四
共　計	四、一一八、四九七

全年收入關平銀八萬零九百餘兩，支出十四萬八千二百餘兩，不敷六萬七千二百餘兩。

(八) 反應

國家郵政開辦之初，由於它是一個全新的機構，且與一些既得利益的人們，有著某種程度的衝突，因此起初它的進展是緩慢的。但由於它的資費低廉而劃一，包裹寄遞方便，以及它的匯兌制度等等，使得它的聲名，逐漸傳開，當地人利用的也逐漸增多㊷。

但也有不少被誤解之處，關賡麟氏曾慨乎其言㊸：

㊷《海關十年報告》（1892~1901）第二冊〈廈門關〉，頁一四三。
㊸同❽。敍略，頁八。

「……雖然，未可謂國人對於郵政無非議之人也。同、光之間，士夫守舊，仇視新法，群以夏變於夷爲可恥。郵政之利多易見，便於人人，尚不至如鐵路所遭掊擊之甚。而以夙有成見，無動爲大之官紳，益以可與樂成，難與圖始之民衆，藉端騰議懷疑，以爲不可行者，遂不乏人。故設立官局之後，言者綦多。」

接著，他舉了幾個實例，其一是：御史徐道焜曾上奏謂：郵政局所議章程須防流弊。原奏說：

「一、帶信之罰太嚴也。中國託人帶信，習以爲常，今搜出一信，罰銀五十兩，船上搜出一信，罰銀五百兩，萬一有內地船户商民未知禁令，忽然搜出，則雖罄囊橐，蕩身家，不足以償罰金，是便民者轉以擾民，此應更正者一也。二、寄報之費太重也。日報以廣聞見，外國銷行最暢，寄報之費，多不過每紙一文，今局中所定寄報之費，中國紙每張五釐，外國紙每張一分，其值與報費相等，是阻報館銷行之路，即阻華人閱報之機。此應更正者二也。二事雖小，頗有關係。擬請旨敕總署議定通行。」

其次是：兩廣總督譚鍾麟也曾上奏謂：郵政局瑣碎煩苛、衆怨沸騰、無裨餉需、徒傷政體[44]。原奏說：

「郵政局章程，皆外國之法，每信一函重二錢五分取銀二分，原不爲多，然重至三錢，則取四分，層累遞加，以至七錢二分，局中稱量未必悉準，細民不皆攜秤以往，輕重高下，每至齟齬。且以錢折銀，價有參差，商人計較錙銖，爭競喧呶，蓋所不免，其尤甚者，在於苛罰商民，書信來往，或專人投遞、或附信局彙寄，原聽其便，今則一函漏報，罰銀五十兩，倘信內帶有物件，罰銀五百兩，罰款不歸公而歸私，故局中人役，專以搜刮爲利，客商所帶箱籠，必傾筐倒篋，逐件窮搜，稅務司以一外洋人，斂怨於衆，萬一事起倉猝，地方官無從保護，此不可不深慮也。且郵政局收入亦甚微，查粵海四關，自正月初一至月底止，共收信資一千五百餘元，七折合得庫平銀一千零數十兩，除補水一成，每月尚不及千兩，綜計一年一萬一千餘兩。合應仰懇天恩，將郵政局一體裁撤。」

---

[44] 譚鍾麟以：開辦郵政，諸多窒礙，奏請停辦。但巡撫不肯在奏摺上會銜，不是因爲他喜歡郵政局，而是知道反對也沒有用了。——一八九七年三月十八日粵海關稅務司裴式楷（R. E. Bredon）致赫德函（同[13]，頁八八）。

其三是：閩浙總督邊寶泉也上電認爲：郵政瑣碎煩苛，商民胥怨，嚴搜重罰，尤爲紛擾。原電謂：

「郵政不准信帶銀洋，有礙小民生計，群嫌不便，上海招商局輪船恐干苛罰，公件亦不准收。又秤用洋碼，民皆不諳，人心惶惶，請電總理衙門轉飭總稅務司核議，速電各口，免生事端。……可否奏撤，抑寬定章程。」

關氏續謂：

「徐奏不過請敕議定更正。譚奏則直請將郵政局一體裁撤。邊電兼之，以可否奏撤，抑寬定章程爲言。此實可以表見當時人民之心理，亦變法時期不能免之過渡程序也。……」

當時的反應，可見一斑。光緒二十三年，浙江溫處道宗源瀚致江海關道函云㊺：

㊺ 同㊴，頁一〇八八一。

「……朝廷興辦郵政局，原奏爲利國便民起見，原定章程，無不可行。乃自本年正月朔開辦以來，於原章之外，刊有岸貲則例，已與定章不能盡同。又另有與民局往來五條，又與則例暨奏章各有不同，五條中有包裹不得私寄銀錢之說，究竟如何公寄，迄無明文，而士民訾爲不便者紛紛矣。奏章中有匯銀不得過百兩一條，專指匯兌而言，而匯資亦迄未定數，使人無所適從。民間零星銀錢，或包信内，或信外另包，交局遞寄，無日無之，豈能盡以零星入匯，匯兌又豈能通行於鄉曲。近來送之郵局不肯收，送之民局不敢收，以溫境論：商販傭趁游士、盡屬客民，在防兵勇，無非外籍，士民之遠耕於浙西者，實繁有徒，人人有零星洋銀寄遞，即家家望爲舉火之貲，一旦扼喉絕吭，無怪紛紛詰問，詢之甌關稅司，總以總稅司未准，催詢未答爲詞，民間習見商局輪船，向收信局銀錢之信，遞寄甚便，一旦名之曰郵政，臨之以洋人，遂不近人情，使無可呼籲，小民何知，積久鬱怨，豈不慮伏禍機。華民信寄零星銀錢，通行已久，斷難禁止，亦難久停，宜速電各稅司准行，……至於新定條章中，秤件用泰西法碼，此似只可行之外洋信件，中華鄉曲小民，何知泰西法碼，且律度量衡，未可示小民以異式，自應仍用中國法碼，……滬上兼辦郵政之葛稅司，於弟亦係甬上舊識，閣下可述妄論與商否，事關民困，且慮滋患，而礙新政，弟不得不稟南洋也。」

細微末節，處處都須顧慮週全，實行新政之難，於此可見。所幸赫德自始即秉持穩健，緩進並極力避免影響他人之政策，終能使此一初生之事業，得以穩步向前，不僅免於夭折，且漸次獲得各方之信任與支持。

二、加入郵盟

(一) 郵盟的成立

郵盟，它的全名是：萬國郵政聯盟（Union Postale Universelle）。

早在一八六三年，由於美國郵政部長白萊爾（Montgomery Blair）的發起，在巴黎召開了一項國際郵政協商會議，參加的有英、美、法、奧、普、義等歐美十五個國家，籌劃推進郵政國際關係。原來自十八世紀末葉以來，各國郵政，先後改為國營，加上交通工具的改進，國際間來往的頻繁，使得郵政方面的聯繫，更加殷切。當時多以雙邊協定的方式，來解決彼此間信件的交流問題。但由於雙方貨幣的不同，郵資的互異，計算的標準不一等等，使得問題趨於複雜，增加處理上的困擾。因而有共同協商，以尋求解決之道的需要。但這次會議，祇通過了一些一般的原則性條款，且與會之多數國家代表，未獲政府授權簽約，故所訂條款，亦無拘束力❶。

直到一八七四年，德、美、法、英、俄等二十二國，經德國史蒂芬博士（Dr. Heinrich Von Stephan）之倡導，比利時魏成特（M. Vinchent）氏的努力，瑞士政府的邀請，於九月十五日在瑞士的伯恩舉行了一項擴大的國際郵政會議，並於十月九日——大會閉幕之日簽訂了「創立郵政大聯盟公約」，郵政大聯盟（Union générale des postes）於焉成立。這次的會議，也就成了郵盟的第一次大會了❶。

一八七八年，這個國際郵政組織改稱：萬國郵政聯盟。本部設在瑞士首都伯恩，其會員包括世界各主要國家及屬地，這時共有三十個會員❷。加入郵盟的國家或地方，是以郵盟的名義，組成一個整體的郵政區域，以便彼此互換郵件。在此整個區域內，轉運自由❸，彼此通達，以便利信件交流，無遠弗屆。

(二) 郵盟的組織

大會（Congrès）是郵盟的最高權力機構，原則上每五年舉行一次，如有必要，經三分之二

---

❶ 莊祈讚《國際聯郵關係》，郵政總局。
❷ 奇燦〈萬國郵政聯盟簡介〉《郵政資料》第一輯，頁五〇，郵政博物館。
❸ 萬國郵政聯盟憲章第一條，郵政總局。

會員之請求或同意，亦可召開臨時大會或行政會議。一九四七年巴黎大會決議，設置執行暨聯絡委員會，爲郵盟常設機構之一，在兩屆大會之間的休會期間，主持郵盟的會務。一九六四年經維也納大會通過，改名爲執行理事會（Conseil exécutif）。理事會之會員，由大會依地區分配之公平原則推選。

爲從事郵政技術、業務及經濟各方面之研究與探討，處理日益增多的相關問題，經一九五七年奧太瓦大會通過，設立郵政研究諮詢委員會（Commission consultative des études postales），郵盟會員均爲該委員會之當然委員，另選出二十個理事國，組成理事會，主持委員會的工作。一九六九年東京大會決議，撤銷郵政研究諮詢委員會，逕以郵政研究諮詢理事會作爲郵盟另一常設機構。

此外，長久以來，郵盟設有一事務性之常設機構，位於郵盟所在地的瑞士伯恩，叫做萬國郵政聯盟國際公署（Bureau international de l'union postale universelle）。它是依據一八七四年「創立郵政大聯盟公約」的規定於次年九月成立的，是郵盟最先設置的機構，負責處理郵盟的日常事務，以及會員國郵政間之聯絡、諮詢、協商和資訊的交換等工作。郵盟的預算和年報，都由其編造；各項會議的籌備及秘書處等工作，也由其擔任；各會員國國際郵件業務的帳目亦由其居間結算。公署原由瑞士聯邦郵政負責組成，自郵盟執行理事會成立後，即接受該會之監督。

公署並出版有《郵盟月刊》（*Union postale*），是一國際性郵政刊物。

㈢ 我國的加入

我國起初是因爲國家郵政尚未開辦，後來雖正式開辦，一時尚未及入盟，各國在華客郵，遂以此爲藉口，不允撤除，故我國早有入盟之意，並積極準備、聯繫。

其實，早在一八七八年（光緒四年）郵盟在巴黎開第二次大會時，法國即曾照會我國，延我入會，當時我以新式郵政，尚在試辦之中，準備未充，故祇將我國打算入會的心意，照會瑞士政府，並告知我郵辦理情形而已❹。

一九〇六年，萬國郵政聯盟第六屆大會在羅馬舉行，義國政府特請我派員赴會，經派駐義欽使黃誥及駐英副稅務司赫承先（Bruce Hart）與會，在會發表演說，詳述我國郵政發展情形，希望俟籌備妥當，在下期開會前加入郵盟，當時出席各會員國代表均表同意，歡迎中國早日入會❺。

第七屆大會原定一九一四年（民國三年）九月在西班牙首都馬德里舉行，我國遂於三月正式入會，是年二月，我國外交部照會瑞士政府轉知聯郵各國聲明中國自三月一日起，正式加入郵

❹《交通史郵政編》㈢，頁九〇七。
❺同❹，頁九一一。

會，九月一日起，實施郵會各項章則❻。

此次大會，因歐戰關係，延至民國九年十月仍在馬德里舉行，我國派交通部郵政司司長兼郵政總局局長劉符誠爲代表，郵政總局總務股股長魯士（J. M. C. Rousse-Lacordaire）及聯郵股股長濮蘭（Henri Victor Poullain）爲參贊，出席會議，此爲我加入郵盟後正式派代表出席大會之首次❼。

❻ 同❹，頁九一三。
❼ 同❶。

萬國郵盟設在伯恩之總部

一九八二年著者往訪時與友人合攝

陸　從海關到交通部

一、一般輿論

我國國家郵政奉准開辦，適值甲午戰敗，簽訂馬關和約的次年，正是多事之秋。當時民智漸開，又鑑於東鄰日本明治維新，仿行西方新式郵政的成功，故民間亦有倡行新式郵政之說：如鄭觀應《盛世危言》一書，介紹各國各項新政，對於郵政，也有詳盡的說明，他說❶：

「……可知郵政一端，其利甚宏，其效甚速，輕而易舉，無耗費之虞；遠而可通，無濡滯之慮。所謂上下均利，而無所不利者也。中國幅員最廣，而郵政不行，跬步之間，遠於千

❶《盛世危言》卷五，郵政。

里，人通而我塞，人速而我遲，人明而我暗，日皇皇然憂貧患寡，而不知大利之所在，即在便民便國之中也。日汲汲然籌餉練兵，而不知隱患之所伏，即在無見無聞之內也。……」

甲午戰後，以康有為為首的維新派更將興辦郵政的主張，變為維新變法的具體行動。他們認為：變革驛站為郵政，還僅僅是變「事」，「而今國勢危弱，至於危迫，蓋法弊使然也。」❷故須變「法」以圖強。

光緒二十四年正月，康有為向光緒帝呈遞了一個「應詔統籌全局摺」，具體闡述了變法事項，建議：「舉國皆行郵政以通信，命令各省、縣、鄉，咸立分局。」光緒帝接到這一奏摺，飭令總理衙門將此事議行復奏，但總理衙門卻敷衍搪塞，拖延未復。四月二十三日，帝下詔定國是後，復催促總理衙門，不意復奏竟稱此事不可行，帝大怒，親以硃筆上諭令再議，總理衙門無可奈何，祇好轉函赫德，詢問設法推廣郵政和裁撤驛站有關的事宜❸。

---

❷ 引自《北京郵史》，頁四八，北京出版社。

❸ 同❷，頁五一。

二、小心翼翼

這年，刑部主事顧厚焜呈請京城郵政廣設分局，優貢沈亦煒呈請推廣郵政，裁撤驛站。七月二十七日，光緒帝爲推廣郵政，發交諭旨：

「京師及通商口岸設立郵政局，商民既俱稱便，亟應多設分局，以廣流通。至通省府州縣若能一律舉辦，投遞文書無稽延時日之弊，其向設驛站之處，自可酌量裁撤，著總理各國事務衙門會同兵部妥議具奏。」❶

總理衙門轉知赫德後，赫德於十月初一呈復，除說明郵政推廣情形，以及京師與若干省份來往文件可交郵寄遞外，「至裁撤驛站，歸併郵政一節，其事關係遞送公文並辦理國家之事，是以尤爲緊要，斷不能輕舉妄動。」並建議：「將國家一切公文正本由郵政局往來遞送，試辦一年，此一年內仍將一切公文副本交驛站照舊寄送，以防遺失之虞，俟一年後，若見郵局之法，既妥且速，

---

❶ 清朝《續文獻通考》卷三七七，頁考一一二二七。沈亦煒亦作沈兆禕。

彼時再定裁留驛站之法，亦不爲遲。」❷

光緒二十六年，義和團事件發生，北京郵政總局被焚，與外地郵運斷絕。五月五日，正式下詔宣戰，清軍與義和團攻打使館區，京城內外的郵局全部停歇，使館人員往外寄信，祇能出重金雇人投送，赫德身爲總郵政司，往天津寄信，也得出銀至五百兩，才有人應募而行❸。北京郵政總辦阿理嗣（J.A. Van Aalst）簽發的通令發至是年西曆三月二十一日第三十二號，即改由代理郵政總辦多諾芬（J.P. Donovan）於上海繼續簽發，第三十三號是於西曆十一月九日發出，內容是檔案被燬，請各局抄寄副張。直到次年西曆十二月十七日，才由繼任的帛黎（Théophile Piry）在北京簽發。

聯軍攻陷北京後，赫德立即恢復京城郵政，並應英軍司令的請求，答應大清郵政將給予設在中國各地的客郵局以轉寄的便利，而英軍設在北京天壇的戰地郵局，也許諾在聯軍佔領的京津鐵路上代送北京郵政總局的郵件❸。

北京郵局是於光緒二十六年十一月十一日恢復局務，天津郵局則是於二十七年正月十一日恢

❷ 光緒二十四年十月初一日赫德呈總理衙門京字第三六二六號。《中國海關與郵政》，頁九一。

❸ 引自《北京郵史》，頁五八，北京出版社。

復的❹。

這年，兩江總督劉坤一、湖廣總督張之洞，爲響應清室變法之詔❺，而有江楚會奏三摺，其中有推行郵政一項，主張於郵政局外，別設驛政局，與之並行，各貼印花，惟不設專官而責成州縣兼辦❻。其言曰：

「……自光緒二十一年，奉旨飭催總税務司赫德辦理，光緒二十二年，沿江沿海漸設郵局附辦，於是沿江沿海公文私信迅速勝前，而信資極省。……今擬於各省州縣徧設郵政局，即令州縣管理，由省城總局妥定章程，刊發印花，領用黏貼。……明定章程，准帶官民私信，所有京外文武衙門文報書信，統歸此局遞送，其原有信局，聽其自然，民間帶信，或託官局，或託商局，均聽其便。……此時沿江沿海地方，其由輪船者，暫歸税司，內河無論輪船民船及岸上陸行者，統歸州縣暢行。以後再行體察情形，如能並江海輪船郵局亦歸之州縣，勿庸税務司兼管，尤爲善策。……惟各省郵局應名曰驛政局，以免與税司之郵政

---

❹ *Postal Circular* No.38 of 31st December 1900; No.43 of 9th February 1901.

❺ 此次變法，並非戊戌政變前光緒帝之變法。而是庚子事變後，慈禧受深痛之教訓，有所悔悟而宣布之變法。

❻ 《交通史郵政編》(一)，敍略，頁四。

局相混，應由各省督撫督飭臬司責成州縣，設局辦理。……並不需用洋員，以杜干預內政之漸。……」❻

二十八年正月十三日，赫德致外務部申呈❼，其首段云：

「爲申呈事，現閱上海新聞紙內有兩江湖廣總督致軍機處外務部電稿云：據江漢關稟：該關稅務司靈律飛擬於湖北之孝感縣、河南之信陽州、遂陽縣、許州等處添設郵局，已派洋員及供事前往，請爲出示曉諭，等情，實堪駭異。查各國視郵政之權甚重，爲設大臣專管其事，前數年中國於通商各口先行試辦，暫歸赫德兼管，不過一時權宜之計，係由總署奏明，奉旨允准，方能通行辦理。然若不及早設法收回郵政，將與海關永爲外人佔據。近以會同復奏變法摺，內有推廣郵政一條，正擬於內地各處，將驛站改爲郵政，俟內地辦理有頭緒，即將通商各口，一併收回，以免利權盡爲外人所奪，官民交困。乃稅司並未先行稟明鈞處允准，亦不妥商外省，遽派洋員前往內地，不計官權民情有無妨礙，便欲設局，大

❼《中國海關與郵政》，頁一〇三。總理衙門於光緒二十七年六月九日改組爲外務部，海關亦隨之由外務部管轄。

屬不合。赫德近日借賠款爲詞，攬辦常關，並欲佔奪各處關局，復飭稅司推廣郵政，逕入內地，中國實盡是洋官管事，華官祇如地保，華民祇充奴隸而已。務急切飭赫德，海關祇可在通商各口設郵政局，至內地各處，洋員現往來不便，且關地方官權利，民間信局生計，必須詳審。即欲推廣，亦須由地方官自行舉辦，以免覬覦。除飭江漢關道駁復稅司，並飭地方官不得率行出示外，謹特電達，務祈切飭總稅務司，並速電復，爲禱。」

接著，赫德詳敍當初由其接辦洋稅、常稅及郵政經過，皆係淸政府主動，以期解決當時之困難，並非出自外人之攫奪，最後並云：

「……是總稅務司推廣郵政，不但係奉旨之事，亦關於非常之情形所迫而致也。地方官非但不應阻止，且應會同襄助，江漢關稅務司先請地方官出示曉諭一節，即係欲其明悉，甚願會同之憑證。總之：洋稅、常稅、郵政三項要事，原應中國自行辦理，兩督憲電語，將此義發明，甚屬不誣，深可佩服。然此三事委派外人，實迫於非常之情形，且係奉旨允准之件，何得有抗違之舉？雖委外人，仍係中國之公事，非外國之私事；亦係中國所明派，非外國所私派，毫無用心甚險之處。總稅務司告退在即，不得不將前情先行呈明，即希鑒查可也。」

文末赫德祇好使出撒手鐧：「告退在即」，以明心志。

其實，早在郵政開辦後不久，兩廣總督譚鍾麟以開辦郵政後諸多窒礙，奏請停辦時，是年（光緒二十三年）二月十七日，粵海關稅務司裴式楷即曾函致赫德，指出❽：

「……官場方面對郵政局的反感，主要是由於他們沒有權力參加進來，又無法向老百姓隱瞞眞相。我們把郵政弄到手裡，是有好處的，但是也有一些麻煩。」

此話果然應驗，反感眞的是來了。

二十八年正月二十一日，外務部復赫德❾：

「……前接湖廣總督來電，所稱各節，當即駁復。至總稅務司在中國辦理稅務多年，功勞卓著，久爲本爵大臣所深悉，日前召見，上意甚爲倚畀，亦該總稅務司所親聆。此後中國

---

❽ 同❼，頁八八。
❾ 同❼，頁一〇六。

辦理商稅事宜，尤爲緊要，正賴襄助一切。該總稅務司仍當堅持初志，力顧大局，以副朝廷任用之隆，切勿以此介懷，致負多年借重之意，是則本爵大臣之所厚望也。」

此事乃如此收場。

三、漸見轉機

庚子事變後，清廷下罪己詔，並於光緒二十六年十二月十日發布變法上諭，說明變法之必要，命臣僚各抒所見，計劃改革。湖廣總督張之洞、兩江總督劉坤一因有前述江楚會奏三摺，一爲興學育才，一爲整頓中法，一爲採行西法，後者計辦法十一項，其中第九項即爲「推行郵政」❶。指出：

「查外洋各國，郵政爲籌款一大端，大率入銀皆銀數千萬兩，而遞信最速；中國驛站爲耗財一大端，歲費約三百萬兩，而文報最遲，盈虧相反，而遲速亦相反，然則此事必宜變通

❶《中國近代史》，頁二九五、三〇七，民國六十六年三月七版，幼獅文化事業公司。

可知其故。」❷

要求裁驛站，推廣郵政。並於內地設驛政局，原文已見前述。

在清政府「維新」之號召下，光緒二十七年三月二十四日，山西巡撫函致赫德，請在太原設局，與正定相通，並願免費代運郵件，函中有云：

「……郵局如漸開設，不獨商民書函，可期速達，即華洋情誼，亦可藉以貫聯，庶固陋之風，一旦豁然而化，有益時局，當非淺鮮……」

接著又出了推廣郵政的告示❸，說：

「……晉省地處偏僻，風氣未開，士民性情，既多畛域，華洋書信，亦難往來。上年拳禍，外兵之逼，雖致之者非一，而郵局未立，亦未始非隔閡之一大端……查沿江沿海各

❷《北京郵史》，頁六二，北京出版社。

❸ *I. G. Circular* No. 52/975 of 17th September 1901.

省，現皆次第設局，成效炳著……直省郵局，亦已設至正定，晉省亟應遵旨舉辦……郵局之設斷不容緩。……」

其後，光緒三十年，河南巡撫也有保護推行郵政的告示❹：

「河南一省，四通八達，尤中央組織之區，乃以風氣初開，未免情形多閡……總之：欲整頓農工商務，先以開通郵政爲要義，欲開通郵政，尤以保護推行爲要義……參用外國人員，亦係楚材晉用之意，種種有益，何嫌何疑……」

三十一年，山東巡撫，也有保護郵政的告示❺，認爲：「……關係本國權利甚鉅，便商便民，莫善於此……」。

以上各巡撫對郵政的認識，與幾年前一些督撫，迴然不同，可見風氣漸開，數年間已大有進步。由於有了此種認識，使郵政向內地推展，得以順利進行。

❹《中國海關與郵政》，頁一一九。
❺同❹，頁一二七。

四、向內地推展

自二十四年光緒帝頒諭推廣設局後，赫德即令知各關。當時各關係就原設之郵務處改為郵局，稱為總局（Central Office），並以各關所轄地區，稱為郵界（Postal District），總局在其郵界內所設之郵政機構，稱為分局（Sub-office）。總局除管理其界內分局外，並注意界內郵務之發展。各關稅務司即為本口郵界總局之兼管郵政司（ex officio Postmaster），管理界內郵務。北京則為管理各郵界之總局（Head Office）所在地❶。

二十四年十二月，各界總局計有：牛莊、天津、煙臺、重慶、宜昌、沙市、漢口、九江、蕪湖、南京、鎮江、蘇州、上海、寧波、杭州、溫州、福州、廈門、汕頭、廣州、三水、瓊州、北海、梧州、龍州、蒙自、思茅等處，加上北京總局，共有二十八處。除郵政司即由各關稅務司兼任外，各口郵局，共有外籍人員四十七人，國籍職員七十五人❷。

經此郵界劃分，推廣設局後，到了二十七年八月，共有三十個郵界總局，次要局則超過了一

---

❶ *I. G. Circular* No. 45 of 9th January 1899.

❷ *I. G. Circular* No. 46 of 20th January 1899.

百處，此外，還有很多的支局（Branch Office）和信櫃（Box Office）。令人欣慰的是：雖然總的說來，郵政是入不敷出，但在內地中國人多外國人少的地方，郵局都獲有盈餘，因此可以放心向內地推展❸。

其後，各郵界總局有的又增設了副總局，其所轄郵界即稱爲副郵界，仍隸屬於郵界總局❹。

截至三十年一月，全國除甘肅一省未經設局外，各省已有總、分、支等局幾及千處，所用外籍人員約一百人，國籍職員約三千人。二十九年全年收發信函約四千三百萬件；包裹約四十九萬件；代民信局寄送、不收資費之包件約七百三十餘萬件❺。

三十年十一月，各郵界設局情形如下❻：

郵界及副郵界	省名	總分各局	代辦	共計
北京	直隸	十七	五十一	六十八

---

❸ *I. G. Gircular* No. 52/975 of 17th September 1901.

❹ 何建祥《郵政大事記》，頁三五，郵政總局。副郵界始於何時，現尚無法查得，據大事記所載，約在光緒二十四年至二十七年之間。

❺ 薛聘文《郵政組織沿革》，頁六三，郵政總局。

❻ 光緒三十一年《大清郵政事務通報》，頁二〇。

太原	山西	八	四十	四十八
開封	河南	十二	四十	五十二
牛莊	盛京吉林黑龍江	十五	十四	二十九
天津	直隸	十七	二十四	四十一
煙臺	山東	九	十八	二十七
濟南	山東	十五	三十二	四十七
膠州	山東	十八	十四	三十二
重慶	四川雲南	七	三十二	三十九
成都	四川	九	四十七	五十六
宜昌	四川湖北	二	四	六
沙市	湖北	二	十一	十三
岳州	湖南	八	十五	二十三

貴陽	貴州	三	四	七
漢口	湖北河南	二十三	七十六	九十九
西安	陜西甘肅	十一	三十八	四十九
九江	江西	十七	十五	三十二
蕪湖	安徽	五	十八	二十三
南京	江蘇安徽	六	十六	二十二
鎮江	江蘇山東	二十四	二十四	四十八
上海	江蘇	七	三十三	四十
蘇州	江蘇	四	五	九
寧波	浙江	十六	二十四	四十
杭州	浙江	十四	二十八	四十二
溫州	浙江	五	十二	十七
三都澳	福建	二	五	七
福州	福建	十八	二十二	四十
廈門	福建	七	二十四	三十一

汕頭	廣東	二十	十五	三十五
梧州	廣西	十	二十	三十
三水	廣東	六	十六	二十二
廣州	廣東	二十四	一百二十一	一百四十五
瓊州	廣東	一	一	二
北海	廣東廣西	五	十三	十八
龍州	廣西	一		一
蒙自	雲南	八	十一	十九
思茅	雲南	一	三	四
騰越	雲南	五	四	九
長沙	湖南	七	十七	二十四
大通	安徽	三	二十	二十三

郵界共有三十四個，副郵界共有六個，總分各局共三百九十二局，代辦共九百二十七處。

各界郵務，原由該口稅務司兼管，三十一年，以郵務日益發達，較大各口之稅務司，其本身職務，已極繁重，實無法兼理郵務，故決定上海、廣州、福州、漢口、天津五大口陸續另派專人充任郵政司，管理郵務，以專責成，佐理人員，則一仍舊慣。其餘各小口郵務，則仍由稅務司兼理。並即派副稅務司嘉蘭貝（P. M. S. de Galembert）及李蔚良（William George Lay）分別充任上海郵界及廣州郵界之郵政司❼。三十二年，漢口及福州也分別派任了專任的郵政司或郵局局長❽。

五、改組郵界

惟如此辦理，既感人手不敷，又嫌開支浩大，補救之法，祇有合併郵界❶。是年，此項工作，廣東已予完成，例如，較小郵界：三水、梧州、江門及北海，均合併於省會廣州之郵界。同時，郵界之總局，也有改設在省會所在地，以管理全省郵務的趨勢，如東三省及貴州，即在省會奉天府及貴陽，各派有巡察司事，推展省內郵務。雲南之雲南府及甘肅之蘭州府，也都派有郵務人員前往。此後數年，也都循此方針，改組郵界，如三十四年，將原屬煙臺郵界副總局之濟南改

---

❼　何建祥《郵政大事記》，頁五〇，郵政總局。
❽　一九〇六年《英文郵政年報》，頁一三。
❶　薛聘文《郵政組織沿革》，頁四〇，郵政總局。

爲總局，原爲總局之重慶改爲成都郵界之副總局❷。宣統元年，將原爲總局之天津，改爲副總局，隸屬於北京總局❸。

宣統二年，郵政區域，重行劃分，過去以海關管轄區域爲標準，現改以行政區域爲標準，重予組織結果，計有郵界十四，各設一總局，副郵界三十九，各設一副總局，隸於各郵界總局，詳情如下表❹：

省名	總局	副總局
東三省	奉天	吉林府、哈爾濱、寬城子（長春）、安東、錦州府、牛莊
直隸	北京	天津府
河南		開封府
山西		太原府
陝西		西安府
甘肅		蘭州府
蒙古		庫倫

❷ 何建祥《郵政大事記》，頁六七。
❸ 同❷，頁七一。
❹ 同❷，頁七九。宣統二年《郵政年報》，頁四〇。

新疆		迪化府
山東	濟南府	煙臺、膠州府
四川	成都府	重慶府、萬縣
湖北	漢口	宜昌府、沙市、常德府（岳州）、長沙府
湖南		
江西	南昌府	九江府
安徽		蕪湖、大通，隸屬南京總局由巡察供事一人駐省垣安慶管理
江蘇	南京	鎮江府、蘇州府
	上海	
浙江	杭州府	寧波府、溫州府
福建	福州府	廈門、三都澳
廣東	廣州府	北海、汕頭、瓊州府、梧州府、南寧府、龍州
廣西		
雲南	雲南府	蒙自、思茅、騰越
貴州	貴陽府	
西藏	拉薩	

宣統三年，郵政自海關改隸郵傳部，設郵政總局於北京，各郵界總局，則改稱郵政局，副總局改稱郵政分局，各郵界郵政司則改稱（郵界）郵務總辦（District Postmaster），原分局則改稱支局❺。

民國三年，各地區郵政組織，改行新制❻，過去係依附海關，就各通商口岸海關轄區設置郵界及副郵界（此時計共四十五處），現則郵局遍及內地，又以民國肇建，爲順應潮流，乃改依各省行政區域，每省設一郵務區。但也有數省合設一郵務區的，如東三省之合設一郵務區；也有一省劃爲兩個郵務區的，如江蘇省之劃爲江蘇及上海兩郵務區。每一郵務區設一郵務管理局（嗣自民國十九年起改稱郵政管理局），管理區內郵務。並於區內各地，依地方情況，設一、二、三等郵局，辦理當地郵務。一等局設於重要或商業繁盛的都市，並就其附近地區，劃爲一段，由其兼管。二、三等局則設於較次要之城鎮。並於各地郵局之下設支局，同時，也招商代辦，設置郵政代辦所及郵票代售處等代理機構，使郵政更加普遍，公衆使用，更加便利。

全國共分爲二十一個郵務區，各級郵政機構分布情形如下表：

---

❺ 同❶，頁五八。
❻ *Postal Circular* No. 344 of 13th December 1913.

郵務區	管理局所在地	一、二、三等局及支局	代辦所	共計
直隸	天津	一七七	七四七	九二五
山西	太原府	三一	二六六	二九八
河南	開封	七〇	四二七	四九八
陝西	西安府	二六	一七〇	一九七
甘肅	蘭州府	一八	九九	一一八
新疆	迪化府	一九	三一	五一
東三省	奉天	一四六	三一七	四六四
山東	濟南	一〇一	三九三	四九五
四川	成都	一一〇	四九八	六〇九
湖北	漢口	七一	二九二	三六四
湖南	長沙	五二	三三九	三九二
江西	南昌	七六	三五二	四二九

江蘇	南京	九二	三五四	四四七
上海	上海	六〇	三六	九七
安徽	安慶	五七	四五七	五一五
浙江	杭州	五九	三三二	三九二
福建	福州	六八	三二四	三九三
廣東	廣州	一三二	八八〇	一、〇一三
廣西	桂林	二七	二二七	二五五
雲南	雲南府	四〇	一四八	一八九
貴州	貴陽	三〇	一五二	一八三
共計	二一	一、四六二	六、八四一	八、三二四

資料來源：民國三年《郵政年報》，頁二〇。

其時各郵務區之一等郵局如下❻：

郵務區	一等郵局
直隸	北京
東三省	牛莊 哈爾濱 寬城子 安東
山東	煙臺 膠州
四川	重慶 萬縣
湖北	宜昌 沙市
湖南	常德 岳州
江西	九江
安徽	蕪湖
江蘇	鎮江 蘇州
浙江	寧波 溫州
福建	三都澳 廈門
廣東	北海 汕頭 瓊州
廣西	南寧 梧州
雲南	蒙自 思茅 騰越

民國八年，北京一等郵局自直隸郵區劃出，成立北京郵務區，升格爲北京郵務管理局。十年，東三省分爲南滿、北滿兩郵務區，十一年，改稱奉天、吉黑兩郵務區，管理局前者設在奉天（瀋陽），後者設在哈爾濱。翌年，又將四川郵務區劃分爲東川、西川兩郵務區，設管理局於重慶、成都。十八年，廣東劃分爲廣東及汕頭兩郵務區，二十年，復合併爲廣東郵務區，汕頭改爲一等郵局。同年，江蘇及安徽合併爲蘇皖郵務區，二十四年，又予分設。在此期內，對大郵區及小郵區之優劣，頗多研討，但無定論，故先有粵汕之分而復合，繼有蘇皖之合而復分❼。

管理局之組織，設郵務長一人，承郵政總局之命，綜理全區郵務。下設會計長一人，管理全區會計事務；設「管理內地郵務」副郵務長一人；另設區副郵務長一人，掌理管理局所在地郵務。並視事務之繁簡，酌設：秘書處、會計處、內地事務管理處、本地事務管理處、儲金處、匯兌處等等。另設巡員（現稱視察員）若干人，查視各地局務❽。

民國二十五年一月，交通部公布各區郵政管理局組織通則，規定：各郵區（原稱郵務區）管理局設局長（原稱郵務長）一人，並置本地業務、內地業務、總務、計核等股及巡員若干人，於是區管理局之組織，有一一致之準則❽。

---

❼ 同❶，頁五五。

❽ 民國三年三月二十四日郵政總局總辦通令二六號。張樑任《中國郵政》上冊，頁七一，商務印書館。民國二十五年一月二十三日郵政總局通令七二五號。

六、轉換上司

自同治五年海關兼遞使館郵件以來，郵務即由海關試辦，至光緒四年而收遞公衆信件，光緒二十二年，正式奉清帝批准開設，仍由海關兼辦，一直都與海關同隸於總理衙門。光緒二十七年，總理衙門改組為外務部，郵政與海關遂改隸該部。光緒三十二年，稅務處成立，又改隸稅務大臣。是年，清廷預備立憲，改革官制，設郵傳部，宣統三年，郵政遂脫離海關，改隸於郵傳部。

先是郵傳部成立後，稅務大臣即函該部約期移交郵政，往返籌議，歷經數年，赫德此時雖在長期病假中，對此事仍極為關懷，深恐因此項改變，將影響各國在華客郵局之撤銷。法國亦將根據前議，請派法人出掌郵政，清政府將無法拒絕。而此事又可能引致列強之連鎖反應，提出相對之要求❶。但大勢所趨，終定於宣統三年五月初一日移管，由代理總稅務司安格聯（Francis Arthur Aglen）將郵政事務移交給續任郵政總局總辦新職的原海關郵政總辦法人帛黎接管，五月初三（西曆五月三十日），交接完畢。由海關兼辦達四十五年的郵政，從這一天起，遂改隸郵傳

---

❶ Stanley F. Wright: *Hart and the Chinese Customs*, p.849.

首任郵政總局局長李經芳

部了。安格聯在這天發出了最後一件以海關總稅務司名義簽署的有關郵務的通令，充滿了離情、珍惜與祝福❷。

於是，總郵政司署即改爲郵傳部郵政總局，署郵傳部左侍郎李經方暫兼郵政總局局長（Director General of Posts），帛黎充任總辦（Postmaster General）❸。

當天，帛黎接管完竣後，即通電各郵界，飭知郵政改隸及其本人接任新職之事，並保證郵政人事，仍按海關時期往例辦理。次日，復通令各郵界，自即日起，總郵政司署改爲郵政總局（Directorate General of Posts）❸。同時，內部也予以改組，設：文牘股（General Correspondence and Control Department），通譯股（Translating and Union Department）及稽核股（Audit Department），並仍在滬設供應股（Supply Department），每股置股長及副股長各一人❹。

郵政自奉准後於光緒二十三年正式開辦以來，逐年虧損，光緒三十年，赫德因請每月由津海、江漢、江海、閩海、潮海、粵海等六關各撥銀一萬兩，作爲協濟郵政之費，經外務部核准由新關項下，每年指撥協濟款七十二萬兩，但每年實交不過三十餘萬兩，至宣統元年止，海關實墊

---

❷ *Postal Circular* No. 261 of 30th May 1911.

❸ *Postal Circular* No. 262 of 31st May 1911.

❹ 何建祥《郵政大事記》，頁八二，郵政總局。

銀一百七十八萬餘兩，郵傳部接辦後，祇有與度支部會商如何分年籌還之法❺。

民國元年，交通部成立❻，部內設郵政司，部之下，則設郵政總局，綜理全國郵務。成立之初，大抵承郵傳部舊有之規模，繼續進行。

首任郵政總局總辦帛黎

❺ 同❸。附件一。
❻ 張樑任《中國郵政》上冊，頁四〇，商務印書館。

柒 客卿與郵權

一、且說從頭

我國新式郵政，早在代送使館信件之初，就是由海關試辦，當時海關在赫德主持之下，任用了不少外籍人員，郵政工作，也就由這些人來兼辦。其後業務日繁，乃逐漸改派專人辦理，自也有外籍人員專任郵政工作。隨著郵政的脫離海關，改隸郵傳部，這些人也就脫離海關，成為郵政人員了。

因此，欲探究郵政何以會延用客卿，須先探究海關何以延用客卿？於此，我們可以先看看當事人赫德自己是怎樣說的：

「……溯查咸豐四年，紅頭賊佔據上海，地方官均已逃散，惟中外貿易仍係照常，彼時英、法、美三國領事官因不欲中國稅課頓失，隨會派委員三人代辦江海關事務。次年，賊退，該委員等即將所征之稅，全數交出，而江蘇大憲，因稅收數目增鉅，大異昔年，實有裕課便商之益，隨定爲仍照上年新法接辦，此關稅委用外人之起點。……咸豐九年，總稅務司（按：係赫德自稱）在廣州領事府繙譯官任內，兩廣督憲勞崇光擬派照上海定式幫辦粵海稅務，當答以並非通曉稅務之人，不如函詢江海關稅務司李泰國商議辦法。旋由督憲將李泰國請至粵省商辦，隨派總稅務司爲粵海關副稅務司，是廣東延用外人，係由上海推及粵省，出自督憲之意，亦非外人所強。……」❶

原來，太平天國攻下南京後，咸豐三年八月，天地會支派小刀會首領劉麗川佔據上海，地方官吏逃走，徵稅機關，無人管理，英領事阿爾古（R. Alcock）乃與美、法領事協商，在秩序未恢復前，採用領事代徵辦法，暫代中國官吏來向外商征稅，兩國領事，亦表贊同。英領事又以海關行政腐敗，建議任用外人管理，清理積弊，江海關關監吳健章也同意了❷。於是吳和英、美、法三國領事簽訂了一項上海江海關組織協定九條，其中第一、第五兩條，是引用外人的規定❸：

❶ 光緒二十八年正月十三日赫德致外務部申呈。《中國海關與郵政》，頁一〇三。

一、海關監督最困難事，爲不能廣羅誠實精明、熟悉外國語言人員，以執行徵稅事務及履行條約。惟一補救此缺點之法，爲引用外邦人才於海關，由道臺選擇任用，授與權柄，俾資改良一切。

二、外國委員如有勒索、收賄、怠職等情，一經查出，即由道臺會同三國領事審理，以定去留。

約定，遂由三國領事組織關稅管理委員會，並決定設立外籍稅務司，聘英副領事威妥瑪、法領事館翻譯斯密司（A. Smith）、美公使館武官喀爾（L. Carr）襄辦稅務，由於威妥瑪駐華較久，熟悉官場，且能操華語，漸次遂得掌握實權，後威回副領事職，而由領館翻譯李泰國（Horatio Nelson Lay）繼任，英人仍握實權。咸豐八年，天津條約善後通商章程，第十款有「現已議明劃一辦理」之語，於是上海海關制度，遂擴及全國各口，寖假成爲定制了。咸豐九年，關稅委員會取消，兩江總督何桂清任命李泰國爲總稅務司，其餘各口，次第設立稅務司，亦多以英人充任，全國海關行政，遂入於英人之勢力範圍了❸。

❷ 黃大受《中國近代史》上，頁五九四。吳健章，一般史籍多作「吳健彰」。又上海海關大廈，當時是被英商率先乘機搶劫。而領事代徵關稅，亦係吳於被小刀會所獲，脫險歸來後，發現海關已爲英人條封，吳被偪走投無路，始不得不接受英領之建議（見唐德剛〈長征有始有終，喪權沒完沒了〉——民國八十二年十一月《傳記文學》）。

❸ 蕭一山《清代通史》卷下，頁五一八、五一九。

由此看來，郵政的任用外籍人員，並非源於什麼強制的規定，更不是有何條約上的約束，祇是跟著海關的腳步走而已。

海關的任用外人，雖係逐漸發展而來，並無何強制之規定。但中日甲午戰後，賠款甚鉅，後三國干涉還遼、日人又要索鉅額贖款，清廷祇得向外借款支應，赫德從中奔走，以海關收入爲擔保，獲得英、德借款，於光緒二十二年二月初十日簽訂合同，其中第七款末句云：「此次借款未付還時，中國總理海關事務，應照現今辦理之法辦理。」❹我國海關行政受英人之支配，自此便有合同上之束縛了。

二、細數客卿

郵政正式開辦未幾，光緒二十四年十二月，海關辦理郵務的外籍人員，包括兼辦與專辦，共有七十七人，其分配詳情如下❶：

❹《清季外交史料》卷一二〇，頁一三。

❶ *I.G. Circular* No. 46/881 of 20th January 1899.

甲 總署：

職銜	姓名
總郵政司（Inspector General of Posts）	Robert Hart
郵政總辦（Postal Secretary）	J.A. von Aalst
副郵政總辦（Postal Secretary Deputy, ex officio)	F.E. Taylor (Statistical Secretary)
助理郵政總辦（Assistant Postal Secretary）	-C.E. Tanant
代理助理郵政總辦（Acting Assistant Postal Secretary）	
助理（Assistant）	-

乙 各郵界兼管郵政司（Postmasters ex officio）：

地點	姓名	職銜
牛莊	W.T. Pay	（稅務司）
天津	A.E. Hippisley	（稅務司）
煙臺	J.W. Carrall	（稅務司）

重慶	F.Schjöth	（稅務司）
宜昌	C.T. Bowring	（署稅務司）
沙市	J. Neumann	（署稅務司）
漢口	R.R. Moorhead	（稅務司）
九江	T.F. Hgghes	（稅務司）
蕪湖	G.I. Simpson	（稅務司）
南京		
鎮江	E. Farago	（稅務司）
上海	L. Rocher	（稅務司）
蘇州	C.C. Clarke	（署稅務司）
寧波	P.G. von Möllendorff	（稅務司）
杭州	P.H. King	（署稅務司）
溫州	A. Novion	（稅務司）

福州	P. von Tanner	（稅務司）
廈門	W. N. Morehouse	（稅務司）
汕頭	F.A. Morgan	（稅務司）
梧州	J. Acheson	（署稅務司）
三水	A.W. Cross	（署稅務司）
廣州	E.B. Drew	（稅務司）
瓊州	J.F. Schoenicke	（稅務司）
北海	H.B. Morse	（稅務司）
龍州	A.M. de Berniéres	（稅務司）
蒙自	W.F. Spinney	（稅務司）
思茅	A. Henry	（稅務司）

丙　郵界副郵政司（Deputy Postmaster）

上海　Donovan A.P.

丁 司事（Postal Officer）

姓名	入局年份	服務局
Washbrook, W.A.	1875	鎮江
Elder, A.G.	1881	九江
Bünese, O.E.M.	1887	煙臺
Summers, H.D.	1891	天津
McDowall, J.L.	1888	漢口
Braga, J.C.	1888	蕪湖
Roza, J.B. de	1898	上海
Garcia, F.X.P.	1898	上海
MeCann, H.F.	1893	天津
Shields, C.H.	1893	天津
Peel, J.J.	1897	煙臺

MeMahon, J.	1890	漢口
Prekopee, R.	1896	上海
Tollefson, E.	1896	上海
Jackson, F. F.	1897	Pagoda Anchorage
Henne, W.	1896	廣州
Borek, E. H.	1896	上海
Nicholas, J. C.	1896	杭州
Pinna, J. C. de	1896	北京
Geear, C.	1897	漢口（武昌）
Gomes, F. I.	1897	上海
Marçal, F. M.	1897	上海
Silva, L. J. de	1897	上海
Dupree, W. S.	1898	北京

Werner, H. B.	1898	北京
Maher, B.	1898	上海
Mullen, D.	1888	南京
Montell, A. M.	1894	上海
Hyland, A. H.	1892	廣州
Carsia, C.	1892	上海
Encarnaçào, E. F.	1895	北京
Allen, A. H.	1897	蘇州
Römer, A.		上海

戊　副司事（Assistant Postal Officer）

姓名	入局年份	服務局
Hinrichs, J.	1883	汕頭
Hellslrand, M.	1885	寧波

Scott, W.	1890	蘇州
Miller, H. P.	1891	牛莊
Gray, C.	1891	福州
Tweedie, J.	1892	廣州
Newman, F. F. S.	1892	重慶
Howard, H. F.	1892	天津
Schaumloflel, F. A.	1894	上海
Radomski, R. C.	1894	廈門
Peterson, P.	1894	天津
Brquhard, J. A.	1895	宜昌
Grotè, J. R. A.	1896	廣州

是時華籍人員，祇有職位較低的供事（Postal Clerk）及副供事（Assistant Postal Clerk）二種，共七十四人❷，外籍人員，且較華籍爲多。其後郵政向內地推展，開設的小郵局較多，任用的低級

人員也較多。郵政人員的班次，也經重新改訂，中級人員，亦漸有華籍充任，故華籍人員，遂遠較外籍爲多了。

民國八年，其時全國郵政員工，包括中、外籍，共有二〇、五六一人，其中郵務長共有十八人，全爲外籍❸；副郵務長二十三人，十六人爲外籍；郵務員三、八一九人，七十一人爲外籍；此外，尚有擔任其他工作之外籍人員六人，外籍人員合共一〇一人❹。

民國十八年，其時全國已統一，國府已定都南京，交通部長爲王伯羣，郵政總辦劉書蕃。高級人員中外比例，已有明顯之變動：華籍郵務長（郵務長之在各郵區者，即今日之管理局局長；其在總局者，則多擔任處長以上職務）已有十五人；外籍則有二十人，外籍分布如下❺：

姓名	國籍	服務郵區別或服務總局所擔任之職務
多福森（E. Tollefsen）	挪威	總局郵政會辦
濮蘭（H. V. Poullain）	法	總局郵政副會辦

---

❷ *I.G. Circular* No. 46/881 of 20th January 1899.

❸ 國人爲郵務長，始自民國四年（見《交通史郵政編》(一)序四劉書蕃序）。民國八年郵務長之無華籍人員者，並不表示民國八年以後，始有華籍郵務長。

❹ 《郵政統計彙編》，頁六四，郵政總局。《民國八年郵政事務總論》，頁二二，郵政總局。

❺ 民國十八年六月三十日第十八版郵政職員錄，郵政博物館。

李齊（W. W. Ritchie）	英	上海
世德鄰（J. Stirling）	英	總局稽核處處長
麥倫達（D. Mclorn）	英	派赴郵盟代表團參贊
阿良禧（G. E. Osland-Hill）	英	河北
漢樂（O. H. Hulme）	英	山東
克立德（E. Caretti）	義	在假
巴立地（F. Poletti）	義	遼寧
聶克遜（F. A. Nixon）	英	北平
格林費（J. A. Greenfield）	英	總局考績處處長
漢恩烈（L. D. Henry）	法	廣東
齊爾利（V. Chieri）	義	西川
巴金（J. C. Parkin）	英	浙江
師密司（V. Smith）	英	東川

科登(V. W. Stapleton-Cotton)	英	福建
乍配林(A. M. Chapelain)	法	湖北
葛澐(T. H. Gwynne)	英	總局供應處處長
艾德(A. Eyde)	挪威	在假
西密司(F. L. Smith)	英	吉黑

副郵務長華籍二十人，外籍十二人，較華籍爲少，其分布如下：

姓名	國籍	服務局
貝雅士(G.B. Boyers)	英	汕頭
納自敦(E. Nordström)	瑞典	山西
康恩度(F. G. I. Kendall)	英	上海
克定(P. J. Keating)	英	遼寧
戈裕德(G. E. Baker)	英	總局駐平郵票監印
守杜裀(E. A. L. Chaudoin)	法	雲南

卦特（F. Guaita）	義	安徽
克法理絡（E. A. Cavalière）	義	吉黑
李格司（H. A. Reeks）	英	上海
賀美（K. J. Holm）	丹	在假
睦朗（C. E. Molland）	英	煙臺
克氣格（H. S. Kierkegaard）	丹	總局巡核員

抗戰期間，民國三十一年，尚有外籍郵務長十九人，計總局七人，上海四人，湖北、東川、山東、河北、北平、河南、福建、雲南各一人。外籍副郵務長六人，計總局二人，上海、河北、廣東、雲南各一人。上海另有外籍郵務員一人，雜項人員三人，河北外籍雜項人員一人，合共有外籍人員三十人❻。

至勝利前夕，民國三十三年，外籍郵務長，已減至九人，計總局六人，東川、福建、雲南各一人。副郵務長三人，計總局二人、儲匯局一人❼。其後，外籍人員，陸續退休，至勝利後，客

❻ 民國三十一年《交通部統計年報》，頁一六二，郵政博物館。
❼ 民國三十三年《交通部統計年報》，表一〇八，郵政博物館。

卿一詞，已成陳跡。僅巴立地氏，尚任總局供應處處長，旋亦退休。總局鑒於其過去對郵政之功績與貢獻，於其退休後聘為顧問，仍在上海供應處。巴氏仍鼓其熱忱，研究如何利用郵政廢棄物，以節開支。三十七年杪總局西南郵務視導團自京經滬赴穗時，尚與巴氏等滬上郵政同仁聚晤。惟巴氏以曾被禁集中營，健康受損，三十八年一月三十日病逝上海醫院，孑然一身，情況淒涼，客卿時代，遂以結束。

三、法國的插手

外籍人員，在郵政事業中，都是擔任管理層級的高階職務，待遇也特優，例如華籍郵務長最高月薪為銀元八百兩，後改為八百元，外籍則最高可達關平銀一千五百兩，合銀元二千二百五十元❶，相去何止倍蓰，華籍人員，自會感到不平，而外籍人員，人品亦不齊，有的且具有優越感，對華籍同事，不免頤指氣使，因此更易引起反感。但外籍人員與華籍人員，同受郵政規章之約束，重大事項，仍須稟報上級機關，作最後之裁決。誠如赫德所言：「……歷開通商各口，將一切事權，委歸總稅務司一人，均係由中國王大臣作主派辦，無一事由外人強索。而總稅務司請

❶ 劉承漢《從郵談往》(一)，頁二九二，臺北廣文書局。

辦各事，王大臣均有駁不准行之權……雖委外人，仍係中國之公事，……」❷故此際之聘用客卿，其聘用與否，權操於我，事屬楚材晉用，與郵權旁落有別。

光緒二十二年，郵政正式奉准開辦未幾，四月初七日，法公使施阿蘭照會總理衙門，內稱❸：

「……並將來中國郵政局陸續推廣，招募外國人員，其法國人員，亦應公平令其同辦。」

同月十日，總理衙門復法使云：

「……至將來郵政推廣，如果招募洋人，所有法國人員，亦當一體遴用，以見公平之議。」

但赫德對此，似有不同意見，是月十六日，其呈總理衙門文有云❸：

❷ 一九〇二年二月二十日赫德致外務部申呈。《中國海關與郵政》，頁一〇三，北京中華書局。

❸ 樓祖詒〈我國收回郵權的經過〉《現代郵政》二卷四期，郵政博物館。

「……至令法國人員同辦一節，總稅務司並無不願之處，緣法國係和好之國，其人民亦屬聰明能幹，令其同辦，亦無不可。惟郵政之舉實屬創始，暫時衹用海關人員兼理其事，既無須另派洋員，自可不必專請法人前來。……總之，郵政事宜乃係中國自主自辦之事，外國勿庸干涉，而獨法國顧問何故也？」

按此時正值三國出面對日，干涉還遼，以及中俄密約之際。其後，德租膠州灣、俄租旅大、英租威海衛，各國競逐在華利益，劃分勢力範圍。光緒二十四年閏三月，總理各國事務慶親王奕劻奏稱❹（經加標點）：

「……竊自日本歸遼後，俄德法聯爲一氣，德租膠灣，俄租旅大，各國政府咸以均勢東方爲言，進求利益。本年二月二十一日，法國署使臣呂班來臣衙門，面遞照會，開列四端：一、車里雲南廣西廣東等省應照長江之例不得讓與他國。二、中國郵政局總管令法員充補。三、由越南往雲南省城修造鐵路。四、在南省海面設立躉船之所經。臣等逐條駁覆，並電令出使大臣慶常向該國外部切實商阻，迭准慶常電覆：法外部稱：山東允德借地及鐵

❹《清季外交史料》卷一三一，臺北文海書局。

路數道，法獨向隅，議院不平，請派艦重辦。所開四事，必須照准，如中國和商，法必顧大局，否則不得不籌辦法。又稱議院請照俄德限時日，外部顧大局惟請速允，以免物議，如再遲延，外部迫於衆議，必出事故，各等語。該使臣呂班亦屢向臣衙門催辦，勢將決裂，臣等以事機所迫，終難峻拒，復將各條悉心參酌：原開第一條，中國與越南交界各省，均屬邊疆要隘，自應永歸中國自主，本無讓人之理。原開第二條，中國郵政現派總稅務司兼辦，規模粗立，未便輕議更張，應俟專派大臣之時，再行酌辦。原開第三條，應指明自越南邊界至雲南省城修造鐵路一道，仍照俄德前案，聲明另由兩國會同訂立章程，以期周密。原開第四條，應訂明將廣州灣一處租與法國，作爲停船躉煤之所，不得泛言南省海面，將來亦不得另換他處，並敍明租價字樣，以副名義，庶於通融之中，稍存限制。當本此意與該使反覆申論，磋磨數日，該使臣始一一允從。遂令改繕照會二件，於二（疑是「三」字之誤——著者注）月十九日送交臣衙門，臣等將漢文法文覈對均與面定辦法相符，即於三月二十日備文照覆完案。……謹奏。光緒二十四年閏三月初五日奉旨依議。」

法公使呂班三月十九日改繕之照會如下❹（經加標點）：

「爲照會事：查迭晤之後，特奉全權字據外，我國專命照行，以堅固兩國友誼鄰邦之情。

本大臣即請貴王大臣應允各端，開列如左：

一、中國國家允准法國國家或所指法國公司，自越南邊界至雲南省城修造鐵路一道……。

二、因和睦之由，中國國家將廣州灣作爲停船躉煤之所，租與法國國家九十九年……。

三、中國郵政局現歸海關辦理，中國國家將來設立總理郵政局，專派大臣之時，擬聘請外員相助，所請外國官員，聲明願照法國國家請囑之意酌辦，本大臣應請貴王大臣一律照覆，以便查閱彼此心意相同，用來往照會作據，爲要。」

總理衙門二十日復照如下❹（經加標點）：

「爲照會事：光緒二十四年三月十九日接准貴大臣照稱……，等因，前來。本衙門查來照所稱三端，既以堅固友誼爲言，可允照辦。嗣後中法兩國自當益敦友睦，永弭爭端。相應照覆貴大臣轉報貴國國家可也，須至照會者。」

以上來往照會，遂成爲日後郵政須任用法人爲主管之依據。嗣法公使易爲畢盛，於是年八月二十八日照會總理衙門，提出法國駐越北圻郵電總局司事華熙業，認爲殊堪委用。總理衙門於九月初二照復，認爲：「現在中國郵政局係歸海關試辦，並未專派大臣總理郵政事務，應俟將來特派大

臣總理之時，再行酌量延請貴國人員相助。」❺

按郵政須由法人主管，此時原則雖已定案，但何時專派大臣，則尚無確期，故法人屢加催促，光緒二十五年二月十六日，法公使畢盛來照❻：

「光緒二十四年三月十九日兩國互相照會內載（略），至今中國竟未照辦。緣本大臣應告知中國郵政阻撓法國郵政之事……應先向貴王大臣斥駁。」

三月初一日，總理衙門照復❻：

「……本衙門查中國郵政局開辦未久，尚未專派大臣，所有二十四年照會所論情形，現在自無從酌辦……」

光緒二十七年十月初八法公使鮑渥照會❼：

❺ 中研院近史所檔案館第02－02－12（1）號檔。
❻ 同❸。

「查閱海關所出文卷，推及邇來設有郵政總局，然而本大臣自當將貴國總理衙門與本國駐京大臣於光緒二十四年三月十九日互相照會所載（略）等語，向貴外部回憶，查此次中國國家毫未如前定議知照，在本大臣視爲有損特予本國國家之利，爲此相應照會貴外部，特爲聲述不服之忱可也。」

十四日外務部照會鮑渥❼：

「……本部查中國郵政事宜，現仍歸海關辦理，與前無異，並未專派大臣設立總理郵政局之事，倘中國國家將來設立總理郵政局專派大臣之時，自當遵照光緒二十四年三月十九日互相照會所載辦理。」

是年九月二十日，赫德任命海關稅務司法人帛黎爲郵政總辦，承總稅務司亦即赫德本人之命，管理全國郵務❽。赫德老謀深算，此舉也許帶有緩衝和安撫之意，但法人進逼，並未放鬆。

---

❼ 同❺。

❽ *I. G. Circular* No. 53/988 of 31st October 1901.

光緒二十八年十月初五日法署公使賈斯那照會❾：

「案查光緒二十四年三月十九日前署任呂大臣接准總署照復內稱：中國國家將來設立總理郵政局，專派大臣之時，擬聘請外員相助，所請外國官員，聲明願照法國國家請囑之意酌辦，等語。嗣於光緒二十七年十月初八日經前任鮑大臣將前准之意復行照會貴部，旋於是年十月十四日接准復稱：中國國家將來設立總理郵政局專派大臣之時，自當遵照光緒二十四年三月十九日互相照會所載辦理，等語各在案，自彼至今，郵政局名屬海關，而日加擴充，以致可謂實係自立，業已派委海關稅務司法員帛黎總管其事，目下正當兩宮垂意維新變法，整頓各項官局衙署之時，復已聘請外洋專門名家辦公，如鑛務局聘請之外洋參贊等員，當此時局，地大物博，往來函件繁夥之中國郵政事務，自然不得不設立專局。夫郵政之用，非特令國民與他國人民通信來往便益，並可漸至入款頗獲盈餘，況海關事務殷繁，而郵政中國與各國相同，視爲切要之政，又須聘請精練專門之員經理，則不能仍屬之於海關矣。是以本署大臣想正值可將光緒二十七年十月十四日文內所許之詞向貴爵回憶。查現任總管郵政事務海關税務司帛黎，在華三十餘載，凡中國文字語言頗爲諳習，歷任稅務，

❾ 同注❺。

於中國各行省，將及迨徧，於各處風土人情，頗覺熟習，較諸他人，無有及者，在本署大臣想深能堪任此務，實令我兩國頗足滿意。故特趁此薦舉，應請貴爵查照辦理可也。」

十七日外務部照會法公使呂班❾：

「光緒二十八年十月初五日，准貴署大臣照會，稱中國郵政，名屬海關，而日加擴充，實係自立，已派委稅務司法員帛黎總管其事，此時函件繁夥，不得不設立專局，海關事務殷繁，郵為要政，須聘用專門之員，不能仍屬之海關。查帛黎於中國各省風土人情頗覺熟悉，堪勝此務。實令我兩國滿意特此薦舉等因。本部查二十四年三月間貴大臣來署，商訂此款，聲明中國國家將來設立郵局專派大臣之時擬聘請外員相助，可以酌辦等語。二十七年十月十四日照復鮑前大臣文內亦將郵政仍歸海關辦理緣由聲敍明晰，茲准貴署大臣照稱前因，現在中國郵政尚未簡派大臣專司其事，自應仍照原議，俟中國專派大臣之時再行商酌辦理。」

光緒二十八年十一月初一日法公使呂班照會❿：

「郵政局務一事，本大臣迭准貴爵於光緒二十七年十月十四日文內中國現無意整頓郵政事宜，則法國自應無庸特派總理委員，本大臣再提十月二十九日本國實署大臣照會貴爵此事情形，諒貴國將來一設立總理郵政局專派大臣之時，則准當按照光緒二十四年三月十九日互相照會約定：法國應派委員總理郵政事宜。」

法國並製造輿論，光緒二十九年閏五月初七日赫德函送《法國新聞報》：

「……中國郵政，向係總稅務司赫德經理。赫係英人，自不能期其襄此辦法，反必經其阻撓，惟倘有此等情事，法國自有合宜辦法。」

同時，法國外交部對我國出使大臣孫寶琦亦提出此事，藉爲緩商撤郵之要挾。光緒二十九年九月三十日孫大臣致外務部函❿：

「……迭往（法）外部晤商據云……前請中國設官，用法人佐理，實願中國及時舉辦爲探

❿ 同❸。

源之計，並非有意要挾，並云如用法人，現在赫稅務司處之帛黎，在華已三十年，情形熟悉，本係中國所用，不過改歸中國郵政大臣統轄，不屬稅務司，在中國並不爲難。」

迄至清廷預備立憲，改革官制，擬設立郵傳部，光緒三十二年九月二十六日法國巴使照會外務部⓫：

「昨閱邸抄，得悉本月二十日釐定官制各諭旨，內中有創設郵傳部之舉。本大臣溯查光緒二十四年三月十九日，我兩國互行照會內載：中國國家將來設立總理郵政局，專派大臣之時，擬聘請外員相助，所請外國官員，聲明願照法國國家請囑之意酌辦等語。且前於光緒二十七年十月十四日、二十八年十月十七日，兩次接准復文內稱：俟中國專派大臣專司之時，自當遵照二十四年互相公文所載辦理，等語在案。茲既奉旨設立專部，豈非二十四年公文內豫揣之情已著形質，而遵辦之日已居。爲此相應照會貴爵，請煩注意，並將中國政府擬籌如何遵辦施行之處見覆，爲荷。」

⓫ 同❺。第02－02－9（7）號檔。

事實上郵傳部雖於光緒三十二年九月創設，但大清郵政並未立即移轉管轄。直至宣統三年五月一日，始由海關移轉郵傳部，並仍由原任海關郵政總辦帛黎接任郵傳部郵政總局總辦。當時與法使館間，曾有一段曲折的交涉經過，緣法使於五月四日即照會我外部，認為我之任命帛黎，定係按照光緒二十四年總署與法使呂班換文協議：必須任用法人之承諾辦理。不料外部十六日復照，認為派帛黎為總辦，係為事擇人，並非由於法使所荐舉，用人行政，為主權所關，未敢稍涉輕心云。法使對此項措詞，頗表不滿，因而拒收。外部不得已，祇好將照會收回，將上述語句刪去，於六月十八日重繕送發。弱國無外交，豈此之謂歟⓬？

四、局長與總辦

郵傳部為接辦郵政，乃於部之下設置郵政總局，綜理全國郵務。郵傳部大臣盛宣懷於接管郵政之奏摺中有云：

「……郵政……歸部以後，既不歸總稅務司兼轄，自應在部設立郵政總局，照章派一局

⓬ 同❺。第02－02－12（2）號檔。

長，以資承接，局長之下，應派總辦一員，會辦一員，總司其事。所有郵政總局局長，一時不易得人，署郵傳部左侍郎李經方淹貫西學，出使多年，即由李經方暫行兼署。其郵政總辦一員，擬以二品銜三等第一寶星帛黎派充。其稅務司原缺，並由郵傳部知照外務部轉飭開除。會辦一員，擬俟選擇有人，再行奏派。……」

並訂定郵政交替辦法五條，其第一、二條規定如下：

一、現任郵政總辦帛黎，即派充總辦一缺，上承郵傳部，經理郵政事務。

二、交替後所有郵政事務，總歸郵政總局局長督理，其經理各局暨所用各項人員，應照總稅務司看待稅務人員之法，由局長督同總辦斟酌施行。

從前引奏摺所述，總辦是在局長之下。但從這兩條看來，局長與總辦之間的關係，並不十分明確。依照第二條：局長總管所有郵政事務，郵政事業之經營權及人事權，亦係由局長掌握，督同總辦施行。局長與總辦，應有上下之隸屬關係。但依照第一條：總辦之經理郵政事務，係上承郵傳部而爲，並無秉承局長之規定，則又似無隸屬之關係。此種互不協調之情形，可能即成爲日後客卿弄權之基因。再加法國公使之不斷干涉，法籍人員之跋扈，乃形成了所謂之郵權問題。

此一問題，不僅表現於中文名稱——局長與總辦——上，更表現在英文名稱上。郵政總局局長之英文名稱爲：Director General of Posts，郵政總局總辦之英文名稱則是：Postmaster General❶。而 Postmaster General 一詞之含義，一般說來，應是具有閣員地位之郵政部長，例如：美國郵政在一九七一年改組以前，是由郵政部（Post Office Department）掌理，其部長即稱爲：Postmaster General。總稅務司安格聯在移轉郵政給郵傳部的海關最後一次有關郵政的通令❷中雖也曾明白指出：總辦將隸屬於局長（You will see that the Postmaster General will be subordinate to a Director General）。亦未能化除此一名稱帶來之困擾，也未能防止日後法籍客卿之擅專。

民國三年夏，葉恭綽氏簡任交通部次長兼郵政總局局長，乃首以正名爲務❸，於民國四年五月二十一日以交通部令飭將總辦之英文職稱改爲：Associate Director General。總局方面，原任總辦帛黎，適自六月份起，請假一年，返法就醫，時駐京法公使於五月十二日與我外交總長會晤❹，重提光緒二十四年郵政須晉用法人之舊案，薦請由總局總務股股長法人鐵士蘭（H. Picard-Destelan）繼任。其後，交通部派鐵士蘭暫行代理。總辦之新英文名稱，亦於五月二十五日轉令

---

❶ 何建祥《郵政大事記》，頁八二。
❷ *Postal Circular* No. 261 of 30th May 1911.
❸ 劉承漢《從郵談往》，頁一三六，臺北廣文書局。
❹ 中研院近史所檔案館。第03－02－23（5）號檔。

各局知照。經此改訂，隸屬關係，已明顯多矣。

五、郵權運動

先是清末郵傳部尚書徐世昌以奧國郵政儲金辦理甚善，爲資取法，乃於宣統二年招考學生，派赴奧國實習❶，經錄取：馮農、陳廷驥、龍紱慈（後易名龍達夫）、錢春祺、陳履祥、謝式瑾、孟錫祉、李景言、鄭義琛、沈承沛、余翔麟、林廷瀚、魯彥本、陳柏年等十四人，後又加入原駐奧館員霍樹霖，留德學生黃文俊、唐文啓、唐漢生，留法學生劉勉，自費生徐德培（後亦補官費），合共二十人。他們在奧學成返國時，清室已覆，民國肇建，總辦帛黎掌握郵政大權，對這批有抱負的青年，刻意排斥，以必須受試通過，方能入局爲由，事實上拒絕了他們的入局。

民國元年，留奧學生劉勉、馮農、霍樹霖三人曾有上參議院收回郵權請願書之舉，歷舉帛黎之侵權違法，是年五月杪，亞細亞日報曾予刊載，法使館且以此照會我外部，認爲關係中、法兩國交涉重要問題，囑予注意前清對法所作之承諾❷。

❶ 馮農〈前期收回郵權之回憶〉《現代郵政》二卷五期。
❷ 中研院近史所檔案館。第03－02－23（4）號檔。

此項請願書事實上並未發生任何效果。「……此三數青年，既憤郵權之旁落，復爲帝國主義者所擯絕，無從用其所學，遂與若干同志，在北京組織郵政協會，以收回郵權，發展郵務相號召。」❸是年中山先生入京時，郵政協會曾於八月二十九日開會歡迎，先生即席勉以收回郵權，以竟取消不平等條約工作之一部分，並以「謀郵政之發達，以富國便民」發表演講❹。

帛黎對郵政協會之活動，防範甚嚴，曾通令各局❺：

「……現有與郵政毫無關係之人，用所謂中華全國郵政協會之名稱，造作無根之語，簽布華文傳單，分給郵政人員，請將關於郵務之調查、論說及編譯稿件，寄交該會……是以本總辦特發通令……凡有關於郵政及郵政人員者，必經郵政總局總辦證明，方可認爲的確，否則勿得輕信……再查凡在郵局人員，應知所有局內公務，一概不得向外宣洩……不得於各黨會內，特作格外之活動……倘或不守斯旨，不得不照章立辦。」

---

❸ 樓祖詒〈我國收回郵權的經過〉《現代郵政》二卷四期，頁八。
❹ 同❶，頁八。劉承漢《從郵談往》，頁一四四。
❺ 民國二年五月二十日郵政總局總辦通令第二〇號。

其後，帛黎自知理屈，即改用妥協方法，將留奧學生派爲司帳（Postal Accountant），而協會辦理會務之理事馮農，亦轉職交通部，協會無人負責，形同解散，此最初有關收回郵權之組織——中華全國郵政協會，遂以夭折❻，但已爲收回郵權運動開其端。

六、收回郵權

民國六年一月二十六日，法使照會我外部關於郵政代理總辦職權一事，竟謂：「……必須言明者：凡一切更改名稱（按：指更改總辦之外文名稱。）以及官銜，其用意在直接或間接以限制鐵士蘭職權之處，在我法國政府，一概不能允准也。」經轉行交通部後，以：「……郵政用人，係屬我國內政……」婉予照復❶。

是年七月，葉恭綽氏復任交通部次長，八月，再兼郵政總局局長，八月十六日交通部公布郵政總局職務規則，復將郵政總辦之英文職稱改爲：Co-Director General❷。十七日，部令派鐵士蘭

❻ 同❸，頁八。

❶ 中研院近史所檔案館。第03－02－23（6）號檔。同❶，頁九。

❷ 劉承漢《從郵談往》，頁一三六，臺北廣文書局。

爲郵政總局總辦（原任總辦帛黎因衰病乞休，於六月十一日開去總辦職務）。葉氏除著意於郵政總辦外文名稱之正名工作外，對於國人之晉升至管理階層，亦著意提拔。《從郵談往》作者劉承漢說：「……余入郵局不久（按：劉氏係於民國十三年考入郵局），即知國人中能躋至郵務長地位者，全國僅有陳芠濤、劉書蕃兩人，而不知陳、劉二人之得總辦青睞，亦葉氏之力也。……」❷而此二項工作，實亦爲異日收回郵權之張本。

民國十三、四年間，一面由於總辦鐵士蘭之專橫跋扈，他曾說：「總辦的決定就是最終的決定。」（Co-D.G.'s decision is final.）❸一面由於革命意識之發揚，郵政職工運動，隨之興起，十三年八月，上海郵務工會宣告成立❹。繼之，各較大地方，也先後成立了郵務工會。十六年，上海郵務管理局中、高級職員，又成立了上海郵務職工會❺。這些職工組織，有的直接揭櫫收回郵權。有的則要求停止進用洋員，減低洋員與華員的差別待遇，亦皆與收回郵權有關。於是收回郵權運動，瀰漫全國。客卿秉政之郵政當局，對於這些組織，初則從嚴制止，繼則一概不予承認，終則不得不於十六年一月六日通令承認郵務工會之組織❻。

---

❸ 樓祖詒〈我國收回郵權的經過〉《現代郵政》二卷四期，頁三。
❹ 同❷，頁一五一。
❺ 同❷，頁一五四。
❻ 何建祥《郵政大事記》，頁一七四、一七五、一七七。

民國十六年，國民政府定都南京，十一月一日，南京郵政總局成立，為維持全國郵政的統一，並與北京郵政總局磋商分治合作的辦法，於十七年二月六日雙方在上海簽訂共管全國郵政條款❼，其中規定：兩總局各設局長、總辦及會辦，現任北總局總辦兼任南總局總辦，嗣後如遇總辦出缺，應由兩方會商遴員，分別派任。兩總局及各郵區之經常及資本支出預算，由兩方會同審定。關於修訂員工薪津、裁汰華洋冗員，廢除華洋人員不平等待遇，節省糜費等事項，由兩方會商辦法施行等等。對總辦之任免及其職權，均有適當之限制，亦即對於收回郵權，已有若干實效。

四月七日，北總局總辦鐵士蘭至南京就職❽，六月二十七日，交通部令：郵政總局局長改稱總辦，原有總辦改稱會辦，英文仍稱：Co-Director General，派郵政司長劉書蕃兼充總辦，原總辦鐵士蘭為會辦❽。至此，會辦在總辦之下，已無疑問。

是年六月，國民革命軍繼續北進，南總局復先期密知北總局從事結束，籌備南遷，及北京克復，北總局裁撤，不過一月，人員及卷宗均南移，於是全國郵務，統由南京總局掌管，事權遂告統一。當時全國各機關之宣告統一者，實以郵政為最先，前訂之共管辦法，即予廢止❽。《從郵

❼ 同❻，頁一八一。
❽ 同❻，頁一八二。民國十七年《郵政年報》，頁一。

談往》中有一段如下：

「……此時鐵士蘭在職銜上已由總辦改稱會辦，在職權上亦屈居總辦下之襄助地位，且目前之總辦，亦即數月前鐵士蘭所直屬之安徽郵區郵務長劉書蕃氏，以下屬而忽爲上司，當然非鐵氏所願，故不得已暫請病假，徐圖觀望。迨至十八年一月底乃呈准交通部自二月一日起因病退休，遺缺派郵務長多福森接充，最初代理之希樂思爲英國人，此次派任之多福森爲挪威人，均非法國人，而法國懾於當時國民政府之革命聲勢，亦未敢提出任何異言，至是光緒二十四年照會中之允諾，與民國十年華盛頓會議決議案中之保證，均因此一事實而俱廢。」❾

抗戰勝利後，民國三十五年二月二十八日，中、法在重慶簽訂新約，法國放棄在華治外法權及其他特權，其第九條第五款云❿：

---

❾ 同❷，頁一三二。
❿ 同❸，頁一一三。

「法蘭西共和國政府放棄要求在中國郵政機關內任用法國公民之權利。」

我國郵權問題，並非以條約形式開始，而卻以條約形式結束，此蓋亦國力之展現使然也。因客卿擅專而發生郵權的問題，固是出乎常軌而為我們所不願見的。但客卿對我國郵政，亦自有其貢獻，甚至有值得懷念的事蹟。劉承漢氏有云⑪：

「惟於此有應說明者，中華郵政之創始經營，以及繼續發展，在軍閥專政十數年間禍亂相尋之局勢下，竟能沈著邁進，不受政治影響，擺脫惡勢力之干擾，客卿之功，實亦不可泯。及至抗戰初期，東北員工之撤退，陷區郵政之掩護，非客卿亦難以辦到。而尤其重要者，為中華郵政建立各種制度，奠立良好基礎，迄今郵政猶能有所表現者，胥由於此項遺制使然。故收回郵權為一事，客卿有功於我郵政又為一事，自不應因郵權問題而抹殺一切。」

李希庸氏也說⑫：

⑪ 同②，頁一五〇。

「……提起客卿，我們往往聯想到一連串的不愉快的史實。然而，我們反對的是郵權旁落，不能自主；我們反對的是任用客卿的制度；我們反對的是「事」，而絕非對「人」。對於披荆斬棘，替中華郵政奠定基礎的客卿；對於盡忠事業，鞠躬盡瘁，死而後已的客卿，我們想起了他們的勞績，爲事業努力奮鬥的事蹟。往往從心坎深處，發出無限欽敬之意。……」

劉、李二氏之言，確是深入而持平之論。

⑫ 李希庸〈懷念巴立地先生〉《現代郵政》四卷四期。李希庸，本名李雄，郵政人員，勝利後曾任郵政總局公衆服務課課長。

捌　郵政組織與郵儲分合

一、三級制

我國郵政之組織，係採三級制，入民國後，在中央爲郵政總局，承交通部之命，掌理全國郵務。其下依各省行政區域，每省設一郵區；但亦有數省合設一郵區者，如甘肅、寧夏、青海之合設一甘寧青郵區；亦有一省劃爲數郵區者，如江蘇省之劃爲江蘇及上海兩郵區。每一郵區設一郵務管理局（嗣自民國十九年起，改稱郵政管理局），並於區內各地，依地方情況，設一、二、三等郵局，辦理當地郵務。故郵政總局是一總管理機構；各郵區之郵政管理局，除管理區內各地郵局外，其本身亦辦理所在地（多爲各省省會）之郵務，故是一管理兼業務機構；各地之一、二、三等郵局則是以業務爲主之機構。此外，爲期普遍，並於各地郵局之下設支局。同時，也招商代辦，設置郵政代辦所及郵票代售處等代理機構，使郵政更加普遍，公衆使用更加便利。

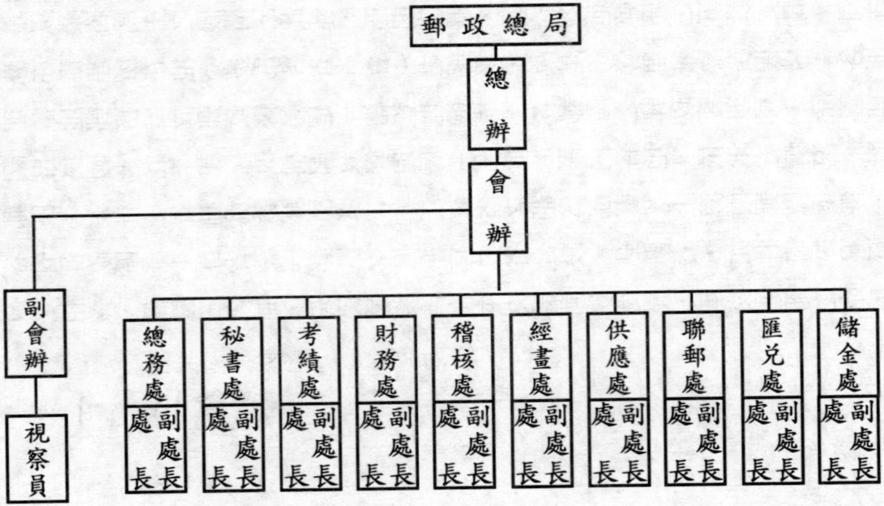
郵政總局
總辦
會辦
副會辦
視察員
總務處
秘書處
考績處
財務處
稽核處
經畫處
供應處
聯郵處
匯兑處
儲金處
副處長
處長

郵政總局組織表

資料來源：民國十九年中國郵政統計季刊

中央總管理機構之郵政總局，是在宣統三年郵傳部自海關接管郵政時設立的。總局內部、設有：文牘、通譯、稽核、供應（在滬）四股。民國二年，改設：總務、文牘、稽核、營業、聯郵（原稱通譯）、供應（在滬）六股❶。民國八年，郵政開辦儲金，乃於總局內增設儲金股，管理其事❷。民國十七年，交通部改革郵政職制，改局長為總辦，原總辦則改稱會辦，其下設：總務、秘書、考績、財務、稽核、經畫、供應、聯郵、匯兌、儲金十處，處設處長、副處長及佐理人員。民國十八年，會辦之下，復增設副會辦一人，由法人濮蘭充任❸。

是時，郵政總局內部組織系統如上頁所示❸。

二、由合而分

同年（民國十八年），交通部郵政司司長兼郵政總局總辦劉書蕃奉命出席倫敦萬國郵盟第九

❶ 何建祥《郵政大事記》第一集上冊，頁九六。
❷ 同❶，頁一二九、一三〇。
❸ 張樑任《中國郵政》上卷，頁五〇，商務印書館。

屆大會，並赴歐、美、日本等地考察郵政，歸國後，建議將郵政總局之儲金、匯兌兩處劃出，另設郵政儲金匯業總局，直隸於交通部，辦理郵政儲金、匯兌、壽險及其他金融性業務。其時部長王伯羣採納此議，報奉行政院核准施行。呈文中所述理由，可歸納為二點：其一是：仿照各國成例，設立專局；其二是：事貴專責，發展乃宏❶。十九年一月六日，國府公布郵政儲金匯業總局章程，交通部復於二月十三日公布郵政儲金匯業總局暫行組織及辦事細則，儲匯總局設總辦一人，會辦二人，置總務、營業、會計、儲金、匯兌、劃撥、保險等處，各地於必要時得設分局，另設監察委員會，以財政部長、交通部長、審計部長、郵政儲金匯業總局總辦、郵政總局總辦五人組成。儲匯總局每年淨餘，除十分之二為公積金及特別準備金外，其餘報請交通部歸併郵政收入帳內❷。三月十五日，儲匯總局遂於上海成立❷。

以當時情形論：郵政壽險，尚未開辦（郵政簡易人壽保險係於民國二十四年開辦）。郵政劃撥，在大陸始終未開辦。郵政儲金，民國八年開辦，是年結存戶數二、三三〇戶，辦理儲金郵局八一處；民國十八年，結存戶數七一、一二七戶，儲金郵局二八八處。至於匯兌，更為當時郵局收入之大宗。民國元年，辦理匯兌郵局三八二處，開發匯票二九七、五〇〇張；民國十八年，匯

❶ 劉承漢《從郵談往》，頁二一〇。
❷ 何建祥《郵政大事記》第一集上冊，頁一九七、一九九、二〇八。

兌局二、三九八處，開發匯票四、三五〇、〇〇〇張。儲金與匯兌之發展，不可謂不速❸。是否需將同屬郵政事業之郵政儲匯業務劃出，另設與郵政總局平行之機構，專責管理，此一問題，實值商榷。劉氏自己也說：「……外間不察，頗持非議……」❹

民國二十年六月，國府公布郵政總局組織法，原有總辦、會辦改稱局長、副局長，副會辦改稱視察長，設總務、會計、經畫、聯郵及供應五處，秘書處裁撤，改設主任秘書一人，秘書二至四人，各處設處長、副處長各一人，處員若干人。同時又公布郵政儲金匯業總局組織法，原有總辦、會辦改稱局長、副局長，設處同前，並添設主任秘書一人，秘書二至四人❺。

民國二十年九月，劉書蕃氏曾撰〈郵政儲金匯業局之概況〉一文，登載於上海《大陸報》二十週年紀念特刊，其主要內容，計有下列各點❻：

一、郵局於民國十年後，採取消極政策，限制儲金，截至民國九年終，全國儲金局已達三三四所，而民國十八年終，反減至二〇六所，此種政策，影響所及，馴至儲金年有虧損，綜計民國八年至十八年，虧損約達六十五萬元。

---

❸《郵政七十週年郵政統計彙輯》，頁一八六、二一〇，郵政總局。
❹曹潛《郵政儲匯發展史》，頁三七二，郵匯局。
❺同❷，頁二〇八。
❻同❹。

二、儲匯事業，在郵局管理之下，必難期充分發展，因郵局所事既繁，勢無餘力足以兼及。

三、郵政之遞信事業與儲匯事業，其根本上之立場顯有不同；前者屬於專利的，後者屬於競爭的。故我政府欲推廣儲匯，以為建設之助，則非將其置於競爭之立場不可。

四、郵政儲金，自創立之始，即與郵局分立，今之新制，不過是一種整理，並不致形成分裂。整個郵政事業，仍由交通部直轄，惟將前此所混合之兩種不同業務，分歸兩總局管理而已。

五、最需考慮之一點，厥為各郵局辦理儲匯之費用，應如何由儲匯局歸還之。蓋各地儲匯業務，均係由各郵局兼辦故也。現所採取之辦法，係不必詳細計算，以免煩瑣，而是以儲匯局之盈餘，除提出一部分作公積金外，其餘悉數歸入郵局帳內。

十九年郵政儲匯分立之後，郵政收支，即由盈轉虧。按郵政自正式開辦以來，年有虧損，至民國四年，始轉虧為盈。是年收支系數為一·〇四六，即每支出一貨幣單位，例如一元，可收入一·〇四六元。其後逐年上升，至十二年即達一·二九。自十二年起，又逐漸降低，至十八年為一·〇四五。乃十九年即降為〇·九五五，二十年更降為〇·八五九❼。至此二年之實際虧損金額：十九年上半年虧二十一萬餘元，十九會計年度（十九年七月至二十年六月）虧五百六十七萬餘元，二十年度虧七百一十九萬餘元，二年半共虧一千三百零八萬餘元，扣除儲匯總局盈餘歸入郵政帳

---

❼ 同❸，頁二四六。

內，抵付各地郵局辦理儲匯業務開支之撥款七百零一萬餘元，郵政仍淨虧六百零六萬餘元。郵政人員，認為此乃儲匯分立之結果，於是有「驅劉」、「併儲」之運動❽，二十一年一月二十八日，劉書蕃辭職照准，所遺儲匯總局局長一職，由楊建平接充❽。「驅劉」問題，告一段落，但「併儲」問題，則尚未解決。

三、鞏固郵基，分而復合

此時交通部以郵政虧損，擬以增加郵資的方式來彌補，引起新聞界及文化團體的反對。一面又令郵政總局墊支鉅額款項，津貼航空公司，招致郵政員工的不滿。同時，郵政當局，又因財務支絀，擬取消金貴銀賤津貼（各級員工一律每月二元）及限制晉級，直接影響員工本身利益，因而促使郵政員工發起護郵運動，上海郵務職工會及郵務工會乃共同擬具「鞏固郵基」方案，呈送中央，並派代表晉京請願，結果未盡圓滿，於是職、工兩會乃組織「鞏固郵基」運動委員會，於五月二十二日上午五時，宣告罷工，全國各地郵局，繼起響應，蔓延至華北、華南、長江各處，形勢嚴重❶。

❽ 同❷，頁二一八、二一五。
❶ 何建祥《郵政大事記》第一集上冊。

鞏固郵基方案的主題是：「……請暫維原有郵資，裁併駢枝機關，確定以郵養郵原則，以奠郵基，而利民衆……」其主要內容是❷：

一、確立以郵養郵之原則。

二、裁併郵政儲金匯業總局及其南京、漢口兩分局，恢復郵政原有組織。

三、暫維原有郵資，停止由郵政撥給中國及歐亞兩航空公司之各種款項。

四、郵政原有之用人制度及待遇保障，應切予維持。

當時郵政總局局長錢春祺於罷工之次日即奉令免職，總務處處長余翔麟亦因此不久遠調山西❸。

罷工事件，旋經上海各界領袖及中央派員之調停，於二十六日簽訂解決辦法，當日宣告復工，一方面組織郵政經濟制度研究委員會，就鞏固郵基方案研訂實施辦法，報請政府核奪施行。委員會由政府聘請陳公博、吳鐵城、林實、黃乃樞、楊建平、虞洽卿、王曉籟、史量才、林康侯、張公權、杜鏞、潘公展爲委員。報告送至政府後，又幾經研討，至民國二十四年三月一日，國府公布郵政總局組織法及郵政儲金匯業局組織法，將原稱郵政儲金匯業總局之「總」字取消，並明訂：儲匯局直隸於郵政總局，局長由郵政總局副局長兼任。此一郵、儲分合問題，方告解

---

❷ 劉承漢《從郵談往》，頁二一六。

❸ 同❷，頁二三〇。

決❹。

此次公布之郵政總局組織法規定設局長一人，簡任；副局長二人，一人襄助局務，一人兼任郵政儲金匯業局局長，置總務、考績、業務、計核、聯郵、供應六處，處設處長、副處長各一人；設視察長一人，視察、副視察各二至四人；主任秘書一人，秘書二至四人，並得置設計委員會。郵政儲金匯業局則設局長一人，由郵政總局副局長兼任，副局長二人，秘書二至四人，置總務、營業、計核、儲金、匯兌、保險六處，各設處長、副處長各一人。並保留聯合會計處，專司郵政與儲匯帳目劃分事務。另設監察委員會，監察收支及一切重要業務❹。

在此期間，交通部長，亦數度更易，二十一年五月宣告罷工時，部長為陳銘樞，七月一日，改由內政部長黃紹竑兼交通部長，十月二十一日，又改任朱家驊為交通部長，前後不過五個月，換了三任部長❺。

❹ 同❶，頁二一九、二五二。
❺ 同❷，頁二三一、二三九、二四三。

玖　東北郵政與九一八事變

一、九一八前的東北郵政

東北舊設三省：奉天（後改遼寧）、吉林、黑龍江，習稱東三省，亦稱東省；抗戰勝利後改設九省：遼北、遼寧、安東、吉林、松江、合江、黑龍江、興安、嫩江，稱爲東九省。

咸豐八年，中英天津條約闢牛莊爲商埠，設有海關，光緒二十二年，正式設立郵政，牛莊遂成爲郵界總局所在地，偌大的東三省，僅此一郵界。光緒三十年，此郵界共有總、分局十五處，代辦十四處，共二十九處。宣統二年，郵政區域，改依行政區域劃分，東三省仍共設一郵界，總局設在奉天（瀋陽），並於牛莊、錦州府、安東、寬城子（長春）、哈爾濱、吉林府等處設副總局六處。民國二年，郵界改依省制劃分，東三省仍爲一郵區，管理局設在奉天，此時郵政機構，已有四六四處。民國十年，東北分設南滿、北滿兩郵區，南滿管理局設在奉天，轄奉天全省，北

奉天郵務管理局

滿管理局設在哈爾濱，轄吉、黑兩省；十一年，改稱奉天、吉黑兩郵區，後又改奉天郵區爲遼寧郵區，管理局仍設瀋陽。二十年，遼寧區共有各級郵局及代辦所四九七處，吉黑區共有四五一處。

東北由於其地理位置，是日、俄兩勢力衝突的地方，中長鐵路自滿州里（臚濱）至綏芬河，橫貫東北的中部，是俄人的勢力範圍；南滿鐵路自長春以至大連、旅順，縱貫東北的南部，則是日人的天下。各國在我國所設客郵局，在民國十年太平洋會議後，均已先後關閉，惟有日本客郵局之設在南滿者，藉口特別條款，拒不撤銷。日本之對於東北，是早就處心積慮的。迄至九一八前夕，其設在南滿鐵路區域的日郵局計有：一等局一處，二等局十四處，三等局十三處，支局一處，代辦所六十六處❶。

二、恐懼的一夜

民國二十年九月十八日夜間，舉世震驚的「九一八」事變發生，日軍突向我瀋陽北大營進攻，其時遼寧郵區郵務長是巴立地（F. Poletti，義大利人）氏，當晚情形，巴氏次日報告南京郵

---

❶ 民國二十一年五月六日交通部致外交部密咨三四四號附件日本破壞東三省郵政說帖。

政總局云❶：

「昨夜十一時半職正在宴會，忽聞爆炸鉅聲，因近來日軍正在操演，故未十分注意，嗣聞砲聲加劇，並時有機關槍射擊聲，職即於十二時半至街上，……方知係日軍正從事有計劃之砲擊也。職當即趨至中日交界地點，見有日軍防守，如臨大敵，滿鐵區域，禁止通行，但見日本警察及民人甚多，駕

遼寧郵區郵務長巴立地

駛汽車，往來街上，事出奇突，莫不驚懼萬分，且砲聲震耳，槍彈飛越，火光四射，顯非尋常演習動作。……，是時已知轟擊目標係在北大營方面，職……於一時左右，逕赴郵局，當見局內值夜班人員及押送天津郵件人員十數人，均聚於加鎖之天井內。是時砲聲益

❶ 巴立地二十年九月十九日上郵政總局英文半公函第一九七號中譯文。部檔二七七。郵政博物館。「半公函」是郵政公文的一種，介乎正式「公函」與私人「箋函」之間，備首長間對於必須保密事項相互諮詢之用。

劇，……雖情形如此，職當即派人請副郵務長及總巡員鮑國華以及當地巡員宋百祥至局，

……十九日早晨二時四十五分當職等正在會商郵件及其他事項時，忽有信差一人上樓，報告有日兵多人擬闖入本局鐵門，職當與副郵務長劉曜庭及看門人下樓查看，但於職等未到前，已有日兵約二十人破門而入，該日兵等均荷槍實彈，用刺刀指職等，並作手勢，令將汽車房開鎖，當此夜深情形危急之時，在局人員甚屬有限，大費周折，始將汽車房鑰匙覓得，將門開啓，惟該日兵等已急不能耐，怒不可遏矣。有日兵一人當將新置之雪佛蘭汽車駛出，約有日兵二十人，立即登車向北大營駛去，同時尚有日兵數人，將腳踏車數輛攜去，該看門人向係忠心可靠，見此情形，意欲阻止，當被日兵推倒毆打，頭部踢傷甚重，倘無職當場解釋，當其臥地未起之時，定被日兵用鎗擊斃。職與劉副郵務長當時處境亦甚可怖，該時倘無職等在場，遇事力持鎮靜態度，其結果之慘，當有更甚於此者。該受傷之看門人，當即著人看護，因該時街上危險萬分，故候至清晨六時，始將其送往醫院。……當夜在局人員之恐怖狀態，不言可知，但經過一番慰藉之後，均遵令忠心看守局房，職與劉副郵務長及在局其他各人，均通夜未能合睫，黎明時，凡經尋著之重要職員及自動來局報到者，均經聚齊，由職令其在此困難情形之下，仍照常維持局務。至七時，到局之人員甚多，當令聚齊，由職訓話，……告以……在此戒嚴期內，應如何動作，對於職務，應如何繼續維持，以示郵局鎮靜之精神及辦事之效率。嗣飭各信差對於可以穿行之地方，應繼

續投遞郵件，倘遇困難，可將實情用書面報告，以便核辦等語。同時職經日本領事允許接見（該領事與職個人有友誼關係），遂與副郵務長劉曜庭同往，向其陳述日軍闖入本局，毆打門丁及徵用汽車等情事，托其迅商日軍當局，予以放還。並請婉商該當局，准令本局穿制服及穿便衣之員工在街上往來，勿予留難。……並請對於郵用各項車輛，發給護照，以利通行。……日領事答以本地係屬軍事佔領，所請各節，當向各軍事當局轉達云云。八點鐘職又逕往日本郵局，會其局長，請於郵件事務予以襄助，當經允許，並允代電大連日本郵局長，如遇北寧鐵路停車，請其代運往來上海及以南各處之郵件。職回本局後，各項問題，即經解決，除儲匯業務因本國商家均經停業，勢須暫行停頓外，一切郵務，仍極力照常維持，各支局亦照常辦理。……」

此爲事變當晚遼寧管理局應付情形，其後巴氏逐日均有詳細報告，直到十月中，情況稍有恢復，始改爲遇有較要事故時隨時報告。另每十日有一綜合性之密呈，報告該郵區之一般狀況。巴氏與郵政中樞之聯繫，極爲密切。

三、初期的應付

事變發生之初，巴氏所採取之應變措施如下❶：

一、召集員工，訓告勿庸驚惶，在此嚴重期間，各員工無論感受如何困難，須忠誠協助，維持一切局務。目下郵局雖係惟一機關，未被干涉，然頗為日本當局及公衆所注意，故員工當出其全力，保持原有效率，免遭藉端干涉。

二、星期日各員工仍來局辦事，即屬於管理部門人員，亦派其辦理郵件部門及其他工作，以免郵件積壓。

三、各員工六點鐘即到局工作，均能黽勉從公，毫無怨言。

四、發給各員工白布臂章，書明「郵政局」，加蓋關防，編號領用，以利通行。

五、自二十二日起，恢復儲匯業務，惟以奉票暴跌，故儲金全用現洋，匯兌則現洋、鈔票

❶ 郵政博物館。部檔二七七，各相關日巴氏半公函。儲匯總局長劉書蕃二十年九月三十日上部、次長箋函。部檔二九八。

各半。因如完全不收鈔票，恐將加深金融不安，但如何避免損失，則尚待商議。

九月十九日晨七時四十分，日兵約十人，由日警官一人前導，進入遼寧郵區營口一等郵局，將大門把守，並將機關槍放在櫃臺上示威，至午後二時半左右始行撤退，該局隨即於三時開門照常營業❷。

郵局照常維持業務，甚獲外界好評。二十一日，英總領事云：「吾應向郵局脫帽致敬。」並即電告英公使❸。

由於我國電信機關全部停頓，電信通訊，十分困難，巴氏利用各種關係，與南京覓取聯繫，如透過天津郵局或本地法、美領事館致電南京總局等。一般有關業務事項，則祇有請日本郵局代爲拍發。郵局使用之密碼本，亦於二十日晨十時爲關東軍部紫芝大尉偕武裝衛兵二人來局強行索去，二日後始歸還，巴氏乃立即設法密報總局，將此項電碼，予以變更，並轉知各區❹。

瀋陽方面，日憲兵於十月二日來郵局檢查郵件，當時並無何項準則，經磋商說明，才同意將

❷ 二十年九月二十日營口郵局上遼寧郵務長半公函。部檔二七七。

❸ 同❶。部檔二七七。

❹ 巴氏二十年九月二十日半公函。部檔二七七。

欲檢查之件，登簿交簽。其後檢查地域，擴及南滿沿線各地，因情形特殊，言語隔閡，各局應付，每多困難。例如軍方每於事先告知，郵件非經檢查，不得投遞或封發。而事實上卻數日不來局檢查，或一日僅來一次，致郵件之處理，遭受嚴重之延誤。或檢查後並不重封，或逕在車站拆袋查驗，或扣件不予簽收，種種情形，不一而足。因擬訂「檢查郵件臨時辦事規則」，經設法徵得憲兵方面同意，依照辦理。其要點如下❺：

一、檢查由日本憲兵或警察方面派員辦理，事先須以公函通知郵局。

二、檢查須在郵局內施行。

三、檢查之郵件，限於本地寄往外地，或外地寄來本地之中國人郵件。由甲地寄本地轉往乙地整袋之經轉郵件，不得拆驗。

四、爲免延誤郵件處理，檢方須先將欲檢查之特定對象告知協助之郵員，以便提出送檢，而期迅速。

五、送檢之件，須登簿簽收。

六、查訖退還之件，須由檢方加封蓋章，注明查訖，以明責任。

其後遼西陷落，各該地郵局亦相繼施行檢查，錦縣郵局遂亦與駐錦日軍憲兵方面，參照上述規

---

❺ 遼管局二十年十月二十七日第七一九四／一二六二六號呈。部檔三〇〇。

則，訂定「檢查郵件規則」❻，由管理局分令沿北寧路各局遵照辦理。

其實，除一般郵件，須準備隨時接受檢查外，郵局自身來往文件，包括案卷在內，亦有隨時被檢閱的可能，巴氏有鑒及此，爲恐與郵政總局往來文件被發覺，將使整個東北郵政遭受影響，因請總局將寄來密函另行列號，勿與一般業務之函件混編，以便單獨存放，免被發覺❼。

四、日軍的兇暴

郵件的安全，在檢查郵件的辦法訂定後，雖不見能完全確保，總算稍有依循了。但在敵人的軍事佔領下，員工的人身安全，則成了最大的夢魘。此種對人身的侮辱、威脅和侵犯，即巴立地本人，也不能免。

事變發生的第二天，九月二十日晨，巴氏外出時，竟遭日軍全身搜查，禁止通行，雖經多方說明，並出示名片等證件，亦無效果。不得已，祇有向日總領事提出口頭說明，並爲渠本人及劉副郵務長各請通行證一張備用❶。

---

❻ 遼管局二十一年二月一日第不列號密呈。部檔三〇〇。
❼ 巴氏二十年九月二十日、二十二日、十月三日、七日半公函。部檔二七七。

二十一年六月十六日下午二時半左右，日憲兵大佐內籐偕繙譯來巴氏辦公室，巴氏見情形不對，即招郵員日人小松衡一亦來其辦公室，此時該憲兵即開始向巴氏言詞攻擊，措詞極端橫暴，又用極端侮辱的話狂詈，指巴為謊言之徒，又指郵政全體都是反偽國份子。從其行止觀察，可知是有意前來尋釁，以圖破壞郵局的，巴氏沈著應付，對方無隙可乘。次日，日副領事來訪巴氏，對內籐之無禮舉動，深表歉意；同日，日一上尉亦來局正式向巴氏道歉。但日方機關間彼此亦無隸屬關係，故亦無法約束，祇有轉報上級而已❷。

至於一般員工，更是在敵偽環伺與威脅下，執行職務，隨時都會面對暴力與危險。

二十年九月二十九日，駐錦縣段巡員張榮紱被捕遭毆打，據其報告❸：

「竊巡員及金紹田奉命於二十四日赴營口辦案，二十五日十二點左右被營口日本軍政部派人將巡員及金紹田并吳副郵務長同時被逮，並疑巡員係軍事秘探，威逼口供，連擊頭部，當時昏倒在地，流血不止，當巡員等被逮，行抵軍政部之後，令金紹田立於門外左側，令

❶ 巴氏九月二十日半公函。部檔二七七。
❷ 巴氏二十一年六月十七日半公函。部檔二九八。
❸ 見張員第二七五六號呈。部檔二九九。

吳副郵務長及巡員入屋內，當在巡員提包檢出逐日報表底本，見逐日行蹤不定，嗣見查局報告及節略單內，均注有某處軍隊若干，外人若干，更見事變後報告某處被佔，車抵某處，郵運情形如何，伊竟斷章取義，著眼於外人軍隊佔領等字樣，謂巡員係軍事秘探，凡百解釋，伊均置之不聽，偵訊約一鐘有半，令巡員出外在門之右側，與金紹田相背而立，屋內如何訊問吳副郵務長，已不得聽聞，約一鐘半，見吳副郵務長由門外出，知係釋放，又一鐘許，將金紹田招入屋內問訊，約有一點，嗣金君出，令巡員入，即認定確係秘探，威逼口供，用鐵球一端繫繩，連擊頭部，當時昏倒在地，已不知人事，移時甦醒，見流血滿地，渠等將巡員包內公事拿出一部擦拭頭部及地下血跡，棄諸水桶之內，復一再持手槍實彈，直逼胸膛，令承認確係軍探，巡員自分已絕無生望，縱不能立斃屋內，亦不過時間問題。又經一時許，令巡員另至一屋，見金君先在，不知如何，草問數語，即行釋放（約在晚七點），勉力行抵郵局，頭目暈眩，身體疲憊，已不克支持。當由吳副郵務長及營局同寅雇車送往普濟醫院診治。……」

二十一年六月十五日，遼管局郵務員趙殿閣、郵務佐楊澄清、力夫金榮遠三人因接聽日憲兵打來電話，未聽清楚，因而導致誤會，遭日憲拷打，遼寧管理局抄送趙殿閣報告說❹：

「……竊員於本月十五日下午五點十分鐘，偕郵務佐楊澄清被日本憲兵拉至日本憲兵隊部，其時力夫金榮遠尚未至，即由內室來一日兵，猛牽入室，坐一日官，旁立數人，喝令跪下，員腿後猛遭一擊，以致跪下，日官厲聲詰責，由譯員譯曰「本隊向郵局電話係找郵局日人，何以郵局云日人係作什麼的」，當答以貴國人操華語口音稍異，易致誤會，所云「郵局日人」，郵局以為「郵局中人」，故答郵局中人甚多，究找何人，以便代覓，非敢侮辱等語，言畢，旁立者頻批員頰，復猛踢倒地，兩肘擦破，血跡斑然，旋由日兵牽起，甫起復猛踢跪下，計共數次，為之昏迷，移時復由旁立者授員以筆，使株連多人，員祇書同來者三人名姓，復逼令多寫，雖拳腳交加，員卒未允，嗣日兵用繩緊縛員身，使旁立，旋牽楊澄清入，亦受辱打，此時力夫金榮遠繼至，亦同受辱，計員被縛約一小時始釋，勒令三人共跪，嚴詰局中反日份子，係屬何人，以便逮捕。又云日方檢查信件，有無不滿意，祇得答以局中並無反日份子，檢查信件，並無不滿意，該日官盛怒之下，使旁立者將員按倒仰臥地上，逼打楊金二人，使按員手，由日兵提壺擬灌辣椒水者數次，經多方解釋，始於八時三十分悉行放歸，共計備受凌辱三小時另二十分鐘，現經數日，傷痕尚未平復。……」

❹ 二十一年六月二十八日總局致郵政司函。部檔二九八。

另據遼管局報告：

「……該趙殿閣等三員備受酷刑後，並被迫宣誓，不許向外傳說，其家屬地址等亦經抄錄，故上述種種務請暫時嚴守秘密，免使彼等發生生命危險……」

同年四月八日，遼管局郵務員張嗣文忽告失蹤，多方尋覓，亦無下落，員工受此影響，人心惶惶，幸於五月一日被釋返局，始悉係為憲兵所逮捕❺。

五月二十七日，吉黑郵區額穆局長楊甲辰遭當地日本駐軍擄去，在敦化地方遇害❻。

是年四月二十一日國際聯盟滿洲調查團蒞瀋陽展開工作，遼管局郵務員鄭傳箕至滿鐵附屬地大和旅館訪問其友人顧執中——調查團中國代表顧維鈞的秘書。僅晤談數分鐘，辭別後剛出旅館，即被日本便衣警探逮捕，拘禁於日警署，百般拷打，受傷甚重。後經巴立地向日本總領事及日警署交涉，並因顧代表及調查團李頓（Lord Lytton）團長也知道此事，鄭於四日後方得釋放❻。

調查團在瀋期間，敵僞多方禁止民衆與其接觸，以免提供消息，暴露眞相。但遼管局職員

---

❺ 二十一年五月十六日遼管局密呈不列號。部檔三〇一。
❻ 淮濱〈九一八事變後的東北郵政〉《今日郵政》三三五期。

中，有許季珂、蕭祖蔭、鄭廷傑等人，冒險蒐集資料，編成節略，透過巴立地以兼任義大利駐瀋總領事身分，提送調查團，使其能獲悉實際情況，對調查工作，裨益不少。

日人嚴格封鎖新聞，不使消息外洩，尤其是天津的《大公報》和《益世報》，常有敵僞消息刊出，是日人所最恨的，但卻無法查出其消息的來源。原來遼管局郵員名金紹田的，每晚在瀋陽郵政大樓一密室中，埋頭寫稿，提供消息，以秘密方法寄送該二報，自始至終，日人都未能發現❼。

當撤退方案尚在籌議中時，交通部顧慮員工入關人數衆多，郵政經濟不免難以負荷，原擬祇許資深郵務員依其志願撤退，其餘各級員工均不准後撤。巴氏深知如照此執行，必致沮喪員工愛國熱情，或將引起不幸事件，正躊躇間，忽接全國郵務職工總會通知，召開會議於上海。其時遼寧郵務工會已被地方當局強迫解散，員工乃以郵政同人俱樂部名義，以資代替。此時乃透過俱樂部組織，推定鄭廷傑及金紹田二君以出席會議爲名，赴上海及南京爲全體員工請命。鄭等抵滬後，多方解說，據理力爭，卒獲政府同意，下令撤退，東北員工之愛國志願，方克達成。但鄭、金兩君於返回瀋陽時，路經大連，即爲日軍逮捕，逼供因何反日，經告以係參加郵工會議，商討郵政儲金匯業總局設置不當問題，絕與政治無關，拷訊數日，幸其所搜查之文件與此相符❼。而

❼ 劉承漢《從郵談往》(一)，頁二八八、二九八、三〇〇。

巴氏已遣日籍郵員小松衡一來大連援助，始得脫險。於二月六日回瀋。

五、內地郵局的遭遇

以上郵政人員激於義憤之愛國行爲，以及在日憲淫威之下，人員隨時均有生命危險之情形，不過略舉數例，以見一斑。至內地各局，除須面對日人外，因地方治安，無法維持，盜匪猖獗，應付更爲艱辛。往往爲保全票款公物，而置私人財物於不顧。甚至事起倉卒，爲儘速攜帶公物躲避，而無法顧及妻兒。

二十年十二月八日午間，立山三等郵局局長李成興因未照日憲兵所囑扣留報紙，竟被捕拘禁十四小時之久，據該員報告[1]：

「……局長於本日上午十二時被日憲兵非法由局內帶往鞍山，午後三十分拘禁於日憲兵分遣隊，經審二次，加以污辱，地方人士營救無效，繼拘至翌晨二時二十分間，承蒙　鈞局深夜派員交涉得釋，局長出具誓約書二紙，大意：『有大公報或其他排日報紙均送交憲兵

[1] 二十年十二月二十九日郵政總局上交通部呈五八五號附件立山局局長李成興不列號呈。部檔三〇〇。

隊，並不存敵意。』於九日午前六時回局。……查此事肇端起於天津《大公報》，自起始檢查郵件之時，日憲連來二次，我局盡力招待，因農民信件佔多數，日憲以後即不來檢查，《大公報》得以照常寄遞，無一日之間斷，每日不下百餘份，民衆方面，以得睹國內消息，深引為快。方稱揚郵局不止，孰知此即招禍之端也。日憲既疾視該報，前三、四日曾口頭向郵差傳話：『如《大公報》來，即送鞍山憲兵隊。』本局亦令該差回話：『如欲扣留《大公報》，須用書面通知。』日憲迄未用書面通知，又未來人正式留話，……不足憑信。……況有渴望消息之民衆更不忍負之……」

立山郵局局長不知天高地厚，居然敢以「須用書面通知」為理由，不理會日憲扣留《大公報》之囑咐，難怪要被拘禁了。

同年十月十二日，地屬昌圖縣治之金家屯三等郵局，因全鎮為盜匪佔據，局長不得已喬裝貧戶，逃避昌圖，妻室被擄，多日後始得贖回❷。

二十一日，位於四洮線上之茂林，為盜匪攻破，當地之三等郵局已將大宗票款，預先藏匿，得免損失。盜匪第二次來時，郵局已無公款可搶，遂搜尋局長及員工私人財物，席捲一空，盜匪

❷ 遼管局二十年十月二十七日第七一九四／一二六二六號呈。部檔三〇〇。

並將槍直指局長胸部，性命幾乎不保，該局共被搶數次，局長見勢難支持，祇好秘密攜帶所藏票款及部分檔案，以及本人及信差眷屬，撤退四平街，僅留信差看守局屋❸。

十一月五日，大窪地方為盜匪侵入，郵局局長將票款纏裹腰間，以局屋防禦單薄，乃留信差看守，自身急避鎮中巨商院內，以保公款安全。夤夜盜匪多次襲擊該巨商院落，這位局長不得已，縋牆逃避五里外之鄰村，妻小亦無法顧及，翌晨聞盜匪退卻，遂急行返局，公款雖獲保存，私人衣物，則盡遭劫失❹。

未幾，遼西戰起，十二月三十一日，溝幫子為日軍佔領，隔日，便衣日軍一名，夤夜入郵局，手持利刃，逼索財物，員工私人衣物被劫，公款幸無損失❺。

二十一年五月八日、十二日及十四日，盜匪由新賓敗退柳河，與軍隊發生巷戰，彈火時落郵局附近，當地居民，十室九空，所遺衣物，盡被劫掠，柳河郵局自行停止部分業務，局長在地上躺臥三日，危困萬分❻。

六月六日晚，鴨江對岸，向臨江城內轟擊，義勇軍退卻，秩序大亂，臨江郵局襄辦在家候至

❸ 遼管局二十年十一月十一日密呈第不列號。部檔三〇〇。
❹ 遼管局二十年十二月一日不列號密呈。部檔三〇〇。
❺ 遼管局二十一年一月十九日不列號密呈。部檔三〇〇。
❻ 遼管局二十一年五月二十五日密呈不列號。部檔三〇一。

天明，於槍林彈雨中奔往局內，由板壁跳入院內，局長、信差等均已不見，局旁中炸彈數枚，該襄辦將經手票款帶出，攜眷匍匐逃出城外，衣物盡被焚燬，途行三日，始逃至八道江暫避。十七日，襄辦偕郵差冒險返局，恢復局務。局長因病於事急時逃至山中暫避，但因病勢加劇，難以返局，經派員接任❼。

以上當時東省內地紊亂情形，所在多有，不過略舉數例，以見當地郵局應付之艱辛。

由於戰事蔓延，火車時通時斷，郵件運輸，至爲困難，例如二十年十一月下旬，四（四平市）洮（洮南）路之鄭（鄭家屯，即遼源）通（通遼）支線迄未恢復通車，而郵件運輸，不能任其停頓。乃於二十二日由遼源局派郵件力夫張文普、張福堂二人，向通遼出發，當日行抵遼源西三十五里處，遇到匪徒，擄張文普以去，張福堂則掩藏溝中，得以倖免，逃回遼源，張文普則於次日夜乘匪幫交戰之際逃回局中，幾遭不測。三十日復由通遼發班，雖沿途匪幫凶悍，郵差繞越困難，終於十二月二日安抵遼源。此後繼續走班，除因躲避迂迴，班期稍有延誤外，迄未中斷，全路約三日可達❽。

❼ 遼管局二十一年六月二十四日、七月八日不列號密呈。部檔三〇一。
❽ 遼管局二十年十二月九日、十八日密呈。部檔三〇〇。

六、棘手的問題

九一八事變發生後，第二日日軍即佔領瀋陽、長春、營口、鐵嶺、開原、安東、鳳凰城、撫順、延吉等地，數日之內，遼、吉兩省要地全失，日軍佔領區日趨擴大，區內反抗、動亂亦因日軍之鎮壓而漸趨平息，於是日方乃採以華治華之方式，在各地成立地方維持會，以後則進一步成立偽組織，而對我郵政之逼迫，亦隨之而來，日甚一日。

棘手的問題，開始到來。十二月七日，瀋陽地方維持委員會致函郵局：「查遼寧改為奉天省，前經通飭所屬，並布告周知在案。所有舊日印章、戳記等項，注有遼寧字樣者，應即從速改正或取消，以符名實，倘仍沿用舊日名稱，概作無效……」❶

巴氏對於此類問題的應付方法是：影響不大，勉可照辦者，即予照辦。否則就是一個「拖」字訣，拖到不能再拖，必須面對時，則引用郵政原有規章，向之解釋，以求一切維持原狀。必要時再向對方說明郵政是一服務公眾的事業，從不涉及政治，且具有國際性，偽組織並未為萬國郵盟所承認，不宜輕舉妄動，引發問題。最後則是利用其義大利籍的特殊身分，設法解決發生的問

❶ 巴氏二十年十二月八日半公函及附件。部檔二七七。

題。

對於地名的問題，牽涉到郵局所用的日戳，茲事體大，巴氏函報總局，是這樣說的❶：

「……職對此事，非至迫不得已，不欲有何舉動，業於前函陳及。嗣後職將盡力避用遼寧二字，關於在東省公用之文件，尤當避用。至本局所用鑄有遼寧字樣之日期戳記，職擬照常使用，倘該會反對，即改用現存本局鑄有羅馬字樣『Moukden』及國文字樣「瀋陽」之舊戳記，至於奉天二字，非出於絕對必須，定不應用。……」

由於傳言偽組織即將成立，故接收郵政之說，亦甚囂塵上，二十一年二月二十九日，巴氏函報總局❷：

「……茲據由天津調來之二等四級郵務員馬德蔭報告，有譚可元者，從前曾在天津第十五支局服務，以私販嗎啡聞名，並與土肥原相識，刻經趙欣伯之請，正在草擬一接收郵政之計劃書。譚可元並稱：日方已經確定步驟，定於二月十一日正式宣布滿洲新國家成立之

---

❷ 二十一年二月二十日郵政、儲匯兩總局上交通部密會呈第一二號及附件。部檔二九四。

日，同時接收滿洲郵政，又稱新郵務管理局是否仍設瀋陽抑或遷移長春，尚未決定，但因長春方面缺乏屋宇，故大概不致遷移。現在當局已聘有日籍顧問十人，專門究研郵政事件，現在郵局所有日員兩人，聞亦將裁撤一人，僅留其一，至於其他郵員如何處置，尚未確定。郵局由日方接收後，所有郵票，均將加蓋木戳云。……」

巴氏驟得此項消息，至爲吃驚，立即設法探詢：

「……職與劉君（按指副郵務長劉曜庭）當即往訪臧式毅之私人秘書趙鵬第於財政廳，請其引見臧主席，承其允許，立即晤見臧氏於主席辦公處。其時幸無日顧問在側，惟前交涉署職員于傑泉亦在座旁聽，談話雖短，但極爲自由。職先請臧氏即設法恢復瀋榆間之郵件運輸，臧氏允即設法。職又言此次進謁，實以外間謠傳即將接收郵局，並聞主席已接到關於此事之建議書多通，故特來一詢究竟。臧氏當即完全否認所謂建議書事，繼又作遁辭，謂郵政事件刻尚未提及，但以渠所知，一切當無問題。職又言當主席就職之日，職曾進忠告，請勿聽外方煽惑，採取斷然行動，即使迫不得已，亦應先向郵局商酌，如有咨詢，郵局當無不樂爲奉告。職又言郵政全部如被瓦解，則結果極爲危險，不可不知。臧氏當答稱：關於郵局事件，渠可保證決定出之愼重，所有在奉天省内之一切事件，渠當親自辦理。……臧氏言：渠對於在奉天省發生之事件可以負責，而不及吉林、黑龍江兩省。此言殊可玩味，大抵日人計劃在臧氏之上，將另派一最高官員，以管理滿洲全部。……茲爲預事防範起見，建議數項於後，尚請鑒核示遵：一、儲金新户遇必要情形時暫停開立。二、開發他區之匯票，遇必要情形時，應逐漸或全部停止。同時由此間電告儲匯總局，通知停止收兌匯票。三、郵票存額應極力設法減少，否則若被新當局攫得，即可私運他省易錢，損失頗巨。現在交通不便，自難運往津滬保存，擬請准將餘存郵票，原封寄存外國銀行，照納保管費。四、郵政財產抵押一層，已屢向本地各中國銀行情商，但均以情形複雜，不允照辦。擬請鈞局考慮，可否由滬外國銀行信託或地產公司接受抵押所有東三省郵政財產。上列四項建議中之任何三項，如蒙邀准，請即電知，隱用郵袋號碼「一二三」，或郵袋「一」與「二」等字，即可知悉。……關於人員問題，如郵政實行改組，同人勢難留職，不知總局可否在他區保留其位置，此事似須先期妥爲布置，因目前全體郵員已有總離職之趨勢也。上點如邀核准，請電「人員已足」四字隱語。滬地情形緊張以來，未知前此所上不列號各函，曾否有爲日當局扣留，請即示知，否則此間地位更形困難矣。此函係由法領署轉寄。……」

巴氏以一客卿，其謀事之細密，處境之艱難，與夫對中華郵政之忠誠，此函可以充分看出。數十年後，閱及此一舊檔，令人仍禁不住對巴氏生無限的敬仰與同情。

二月一日，巴氏函報總局云❷：

「上月三十日，職在寓所開一私人談話會，與會者有財政廳長于珍、秘書長趙鵬第及未來之瀋陽警備司令王茲棟，臧式毅之秘書長金毓紱及其他忠於中國政府之官員數人，對於郵政問題及目下危機，均有詳細會商。職並向渠等聲明：郵局方面所以準備抵抗外方干涉者，並非自私，其目的實在謀全部郵政及滿洲華人之利益。渠等對於職之聲明，表示同意。並稱日方最高當局，亦不致贊同其他日員之邀功方法。又稱渠等將再晤臧式毅主席，勸其勿聽讒言。……」

十一日，總局電復巴氏❷：

「二十九日來函第一、二、三條辦法照准。所有款項應儘量隨時匯往天津，俾免累積。至救急費用，可撥少數留在奉天外國銀行，開立郵政儲匯總局戶頭，由執事代表儲匯總局簽用。至關於人員問題，函詳。所有東三省郵政財產，均已劃付儲匯局儲金投資帳內，……上述訓令，應設法通知哈爾濱郵局。」

一面就四項建議，與儲匯總局會呈交通部，確定儲匯業務，非至絕對必要，不予停辦。並確定了保留關內各區人員應補缺額，以備將來必要時以東省人員抵補之原則❸。

七、僞組織成立

三月九日，僞組織「滿洲國」成立，事態益形嚴重，溥儀爲僞執政，年號大同，於是日舉行就職典禮，各機關須懸僞國旗慶祝，並規定郵件上須加蓋紀念戳，自是日起，各機關一切文件，應改用大同年號。長春郵局，已被迫懸掛僞國旗，瀋陽管理局，也受到同樣之脅迫，巴氏除電告總局外❶，同時將近日情況，詳細函報，其主要內容如下❷：

一、聞本省非法當局擬令所謂市政府接收郵政。

二、萬一如此，當力勸其暫勿更動，郵局應仍照常工作。

三、如不聽勸告，當以建議書一件，親送對方之最有力者，並抄送商會及各公衆機關，一面以英

---

❸ 交部二十一年三月七日復函總局密指令第一一九七號。部檔二九四。

❶ 二十一年三月十一日郵政總局致交部郵政司第三四號函。部檔二九四。

❷ 二十一年三月二十二日郵政總局致郵政司第四二號函。二十一年四月二日交通部上行政院密呈第三八號。二十一年四月十八日行政院下交通部密指令第八四五號。部檔二九四。

文本分送各國領事。

四、如允商談，當竭力洽訂妥善辦法，以利局務。

五、否則除放棄之一途外，別無他法。屆時當與副郵務長、會計長均不到局，亦不交卸，其餘職員，則在可能範圍內，擬准給長假返籍，以觀變化。一面通知各國領事，轉達聯郵各國。

六、僞滿州國定九日成立，須在郵件上加蓋紀念戳，如何請核示。管見以為從權之計，凡往來東三省境內者，擬予加蓋；境外者則以不合聯郵定章為詞，婉予拒絕，當否請示。

七、建議書之主要內容為：

(一)說明郵局為一純服務社會之機構，如受阻礙而致停頓，民眾將感極大不便，亦且引起國際間之糾紛。

(二)建議五點如下：

1. 吉黑及遼寧兩郵區現狀應予維持，不加變更。所有員工，仍由現任郵務長督率，按照現行章則及待遇照常服務。

2. 現行郵政資費、各項章則、賬務辦法及聯郵辦法暫仍照舊。

3. 郵政賬目及收入，得立予稽核。惟現行賬務制度及郵款劃撥，在未與上海總局商訂辦法之前，應照常辦理。

4. 該兩區與其他各省往來之匯兌及保險信函事務以及儲金事務，在未與上海總局商訂辦法之前，暫行停辦。

5.其他業務仍應照常辦理。

經總局層報行政院令復：所呈應付辦法，尚屬妥協，經提出本院第二十次會議決議照辦❷。

此時，吉黑區郵務長西密司（F.L. Smith，英人）亦於三月十六日函報，龍江一等局局長徐祖光以當地商會請在郵件上加蓋紀念戳，該員遲不作復，不意隔日一日軍官偕商會會長同來，一再催逼，迫不得已，已於多數信函上加蓋❸。

未幾，遼寧管理局收到僞交通部派于振鐸等五人送來三月三十日公文一件，內容如下❹：

「查本年三月一日，滿洲政府成立，所有郵政行政暨郵政事務，已與中華民國脫離關係，本部奉政府命令接管滿洲國以內之郵政行政暨郵政事務，爲此令仰滿洲國各郵務長，務即嚴切遵照下列各節分別辦理：

一、自本年四月一日起，政府將接管滿洲國郵政行政暨郵政事務。

---

❸ 二十一年三月二十六日總局致郵政司第四六號函。部檔二九四。

❹ 巴立地二十一年四月一日發總局電。兩總局二十一年四月九日上交通部會呈第二四號。交通部二十一年四月十六日發兩總局密指令第一八〇九號。以上均見部檔二九四。

二、所有郵務員工之位置與薪水仍照其舊，以待後命。

三、所有業務應照常維持，以待後命。

四、郵政行政以及其所屬之財產，業均歸於政府所有。對於動產之轉移，以及抵押權之成立，均應嚴行禁止。

五、所有保險箱暨郵票以及其他與其同性質之財產，應由奉派接收郵政事務之委員驗查。

六、應具全部現有財產清單呈送交通部。

七、所有現在與將來之存款暨所收入之款項，均應交存於東三省銀行之滿洲國國庫。對於上項存款之提支，應須經交通部所派之員司核准。

八、所有重要之單據文件，應須整理，交由所派之委員驗查。」

來人表示係奉命前來接管郵務，並要求：

一、將帳簿、郵票登記簿等交其查看，並於其後分別簽字。

二、停止撥解款項與郵政總局。

三、巴氏切實聲明究竟加入彼方與否。

對於第三點，巴氏當答以須候總局之命令。

遼寧管理局原有日籍郵務員二人——田中勘吾、小松衡一，已由僞方委其接管哈爾濱及瀋陽郵局。並限巴氏對上述要求於二十四小時內答復。

吉黑管理局亦於同時收到同樣之公文，送文者隨帶警察六人。前一日離開瀋陽郵局，投效僞滿之日籍郵務員田中勘吾亦與之同來❺。

兩管理局除即電總局請示外，對於對方所提八項條件，並未接受。巴氏且以前報總局之建議書中之五點建議爲基準，與對方周旋，堅持須對方無條件接受，並要求以書面證實，同時通告停止匯兌及儲金業務，以爲對抗。巴氏亦請求總局，如對方能依此五點，繼續由其維持現狀，勢須對全體員工，保證繼續任用，以解除彼等此時之恐慌❻。

兩總局因即會呈交通部，建議即依此五點，商取對方同意，以期東省郵務現狀，得暫爲維持，以待中央整個政策之決定❻。

此時對方對五點中之一、二、五等三點已完全同意。第三點擬改爲：所有款項應立即存入東三省銀行僞滿國庫帳內，其他辦事細則由特組委員會決定之。第四點對方主張匯兌，儲金及保險事務應照常維持，匯兌經其查核後亦可與南京總局撥解款項。

對於第三點對方修改意見，我方自不能接受。至於第四點，總局於四月七日電復巴氏：

❺ 吉黑郵務長西密司二十一年四月一日電。部檔二九四。
❻ 同❹。

「……如該僞當局對於開發及兌付匯票之餘額保證能向本總局匯解，並對於現時存放郵款之銀行無有變更，即可暫行恢復……。」❻

國聯調查團將抵瀋前，四月十五日巴氏來電云❼：

「……彼方忽改變態度，顯係政治作用。本日下午，哈爾濱派來之代表臧某偕同遼寧代表到局，多方勸職簽署彼等所擬出之中文宣言，其中略云：奉天郵務長謹誓遵守新國家交通部之一切命令。此宣言係致交通部代表，其日期爲大同元年四月十四日，此事顯係計謀，蓋欲使國聯調查團認係郵務當局自動放棄郵政也。職已多方想法，令彼等知曉，如再強迫，將使職脫離郵局，並謂果爾則必非君等之本意云云。……」

同日又續電：「……彼等仍強壓職簽署忠誠於僞國之誓言，職已堅決拒絕。告其可候各項問題解決後再談。惟此事足以引起決裂，因彼方對於此點極爲堅持也。……」總局遂即轉報交通部，旋奉部二十日哿電復❽：「……宣誓一節，斷不可行……設僞國以武力壓迫，無法應付時，惟有全

❼ 郵政總局二十一年四月十六日致郵政司函第五九號。部檔二九四。
❽ 二十一年四月二十日交通部發郵政總局哿電。部檔二九四。

部退出……。」

此事敵僞既不得逞，二十六日，巴氏密呈總局稱❾：

「……地方僞當局近日對職忽加監視，派有偵探數人暗記職之行動，因彼等恐職與顧代表、及其他華人接洽故也。昨晚職接到警告信一件，據稱關係方面擬對職行刺云云，此信或係服務警察機關忠於政府之華人所寫，出於關切之意，亦未可知。接到此信之後，國際調查團意國代表，適來過訪，職乃向其譯述，彼等亦因僞當局對於調查團各代表，處處監視矇蔽，深爲憤慨。職本日往晤日本總領事、日本警務廳長及臧省長，因省長公出，由總務廳長某日人代見，當將上述警告信交各人閱看，告以職之行動，已被監視，並云：倘該僞滿洲國反對職在瀋，則職準備立即離境，否則對於職個人自由，即不應再行暗中監視及加以恐嚇，此事並非初次發生，業已遭受恐嚇數次，故欲得知該僞滿洲國以職在此是否認爲對其有所妨礙，惟彼等對於此問題未能切實答復，職深信將來國際調查團離開東三省之後，職之煩擾尚多。……」

---

❾ 二十一年五月十一日郵政總局致郵政司函第八六號。部檔二九八。

敵僞至此已是不擇手段了。

八、繼續交涉

另一方面，前述巴氏所提建議書中之五點，雙方仍在繼續磋商中，南京方面，認爲在雙方獲得協議後，僅須口頭約定即可，不得簽訂任何文件，以免涉及承認問題，對我不利。至二十七日，雙方已達成協議，並由巴氏與對方代表臧田簽署，是日巴氏電總局云❶：

「二十六日電奉悉，對於彼方人等，僅用口頭協定，殊無效果。至建議書內所開各節，僅係維持工作之臨時辦法，其正式解決方式，仍候鈞局與地方另行接洽。該項臨時辦法，經過劇烈之爭論，並以決裂爲表示，始克於本日下午簽字。彼方由臧又青及田中勘吾代表，我局則由職署名，並由郵務員小松衡一簽字作證。匯票事務，自二十八日起恢復，請通飭各區遵照，爲禱。」

❶ 二十一年四月二十七日巴氏半公函。部檔二九五。

同日，巴氏復函報總局❶：

「……承示勿簽正式協定各節謹悉。因彼方人等毫無誠信，難與周旋，即如對於郵政盈餘一項，尤無誠意。日後果有盈餘，彼方定欲提用。故職認爲必須使彼等簽署一種確定辦法，至少可適用若干時，以資憑證。今既訂有此項臨時辦法，郵政盈餘，即可仍歸兩區郵務長保管，一與匯票資費無異。此外人員問題，至少暫時亦可維持原狀。微此辦法，則非但職等對於自身地位，暫時毫無把握，而且彼方必將……要求添用新人。……因彼方現有中日賦閒人員甚多，亟待安置，今幸稍有根據，暫時可無紛爭。……此次所訂之臨時辦法，以管見觀察，除處理盈餘及匯費稍有限制及稽核帳目手續外，其餘在鈞局未與地方另行磋商及正式解決全案以前，均係維持原狀。惟在未簽字之前，雙方經過激烈辯論，彼方又提起職對於該僞新國家之忠順問題，據稱滿洲國境內不能容留中立人民云云，職當答以本人已準備即刻辭職……此事現時可謂告一段落。在儲金問題、田中勘吾復用問題、日戳改用年號問題。以及發行新郵票問題，未提起之前，暫時或可相安無事。惟以上四種問題，據職所知，不日即須提起耳。……」

雙方簽署之辦法如下❶：

「郵局純係服務社會之機關……，各區與總局，儼如輪軸相輔而行……，故一方偶有變化，或感受阻礙，全體即行停頓。是則非但民衆感受不便，亦且引起國際間之糾紛，自非當道之所樂爲。今政局變更，吉黑及遼寧兩郵區，固在新邦區域之內，所有一切情形，郵務長亦頗深知。惟其職責所在，祇能與當局逐漸商訂相當辦法，俾郵政工作得以照常維持，否則不但匯兌及儲金事務，陷於停頓地位，即所有其他郵政業務，亦將同遭阻斷。郵務長忝綰郵政，責無旁貸，爰就管見所及，建議辦法五條如左：計開：

一、吉黑及遼寧兩郵區之現狀，應予維持，不加變更，所有員工，仍由現任郵務長督率，按照現行章則及待遇，照常服務。

二、現行郵費資例，各項章則帳務辦法及聯郵辦法，暫仍照舊。

三、郵政帳目及收入，得立予稽核，惟現行帳務制度，在未與上海郵政總局商訂辦法之前，仍照常辦理。兩郵區如有盈餘，在雙方對於全案尚未解決以前，應由瀋陽郵務長巴立地，及吉黑郵務長西密司分別保管。

四、兩郵區境內各地方互相往來，及與其他各省往來之匯兌事務，應按左列之臨時規定，予以恢復。

A.遼寧吉黑兩郵區，與各省往來者：

甲、東三省發往關內各省之匯票款數，如超出其代關內各省兌付之款數時，應將超出之數，撥解關內，關內各省亦如之。

乙、所有本年四月一日以前之匯票款項，仍由瀋陽郵務長巴立地及吉黑郵務長西密司分別保管，以待最後處理。

丙、所有依照以上甲項規定，向上海或天津撥解款項之用費，應由東三省郵區擔負。

所收之匯費（如東三省郵區營業虧折即將所虧之數從中扣除）應平均分爲兩半，一半撥解上海郵政儲金匯業總局，其餘一半在雙方對於全案尚未解決以前，應由瀋陽郵務長巴立地及吉黑郵務長西密司保存。

丁、關內各郵區代東三省兌付之匯票，應另立登記簿，每月向上海郵政總局呈送一次，備作日後結帳及核對東三省解至關內款項之根據。

戊、所有備作以上甲丙兩項規定之解款應需之款數，仍應存入現時存放之銀行，完全由瀋陽郵務長巴立地，及吉黑郵務長西密司分別管理。

己、自恢復匯兌事務之日起，兩郵區對於與其他各省往來之匯票及與境內各地方往來之匯票，應分別各立專簿登記，以便易於核算以上甲丙兩項規定之解款，以免錯誤。

庚、遼寧吉黑兩郵區現任郵務長巴立地、西密司及其會計長亥蘭、羅特，對於各該區帳目之確切無訛及處理款項之適當，應負完全責任。

辛、依照以上己項分立之登記簿，得由相當派遣之稽核員查核。

壬、所有施行以上各項規定之辦事細則，日後再行決定。

癸、以上各項仍候與上海郵政總局作最後之商定。

B.遼寧吉黑兩郵區，境內各處互相往來者：

甲、所有兩郵區境內各地方互相往來之匯兌事務，應按照向來辦法照常恢復，仍由現任兩郵務長巴立地、西密司完全管理。

乙、關於兩郵區境內匯兌事務之一切款項，應照常由巴立地、西密司兩郵務長保管。

丙、自恢復之日起，所有境內匯兌事務應分別各立新簿登記之。

丁、兩郵區現任郵務長巴立地、西密司及其會計長亥蘭、羅特，對於各該區帳目之確切無訛及處理款項之適當，應負完全責任。

戊、依照以上丙項分立之登記簿，得由相當派遣之稽核員查核。

己、所有施行以上各項規定之辦事細則，日後再行決定。

附注　關於兩郵區與各省往來匯兌事務之各項規定之原則，對於代收貨價包裹及掛號郵件均適用之。

五、除儲金事務應候另行商定外，其餘各項郵政業務仍應照常辦理。

郵務長巴立地（署名）西曆一九三二年四月二十七日

本委員等奉長春　交通部令對於以上辦法均屬同意。

奉天郵電接收委員臧又青 名章

隨員　田中勘吾（署名）

見證人　小松衛一（署名）

對於此一經雙方簽署之辦法，總局以不置可否之態度，未予置復❷。旋遼寧區儲金業務，亦於五月三十日電令恢復❸。

九、風雨前夕

然而敵僞奪取東北中華郵政的意圖，並未因此而稍戢，步伐且愈來愈急迫，三十一日，巴氏

❷ 二十一年五月二十三日郵政司致郵政總局函六四號。部檔二九五。

❸ 二十一年六月六日儲匯總局致郵政司函23/117號。部檔二九五。

即密報總局：以蓋用僞大同元年日戳及使用僞滿新郵票兩事，情勢緊急，請迅明白核示，以資應付。總局當復以：㈠僞滿新郵票之使用，應絕對拒絕。㈡日戳必要時可改用郵政原有之西曆紀年日戳（郵局稱爲國際日戳，原僅蓋用於國際郵件上，嗣自六月十二日起，遼管局乃逐漸擴大使用於其他郵件上）❶，如仍不獲同意時，亦可將日戳上年份除去。同時由於多數員工擬將家眷先行遣送回籍，爲免員工請假照料，准其將輕便行李，裝入郵袋運寄❷。

另一方面，總局爲應付局勢惡化，也就下列各點預作準備❸：

一、**員工** 在不得已情形下，祇有照交通部哿電指示：撤退全部員工，以資抵制。自撤退命令到達之日起，在哈爾濱、瀋陽及以南各地員工，須於半個月內，趕到天津、青島或上海報到，聽候分發。在其他各地者，則依交通情況，展延報到日期。其未能如期報到者，在此特殊情形下，可發給遣散津貼，聽其自謀生計。

二、**票款** 大部分郵票寄存外國銀行，僅留少數應付業務需要。公款儘量撥寄天津或上海，並於當地外國銀行開立特別帳戶，以應臨時需用。

---

❶ 二十一年六月十二日巴氏半公函。部檔二九八。
❷ 二十一年六月八日郵政總局上交通部密代電第八號。
❸ 二十一年六月十八日兩總局密會呈第四二號。

三、**財產**　因無法移動，無從保全，但應設法於交出時取得收據，以爲將來交涉依據。

四、**業務**　儲金、匯兌，立予停辦。郵件往來，亦予完全斷絕。

五、**聯郵**　經由東北、西伯利亞以達歐洲之郵路將無法維持。祇有改行海運，取道蘇彝士之一途。

六、**檔案**　重要檔案，經已妥藏，仍須設法攜帶或予密藏。涉及機密而不便攜帶者，可予焚燬。

並代擬撤退時兩區郵務長通告稿如下：

「本區郵務，前以變出非常，數月以來，本郵務長竭盡智能，勉力應付，以便民衆。現爲情勢所迫，以致無法再行維持。自即日起，所有本區各局一切業務，祇得暫行停辦，一切債務，亦無從負責，惟有留俟本區郵務恢復常態時再行清理。查遼寧、吉黑兩郵區所收儲金存款不過數十萬元，未付匯票及其他款項爲數更屬有限，而郵政財產在兩區境內所有之動產、不動產價值二百數十萬元，足以抵償，綽有餘裕。」

同時並報奉交通部核復❹：

---

❹ 二十一年六月二十六日交通部發兩總局密指令第三二〇九號。部檔二九五。

一、偽組織如發行郵票、改用日戳，東省郵局應即全體停業，以觀動靜。

二、如強迫接收，所有員工即行撤退。

六月二十二日及七月三日，巴氏先後密電總局：報告偽組織郵務司長日人籐原保明來瀋與其晤見情形，籐原並告知偽方郵票將延至八月一日發行，希望在此展延期間，能獲得一解決辦法。巴氏建議總局：㈠偽國郵票如僅在東省境內使用，似與發行就地印花及鈔票無異，在國際上似無重大關係，是否因此竟將東省郵政全部毀壞，請再加考慮。㈡對偽國實行郵政封鎖，難收美滿效果，且又不免引起全世界之反感，況此間已有甚多日本郵局，一旦決裂，偽方亦不難於短期內恢復工作，我雖欲設法抵制，恐亦難收效果。似宜稍示退讓，俾得勉維現狀，以待政治變化。經總局轉報交通部後，未予採納❺。

九日，總局接巴氏來電謂：以後恐不易與總局以密電通訊。預料日人搜查海關稅務司及職員住宅之不法行動，不久亦將施之於郵政。故渠已將密要文件予以處理云。

十日深夜，籐原來瀋與巴氏會談達四小時之久。次日，巴氏電總局❻：

一、籐原謂新郵票決定八月一日發行。巴氏則稱：決不接收。倘加強迫，即係促成破裂，惟有率

---

❺ 二十一年七月四日總局致郵政司密代電第八號及七日郵政司復電（陽電）。部檔二九六。

❻ 二十一年七月十二日總局致郵政司密函一七八號。部檔二九六。

相關人員引退。

二、籐原詢問巴氏，可否居間爲僞組織與中華郵政商訂關於將來處理各項郵政事務之協定？巴氏答以：時機未至。僞郵票如經發行，則僞組織即使由其居間，亦殊無與中華郵政接近之可能，故渠對此亦無能爲力。

三、籐原朗誦攜來之一字條，係有關選派僞郵政總局副局長者，巴氏不爲所動，未予理會。

四、巴氏亦向籐原提出三項要求，如對方希望能以和平手段移交：

㈠現金須完全交還。必要時分次亦可。

㈡餘存之中華郵票亦須交還。

㈢財產須出具正式收據。

籐原表示同意，但現金則不能確切允許，可以出具收據。

五、籐原表示：現有員工均可由其接受繼續任用。巴氏答以：僞郵票問題未能圓滿解決，此事無從考慮。

六、籐原保證：凡欲進關人員，得平安退出東省，但須假以時日，俾便派人接替。巴氏稱：容加考慮，盡力爲之。

七、籐原並謂日內當派視察員至瀋陽及哈爾濱局，該員等直接受命長春，但仍當尊重郵務長之職權。

十三日，巴氏函報：籐原所言之視察員已派二人到瀋，一爲中村久平，一爲戶倉勝人，其名義爲監察官。同時吉黑方面亦來電報，謂僞方派來監察官三人❼。

十六日巴氏電稱：

「僞方所委監察官戶倉勝人私訪副郵務長劉曜庭，謂職將離去東省，勸劉加入僞國，以補職缺……愚意劉曜庭宜乘現在行動尚能自由時，即避入關內，現正設法布置……」

十七日電稱：劉氏已安抵山海關❽。

十九日，巴氏電總局：僞方已開始分發僞郵票，以便八月一日起售賣❾。停辦業務，祇能先從管理局管理部分著手，繼之營業部分，再及於各一等局，各內地。若突將各處業務同時停辦，勢必引起反動，恐將招致有如海關所遭受之情形。且邊遠各局，命令勢難同時到達。至停止業務及撤退人員之準備，均已著手進行。

---

❼ 二十一年七月十八日總局致郵政司函一九一號。部檔二九六。

❽ 二十一年七月十八日總局致郵政司函一九二號。部檔二九六。

❾ 二十一年七月二十一日兩總局會密呈五一號。部檔二九七。二十一年七月二十七日總局致郵政司函二〇九號。部檔二九七。

經總局層報行政院，決定[10]：

一、停止業務，仍應照原計劃，斷然處置，不得逐漸辦理。

二、僞郵票既已確定八月一日起出售，事態急迫，無可容忍，可即照原定六項辦法，提前實施，不必俟至八月一日，以赴事機。

三、兩區各局郵務同時停辦，所有員工一律撤退。

十、停辦與撤退

二十三日，交通部爲停辦東北郵務，發布宣言如下[1]：

我東三省之遼寧吉黑兩郵區郵政，因其所處地位爲歐亞陸上交通最便利之孔道，故不獨爲中華全國郵政最重要之郵區，且爲歐亞郵件運輸之大轉口。該三省郵政營業每年有二、三百萬元之餘利，足爲關內貧瘠郵區之營養，而每年由該三省郵局匯入關內之款達二千一、

---

[10] 二十一年七月二十三日兩總局上交通部會密呈五二號。部檔二九七。

[1] 部檔二九七。

二百萬元之鉅，故就其本身之經濟關係而論，該三省郵政謂爲整個中華郵政之生命線，亦非過言。日本政府熟詧該三省郵政在中國及世界交通上所占之重要性，對於該三省郵權，垂涎已非一日，彼南滿之客郵，根據華會條約，早應撤廢，乃迄不履行，足爲其處心積慮之明證。九一八事變以後，強暴之日軍，即扣留我郵件，騷擾我郵局，侮辱我郵員，妨害我郵運，已逐漸暴露其攘劫之陰謀，自本年三月間，彼一手造成之傀儡組織所謂滿洲國者出現，乃更悍然無忌，利用此工具，以圖實現其豪奪，該兩區郵務長官時受威嚇，郵務行政時受干涉，其所屬人員且有遭日軍之慘殺，而受逮捕或刑訊者更有多起，其他種種非法之壓迫，尤不勝枚舉。本部顧念該兩區郵務與世界交通關係之密切，爲維持中外人民通訊便利起見，數月以來，盡力容忍，詎彼傀儡政府得寸進尺，積極逼迫，近更扣留郵政款項，令其多數爲日籍之僞郵政官吏強佔該兩區郵局之房屋、產業，並強迫使用其所發行之僞郵票，該兩區郵務行政至此，益破壞無餘，所有業務因之不能執行，在此情形之下，本部認爲我國家之忍耐已超過其應有之程度，茲已飭將該兩區郵務暫行一律停辦，在停辦期內，所有寄往歐洲或美洲之郵件，不再經由西北利亞，改由蘇彝士河或太平洋遞送，各聯郵會員國郵局對於中國與各國來往之郵件，亦照此辦理。在東三省發行之郵票，未經中國郵政總局允准者，決不承認。各種信件、包裹，如貼用該項僞郵票，均應作爲欠資。凡因此迫不得已之封鎖而發生對於公衆交通上之影響，其責任應由日本政府負之。」

令飭兩郵區停辦東省全部郵務之電令總局亦於二十三日發出，遼管局於同日下午八時三十分收到，經徹夜之布置，於二十四日下午二時實施。事實上二十三日瀋陽日文晚報已刊出南京方面決定停辦之電訊。遼管局轉令內地各局之令文，均用私人信封（郵局內部公文，通常均用公事信封，免貼郵票），加貼郵票，按掛號信寄發，以避免日僞人員之耳目❷。停辦前郵務長巴立地並責成各人員，將未了事務清理完畢，復召集各部門主管，宣布遵照政府命令停辦，並令郵務員蕭祖蔭宣讀停辦通告，蕭員當場竟至讀不成聲，心情悲痛，不能自抑，祇好由另一人員代讀。巴氏然後偕同湛恩、儒佛立、小松衡一至各辦公室巡視一周，方行離局。吉黑方面，以收到電令較遲，於二十五日下午六時停辦❸。

總局同時電告位於瑞士伯恩之萬國郵政聯盟，停辦東省郵務，歐美郵件，改由蘇彝士或太平洋運寄。原電（法文）譯文如下❹：

「中國郵政總局以日本命令自己造成之東省僞組織，指使其官吏（其中大多數爲日人）強

---

❷ 劉承漢《從郵談往》(一)，頁二八八、二九八、三〇〇。

❸ (一)停辦東北郵政報告（遼寧郵區）。部檔二七九。(二)二十一年七月二十七日郵政總局致郵政司第二一〇號函及二十五日有午電。部檔二九七。

❹ 二十一年七月二十六日外部亞洲司致交部郵政司函。部檔二九七。

佔東三省各郵局之房屋及產業，並強迫貼用該僞組織發行之新郵票，破壞中國郵務行政，以致各該郵局不能執行職務。在此特別情形之下，依據倫敦萬國郵政公約第二十七條規定，不得不請通知各會員國在未有新通知以前，東省各郵局暫行停止職務。嗣後所有寄往歐洲或美洲之郵件，由蘇彝士運河或太平洋遞送，不再經由西伯利亞。並請各會員國郵局，對於中國與各國來往之郵件，亦照此辦理。至在東三省發行之郵票，未經中國郵政總局允准者，中國郵局決不承認。各種信件、包裹如貼用該項郵票，均應作爲欠資論。」

巴氏離局後旋偕小松衡一赴憲兵司令部及日本總領事館說明一切，並聲明僞滿洲國實尸其咎。同時以中華民國郵政之名義，對僞滿洲國逼成此種局面之舉動，向日總領事提出抗議。日總領事私向小松衡一表示：滿洲國操之過急，殊爲不智。英、美、法領館方面，巴氏亦分別說明❺。

由於事出倉促，敵僞一時手忙腳亂，無法應付，遂用各種手段，強迫員工繼續上班，各地郵局，密布警探，以防員工逃脫，一面搜捕已離局員工。甚至設法查知各員工住址，責令房東或鄰居注意，勿任逃走，否則應一同負責。員工心懷恐懼，有的甘冒危險，二十四日晚即有自行南下

---

❺ 二十一年七月二十七日總局致郵政司函一一一號。部檔二七八。

者，有的則避居郵務長公館，於是公館人滿爲患，院中也搭蓋了棚帳。內地各郵局人員，陸續來瀋，情形更是狼狽，有的作種種化裝，方得逃出，有的將郵票、公款，藏於餅乾盒中，晝伏夜行，以避耳目，時値雨季，遍體淋漓。二十八日，巴氏到僞市府探詢員工護照問題，有巡警二人，輕拍巴氏的肩膀說：「君爲巴郵務長乎？郵務人員生命，均在君之手中，請竭力爲謀，予等雖有刀鎗，實如死人，祇有外國人，稍能爲我國人爲力耳！」❻沿僞奉山路各郵局人員，幸得完全安然撤退，鐵路人員私自允諾，對於郵局人員，盡力設法協助，便其撤退。

日籍郵務員小松衡一不直日軍方所爲，對中華郵政忠誠服務，與另一日籍郵務員田中勘吾適成對比，因此不見容於日方，幾有生命危險，巴氏祇得依其所請，自八月一日起，准給假期，遄返日本❻。

老門役金國鈞在九一八事變之夜，因阻止闖入局內駕車日兵，幾遭殺傷。此時又因拒絕爲僞滿服務，被綑綁院中，幸經即時援救，得以無恙❻。

計自兩管理局奉到總局電令撤退之日起，至八月十八日，遼寧區撤退工作，業已完成。吉黑區初因當地日僞不允照遼寧區辦法，發給員工護照，經西密司氏於八月二日與日僞開會商討，獲

---

❻ 同❸(一)。

得解決。後又因東北北部發生水災，交通阻斷，撤退行動，稍有耽延❼。巴氏於遼寧區撤退事宜辦理完竣後，仍留當地協助吉黑區解決問題，於十月一日離瀋，四日抵達天津。吉黑區郵務長西密司於十月三日離濱江，六日到天津。二十二日，兩區同時提出有關撤退之總報告。巴氏並於總報告中表示：將來如事變解決，願仍回東省恢復郵務，各資深人員，亦願隨同前往。

在這二、三個月的時間裡，散布在東北一百一十四萬八千平方公里土地上的三〇一所郵局、二千九百四十六位員工（如以每人有眷屬三人計，連同眷屬共為一一、七八四人），在總局一聲令下，撤至關內。此種堅決的意志、齊一的步伐、辦事的效率、不屈的情操，實足驚人。當時由於日偽的阻撓撤退以及巴氏的抗議，最後決定成立一三人小組，由中華郵政、偽方郵政及日軍三方面各派代表一人組成，所有員工撤退前必須在小組自行表示是否願意，結果大家都表示願意撤退，無一人願留下，日方代表不禁慨嘆：「要是中國官吏都像郵便局一樣，我們將不能在此立足了！」❽

依照二十二年一月十八日郵政總局之統計，兩區員工二、九四六人（其後仍留在我控制地區郵局工作之一一七人不在內）中，安全入關報到者共二、五八五人，此外，有部分留在東北，部

❼ 停辦東北郵政報告（吉黑郵區）。部檔二七九。
❽ 李希庸〈懷念巴立地先生〉《現代郵政》四卷四期，郵政博物館。

分下落不明，故變節投身僞滿郵政者實寥寥無幾[9]。

其時吉黑區尚有一部分郵局在我控制地區，計：

沿黑龍江各局：

大黑河　金山鎭　漠河　瑷琿　奇克　烏雲　蘿北

東部及東北部各局：

綏芬河　東寧　小綏芬　穆稜站　興源鎭　下城子　馬橋河　穆稜　梨樹鎭　平陽鎭　半截河子

密山虎林　勃利　寶清　饒河　撫遠　同江

上述各局，仍照常開辦[10]。

十一、無盡追懷

自九一八以來，東北郵政在敵人鐵騎下，維持了十個月，歷史學者沈雲龍氏曾譽爲：「歷史上的奇蹟」[1]，而後甘冒艱險，撤退關內，充分顯示了全體郵政員工的愛國情操、堅強意志和負

---

[9] 何建祥《郵政大事記》第一集上冊，頁二二七，郵政博物館。

[10] 同[7]。

責盡職、恪守紀律的職業道德。而兩區的領導人——郵務長巴立地和西密司——更是發揮了對中華郵政的忠誠，指揮若定。其中巴立地首當其衝，自然倍加艱苦，當時與他同在遼管局且為其助手之一的郵員李希庸氏有一段有關巴氏的記述❷，翔實而生動：

「九一八那一夜，瀋陽的人民在噩夢裡糊里糊塗的失卻了祖國。政府機關完全瓦解，人員東逃西散，惟一僅存的中國機構是郵局。那面象徵中華郵政的郵旗依然高高懸在鐘樓頂上，迎風飛舞。在這種危亂的局面下，巴立地先生發揮了他領導的才能。他隨時鼓勵員工堅守崗位上的工作；交通有阻斷的地方，他設法繞道撥運銜接；內地郵局需用的郵票、公件、他都隨時接濟，不虞匱乏。員工的薪資，他設法籌劃如期如數發放；郵政儲金——那是人民積錙累銖血汗所得——他妥慎的保管著，到後來撤退以後，在天津清理，憑存摺本利全數發還，人民未受絲毫損失。他已獲得員工一致的愛戴。………

有一天上午，在兩個日本軍官監視之下，偽滿的交通部長到管理局來接收了。巴立地先生立刻找兩個紀錄員到他辦公室去（我也是其中之一）。他匆匆關照要將談話的經過一字不

❶ 沈雲龍〈從撤郵到通郵〉《傳記文學》十二卷四期。
❷ 李希庸〈懷念巴立地先生〉《現代郵政》四卷四期，郵政博物館。

漏地紀錄下來，便開始接見。

『滿州國政府已經成立了。新政權派我來接收郵政。滿州國政府保證原有人員的職位保障、和一切的待遇。從今天起，你應當接受滿州國政府的命令。』這位部長字正腔圓很響亮地吐出這開場白。

『對不起，我是中國政府的官吏，我祇能接受中國政府的命令。』巴立地先生用純熟的中國話說。

『什麼？你敢藐視新政權嗎？』大有吹鬍子瞪眼睛的神氣。兩個日本軍官獰笑著，看看他們衣服裏凸起的武器。

巴立地先生在抽屜裏掏出一套文件，取出幾件證件扔在桌子上：『我想告訴你們，我是義大利人，我現在還兼任著義大利駐瀋陽的總領事，外交人員享受的治外法權，你們大概是知道的。』

這一著不但出乎這幾位「貴賓」意料之外，連我們也從來沒有聽說過巴立地先生兼起什麼外交官職務來。原來他早已逆料到有這一幕，便利用這一點外交官的特權來對抗。

那位傀儡忽然滿面春風地說：『巴立地先生，我們知道您在中華郵政服務了很久，成績非常良好。滿州國政府想借重您主持全國的郵務。一切待遇比中國政府優厚。您雖然是義大利國人，替中國也是辦事，替滿州國也是辦事，是不是？』

『謝謝你這番美意。』巴立地也很客氣似地說：『您既然提起滿州國的郵政，我們倒不妨談談實際的郵政問題。第一件，滿州國還沒有經世界各國承認，當然不能參加國際聯郵會，因此滿州國無法和世界各國通郵；第二件，郵政是互通的，關（山海關）外收寄的信，要關內投送；關外開發的匯票要關內肯兌付；如果滿州國強制接收郵政，中華郵政勢必出於封鎖的一途，這對人民是非常不利的。至於我個人，現在還沒有考慮到替滿州國做事。』

威迫和利誘都沒有發生預期的效力，那位僞部長在日本軍官監視下，只好廢然回去。

……」

二十一年九月二十六日，交通部根據郵政總局的呈報，發布命令如下：

「九一八事變之後，遼寧郵務長巴立地及吉黑郵務長西密司在特殊情形之下，統率員工，撤退期間，工作特別繁重，巴氏夜以繼日，勞累過甚，不得注射強血針，以維精神之不足❸。

---

❸ 二十一年八月六日總局致郵政司函一五一號之附件。部檔二七八。

維持郵務至十閱月之久。奉令停辦東三省郵務之時，忠勤果毅，不畏強暴，調度有方，處理適當，勛勞卓著。而此次事變發難瀋陽，巴郵務長首當其衝，交涉應付，備極艱苦，其功績尤較卓異。特分別頒給巴立地一等二級獎章，西密司一等三級獎章，以勵有功，而昭激勸。」❹

❹ 何建祥《郵政大事記》第一集上冊，頁二二七，郵政博物館。

拾　東北恢復通郵

一、停辦之後

停辦東北郵務，撤退郵政員工，原是由於敵僞步步進逼，迫我出售僞滿郵票，而不得不出此一途的壯士斷腕的行動。事實上當時東北是歐亞交通孔道，更是歐亞郵路的必經之處，而東北三千七百多萬同胞，與關內的通信，更是無法一日中斷。因此，在雙方決裂前夕，巴立地即曾建議總局：㈠郵政封鎖，難收實效，且亦不易獲得各國之合作。東北已有不少日本郵局，不難迅速恢復郵遞。㈡僞滿郵票如僅在東省境內使用，國際上似尚不致有太大影響，可否稍加退讓，以期勉維現狀，以待政治變化。此一建議，我方未予採納。南京方面，是時對巴氏態度，且不免有所懷疑❶。

七月二十三日我宣布停辦後，二十五日日本電通社自瀋陽報導僞滿對我封鎖郵政之對策云❷：「南京政府已限令全滿郵局於二十三日閉鎖，滿洲政府昨日因此開緊急首腦部會議，協議對策之結果，決定辦法如下：

一、從本月二十五日起開始，滿洲國之郵政事務，用新郵票。

二、外國行郵件，在未加入萬國郵政聯盟以前，請日本斡旋。郵政匯兌亦採同樣辦法。

而日本在滿官廳對此則決定：

一、南滿方面郵件由日本方面郵局受理。

二、北滿方面，則在哈爾濱設置外國行郵件受理所受理之。

三、對華匯兌，照關東廳郵便局條令之改正，由日本郵政局受理之。」

外交部顧問寶道（G. Padoux）亦自北京致函外交部羅部長文榦，認為政府對東北並未有任何封鎖之舉，何以獨有郵政封鎖？且此舉並不傷及日本，反使應與友好之人民受其害❸。事實上停辦之後，日人私運郵件的案件，即層出不窮。各國僑民，為期迅速，寄歐郵件，亦

---

❶ 二十一年七月二十一日交部郵政司致郵政總局馬密代電。部檔二九六。該密代電稿於呈部、次長判行時，經奉親筆增加一段如下：「……再綜核該郵務長（按：指巴立地）函電所稱各節，似頗受偽方之誘惑，亟應由貴局發電該郵務長，喚起注意，免墮奸謀……」

❷ 二十一年七月二十七日外部亞洲司致交部郵政司第一四六七號函。部檔二九七。

❸ 二十一年九月一日行政院秘書長致交通部第三〇七一號箋函。部檔二九七。

多交私運，經大連或日本轉西伯利亞去歐。香港郵政，甚至刊登公告，謂取道西伯利亞之郵件，仍可寄遞。所謂仍可寄遞者，自也是由日本居間❹。

我國與歐洲往來郵件，雖經通告各國，改採蘇彝士運河或太平洋路線，但依照聯郵規定，各國原有選擇最快速郵路，以運遞郵件之自由。故各國郵政多未依照辦理，仍舊取道西伯利亞者為數不少。至我國寄歐郵件，雖已照前項辦法，改行水運，但郵程迂緩，稽延時日，為各方所不滿❺。

各國經西伯利亞寄我國郵件，以及偽滿寄關內郵件，日偽起初都在山海關交我郵局收受。該地日本軍隊且強迫郵局局長簽約聲明：對於外洋郵件允予簽字接收；所有寄交日本軍、民之郵件，均予投遞，並照常接收山海關本地之郵件。此外，並強迫該局長對於以前拒絕收寄情形，書面道歉。在日軍威逼之下，該局長祇有照單全收，一面呈報管理局向日方提出抗議。局長自身亦因受壓精神失常，乞給病假，管理局乃派英人德敦（V. L. D'alton）前往代理❻。一面向駐天津日軍司令官一再提出抗議，日軍則以威逼該局長所寫有悖事實之證明書及陳謝狀為詞，予以抵

❹ 二十一年八月六日總局第三二六號呈。部檔三〇四。
❺ 二十三年四月三日外交、交通兩部會呈第九一號。部檔三〇五。
❻ 二十一年八月十一日總局致郵政司函二六八號，二十一年九月十日總局致郵政司函三三一號。部檔三〇四。

賴，抗議毫無結果。

郵件貴乎迅捷，故在東省郵務停辦之初，我交通當局，也早考慮到怎樣取代西伯利亞郵路的問題。先是想重闢張（家口）庫（倫）汽車道，以連接西伯利亞，終以對俄交涉未妥，經費也無著落，遂爾停止。後來又想開闢滬新（疆）航空線，以連接歐亞郵運，俄方雖已洽妥，而新疆變亂迭起，以致無法完成❼。

另一方面，各國對於貼用僞滿郵票的郵件，也照樣接受遞送，因此僞滿寄歐陸的郵件，反較國內爲快速❼。封鎖的意義，至此已全然喪失。

上海英法商會，對東省郵務停辦後的郵運情形，十分注意，曾多次詢問。適值第十屆萬國郵政大會於一九三四年三月在開羅召開，上海外僑協會又有發電要求恢復西伯利亞郵路之舉，甚至有恢復客郵之運動，日人則乘機撥弄，糾紛也越來越多❼。

二、國聯顧委會討論案

二十三年三月三日上海《時事新報》載有一則有關僞滿郵政新聞如下❶：

---

❼ 同❺。

「本年二月十六日，英政府曾通知國聯會秘書長，謂倫敦郵局接滿洲國郵政總管理局來函，請按照郵政聯盟公約規定，將各種統計表寄與滿洲國，以便對假道滿洲往返寄送之郵件，清算郵費。英政府甚願知：外國郵政與滿洲國郵政，在事實上發生關係，究竟能至如何限度，而不致有承認滿洲現存組織之嫌（按：國聯曾於一九三三年二月二十四日通過李頓調查團關於九一八事變之報告書及十九國委員會報告書，認東三省主權屬於中國，不承認僞滿，日本因此退出國聯）云云。國聯秘書長愛文諾接到通知後，決定召集一九三三年二月二十四日國聯大會議決組織之諮詢委員會，以便研究方法，一方能使郵政章程實行於各國與滿洲地方之間，一方又不使各國有承認滿洲國之嫌……」

我駐法公使顧維鈞亦早於三月十七日即曾就此事電告外交部，並謂國聯定五月十四日在日內瓦召集顧問委員會，討論此事❷。當由我出席開羅萬國郵政大會參贊克立德（E. Caretti）就此事擬具理由書，從郵政技術觀點，說明僞滿郵政函請英國郵政與之清算郵件運費之不合理與不合規定各點，送我駐瑞士公使胡世澤，以爲開會時討論的參考❸。

❶ 二十三年三月九日總局致郵政司第六六號函。部檔三〇二。

❷ 部檔三〇二。

政府方面，則以日人時以關內外通郵問題相威脅，似將強我於短期內實現，今國聯既將討論各國與東北郵務問題，似可乘機在不承認僞滿之前提下，將關內外通郵問題與英國提出之與僞滿間郵件運費問題，一併由國聯解決。則通郵之事，出之國聯，較之出於日人之強加於我者，是稍勝一籌了。至於郵件運費的清算問題，則希望能透過日本，避免各國與僞滿直接辦理，以免涉及到承認的問題❹。

此時，行政院第一五四次會議並決議：「今年五月間國聯開諮詢委員會時，如有提議，由大連日本郵局轉寄或其他辦法者，在不承認僞組織之原則下，可以酌量贊同。」並即於四月十九日電知巴黎顧維鈞公使❺。

五月十六日，顧問委員會開會討論，其結論主要內容如下：

一、中國政府曾於一九三二年七月二十三日電請萬國郵盟通知聯郵各國：

㈠所有東三省郵務已予停辦。

㈡中國寄往歐美郵件改道蘇彝士運河或太平洋，不再經由西伯利亞，各國寄來郵件，請同樣

---

❸ 二十三年四月二十六日總局致郵政司函一二四號。部檔三〇七。

❹ 二十三年五月十五日交通部朱部長家驊致顧公使維鈞第四二五二二號電。

❺ 二十三年四月十九日汪院長及朱部長致顧公使皓電。部檔三〇二。

辦理。

㈢僞滿郵票，不予承認。貼用該項郵票之郵件，應作欠資辦理。

顧問委員會認爲上擬方法，須於該「滿洲國」加入萬國郵盟時始能發生，而「滿洲國」現在並未加入。故祇須將「滿洲國」非郵盟會員國之一點提醒國聯各會員國即爲已足。

二、「滿洲國」郵政不能請求適用萬國郵政公約之條款。

三、國聯會員國得將其郵件寄由滿洲經過。並得考量採用郵政機關間慣例採用之專門辦法。

四、國聯會員國郵政機關與「滿洲國」郵政機關間因採用上述專門辦法而發生之關係，祇能視爲機關與機關之間的關係，而不能視爲國與國、政府與政府之間的關係。也不含有適用萬國郵政公約之意。

至於郵件運費的清算問題及東省通郵問題，委員會並無表示。

綜合顧委會結論的含意，明白地說，便是：各國寄華的郵件，仍可由西伯利亞經轉，因此而發生各國郵政與僞滿郵政之間的關係，祇是機關與機關間的關係，不影響對僞滿的「不承認」。

三、通郵前的華北

另一方面，當時華北局勢，日人於掠奪東北之後，馬不停蹄，復繼續西向，進逼平津，可說是十分危急，因此而有二十二年五月三十一日塘沽停戰協定的簽訂。十一月，雙方在北平會談，達成「關於停戰協定善後處理之會談」四項，「關於本會談之諒解事項」三項，其中會談第四項商定：「華北當局爲謀長城內外之交易、交通、通信等之設定起見，應派定必要之委員，與關東軍所指定之委員，從速逐次協商。」日人遂從此要求通車、通郵等等，以期達成事實上承認僞滿之目的❶。

二十三年六月，平瀋通車方案公布，並自七月一日起實施。由鐵道部委託中國旅行社在山海關成立東方旅行社，承辦通車業務❷。至此，通郵是有如箭在弦上，不容你不發了。

四、會談的準備

早在二十二年十月二十日，北平政務整理委員會委員長黃郛即曾致電交通部部長朱家驊：「……嘯電奉悉，日使初到，尚未約談，惟郵政問題，遲早終須談及，關於過去情形，當遵囑就近詢巴立地，惟最高原則，總待部定，請速擬具見示，以便應付。」朱氏除復電外，即轉飭郵政

---

❶ 沈雲龍〈從撤郵到通郵〉《傳記文學》十二卷四期。

❷ 同❶。

總局從速擬訂。其後又遷延了好些時日，直到次年九月，雙方才派定會談人員，日方是僞郵務司長籐原保明爲主席委員，僞電政科長代谷勝三及僞奉天郵務管理局局長生島俊夫爲委員，三人均作爲關東軍囑託出席。我方則先派高宗武爲郵政總局主任秘書，繼派高氏及山西郵務長余翔麟、天津副郵務長曹鑑庭三人爲出席委員，高爲主席❶。

我方所擬交涉原則是❷：

一、對方所派人員，應避免僞國官吏。

二、在初步會談中，僅以商討先決條件爲限。

三、依據過去之事實與精神，固持不承認僞國主義。

四、通郵範圍外之通信事項，不在討論之列。

五、雙方完全以誠意爲基礎，不用成文之規定。

其次，處理關內外往來郵件原則是：

---

❶ 朱家驊二十三年十月一日呈蔣委員長東電。部檔三〇三。

❷ 高宗武、余翔麟辦理東北通郵事項報告書。部檔三〇三。

一、專以普通郵件爲限。
二、不與僞滿洲國郵局交換郵件。
三、不承認僞滿洲國郵票，及其戳記。
四、關內郵件寄往聯郵各國，其經西伯利亞者，應照向例辦理。
五、關內外往來郵件，不計運費。
六、長城以南各僞郵，一律撤銷。

我方並擬有處理關內外往來郵件辦法草案一種，以爲腹案：

一、凡由關外東北四省（即遼寧、吉林、黑龍江、熱河，以下簡稱東北四省）寄往關內各省區之郵件，祇應依照中華民國郵政資例，貼足中華民國郵票，即爲遞送，並不得加蓋非中華郵局之戳記。
二、凡付足中華民國郵政資費之郵件，寄往東北四省者，一律通行遞送，不得以任何名目，另徵他項費用。
三、於東北四省中華民國郵政尚未恢復原有狀態以前，東北四省與其他各省區往來之郵件，暫由中國天津郵局與南滿鐵路附屬地瀋陽日本郵局，及由大連日本郵局與向有往來之中國郵局交接辦理。

四、於東北四省中華民國郵政尚未恢復原有狀態以前，中國與聯郵各國往來之郵件總包，其取道西伯利亞者，暫由中國天津郵局與南滿鐵路附屬地瀋陽日本郵局，及由大連日本郵局與向有往來之中國郵局，交接辦理。

五、凡取道西伯利亞，由中國寄往聯郵各國之郵件總包，交由大連或南滿鐵路附屬地日本郵局轉遞者，除照例付給南滿鐵路之運費外，其餘運輸，概行免費。

六、依本辦法第一項及第二項遞寄之非國際郵件，無須算付運費。

七、凡由東北四省，依中華民國郵政資例，貼足中華民國郵票，寄往聯郵各國者，亦不得以任何名義，另徵他項費用，國際聯郵運費，由中華民國郵政清算給付。

八、現在長城以南（山海關、古北口及多倫等處，均包括在內）之不屬中華民國郵政管轄之各郵局，應於本辦法簽字之日起，十日以內，全數撤銷。

九、本辦法效力，不及於郵政匯兌、代收貨價、包裹、掛號郵件、快遞郵件、保險郵件諸事。

五、開始會談

九月二十一日，高、余二氏自京抵達北平，二十八日，與籐原等人會晤，對方竟以獨立國看待僞滿，提出所謂「關於滿華問題通信辦法之暫行協定」一案，且其範圍甚廣，舉凡航空、電話、電報等通信事項，皆包括在內，當經嚴詞拒絕，並表示非先商定原則，不能接續談判，對方以我方態度堅定，乃同意下列二原則❶：

一、在不涉及承認「滿洲國」之原則下，專談通郵之技術問題。

二、雙方完全以誠意爲基礎，不爲成文之規定。

二十九日繼續會談，我方出席者爲高、余二人（曹鑑庭缺席）及參加人殷同、李擇一兩人。對方爲籐原保明及參加人儀我誠也、柴山兼四郎共三人。會談重點是：㈠郵票，㈡交換郵件，㈢日戳，㈣郵件之種類等四項問題。雙方辯論，甚爲激烈。郵票問題，我方不承認僞滿郵票，應仍用我國郵票；對方則要求使用僞滿郵票，僅將其上「國」字及溥儀照像取消。交換郵件問題，我方主不與僞郵政直接辦理，對方不同意。日戳問題，我方要求不用「新京」字樣，而用「長

❶ 高宗武、余翔麟辦理東北通郵事項報告書。部檔三〇三。

春」，並採用公曆，而不用僞滿紀年，對方亦不同意。至於郵件種類，我方主張通郵僅限於普通郵件，對方則要求連快信、掛號、匯兌、包裏都在內。雙方意見，相去甚遠。

雙方經數次會議，相持不下，乃決定彼此各將對方希望之條件，攜回請示。我方人員，遂於十月六日離平返京，十八日再返平恢復會談。並攜回「通郵談判大綱」及「關於郵票辦法」二種，以爲繼續談判之準繩❶。

「通郵談判大綱」計七條如下：

甲、郵票問題

一、不得貼用僞國任何種類之郵票，而另製一種表示郵資付足之印花，爲專貼入關郵件之用。此項印花，應用商營性質之第三者名義發行，其花紋由雙方商定之。

二、上項印花，若不用第三者名義，則由郵政總局印送。

三、委託日本郵政代辦。

惟如此辦理，可能須貼用日本郵票，可再加考慮，如覺不妥，可不提出。

乙、郵戳問題

一、使用一種日戳，即洋文日戳，上刊通曆日期，如15.10.34（一九三四年十月十五日）之類，惟日戳上拼音地名，須用一九三二年七月以前之地名，如 Changchun,

Mukden之類。

二、使用一種日戳並現在地名，但新京、奉天等地名不得使用，而以AB等符號代之。

丙、交換郵件問題

一、不直接交換郵件，而由商營性質之第三者居間承轉。

二、用大連郵局爲第三者，有必要時，由大連郵局派代表在瀋陽至山海關段内之火車上，辦理居間交換郵件事項。

丁、郵資問題

關内外郵資原應一律，但可予讓步，以交換其他條件。

戊、郵件種類問題

普通、掛號、快信郵件可同時辦理。包裹、匯兌應就技術上從長商議，隨後辦理。

己、通過西伯利亞郵件問題

應照從前辦法辦理，但祇付南滿運費，不付中東運費，最後讓步，可允將中東運費數目加入南滿運費内計算。

庚、非法郵局問題

非法郵局，應於普通、掛號、快信郵件恢復通寄後，儘十日内撤銷之。

「關於郵票辦法」計六條如下：

一、買用中國郵票。

二、貼用中國郵票，將貼用錢數算還。

三、現行中國郵票加蓋「特」字，用以貼納郵資，免費發往，聽憑在局內或局外售買。

四、用第三項辦法，在郵票邊用色筆畫勾，並打欠資戳記，但在關內不收欠資。

五、不貼郵票，打郵資已付戳記。

六、另印一種「郵資已付」印花，以代郵票。

注意：所有戳記之字樣須經核准，無論何種清單及收據，不得有「滿洲國」及「大同」字樣。

六、中央與地方的歧見

由於地方與中央處境不同，地方當局，除有守土之責外，在此艱危之際，更負有與敵方虛與委蛇，設法應付，以求暫維和平，爭取時間之責。故在一些問題上，雙方此時已不免發生一些歧見，如高宗武十月二十一日電云❶：

---

❶ 部檔三〇三，郵政博物館。

「南京汪院長、朱部長、唐次長鈞鑒：密。哿電所報，對方表示不願繼續談判，會議當然趨於決裂，但此間當局，有種種苦心，不任決裂。自宗武此來，一秉中央意旨，鎮靜應付，難免爲人所不滿。今日膺公堅要閱看此次請訓後所決定之大綱，武不得不呈出，膺公閱後，大發議論，語極憤慨，謂郵票以第三者出面，絕對辦不到，中央此項主張，是否欲因通郵問題，而使中國再繼續吃虧？或是中央方面，何人有此把握能將此點做到？否則是騙我北上，今我雖已北上，但尚能南下。宗武受命之初，明知此事困難，但如今日之決裂不能，讓步不可之情形，誠非預料所及，身蹈重圍，進退維谷，懇速賜方針，不勝盼禱之至。職宗武叩馬。」

與日方雖繼續數次商談，自是沒有交集點。而高、余二氏所奉中央訓示，又與地方當局意見，未盡相符。如十月二十六日二氏寢酉電云❷：

「南京汪院長、朱部長、唐次長鈞鑒：密。會談多次，我方決心，業已和盤托出，所持理由，亦經詳爲開說，而對方雖表示諒解，仍藉口困難，堅持成見。武等才不備於折衝，誠

❷ 同❶。

不足以感服，所餘途徑，惟有破裂。但膺公處境，困難非常，華北門戶，關係尤鉅。膺公之主張，係根據廬山會議而來，利用國聯通過之原則爲出發點，只求郵票上無滿洲國三字，其餘不妨讓步，極以武堅持以第三者出面之辦法爲不近情理，徒生障礙，且甚置懷疑，屢謂此第三者之辦法，在廬山商量時既未提出，而嗣後又未得過中央電告，更覺突如其來，似此晴空霹靂，非將談判打破不可，談判一旦破裂，在北方當衝者，固先受其苦，而國家元氣，終亦斲傷。予年來支撐華北，備嘗艱難，通郵之事如不辦妥，則此後北方多事，予更無法應付，只得一走了之而已。武等環察華北情勢，對於膺公之苦心遠慮，深爲欽佩，竊具同情，用敢瀝陳，伏乞將已定方針，作最後之考慮，倘可變通，懇即確示進行，如無更動，宗武等請准予回京銷差，謹候電示遵行。宗武、翔麟叩、寢酉。」

同日二氏又發一電云❸：

「交通部朱部長鈞鑒：密。本日寢酉電係殷、李二兄囑爲出意打發，蓋甚盼武等能向中央貢獻意見也。武此電係備交殷、李二兄閱看，此意萬懇垂察，並請向汪院長代（？）爲

❸ 同❶。

禱。宗武、翔麟叩。宥印。」

可見高、余二氏所執行之中央訓示，與當時華北負責人黃膺白氏意見，確有出入，因而不免發生一些扞格。

七、繼續商談

自十月二十六日至十一月九日，我方因等候中央訓示，未與對方商談。在此期間，奉中央發下國防會議通郵議決案，內容如下❶：

甲、郵票

一、協商特種郵票全套，專供由關外入關郵件之用，郵票上除花紋數字外，不用其他文字，由商辦通訊機關書面委託彼方印發。彼方所用郵務上之一切單據，其入關者，亦均僅用某地郵局名義，不另冠以其他字樣，年月日用公曆。

---

❶ 高宗武、余翔麟辦理東北通郵事項報告書。部檔三〇三。

（說明）放棄第三者出面，或由我方印發，並不用文字，雙方均不致爲難，如彼不承認設置商辦通訊機關，則由我方印發一點，不能放棄。彼方對於商辦通訊機關之委託書，可不答覆。

二、在特種郵票未製成以前，暫維現狀。

（說明）此層完全爲防止僞國現行郵票入關起見。如彼能將特種郵票趕速製造，則爲期甚短，不必更事更張，致淆耳目。

三、普通信件、明信片、快信、掛號信，同時辦理。包裹及匯兌另議。

（說明）此點完全容納彼方意見，如彼方入關單據，不能照第一款辦理，則快信、掛號信不能與普通郵件同時辦理。

乙、郵戳使用西文日戳，並用公曆，及一九三二年七月以前拼音地名，或一九三二年七月以前使用西文地名。

（說明）此點雙方意見，本已接近，當由技術上極力辦到。

丙、由我方商人設置商辦通信機關，在交換地點設該機關辦事處，辦理交換一切郵件，及彼此業務上往來之文件。但對方須同意之。

（說明）此點完全爲避免直接往來起見。該機關借設在交換地點之我方郵局內，於時間上手續上均毫無延滯之處，在事實上與直接交換無異。且此本爲我方內部之事，本無與彼商議必要，茲爲辦理便利計，故預爲聲明。

丁、郵資雙方各自定之。

（說明）此點完全容納彼方意見，但附一條件，出關入關郵件，均不用中華民國及「滿洲國」字樣。

十日起，與對方續開會談，即以上述議決案爲基準，提出商討，雙方仍無法獲致協議。不易辦到之點有三：㈠由第三者委託彼方發行郵票。㈡承轉機關用商辦字樣。㈢新京等地名用符號代替。十四日，對方提出「關於通郵之申合事項」七條如下❶：

一、通郵應由雙方郵政機關間行之。

二、滿方所用之通郵郵票，不表示「滿洲國」及「滿洲」之字樣，先行印製使用於信件、明信片、掛號、快信等大多數之郵件者（按：「者」字應是多餘的，原文如此），並務求其儘量使用。但對於使用其他之郵票而得認爲已繳納正規之郵資者，中國方面應不另徵欠資。

三、郵戳在滿洲方面，於可能範圍，應儘用現用洋文。

四、郵資由雙方郵政廳各自定之。

五、通郵事務上之各種文件，在可能範圍，應不表示「滿洲國」或「滿洲」之字樣。

六、通郵實施期日，定爲本年十二月二十日，於同月十五日前後公表之。但包裹、匯兌等自明年一月二十日起實施之。

七、本協定之變更，應預經雙方之協議。

十九日，雙方再談，但入席未十餘分鐘，對方即起立表示決裂，散會後我方亦準備回京。此時我政整會黃委員長膺白先生以中央復電未到，而外交部唐次長有壬已首途來平，因示意雙方委員暫勿離去❶。

八、最後定案

唐氏抵平後，即與我方委員連日商討，就雙方不同之點再予考量，以爲最後交涉之依據。二十三日，對方表示次日將趕回長春，要求即日開會作一最後之商量，遂定於晚間十時會談於北京飯店❶。

會談開始，對方即以以前提出之七條申合事項爲基準，聲言除文字可以稍有商量外，其精神絕不能絲毫更動，且限立時答復，否則即爲談判破裂。雙方爭辯至翌晨七時，我方則隨時電話與唐氏聯絡，除加入「通過西伯利亞郵件照舊例辦理」一條外，其餘均就對方所提七條酌加修訂接

❶ 高宗武、余翔麟辦理東北通郵事項報告書。部檔三〇三。

受，達成「通郵大綱」。唐氏旋即於二十五日離平返京❶。

大綱已定，二十六日起，即由余翔麟氏單獨與對方續商技術事項，下列三點，又有爭議❶：

甲、凡雙方郵務上應行通知之事項及責任之承當、匯兌款項之清算，對方堅持須由雙方郵政最高機關行之，而我方堅持由郵政總局指定某郵局辦理，不必由郵政總局直接發生關係。

乙、通過西伯利亞之國際郵件應付之運費，對方堅持須用聯郵慣例，統交由僞國郵政機關分配。而我方則堅持照舊例逕付予南滿及中東鐵路，而不適用聯郵慣例。

丙、取道南滿鐵路之非國際郵件，對方要求將應付予南滿之運費歸我方擔負，我方則不允。

商談又陷於僵局，嗣經斡旋，對方對甲點允予讓步，乙點則照汪院長十一月豔電解決，丙點對方亦撤回要求。於是技術會談，亦告結束❶。余翔麟氏於二十八日電呈朱部長有云❷：

「……以上兩點（按：即前述甲、乙二點），爭持不下……彼方成見，斷非口舌所能移，若就事務上平心而論，對方此次所持理由，尚非狂謬，惟我方處處避免直接關係，故不得不繞道而行。而對方步步高壓，存心用意，暴露無遺。本月二十三夜，以超過最後通牒方式之手段，挾迫我接受大綱七條，我方防禦之藩籬盡撤，即郵票、郵戳應注意之各點，亦

---

❷ 部檔三〇三，郵政博物館。

盡放棄無餘，則以上甲、乙兩點，似無爭持之力量，亦無爭持之必要，蓋國聯通過之原則，已明言郵政機關與機關發生關係，不得視爲政府與政府發生關係……推而論之：本電所關之甲、乙兩點，若予讓步，尚有國聯原則，可資蔽護，而郵票、郵戳兩問題，實少補救之方，郵票、郵戳二問題，既可遷就於前，則其次者，似已無法可以爭持於後，徒生波瀾……」

十二月十四日舉行最後會談一次，將「通郵大綱」九條及歷次技術會談所獲之諒解七條各用本國文字繕寫兩份，在會席上宣讀一遍後，雙方互換一份，以爲憑信，但爲實現「不爲成文之規定」之原則起見，雙方委員均不簽字其上。

九、通郵大綱及諒解事項

「通郵大綱」九條如下❶：

❶ 高宗武，余翔麟辦理東北通郵事項報告書。部檔三〇三。

民國二十三年十二月十四日，上海郵政總局代表高宗武、余翔麟，同參加員般同、李擇一，與關東軍代表藤原保明，同參加員儀我誠也、柴山兼四郎，會於北平，關於通郵，在不涉及「滿洲國」承認問題原則之下，商定辦法如左：

以下上海郵政總局簡稱甲方，關東軍簡稱乙方。

一、通郵於雙方郵政機關間行之，因此在山海關古北口設轉遞機關。

二、通郵用之乙方特種郵票，其面上不表示「滿洲國」及「滿洲」字樣。

上記郵票印製四種，使用於函件、明信片、掛號、快信等，務力求貼用。

三、郵戳在乙方，則用現用歐文。

四、郵資由郵政業務主管機關各自定之。

五、關於通郵事務之文書（單據在內）儘量標用公曆，不表示「滿洲國」及「滿洲」字樣。

六、通郵實施期爲明年一月十日，於同月五日前後公表之，但包裹匯兌，則自同年二月一日起實施。

七、通過西伯利亞之郵件，依照舊例辦理。

八、本辦法之變更，須經雙方之相互協議。

九、依上述之旨趣，作成處理出進山海關古北口郵件暫行辦法，及處理出進山海關古北口郵政匯兌暫行辦法，如附件（另冊）。

通郵辦法之諒解事項七條如下[1]：

民國二十三年十二月十四日，上海郵政總局代表高宗武、余翔麟，同參加員殷同、李擇一，與關東軍代表藤原保明，同儀我誠也、柴山兼四郎，會於北平，關於通郵辦法，其諒解事項如左：

以下上海郵政總局簡稱甲方，關東軍簡稱乙方。

一、關於通郵辦法之公表，除協議部分外，其全部不得公表，並不得為惡意之宣傳。但「通郵於雙方郵政機關間行之」當然在不發表之列。

二、通郵用之乙方特種郵票，其花紋由乙方預示甲方。

三、向甲方寄發之郵件上，乙方以誠意努力使用特種郵票。

四、甲方對於由乙方寄發之郵件，倘已納足郵資，則雖誤貼普通郵票，得免徵欠資，但以極少數為限度。

五、乙方在現用歐文郵戳之局，則使用歐文郵戳，在現用中文郵戳之小局，則得用中文郵戳。

以上現用中文郵戳中，務不表示「省」字。

六、關於通郵之文書（單據在內），乙方以誠意努力，不表示「滿洲國」及「滿洲」字樣。

七、所有兩郵政業務主管機關往來之文書，由乙方所發者，以郵務司長 Director General of Posts 爲發信者，以郵政總局局長或郵政儲金匯業總局局長爲收信者，而由天津郵局轉交。由甲方所發者，以郵政總局局長或郵政儲金匯業總局局長爲發信者，其由代理人簽名者，則附書代理者之職銜，並於本文末尾爲奉命 By order 之表示，以郵務司長爲收信者。

高、余二氏於十二月十六日離平回京覆命，在他二人的報告結尾中說❶：「綜計此次交涉，歷時幾四個月，困難障礙，層出沓來，復爲特殊環境所限，無法作進一步之努力，原先期負，中道捐違，不能不引爲遺憾，良由於宗武等庸愚無似，才不足以折衝，誠不足以感應，有以致之，愧罪曷勝。」

十、實施通郵

通郵的公告日期，雙方同定爲十二月二十九日，我方是以郵政總局負責職員談話的方式發表，並於談話末尾附郵局公告，談話的主要內容如下[1]：

「……自東北四省郵務停辦以來，關內外人民之通訊，久感不便。茲據郵政總局負責職員談話：往來該四省各類郵件及包裹、匯兌之三項業務，將於一月十日及二月一日起，由山海關、古北口某某轉遞機關承轉。而入關郵件，亦將使用特種郵票，其有誤貼他種無效郵票者，則由該轉遞機關負責賠繳，不向收信人徵收欠資云。茲將郵局通告原文抄錄如下：

『查東三省境內郵務，前爲情勢所迫，暫行停辦，業於二十一年七月二十三日通告在案，茲爲便利民衆起見，將郵件、包裹及匯兌三項業務，由山海關、古北口兩轉遞機關負責承轉，所有寄往遼寧、吉林、黑龍江、熱河之郵件，如封面書明省名及地名而無僞組織字樣者，自二十四年一月十日起，均予收寄轉發，其包裹及匯兌則自二月一日起，照章辦理，

[1] 部檔三〇三，郵政博物館。

特此通告。』……」

郵政總局並通知國際郵政公署❶：

「自中國經由西伯利亞寄往歐美之郵件，曾暫行停止寄遞，由貴公署通告知照聯郵國各郵政在案。茲鑒於一九三四年五月十七日國聯諮詢委員會之決議，專爲減少中國與歐美相互間通訊之遲緩起見，於一九三五年一月十日起，恢復上述暫停之郵遞，希通告聯郵國各郵政，爲荷。」

外交部也於二十九日電告我各駐外使署❶：

「溯自塘沽協定成立以來，日軍關東軍雖停止向平津前進，而戰區十九縣仍在其佔領狀態之下，所有戰區內一切行政機關及交通機關，均在其掌握。嗣後一再向商撤退軍隊至長城以外，關東軍必須以通車、通郵等項爲條件。其後大軍雖經撤退，而古北口、馬蘭峪等五口，仍駐有少數日軍。至我方則於今年七月方實行通車，其通郵一項，則我始終維持我國最初實施之封鎖辦法，彼方雖多方催逼，迄不爲動。然事實上則以外籍車船之私帶關外信件，久已發現於關內，復因國聯議決通郵原則，我國獨予立異，亦失其法律上之意義；而關外數千萬同胞，因封鎖之故，與關內勢成隔絕，即其終歲勤苦，血汗所積，亦無法寄回內地，私人痛苦，固不待言，國民經濟，損失尤鉅。政府權衡利害，審度環境，忍辱含垢，勉予開議。雖國聯議決通郵原則，有『機關與機關之接洽，不能視爲政府與政府之關係』之明文，但我方仍參照通車辦法，以關東軍爲對手方，除聲明不涉及承認僞國外，仍著重間接承轉，曁郵票上不得有僞滿字樣表徵，郵戳採用公曆及英文三點，幾經交涉，屢瀕決裂，費三個月之時間，直至上月底，方勉強就緒，定明正十日及二月一日分別實行，雙方均用紀錄，不簽字，不換文，以避免條約之形式，此通郵交涉之實在情形也。凡此經過，事非得已，但求能維持不承認原則，俾我國對外立場，不生動搖，特先密電接洽，俟公布後，希本此意旨，向國聯、駐在國政府當局及輿論界密爲解釋，以免誤會，爲荷。外交部豔印。」

河北郵政管理局則接受退職人員黃子固的申請，與之訂約，由其設置匯通轉遞局，在山海關及古北口兩處，承辦關內外信件、包裹及匯兌的承轉事務。據二十四年一月十日黃致河北管理局副郵務長曹鑑庭的信說❷：

---

❷ 二十四年一月十六日總局上交通部密呈第一一號。部檔三〇二。

「鑑庭寅兄勛鑒：通郵事已於今日開始，我方在每次車開到時間，除指派二人穿著繡有山海關匯通轉遞局字樣之制服赴站照料外，並由弟同蔡君親去監視，對方亦很有互助精神，似此情形，將來或不致發生若何不幸。……」

古北口方面，匯通轉遞局亦派有人員前往，並暫於郵局內懸掛招牌，開始辦公❸。

東北郵務，在停辦近兩年半之後，終於恢復了。但華北風雲日緊，也不過兩年半的時間，爆發了「七七」事變，全面抗戰，遂爾開始。

---

❸ 二十四年一月二十六日總局上交通部密呈第一六號。部檔三〇二。

拾壹　抗戰八年

一、撤遷和恢復

(一)初期撤遷經過

九一八後，民國二十一年七月二十三日，我政府宣布停辦東北郵務；兩年半後，民國二十四年一月十日，東北恢復通郵；又兩年半年後，民國二十六年七月七日，蘆溝橋事變發生，全面抗戰開始。

由於戰事逼近平、津，二十九日，敵軍轟炸天津，河北郵政管理局局屋被炸，暫移租界內辦公，職員一死三傷，這是抗日戰爭中郵政員工犧牲、局屋受損之始[1]。

同月十八日，郵政總局通飭各地郵局：如遇地方情形緊急，非至當地機關及民衆確已遷移，不得撤退。撤退時，亦應於可能範圍內，在鄰近安全地點暫避，並相機回局，恢復業務，以便民衆❶。

才不過隔了三天，八月二日，河北管理局便又遷回原址辦公了❶。

八月四日，故都北平易手。

八月十三日，淞滬戰起，戰爭範圍擴大，延及南方。

二十四日，爲維持業務，郵政總局通飭各區：凡較大郵局均應預先籌定支局一處或數處，作爲臨時辦公之用，俾便於交通斷絕或被炸後，仍可繼續辦公。遇重要郵路阻斷時，則由相關局隨時設法繞道運遞郵件，以維通達❶。

上海郵政管理局在市區蘇州河畔，北四川路橋頭，位於公共租界之內，因此得免於炮火的攻擊，保持完整。

淞滬之戰，相持了三個月，上海終於十一月九日棄守，國軍逐漸撤離，租界成了孤島，在孤島上的上海郵政管理局，則仍照常營業。由於上海的地理位置以及環境的特殊，滬管局且成了附近遭逢戰火各局的避難所。

在北戰場方面，此時太原亦告失守，山西管理局初移赤橋村辦公，十一月五日撤汾陽，八日

---

❶ 何建祥《郵政大事記》，見各相關日記事，郵政總局。

上海郵政管理局

江蘇郵政管理局

撤臨汾，二十六日再撤運城，二十七年三月二日，又遷猗氏❶。

敵軍攻下上海後，直逼南京，江蘇郵政管理局因局勢緊急，經召集各單位主管商討，決定疏散步驟如下❷：

一、大江以南，武進以東各局，如確屬無法維持時，准與蘇州局採取同一辦法（按：蘇州當時為一等甲級局，係一大郵局。意即武進以東各局，可以蘇州局為首，依蘇州局行事），或自行設法向上海疏散。

二、武進以西各級郵局，必要時可與鎮江局採取同一辦法（按：鎮江亦為一等甲級局），或向蘇北興化撤退，候令調度。

三、管理局人員除必須在局留守者外，於炮火緊急時登外籍輪船駐泊長江之中，俟戰火停止時再登陸回局辦公。

管理局乃將上項辦法通飭所屬，一面租用英商怡和公司萬通輪停泊江面備用，及至戰事迫近，當時兼綰蘇管局局務之英籍郵務長李齊（W. W. Ritchie）率員工四百餘人遂避登該輪，白天李氏仍偕少數機要人員，返局處理緊急事務。晚間則返回輪上。此時沿江外輪，均紛紛上駛，萬通亦駛泊和縣江面，同時英、美、義等國領事所搭之黃埔輪亦停泊附近。其時有美艦潘耐爾號於駛近蕪

---

❷《郵政七十週年紀念專輯》下冊，頁三八九，郵政總局。

湖江面時被日機擊沈，機群復沿江搜索，以其餘彈，轟炸萬通與黃埔，後者尾部且中一彈，半小時後，敵機離去，李氏與船長商議後，乃將船靠岸，讓人員各自覓地躲避，以防敵機再來襲擊，並約定翌日向晚，如船未被炸，將鳴笛五響，各人可以回輪。全輪人員，驚慌之餘，冒險登岸，其覓路自行前往鄰區報到者，約百餘人。次晨日機果又來襲，見輪已靠岸熄火，且無人跡，未再轟炸。此事經駐滬各國領館向日提出嚴重抗議後，日方乃允所有長江外輪，在其派艦監護下，一律駛滬❷。

首都南京於十二月十三日陷落。蘇區人員抵滬後，遂在滬局闢室設一辦事處，直至次年三月，由於淪陷地區，無郵政即無音訊，亦無生機，敵方亦深明此點，故透過原在郵局之日籍職員，要求管理局回京恢復局務，幾經折衝，商定三項條件：

一、保障全體復局人員生命安全。

二、負責維持全體復局人員食糧供應。

三、一般郵政公事不在檢查之列。

於是李氏乃率領少數人員於二十五日先行返京，抵京之日，留守人員列隊相迎，不禁相對泣下。其餘人員，則搭輪直駛南京❷。

八一三之次日，敵機空襲南京，政府通令各機關疏散，綜理全國郵務之交通部郵政總局乃於十九日將大部分人員，由考績處處長李文元率領，先行撤遷漢口，局長郭心崧連同少數人員則仍留京處理緊急公務❸。十一月十六日，南京情勢已趨緊急，留京人員，遂亦隨交通部撤至漢口，至次年六月，武漢局勢轉緊，除酌留少數人員外，大部分遷往昆明，計核處則疏散成都，九月，由於武漢情形緊急，留滯人員，亦分別遷往昆明及重慶，此時總局重心在昆明，重慶僅有總務處處長余翔麟率少數人員留駐，以便交通部隨時諮詢及聯繫。二十九年十月，總局以昆明市區空襲頻繁，遂疏散郊外辦公，一部分遷至龍潭，大部分則遷至呈貢，計核處一部分仍在成都，視察室則在重慶❹。

南京淪陷後未幾，同月二十四日，杭州亦告失守，浙江郵政管理局先已將管理部門於十一月十六日遷至金華，成立辦事處，管理區內後方各局。次年一月四日，又遷麗水，三十年四月二十九日，辦事處暫移龍泉源底，一部分員工仍留麗水。杭州方面，則由局長率少數人員留守，杭州淪陷後轉往上海，在上海管理局內設駐滬辦事處，其後由上海管理局派員協助，於八月間仍回杭州恢復局務，管理淪陷地區各局❹。

二十六年十二月二十七日，濟南失陷，山東管理局一部分職員仍留局清理郵件，三十日，恢

❸ 劉承漢《從郵談往》(二)，臺北廣文書局。
❹ 同❶。

復局務❹。

(二) 維持陷區郵務

自七七事變發生後，淪陷各地之郵政，係照九一八前例，繼續維持。惟以戰局不斷擴大，陷區郵政，應否維持，宜作一決定。二十七年五月二十日，交通部因郵政爲公用事業之一，與政治、國防之關係較輕，而與民衆及國際往來之關係較鉅，權衡得失，認爲維持陷區郵政，確屬弊少利多，經以交秘字第一四一九號電呈軍事委員會委員長核准後，即通飭淪陷地方各管理局，在維護國家主權，防止各項弊害原則之下，極力設法維持，以利民衆通信。這是抗戰期間我維持陷區郵務的決策經過❺。

這一決策的執行，則是透過上海郵政管理局的特殊環境與地理位置，以爲中介，並調派郵局原有的日籍郵員以及日文郵員，以與對方聯繫、溝通。

著者此時正在江西郵區的九江郵局服務，親身經歷了九江的淪陷、郵局的撤離與恢復郵務。從我的經歷，當時前方各郵局的遭遇，可見一斑。

❺ 三十一年十二月二十三日交通部發郵政總局密指令秘渝字第二六號及同月二十一日郵政總局「維持陷區郵政經過及今後應付方針」節略。郵政博物館部檔二八一號。

九江是在二十七年七月二十三日淪陷，在這之前的數日，郵局同人已撤離到距城南約二三十華里遠的蓮花洞，此處位在廬山的山腳，二十三日入夜，遙見九江方面，火光照天，知道敵軍已進城，遂連夜繞山向南昌方面步行，一路可說是十室十空，行至下半夜，人疲腿乏，一邊走路，一邊打瞌睡，而又口乾舌燥，無水可喝。走至一小街，店門一推即開，空無一物，闃無一人，睏極了，也顧不得蚊子成群，門板上倒身便睡，但不一會仍得起身趲路，如此直到天明，走到馬迴嶺，才由江西郵政管理局派卡車來接（鐵路已破壞），直駛南昌，而後轉往吉安，成立九江郵局清理處，清理積存的郵件。二、三月後，清理完畢，便經溫州出海，搭輪至上海，暫借上海管理局四樓辦公。停留一短時期後，經上海管理局洽妥，並派日文郵務員周博淵隨同聯繫，搭輪返回九江。其時九江市內交通尚在軍事管制之中，僅劃出一難民區，可自由活動，經等待一段時期後，約在次年六月，正式恢復局務。

敵人何以讓我郵在淪陷區恢復郵務，而仍接受後方的指揮調度呢？歷史學者沈雲龍曾說：九一八後的東北郵政，眞可視爲「歷史上的奇蹟」❻。淪陷區的郵政，何嘗不是又一「歷史上的奇蹟」呢？其所以能如此，我想可能是由於：

一、敵人也深知：郵政對通信、對恢復當地的商業與活力的重要。而淪陷地區廣大，敵人一時又

---

❻ 沈雲龍〈從撤郵到通郵〉《傳記文學》十二卷四期。

無力自行辦理。

二、敵人以爲郵政與海關都有一些涉外關係，故特另予考慮。

三、淪陷各郵區主持人均爲外籍人員，特別是處於樞紐地位的上海郵政管理局，其局長乍配林（A.M. Chapelain）係法籍，在珍珠港事件發生前，敵方對外籍人員，尚不無顧慮。

四、郵政性質較爲單純，牽涉軍事、政治者不多。

由於陷區日益擴大，爲便於指揮，郵政總局於二十七年三月二十三日派上海郵政管理局局長乍配林爲滬、蘇、浙、皖聯區總視察，在總局直接指揮之下，就近監察這四區的郵務。十月十三日，派北平郵政管理局局長巴立地爲平、晉、豫西聯區總視察。派河北郵政管理局局長克立德（E. Caratti，義籍）爲冀、魯、豫東聯區總視察。十一月十七日，又派湖北郵政管理局局長師密司（V. Smith，英籍）爲鄂、湘、贛聯區總視察。迄三十四年四月，總局以閩、浙、粵、贛四區孤處東南，與後方阻隔，乃派江西郵政管理局局長李進祿爲該四區聯區總視察，調度四區郵務❼。

❼ 同❶。

(三) 戰區繼續擴大

二十七年六月五日，開封失守，河南郵政管理局於十三日撤至南陽，成立辦事處，二十八年五月十二日，再遷洛陽，復遷盧氏，三十一年十一月，又遷內鄉，三十三年五月十日，再遷西坪鎮❼，後又遷商城❽。

此時（二十七年六月）長江方面，安慶亦告緊張，局長徐蘭生率領人員向九江撤退，由計核股股長費顯（Murice Charles Ernest Christian Fischer，瑞士人）及小部分人員留守。十二日，在敵艦猛攻之下，安慶遂告失守，費顯率留守人員亦撤退九江。其後，撤退人員乃輾轉抵滬，與九江郵局撤退人員同假滬局四樓辦公，同輪於次年二月自滬啓程，皖管局人員乃返回安慶，二十七日，恢復局務。三十一年九月十六日，皖管局立煌辦事處成立，三十二年一月二十三日，辦事處遷六安，四月二十一日，又遷霍山❾。

二十七年十月，日軍在大亞灣登陸，沿東江窺穗，廣州告急，廣東郵政管理局乃採取緊急措施如下❿：

---

❽ 收復區郵政接收情形。郵政總局陸檔二四之二。
❾ 同❶。

一、由局長睦朗（C. E. Molland，英籍）率部分員工移駐停泊沙面租界之英輪上辦公。

二、志願疏散後方之員工，可自由前往江門等地郵局報到。

三、由內地股股長率領部分員工疏散廣寧郵局辦公。

四、無法疏散之員工仍留原地服務。

二十一日，廣州失守，十二月五日，管理局即在當地復業，而疏遷廣寧之辦事處則於前二日移遂溪，二十八年四月六日，又遷曲江，再遷連縣，三十三年十月五日，仍遷回曲江⓫。後又遷梅縣附近之松口⓬。

廣州淪陷未幾，二十五日，武漢亦繼之淪陷，湖北郵政管理局一部分人員撤至宜昌，設立辦事處，漢口郵政儲金匯業分局則遷移法租界辦公。宜昌辦事處於二十九年六月十二日遷巴東，十月十一日，再遷恩施⓭。

廣州、武漢相繼淪陷後，長沙亦告緊張。二十七年十一月十三日，長沙大火，湖南郵政管理局局屋被焚，損失甚重，人員則已先於十一日遷東安辦公，本地業務股仍留長沙，十六日，管理

⓾ 同❷。
⓫ 同❶。
⓬ 同❽。
⓭ 同❶。

局一部分再遷祁陽。二十八年十一月五日，又遷桃花坪，計核股則遷邵陽。三十三年五月，長衡會戰，六月十八日，長沙棄守，本地業務股乃經衡山、衡陽、祁陽、零陵撤至桃花坪，其他各股，則分撤洪江及洞口⓭。其後，再撤晃縣⓮。

廣州失陷後，淪陷區與後方交通阻滯，總局因於二十八年二月八日在上海設立郵政總局駐滬辦事處，派上海管理局局長乍配林代理主任，凡長江及以南淪陷各郵區有急待解決的問題，不及向總局請示時，可商承該處辦理。嗣復於次年十月一日，加派乍氏爲郵政總局額外副局長，仍兼管理局局長、駐滬辦事處主任⓯。

二十八年三月，南昌會戰，三月一日，南昌郵電兩管理局合設之交通大廈被炸，二十三日，江西郵政管理局遷吉安，五月二十七日，再遷贛縣⓯，其後，又遷南豐⓰。

十一月十五日，日軍在欽州灣登陸，二十四日，南寧失守，廣西管理局於十八日撤至桂林。三十三年九、十月間，敵進犯桂、柳，管理局又西撤六寨，旋遷百色⓱，設辦事處於昭平⓲。又以桂省難民及銀行等機關，多暫留黔省，故另在貴陽設一辦事處⓳，後桂林於三十四年七月二十

⓮ 同❽。
⓯ 同❶。
⓰ 同❽。

八日收復，管理局乃即遷回桂林。

三十年四月，敵艦艇進迫閩江口，局勢突緊，福建管理局乃派一部分人員前往沙縣，成立辦事處，旋福州於二十二日陷落。九月，敵軍撤走，辦事處仍遷回福州。三十三年十月五日，福州又告失守，閩管局撤遷閩清六都，二十一日，在六都恢復辦公，至三十四年五月十八日，福州收復，乃又遷回，直至勝利⑳。

三十一年五月，浙贛會戰，敵機頻炸麗水。著者前此在二十八年七月即自九江奉調浙江郵區，取道上海、寧波、嵊縣、東陽，於九月四日向麗水辦事處報到。辦事處係假麗水郵局附近一大廳辦公，廳外院內空地上，築有簡單之防空壕，三十一年四月二十三日，敵機來襲，有的同事，遂避入壕內，著者與部分同事，則僅就辦公室內躲避，不意防空壕竟正中一彈，壕內多人，因而罹難，麗水二等郵局局長朱家堡及其部分家人亦在其內。

此後敵機更番來襲，我等祇好白天避往城外，入夜進城。有一天，整條街均被炸燬，我等進城時尚在燃燒，屍骨已成焦炭，慘不忍睹。辦事處乃於六月二十三日撤往雲和，會計股同人（包

---

⑰ 同❶。
⑱ 同❽。
⑲ 曾部長政績交代比較表郵政部分資料，陸檔1－10。
⑳ 同❶。

括著者在內）則撤往松陽之古市，未幾，日軍進逼，我軍調整防線，松陽已處在防線之外，至爲危險，遂又連夜向碧湖方面撤移，進入我軍防線，才有了安全感。整個辦事處，遂於二十九日撤至龍泉八都的蓋竹鄉，八月十日，又撤至閩省的沙縣，九月三日，仍遷返蓋竹鄉。

三十一年，郵政總局在重慶南岸黃堉埡南山山腳的一片斜坡上，以簡單方式興蓋的戰時局屋完工，在籬笆圍成的一所大院落中，蓋有成排的二樓連棟房屋數十排，一排約四、五棟不等，位於大門進口處的是辦公室，其後則是職員眷舍。六月十八日，昆明總局遂遷來重慶，散處其他各地的單位，如由署郵務長谷春藩主持，駐在貴陽的業務處汽車、機務兩課，隨後也都遷來黃堉埡，集中辦公。著者何幸，亦於三十二年九月四日，自遙遠的浙江蓋竹鄉奉調來到久已仰慕的抗戰司令臺——重慶，向總局考績處報到，在此工作，直到勝利還都。

㈣聯繫被切斷

早在二十七年八月，北平僞臨時政府設立僞郵政總局，似有侵奪華北各區郵政的跡象，交通部乃擬訂對策三項，電奉軍事委員會委員長核准㉑：

一、參照從前處理關外郵政之經過，敵方僭設任何郵政機關，倘與本部之指揮監督職權無損，而

㉑ 同❺。

本部所委之各郵政管理局局長仍能自由行使其職權，本部對此項僞機關，不予理會，否則下令將各該地郵局停辦，員工、檔案等設法撤退。

二、僞組織如發行僞郵票而強迫郵局行使，亦將郵局撤退，並通知聯郵各國郵政，否認僞郵票。

三、各該地郵局撤退後，即按聯郵公約，通知聯郵各國：停辦各該地郵務，並令後方各郵局不與僞郵局交換郵件。

淪陷區郵政，幸尙能繼續維持。迄汪僞組織籌備在南京成立時，敵方亦有意於南京僞中央政府下，設立郵政總局，上海郵務長乍配林獲知此項消息並覓得僞郵政總局及僞郵政儲金匯業局組織法草案後，立即於二十八年七月八日電報重慶總局，並建議請由華會簽約國英、美、法大使出面干涉，渠本人並面謁法大使，允與巴黎、倫敦、華盛頓三處洽商，以強制手段，應付日方。必要時並將暗示日方，上海郵局員工屆時將罷工以爲抵制㉒。此項擬議，其後因無需要，並未實施。

維持淪陷區郵政，主要在使淪陷區與後方信件，得以照常往來，便利公衆通訊，此外，尙有下列之助益：

一、在越南未淪陷前，每月由上海等陷區盈餘接濟後方款項，約一百萬元，貼補後方郵政之虧損。而陷區郵政仍保有盈餘五十萬元。

㉒ 郵政總局二十八年七月十五日上交通部滇字第十一號密簽呈。部檔一三一。

二、同時，上海等地收寄之包裹，可以大量經越南運至後方，不但增加郵政收入，且可吸收陷區物資，以補不足。

三、郵政不撤退，對勝利後復員工作，無需另作布置，將便利甚多。

但自太平洋戰事爆發後，情形頓告改變，長江一帶陷區各郵局凡有盈餘者，一變而爲虧損，且賴後方撥款維持，郵件往來，僅以信函、明信片爲限，包裹、小包，以運輸困難，且敵僞管制物資甚嚴，業務已完全停頓㉓。

此時，人事方面，若干郵區之主持人，亦有變動，江蘇管理局局長李齊、浙江管理局局長科登（V. W. Stapleton-Cotton）、湖北管理局局長師密司、廣東管理局局長睦朗均被迫去職，暫以資深華員代理㉔，四人均爲英籍。

最大的人事變動，自然是總局的駐滬辦事處了。三十二年六月二十二日，乍配林函報總局：十八日接僞組織方面令：該主任應予裁退㉕，並解除本兼各職，派王偉生（原爲我方所派管理局郵務幫辦兼總局駐滬辦事處第一科科長）接任管理局局長，李浩駒爲總局辦事處主任。職主任職務，已於二十一日移交副主任日人高木正道暫代，管理局局長職務，則定二十八日移交㉖。

㉓ 同❺。

㉔ 郵政總局三十二年七月十三日上交通部渝考字第一五號密呈。部檔一三一。

九月，郵政總局據報：因局勢演變，河南管理局局長克法理絡（E. A. Cavalière）、北平管理局局長巴立地、河北管理局局長克立德同被免職拘留㉗，三人均爲義籍。

十一月二十二日，郵政總局據山東管理局局長納自敦（E. Nordström，瑞典籍）呈：鑒於開封及平津各管理局局長均被迫離職，如僞方令其北上，是否應予拒絕，請核示。總局經報奉交通部核准後，決定如遇此種情況，將調其來後方服務㉘。

淪陷區郵局與後方郵局互寄郵件，雖仍繼續不輟，但與重慶郵政總局的臍帶，至此已被切斷，所幸郵政原有的組織、制度尚能一仍舊慣，未有改變。

十二月二十日，郵政總局撤銷其駐滬辦事處，按此時乍配林已病故㉙，乍氏爲我方所派任，折衝於敵我之間，維持陷區郵務，幾達六年之久，爲中華郵政盡瘁盡忠，誠爲對日抗爭中，繼巴

㉕ 郵政人員的退職，除居齡退休外，依當時規定：有告退、裁退、辭退、革退四種。告退係自行辭職；裁退則爲體力、能力不勝，或局方不需時所採用；辭退、革退則係失職或違法時之處分。裁退人員，可得卹金。據悉乍氏所領卹金，係按民國二十六年之四倍計算，即二十六年可領法幣一萬元者，此時可領四萬元——郵政總局三十二年六月二十九日上交通部渝考字第一二號密呈。部檔一三一。

㉖ 郵政總局三十二年七月三十日上交通部渝考字第二二號密呈。部檔一三一。

㉗ 郵政總局三十二年十月一日上交通部渝考字第四四號密呈。部檔二八一。

㉘ 郵政總局三十二年十一月二十二日上交通部渝考字第五九號密呈。部檔二八一。

㉙ 同❶。

立地之後，我郵所最倚畀之客卿。

(五) 接收

三十四年八月十五日，日本無條件投降，郵政總局於是頒布「收復淪陷區郵政緊急措施辦法」、「接收收復區及光復區郵政辦法」、「恢復收復區及光復區與後方郵運辦法」及「接收淪陷區郵政補充辦法」四種（東三省、臺灣稱光復區，其餘接收地區稱收復區，二者統稱淪陷區），其主要規定如下[29]：

一、北平、南京及東三省僞郵政總局分別接收，暫改爲郵政總局駐各該地之辦事處，其主任即由各該地郵政管理局局長暫兼，但祇負保管責任。

二、郵政總局前在上海之駐滬辦事處仍予恢復職權，所有淪陷區各郵政管理局，限於交通情形，在未能直接受在渝總局命令以前，暫由該辦事處指揮監督。

三、淪陷區各郵政管理局局長由後方人員中選派。

四、各地日籍人員除主管外，均暫保留，但以公務需要、成績優良者爲限。

五、浙、粵、皖、鄂、豫五區郵政管理局辦事處即行前進，接收各該管理局。

六、淪陷區郵票版樣花紋仍爲郵政總局發行之總理及烈士遺像郵票，暫繼續使用，俟新票準備就緒後一律改換；東三省及臺灣現行郵票一律廢止，另發我方郵票。

七、原來留陷區人員及經陷區郵政管理局考試任用人員均予留用。

八、郵資一律依中央規定，並徵收國幣。

由於駐滬辦事處已恢復，總局乃派郵務長曾玉明爲該處主任，並派左列各郵務長充任各郵政管理局局長，分別辦理接收各該郵區事宜[29]：江蘇—陳道，上海—李進祿，北平—李質君，河北—王良駿，山西—陳林，遼寧—葉祥頤，黑龍江—沈松舟，錦州—李濟生，吉林—蕭靜軒，安徽—馬逸民，山東—梅貽璠，臺灣—林步瀛。又浙、粵、鄂、豫郵區則由其後方辦事處主任何幼村、黎儀燊、許季珂、傅德衛推進接收，並充任各該區管理局局長，江西郵區則由其辦事處郵務幫辦倪金德接收。

按東北在戰前原分爲遼寧、吉黑兩郵區，九一八我郵撤退後，敵僞將郵區縮小，改設：錦州、奉天、新京、哈爾濱、牡丹五區，僞郵政總局則設在長春。勝利後東北改爲九省，郵政則劃爲：遼寧、吉林、黑龍江、錦州四個郵區。連同臺灣及原有之上海、江蘇、浙江、安徽、江西、湖北、湖南、東川、西川、北平、河北、河南、山東、山西、陝西、甘寧青（原稱甘肅）、福建、廣東、廣西、雲南、貴州、新疆，全國共有二十七郵區[30]。

接收工作，除東北稍遲，至三十五年方完成外，其餘關內各區，因淪陷期間，一仍舊慣，並無何項重大改變，且人員均予留任，故接收極爲順利，均在三十四年接收完竣。各區接收日期如下[31]：江蘇－九月十日，河南－九月十六日，上海－九月十七日，浙江－九月二十日，北平－十月二十二日，廣東－十月一日，河北－十月十二日，江西－九月二十四日，山東－十月二十九日，湖北－九月十四日，山西－十二月二十七日，安徽－十月十六日，吉林－一月二十五日，錦州－二月一日，黑龍江－二月十一日，遼寧－二月十一日。臺灣係於十月二十五日光復，十一月一日，成立郵電管理委員會，隸屬於省行政長官公署交通處，就原遞信部所屬郵電機構，監督指揮，繼續執行郵電事務，舊有章則，暫不變更，所有郵票，亦係將日版郵票加印「中華民國臺灣省」字樣代用[31]。

二、郵路

---

[30] 民國五十五年三月《郵政統計彙輯》，頁二八後，郵政局所圖一。

[31] 同[1]。

(一)早期郵運

郵路，是運輸郵件的路線。

淞滬戰起，京滬和滬杭兩條火車郵路即告阻斷，郵局遂組織汽車郵路班，循公路直達南京，裝運輕件郵件(即信函、明信片等)，一面另用汽船拖帶木船，裝載重件郵件(即印刷品、包裹等)，由松江循運河以達蘇、錫、鎮江各地。不久，蘇、錫淪陷，乃改由南通天生港運至揚州轉遞❶。

南京陷落後，東南大動脈，僅剩浙贛、粵漢兩鐵路，武漢成了後方的中心，於是在湘省組織汽車及小輪郵班，在粵省組織民船郵路，通達武漢，以爲輔助❶。

二十七年十月，廣州、武漢相繼淪陷，通海郵路，遭遇到極大的困難，於是隨軍事形勢的演變而努力尋覓，組織新郵路，先後替換，不下十餘條。起初有東、西兩幹線，東線經衡陽、吉安、鷹潭、金華至鄞縣或永嘉出海，西線由昆明經滇越鐵路至越南海防出海❶。其餘有福建三江口或三都澳至上海，曲江經蘆苞至廣州，北海至廣州灣，遂溪至廣州灣，鎮南關至海防，福建之

---

❶《郵政概述》。三十一年九月郵政總局局長郭心崧講詞。郵博館郵檔陸一號之七。

長汀經海滄至廈門等❷。並儘量設法利用香港轉遞國外及上海（可再轉陷區各地）的郵件，這些郵路有：曲江經沙魚涌轉香港，梧州經水東（廣州灣附近）至香港，梧州經陽江或新昌至澳門轉香港等❷。並利用渝港及韶（韶關，即曲江）港等航空線，運遞郵件。

十二月二十二日，我郵徵得港郵同意，在港設立「廣州郵局香港分信處」（C. P. O. Sorting Office, Hong Kong）繼續處理寄廣州郵件，並成為內地與淪陷區往來郵件轉運之樞紐❸。次年四月二十九日，不意香港各報登載新聞，使此一機構曝光，而分信處又自行封發聯郵各國郵件，超出了雙方原定工作範圍，使得港郵不滿❹。該分信處之聯郵組（即處理進出口國際郵件之單位）乃於六月間遷往深圳❺。是月三日，署郵務長慕雷（W.D. Murray，英籍）奉派為我郵政總局駐港專員，並兼分信處主任（其前為吳超明），以便與香港郵政聯絡。深圳局亦經改為國際郵件互換局，自七月十二日起，封發國外郵件。旋改前山（澳門附近）郵局為國際郵件互換局，自八月六日開始，封發國際郵件，由水路經澳門轉香港，以代替深圳郵局❻。

---

❷ 戰時交通。郵檔陸一號之三。
❸ 霍錫祥（此時在港）二十七年十二月二十一日致昆明總局徐昌成英文函第三號。郵檔總三三六。
❹ 廣州分信處二十八年五月三日上郵政總局業務處呈第七號。郵檔三三六。
❺ 廣東郵政管理局二十九年一月十一日致郵政總局聯郵處公函第二〇〇／四一四六六號。
❻ 粵管局二十八年十月二十一日上總局第六四七九／四〇八〇二號呈。郵檔總三三五。

十月十八日，粵管局爲加速郵件的運遞，在沙魚涌（位於粵江三角洲之大鵬灣內，其北爲淡水、惠陽，東北爲大亞灣之澳頭）成立轉運局，寄港、澳及外洋輕件郵件，改由這裡出海，以代替前山郵局。十一月九日起，開始直封國際郵件，成爲互換局❼。直到二十九年六月二十五日，沙魚涌失守，旋又於七月一日收復，三十年二月四日，沙魚涌再度淪陷，沙魚涌郵局乃撤退來港，至十一月一日停辦❽。

由於利用滇越鐵路運送郵件，二十八年二月一日，郵政總局特派郵務長儒福立（J. Jouvelet，法人）爲駐越專員，前往海防，主持郵運事務，並隨時與印度支那郵政洽商聯繫。四月十九日，成立郵件轉運處，接運沿海各地與內地往來郵件❾。

十月十八日，滇緬公路昆明至保山段通車，帶運郵件。二十九年六月，法國維琪政府停止滇越鐵路運輸；九月，允許日軍進駐越北，進攻滇、桂。海防港已無法利用，滇緬公路乃成爲重要國際通道，以達仰光。三十年二月二十一日，我郵乃於昆明、臘戍間開辦逐日郵政汽車班，分三段行車，在下關、保山、臘戍三處設站管理，每站派車六輛，全程共一、一四六公里，六日可達

---

❼ 粵管局二十八年十一月六日致閩管局快郵代電曲字第三／一七二八號。郵檔總三三五。總局二十八年十一月二十九日致英國郵政第一七一〇號函。郵檔總三三五。

❽ 粵管局曲江辦事處三十年十一月二十四日上總局曲字第八四〇／一二九五四號呈。郵檔總三三五。

❾ 何建祥《郵政大事記》。

[9]。

(二) 太平洋戰起

十二月八日，太平洋戰起，繼之，日軍瘋狂南進，香港、仰光，相繼陷落，通海國際郵路，已完全阻斷，不得已改採陸路，一由新疆通往蘇聯，一經新疆通往印度，由新疆之蒲犁與印度邊界之米斯嘎（Misgar）郵局擔任互換郵件事務，印郵並指定季爾吉脫（Gilgit）爲互換局，自三十二年三月十五日起，實行互換[10]。

航空線方面，原有渝港（香港）、渝河（河內）及渝仰（仰光）三線，二十九年六月，因歐戰關係，渝河線停航，及至香港、仰光相繼淪陷，即改交渝加線運往加爾各答轉遞。另有渝哈線運往哈密轉哈阿線運至蘇聯之阿拉木圖（Alma Ata），再接蘇聯航空線轉運前途[11]。

後方與淪陷區，則始終維持著秘密郵路，相互溝通。太平洋戰事發生前，我沿海各省，雖已相繼淪陷，但沿海口岸，如廣州、汕頭、廈門、寧波等處，仍有航運可通，前後方郵件，隨時可

---

[10] 曾部長政績交代比較表郵政部分資料。郵檔陸一。

[11] 三十二年一月二日總局聯郵處便條通字第一〇二號附件「國際郵件寄遞路線」。郵檔陸二。 二十九年度《郵政年報》，頁九。

以輪轉，而香港、海防兩地，則爲溝通前後方之吐納據點。及至滇越鐵路阻斷，海防無法利用，而滇緬公路完成，仰光成爲我出海口，仰光與香港間，則輪運暢通。但太平洋戰事爆發後，海運完全阻斷，不得不全部改由陸路運遞。此時重要路線，可分南、北兩線，北線以洛陽爲中心，南線則以金華爲樞紐。經過金華者又有三線：一由蕪湖經南陵至金華，用來運輸上海與粵、桂、湘、黔、滇各省往來郵件；一由紹興經諸暨至金華，用來運輸上海與浙、贛、豫、晉、川、陝、甘、新各省往來郵件；一由吳興經安吉至金華，用來運輸上海與閩、鄂等省往來郵件。各線都是旱班郵差郵路，全靠人力背負，且須穿過軍事區域，運輸困難，故運量極小，祇可運遞少數輕件郵件，每線每日運量，限爲五袋，幾經設法加強，逐漸提高，紹興、金華線，每日可運百餘袋，需時七日；吳興、金華線五十袋，需時半月；蕪湖、金華線二十袋，需時半月以上⑫。北線有：洛陽經尉氏至開封，每日運量約一百五十公斤，需時十日；洛陽經周家口至宿縣或商邱，每日運量約一百公斤，需時約二十日⑫。

此外尚有湖北方面的公安、沙市、老河口線，監利、新堤、漢口線，老河口、南陽、信陽、漢口線，沔陽、漢口線，浙江方面的麗水、臨海、鄞縣線，福建浦城、江山、湯溪、金華線，江

---

⑫ 三十一年八月二十五日郵政總局致交通部秘書廳函附件「最近之交通」講稿。郵檔陸二。 三十二年四月二十四日部（交通）座赴中訓團演講稿。郵檔陸二。 最近三年來之全國郵政概況。郵檔陸二。

西貴谿、浮梁、祁門、屯溪線，廣東的惠陽、常平、東莞、廣州線及棠下、北街、廣州線，安徽的懷寧、桐城線，懷寧、至德線等⑫。

三十一年五月，浙贛會戰，金華棄守，南線遂告阻斷。但經另組之湯溪、金華郵路，仍可通達陷區，尚稱便利。迄三十三年四月中原會戰前，後方通陷區郵路，以運量較大之湯溪、金華線為主；以運量較小之豫東洛陽、商邱線為輔。中原會戰後，洛陽棄守，通達陷區郵路，遂僅剩湯溪、金華一線，為平衡運輸計，乃於六月間組成湖北烟墩店（在平漢線花園之東不遠）至安陸郵路，以利疏運。旋戰事發展至粵漢、湘桂兩路，八月，衡陽失守，十一月，桂林、柳州相繼淪陷，西南、西北寄陷區郵件，遂無法發往東南轉運。此時，豫中方城、葉縣郵路組成，乃將往陷區郵路，調整如下：

一、東南各區（浙、閩、贛、粵、湘東、桂東）由湯溪、金華線轉遞。

二、皖區（皖北、豫東）由界首集、商邱線轉遞。

三、西南各區（滇、黔、湘、桂、鄂、川）由烟墩店、安陸線轉遞。

四、西北各區（新、甘、陝、豫）由方城、葉縣線轉遞。

自整個大後方的郵件運輸來看：西南、西北與東南各郵區的郵件往來，係由河南經穿越平漢線的秘密郵路入皖北，再經偷渡長江的秘密郵路入皖南。由於運輸困難，運量有限，且須兩度穿越敵軍防線，各線郵件，均以信函、明信片等輕件爲限⑬。

郵政人員在淪陷地區服務，雖在敵僞嚴密監視之下，對於陷區之我軍政機關與後方我政府之通信，仍是全力秘密維護，甚至因此而遭敵僞迫害，亦屢見不鮮。三十一年一月三日山東省政府駐渝辦事處致電郵政總局：「山東蒙陰郵政局長呂子星、泰安郵政局長趙祖讚及郵差公方谷等，服務陷區，身處敵僞嚴密監視之下，對本府來往文件，仍能特別維護，冒險傳遞，忠勇卓越，殊堪嘉尚，特電請予從優獎敍，以示優異，是否可行，並祈電復。山東省政府。」郵政總局經查明後電復：相關人員，業已分別獎敍存記，惟因各員差身在陷區，暫不公布⑭。

三 後方郵運

後方各主要城市間之郵件運輸，則以汽車郵路爲主。早在七七抗戰發生前，郵政局鑒於局勢日緊，即有購置汽車、自辦郵運之籌劃。二十五、六年間，曾購置卡車三百輛，以備戰時軍郵需用，分存於南京、漢口、貴陽等二十九地。戰事爆發後，軍方曾撥借一部分，另又新購一部分，共有四百餘輛。行駛路線，除各地短程者外，尚有南北與東西兩幹線。南北幹線自雲南的保山以

⑬ 同⑩。
⑭ 安國基《抗戰軍郵史》下冊，頁一八五，郵政總局。

迄陝西的寶雞，全長三千多公里；東西幹線自重慶以迄浙江之龍泉，其中除金城江至曲江一段利用湘桂及粵漢鐵路外，汽車郵路，全長二千餘公里，載運郵件。如有空餘地位，亦搭載旅客。由於戰時交通困難，而郵車安全、準時，故登記搭乘者甚多，譽滿後方。著者於三十二年秋自龍泉浙區辦事處奉調重慶郵政總局時，即係搭乘東西幹線之郵車，行程極為順利。

三、軍郵

(一) 軍郵的設立

軍郵，是軍事郵遞的簡稱，也就是戰時為部隊官兵服務的郵遞設施。古代的郵驛，原是為適應軍事上與行政上的需要而產生，可知軍郵的源流，由來已久。八國聯軍時，各國侵華的部隊中，即有軍郵之設。但在我國，軍郵制度，是在抗戰時才建立起的。

先是在民國二年，蒙邊不靖，當時政府曾調派軍隊向內蒙古布防，為便利軍事通信，經參謀本部與交通部商定舉辦軍事郵遞，並於烏蘭花、歸化、公溝、大佘、大後、公中、林西、開魯等地設置軍事郵遞所，民國三年，事平，郵遞所也隨之撤銷❶。

九一八後，日本侵我日亟，預料戰爭終難避免，政府因於二十三年一月在南京創立交通研究所，設有郵政系，以培植軍郵幹部，嗣併入江西星子縣海會寺中央陸軍軍官學校特別訓練班，繼續調郵政現職人員受訓，培養了不少軍郵人員❷。

二十四年秋，國軍在京杭國道舉行軍事演習，軍郵人員，亦奉命參加，配設了四所軍郵局，當時稱之爲臨時郵局，演習了一星期結束❷。

二十五年夏，兩廣事件發生，國軍在湘贛一帶，駐紮甚多，調動頻繁，爲便利各部隊官兵通信、試行新訂軍郵規章及增加人員經驗起見，經再度舉行演習，並以「臨時郵務」代替軍郵名義，旋事件解決，臨時郵務遂亦結束，但辦理軍郵之經驗，因此增加不少❸。

及至七七變起，遂正式舉辦軍郵，以交通部郵政總局爲總管理暨指揮機關，而在總局內部，則以視察室爲承辦此項業務之單位。所有軍郵事務，自二十七年六月四日起，以郵政總局局長名義，但由視察長代行，並由其指揮❹。後方勤務部則爲督導機關。二十八年六月，因軍郵的範圍日廣，事務也日繁，遂在部內成立了「軍郵督察處」，專司軍郵督察工作。督察處人員，都由郵

❶《中國軍郵概論》，郵政總局。
❷劉承漢《從郵談往》(二)，臺北廣文書局。
❸同❶。
❹郵政總局二十七年六月四日第三〇〇號密通代電。

政人員調任，工作極爲順利。督察處處長亦由當時郵政總局視察長余翔麟兼任，至三十三年四月，改由總局局長徐繼莊兼任❺。自五月六日起，在郵政總局方面，軍郵事務，也改由局長直接指揮❻。

各個戰區，大體在戰區司令長官所在地，設置軍郵總視察段，負責管理轄區內軍郵事務，並受戰區司令長官部以及相關郵政管理局之督導節制。其下視需要設置若干軍郵視察分段，管理分段內軍郵業務，查視軍郵局所。

(二) 軍郵機構

軍郵的業務單位如下：

一、**軍郵局**：原稱軍郵業務局，二十八年十月改稱軍郵局。配設於前方師以上各部隊，隨軍行動，稱爲行動或隨軍軍郵局。有的設於前方交通要衝，以便各部隊軍郵局聯絡，或供附近及往來當地各軍事單位之用，並不隨軍行動的，稱爲從地或駐地軍郵局。軍郵局辦理信件及包裹的收寄和投送以及匯兌、儲金等業務。其工作內容與一般郵局相同，但服務之對象則不

---

❺ 安國基《抗戰軍郵史》，郵政總局。

❻ 郵政總局三十三年五月六日密通代電渝視字第一五七號。

同。一般郵局以各界民衆與機關爲對象，軍郵則以作戰部隊與官兵爲對象。如業務量較少，尚不及設置軍郵局者，可設置軍郵派出所。軍郵局以數字爲番號，如軍郵一〇五局、軍郵一七六局等。

二、**軍郵收集所**：是後方寄往前方或前方寄往後方軍事郵件的收集、批轉的總匯機關。由於部隊調動頻繁，流動性極大，而爲保持機密，軍事郵件多不書寫番號及詳細地址，而祇書寫代號，如信箱號碼或通信代號等，普通郵局，無法知悉，而軍郵收集所則有專人收集、登記，是負責此項批轉工作的專門機構，故遇有此類郵件，無法寄送時，即送收集所處理。

三、**軍郵聯絡站**：部隊人數衆多，分布範圍又廣，無法由軍郵人員，一一組設軍郵機構，但又不能任每一官兵，親赴設在其較高層軍部之軍郵局，交寄郵件，故祇有由各部隊自行設置適當之軍郵單位，負責彙收本部隊官兵交寄郵件，轉送軍郵局；並從軍郵局領取寄交本部隊官兵之郵件，攜回分發。依我國軍郵規定：營本部及其以上各單位應各指派官佐一人，充任軍郵聯絡員（原稱軍郵傳遞員），辦理前述彙轉工作，也可於其部隊內，設置軍郵聯絡站，即以軍郵聯絡員充任站長。

四、**兼辦軍郵局、所**：前方軍隊駐紮地點原有之郵局及代辦所，均指定爲兼辦軍郵局、所，並派員予以辦理軍郵事務之必要訓練。此項兼辦軍郵局、所，多具有從地軍郵局之特性，以爲行動軍郵局之聯絡局。

(三) 軍郵總視察段

抗戰初起，全國軍郵配置，分爲四大幹線[7]：

第一爲平綏及同蒲線。設有萬全、陽曲二總視察段，轄北平郵區（包括察哈爾）及山西郵區各一部分。

第二爲平漢線。設有清苑、石家莊二總視察段，轄北平郵區之大部分（河北省西部）。

以上四個總視察段均歸山西郵政管理局管轄。

第三爲津浦線。分設滄縣、濟南、銅山三總視察段，包括河北、山東及江蘇等郵區轄地。滄、濟二段歸山東郵政管理局管轄，銅山段則歸江蘇管理局管轄。

第四爲京滬、滬杭線。設有吳縣及杭縣二總視察段，包括上海、江蘇及浙江三郵區轄地，分屬江蘇、浙江兩管理局管轄。

此外，於隴海線設有鄭縣總視察段，位在河南郵區轄境內，歸河南管理局管轄。

以上共計軍郵總視察段十段，均於二十六年八月中旬成立，且均以軍郵總視察駐地之地名爲總視察段之名稱。

[7] 何建祥《郵政大事記》第一集下冊，郵政總局。同[1]。

嗣萬全段於八月底結束，併入陽曲段。清苑及石家莊兩段分別於九月下旬及十月中旬結束，合組爲開封總視察段。十一月下旬復併入鄭縣總視察段，歸河南管理局管轄。滄縣段十月下旬結束，併入濟南段。京滬線之吳縣段因京滬沿線之淪陷而於十二月初結束，人員撤入皖南及贛北，於二十七年一月初另組贛皖總視察段。滬杭線之杭縣段因撤出杭州而移駐金華，並於二十七年一月改稱浙江總視察段。徐州會戰前，濟南段人員撤移豫東，於二十七年一月改組爲豫東總視察段，在開封成立。五月，移駐信陽。鄭縣段亦於同時改稱豫西段，均歸河南管理局管轄。陽曲段人員移駐臨汾，嗣撤移陝西，於二十七年三月改組爲晉陝段，歸陝西管理局管轄。同時，安徽長江以北地區另組安徽總視察段，在六安成立，歸安徽管理局管轄，以應津浦南段軍事需要。

武漢會戰前，安徽段人員一部分於七月移湖北浠水，改組爲鄂皖段。十一月，復移沙市，改稱湖北總視察段，後移老河口，又移宋埠。鄂境長江以南另組鄂南總視察段，均歸湖北管理局管轄。

武漢會戰後，豫東段於十月併入豫西段，改稱河南總視察段。旋鄂南段撤銷，於十一月在湘鄂邊境成立湘鄂總視察段。銅山段人員移駐淮陰，改稱蘇北總視察段。嗣繞道上海、香港入粵，於十一月組織廣東總視察段，均歸湖南管理局管轄。十二月，復於粵西及桂南另組桂粵總視察段。

總計二十七年底全國各戰區共有浙江、河南、晉陝、贛皖、湖北、湘鄂、廣東、粵桂等八個段。

總視察段。

二十八年二月，爲切實督導後方各主要汽車郵路之郵運，以增強前後方軍事郵遞之聯絡，於黔川境內闢黔川總視察段，主管川黔二省各公路沿線汽車郵運之督導、視察事宜。同時復因我方部隊進入魯、蘇、皖、冀等省敵人後方，擴大游擊戰鬥，遂就上述各段人員中遴派幹練耐勞者，隨軍潛入四省邊區及冀中等游擊區內，組織東海、鄂皖邊區、冀中三游擊區軍郵總視察段，分別於四月二十七日、五月四日及九日先後成立。合計共有軍郵總視察段十二。

二十八年六月，後方勤務部軍郵督察處成立，遂將各總視察段按浙江、河南、晉陝、贛皖、湖北、湘鄂、廣東、桂粵、黔川、東海、鄂皖邊區及冀中之次序，改稱第一至第十二軍郵總視察段。二十九年五月，第十二總段因冀中情形不穩撤銷，轄區併入第三總段。八月，第五總段所轄沙市、宜昌及其西南各地成立第六戰區，復於該地區組設第十二總段。十一月，因越南形勢吃緊，又於黔滇二省公路以南地區成立第十三總段。七總段於七月改撥曲江廣東郵政管理局辦事處管轄。十總段於三十一年十一月三十日撤銷，併入十一總段❼。

二十九年底，各軍郵總視察段轄區及總視察駐地如下❼：

第一總段轄浙江全省、蘇皖二省長江以南、鄱陽湖以東各地，總視察原駐金華，嗣移駐歙縣。

第二總段轄河南全省（道清線以北各地除外），總視察駐洛陽。

第三總段轄陝西、山西、河北、綏遠四省及河南省道清路以北各地，總視察駐西安。

第四總段轄江西全省（鄱陽湖以東各地除外）及福建省一部與湖北省長江以南粵漢路以東各地，總視察駐吉安。

第五總段轄湖北省平漢路以西、漢水及沙陽當陽一線以北各地，總視察駐老河口。

第六總段轄湖南全省，總視察駐長沙。

第七總段轄廣東省珠江西江以北各地，總視察駐曲江。

第八總段轄廣西全省及廣東珠江西江以南各地，總視察原駐鬱林，嗣移柳州。

第九總段轄貴州雲南及川陝各公路沿線，總視察駐重慶。

第十總段轄魯、蘇二省津浦路以東各地，總視察初駐郯城，後遷沭陽，再遷東台、興化。

第十一總段轄安徽湖北二省長江以北平漢路以東各地，總視察駐立煌。

第十二總段轄湖北粵漢路以西，沙洋當陽以南各地，總視察駐建始。

第十三總段轄黔滇公路以南至越南邊境各地，總視察駐昆明。

三十一年二月，我遠征軍進入緬甸，隨軍之軍郵局亦推進至緬境，歸第十三軍郵總視察段指揮。其後我軍轉入印度，三十一年五月，我軍郵局亦隨軍入印，九月，在印度藍伽（Ramgarh）成立直屬駐印軍郵視察段。三十三年九月十一日，升為印緬軍郵總視察段。旋自三十日起，改名為第二十軍郵總視察段。三十四年三月，總視察段辦公處自藍伽遷至雷多（Ledo）。九月，因我部隊回國而結束[7]。

(四) 幾項統計

各總視察段所轄視察分段係視實際需要而設，多寡不一，至勝利時全國共有視察分段八十九段。

二十六年十月間，全國共設有軍郵收集所五處，二十七年武漢會戰時增至七處，分設信陽、宋埠、漢口、長沙、南昌、金華、西京等處。會戰後，原設信陽者移南陽，設宋埠者移老河口，設漢口及長沙二處者撤銷。嗣復逐漸添設宜昌、衡陽、曲江、柳州四處，共計九處。

二十八年一月，設南陽者改稱軍郵第一收集所，西安第二，宜昌第七，老河口第八，吉安第九，金華第十一，衡陽第十四，柳州第十六，曲江第十七。嗣第一收集所由南陽移設洛陽，第七收集所亦因重慶第十八收集所成立而於二十九年五月結束。三十年三月復於立煌成立第十九軍郵收集所，全國共有軍郵收集所十處❽。其後，第十三總段亦設有收集所一處，至勝利時全國共有十一處❾。

抗戰初起時，因各作戰地區原設有郵政局的，頗足適應需要，僅須派員補充，故隨軍設局之

---

❽ 同❶。
❾ 同❺。

需要較少。截至二十七年一月止，全國僅有軍郵局二十三處。二十七年十月間決定前方各高級司令部設置軍郵局之原則，惟仍因需要關係，增設不多。至二十七年底，全國祇有軍郵局三十五處。二十八年以還，戰區範圍日廣，且多轉移山地，廣大之游擊戰亦展開，隨軍設置之需要，頓形增加，故自二十八年一月以後，軍郵局即逐漸增設。二十八年十月，復決定前方師以上一律設軍郵局。各軍事機關，自動請求設置軍郵局者亦日增，於是逐日增設，至二十八年底增至一二四局，較二十七年底增加兩倍有奇。二十九年仍繼續添設，至年底止，增至一九七局，至勝利時共有二五一局。另軍郵派出所一七〇所，軍郵聯絡站二一一處，兼辦軍郵之局、所一、九五九處❾。

截至民國三十四年八月，全國共有軍郵人員七〇九人，士差一、二五四人。抗戰八年，全國軍郵局所共收寄郵件三億二千五百八十餘萬件，投遞三億九千六百六十萬件。郵政為辦理軍郵，共支付近七億元❾。

拾貳　從勝利到遷臺

一、改進服務

三十四年十一月二十三日，郵政總局各處室選派人員十名，由副局長谷春藩率領，搭機赴南京，籌辦復員事宜。次年三月七日，總局駐滬辦事處撤銷。三十日，總局開始遷返南京，同月，郵政儲金匯業局也自重慶遷返南京。九月，總局在渝人員全部抵京❶。

勝利復員，可說是一番新氣象。郵政自開辦以來，就是由客卿主政，直到北伐成功，南、北兩總局合併，郵政會辦鐵士蘭去職，才算是由國人「當家」了。但郵務長仍多為外籍人員，重要郵區的管理局局長也都還是外人，抗戰期間，外籍人員擔任管理局局長的，除前章所述各郵區

---

❶ 何建祥《郵政大事記》第一集下冊，各相關記事，郵政總局。

外，尚有浙江郵區的科登（Cotton, V. W. Stapleton，英籍），福建郵區的克氣格（Klerkegaard, H. S.，丹麥籍），東川郵區的華希伯（Washbrook, W. A.，英籍）等，沿海各區，是業務最繁，收入也最多的郵區，都是外人擔任局長，這自然也是爲了適應當時的形勢，但客卿仍位居要津，也可概見。

及至勝利復員，此種情形，已完全改觀，事實上已無一外籍人員。而三十五年二月二十八日法政府與我簽訂放棄在華治外法權協定，正式聲明放棄要求中國郵政任用法人之權利，則是從法理上使此事告一結束。故復員後的中華郵政，從中樞到地方，可說是完全由國人自主了。

果然，國人也不負衆望，在短短的幾年裡，發揮了郵政的潛力，不斷的改進，獲得成效，使它聲譽鵲起。

三十五年五月二十三日，俞大維氏被任命爲交通部長，本日到任視事。當時對日抗戰，雖已結束，但國內動亂未已，且有變本加厲之勢，各地交通，頻遭破壞。俞氏首先提出「服務」的觀念，認爲交通各業，無論路、電、郵、航，都是服務的事業，都應以便利民衆爲主，這在當時可以說是一個很新的觀念❷。

在服務的技術層面，俞氏所提出的要求，第一是「快」，但鐵路公路，常遭破壞，郵件也因

---

❷ 王叔朋〈從郵回憶〉《精粹郵刊》第十二期。

之延誤，祇有空運最爲可靠，而在復員初期，各地航空線的噸位也有限，不能充分運郵，於是提出了「航空運輸，郵件第一」的口號，並首先放寬郵件的航空運量。三十五年十一月十三日，俞氏諭示：各類函件應由中國、中央兩航空公司最優先發運，現月運郵件一百噸及二十噸者，十一月份應分別增爲二百噸及一百噸（即中國增運百分之百，中央增運百分之四百），以後並應逐月增加噸量，以便所有郵件均能航運。郵政總局乃通令各區遵辦，同時，並無限制收寄航空新聞紙及航空圖書小包❸。

接著，交通部又下令要郵局把全部普通信件（即未納航空郵資的信件）都交由航空運送。十二月十一日，郵政總局通令各區：將各地互寄的各類未納航空郵費信函，如交由航機運遞，較由水陸路運遞爲速，應一律發由航空運送。並調整郵件的收攬、分揀、封發、投遞等工作、時間，以配合此一新措施❸。

此外，爲配合航空郵運，三十六年二月，郵政總局復指定：上海、南京、濟南、青島、天津、北平、錦州、瀋陽、歸綏、太原、西京、蘭州、哈密、迪化、漢口、重慶、成都、西昌、昆明、福州、廈門、臺北、汕頭、廣州、海口、桂林、柳州共二十七處爲航空郵運中心局，各中心局附近各地航空郵件，都以相關中心局爲集散地，以期快捷❸。

---

❸ 同❶。

京滬線火車行動郵局

經過以上改進，郵件確實快了不少，特別是距離遠的地方：如南京至北平，過去需三到四天，現祇要一到二天；南京至漢口，過去需四到六天，現祇要一到二天；南京至昆明，過去需十二到十五天，現祇要二到五天；南京至重慶，過去需十四到十六天，現祇要一到二天；南京至迪化，過去需三十到三十五天，現祇要三到十天❹。郵件的快速，甚至曾得到當時在華的美國特使馬歇爾將軍的讚譽。

爲配合「快」的要求，還採取了幾項措施：三十五年十一月二十日，京滬線夜快車設置火車行動郵局❺，利用運輸的時間，在車內分揀函

❹ 三十六年〈郵政工作年報〉《現代郵政》三卷二期，郵政總局。

❺ 同❶。

件，以便到達目的地即可交郵務士分送，節省郵件處理的時間。同時也出售郵票及收寄平常、掛號及快遞函件，以便乘客。

三十六年六月二十一日，規定設置趕班信筒，與普通信筒及軍人家書信筒，各以不同顏色油漆，以資區別。按趕班信筒即設在車站或碼頭附近之信筒，其開取的時間，是配合車、船的開行時間，趕在開行前最後一分鐘開取其中信件，趕予封發，趕交當班車、船運出。公眾如有急件，祇要在車、船開行前極短時間內投入，都可趕上開取封發，以達到快速的目的。當時在南京、上海、北平、天津、漢口，廣州、西安各地都有趕班信筒的設置❺。

是年，陸續在京、滬、平、津、漢、穗、青等地市區採行分區投遞制❺。因各該市區，範圍廣闊，郵件到達後，按街、巷分揀，甚費時間，故改由郵局將全市劃分為若干投遞區，各予編號，公告周知，公眾寄信時，於市名之下，加注投遞區號，可使分揀便利，節省時間，加速投遞。這個方法，來臺後仍繼續採用，並發展為「郵遞區號」制。

大城市的郵遞有了改進，接著又對鄉村地區的郵務，加以改善。九月，郵政總局頒發「改進鄉村郵遞大綱」，並設立鄉村郵遞示範區，最先設立的有南京、無錫及寧波三處，全國共指定了五十三處，以為示範，以便逐步推展❺。對鄉村地區的郵路，加以調整，增加郵件封發班次，採用較快運郵工具，並增設郵政機構，鄉村郵遞經改進後，確較前快速。以南京到相距約二、三十里的湯山為例，改進前南京寄湯山的信，最快第二天收到，有時第三天收到。改進後，南京上午交寄，下午可收到，下午交寄的，第二天收到❻。

其實，推展鄉村郵務，早在抗戰前巴立地氏出掌北平郵區時，即曾注意辦理❼，但有計劃大規模的推展，卻是此時開始。

除了「快」之外，也要求「服務」的改進：

三十六年一月，爲加強與公衆的聯繫，改進對公衆的服務，郵政總局設置公衆服務課，主辦有關公共關係事宜，這是郵政有這類單位的開始❽。

三月，江蘇、上海兩管理局在南京及上海兩

❻ 王叔朋〈我國推行郵政革新的回憶〉《精粹郵刊》第五期。

❼ 李希庸〈懷念巴立地先生〉《現代郵攻》一四卷四期。

❽ 同❶。

汽車行動郵局在南京勵志社門前

地開辦汽車行動郵局，行駛各處，收寄郵件，出售郵票，也開發匯票，使郵政的服務，更加普及，更加便利。不久，廣州、天津、漢口、杭州等地，也先後開辦❽。

四月，郵政總局爲改進郵局的營業場所，曾就減少擁擠、改良設備、改善環境、改進窗口人員服務態度等各方面，詳予規劃。按過去郵局營業廳的建築，一般是儘量替自身多留一些工作地位，因此能提供公衆使用的空間便不多，因而難免擁擠，讓公衆大排長龍，甚至秩序紊亂。現決定改進營業廳的形式，原則是要讓公衆使用的地方夠寬大，設備要完備而方便，環境要整潔調和，光線要充足，根據這些條件，設計了一種示範郵局，先在南京及上海試辦，結果成效良好，南京設了三個，上海設了四個，並分令各區就管理局所在地各支局中，擇其地位衝要而業務繁忙者先行辦理，逐步推展❽。

郵政當時所揭櫫的有三點❾：

一是新的精神：其中第一是服務的精神，由於郵政是國營事業，其中一部分且是獨佔事業，國營與獨佔，容易使一個事業趨向保守與老大，因此郵政特別注意，倡導服務的精神，使郵政成爲全民的郵政。其次是民主的精神。郵政是公用事業，必須滿足多數人的需要，因此，郵政要循何方向改進，必須尋求多數人的意見、符合多數人的願望。

---

❾ 同❹。

二是四項原則：首先提出的是「快速」，接著又提出了「安全」、「普遍」與「服務」各點，作爲服務公衆的四大原則。

三是兩個基點：一個事業的健全發展，必須有一個健全的制度，大家共同遵守，循以前進。我國現代郵政，自創立以來，已有長久的歷史，也已建立了一套健全的制度，郵政的發展，實有賴於這一制度的維護、充實與改進。其次是要注意工作效率，提高工作績效。祇有工作效率的提升，才足以驗證制度的是否完善，才能發揮事業的效能。

三十六年七月二十九日，著名的上海《大公報》，發表了一篇社評「從郵政的改進說起」，它說：

「在此政效不彰，諸事困頓之日，我們看見一件積極改進，成績斐然的國營事業。交通當局對於郵政業務，近來頗多新措施。就我們住在上海的人來說，隨時可以上郵局，總局晝夜辦公，福建路，思南路，靜安寺，提籃橋四個示範郵局也無例假。如果嫌路遠天熱，懶得出門，還有送上門來的郵局。本月初舉辦的汽車行動郵局，在全市分三線行駛，各區民衆可在規定時間內到那個行動郵局去寄信匯款。爲求本市及京滬線各地郵件投遞迅速，實施分區投遞辦法，將本市劃分爲十八個投遞區，在收件人及寄件人所住的地名下加註區號，郵局揀信人員就可依據區號加速投遞；又在市區適中地點設置特快趕班郵筒五具，每晚開啓後直送北站，當晚隨車運出，車上也設置行動郵局，收寄信件，並漏夜將京滬沿線各地信件揀清，以便車到即行投遞；上海市區以內增設郵亭郵筒，凡在下午三時以前投入郵筒的，當天都可到達。航空郵遞方面，如遇飛機有剩餘噸位時，原交普通水陸寄遞的郵件也改由空運；並在龍華建造轉運棧房，凡轉口信件逕行轉運，以減週折。此外在寄信的技術上，也有許多改善之處。更難得的是主管人員辦事認眞的精神，對於所有詢問的信件必迅速答覆，有時派員親自訪問；又常發出試信，以測驗員工的工作效能及發現最迅速最準確的郵路。」

「上海市民對於郵政以及公共汽車方面的改進，幾乎人人感到方便，而對主管當局表示讚佩。可見政府祇要認眞爲人民做事，就會有成績，有聲譽，獲得人民同情。」

「……祇要是眞正符合人民利益的事，不論如何困難，政府都可以做，也必能得到人民的擁護。……」

二、革新管理

在管理方面，郵政也作了一些新的措施：三十七年三月，郵政總局爲愼重處理高級人員擢升事項，設置了高級人員擢升審查委員會，由主任委員一人（局長擔任）、副主任委員二人（副局長擔任）及委員九人（各處、室主管擔任）組成，每年舉行經常會議四次，審查高級人員之擢升事項。按此處所稱的高級人員，即指郵務長和副郵務長而言。郵政人員，自郵務士、郵務佐、郵務員以至高級郵務員，都須經公開考試，錄取任用，較低階層升至較高階層，也須通過考試。但高級郵務員升副郵務長，以及副郵務長升郵務長，則是採長官推薦的方式，難免受到個人主觀好惡的影響，因此設置這一審查委員會，由各委員以無記名的方式投票，獲得規定票數，才算通過審查，而後再由局長報交通部核派❶。

同月，郵政總局成立了三項諮詢研究的機構，就工作之性質設置：「改進局務」、「財政經濟」及「福利待遇」三個委員會。指定一部分高級人員，同時也聘請郵務工會人員參加，溝通、討論、交換意見，但不採多數表決或全體通過的方式，所有結論，送局方參考❶。按郵政是國營事業，雖無勞、資之分，但員工有數萬人，管理階層與執行階層、長官與屬下、高階職員與基層員工，對事對人，自不免有不同看法與意見。設有此一機構，可溝通意見，化解歧見；積極方面，更可促進團結，齊一步驟。

這年的郵政紀念日（交通部於三十六年五月定三月二十日為郵政紀念日），是首屆紀念日，正好也是我國自清光緒四年發行第一套郵票以來的第七十週年紀念，郵政總局在南京舉辦了一次

---

❶ 何建祥《郵政大事記》第一集下冊，各相關記事，郵政總局。

郵票展覽會，同時發行紀念郵票，地點在新街口社會服務處二樓，從三月十九到二十六日，共八天。本不收門票，後應聯合國勸募兒童救濟金中國委員會之請，自二十四日起售票，每張五千元，所得作救濟金之用。觀衆踴躍，有如狂潮。四月一日至三日，又在交通部大禮堂展覽三天。按郵局自辦之郵票展覽會，這是有史以來的第一次，可謂是空前盛舉❷。五月十九日，又移至上海展覽，地點在南京路國貨公司二樓，集郵團體上海新光郵票會也參加展出，展期共七天，參觀者終日不斷，有遠從北平、廣州等地趕來的❸。

郵政的改進與革新，再加上原有的良好傳統，使它能繼續不斷發揮高度的服務。三十七年歲暮，平津一帶，已在戰火圍繞之中，郵政員工，仍奮力搶運郵件，服務大衆。十二月三十日，天津《大公報》特以「向勤勞的鬥士們致敬」爲題，發表社論如下：

「平津人民在戰火圍繞中，已經度過兩週。這兩週間大家天天在苦難煎熬中過日子。這樣的日子如果延長下去，不只將有許多掙扎在凍餓線上的良善安分的人們要倒下去，還可能有許多人們要不幸而患起嚴重的精神病。

❷ 程本正〈記本屆郵展〉《現代郵政》二卷五期。
❸ 周廣志〈上海郵票展覽會紀詳〉《現代郵政》三卷一期。

就在這一段苦難的日子裡，還隨時隨地有一些令人欣慰的現象，若干部門的工作人員大羣堅守崗位，盡瘁職守，一直在爲社會大衆忠誠服務。這其間，確有不少無名的英雄鬥士，創造了不少可泣可歌的事跡，值得表彰，值得崇敬。

這些在崗位上默默工作的勞動大羣，不論其爲體力勞動或腦力勞動，都支持著這個社會機構使不致陷於跛瘵癱瘓，都爲社會公衆的安全和便利而盡最善的努力。這些英勇鬥士們的心思血汗，有它不朽的代價。

我們於此謹向他們致崇高的敬意，而深慚不能遍舉他們的工作和勞績。但是僅就見聞所及，略舉兩三個例子，雖不免掛一漏萬，而舉一隅不及三隅反，就是這些，也很夠令人在苦難中獲得一點欣慰了。

先說平津電訊員工。津市電訊員工共一千七百餘人，這兩星期中，他們有其優異卓越的表現。平津有線電報阻斷了，他們立即改用無線電通報，充分利用全部機械，三路電路同時工作。所有全體工務、業務人員，一直辛勤三個通宵；所以近幾天來，當初積壓的電報，也都肅清了。這種爲公衆而犧牲小己的精神，眞不愧爲社會各界人士的楷模。

再說平津郵務員工，過去每逢時局緊急的關頭，郵務員工必能充分表現其忠勇勤愼的精神。我們在報館做報的人，關於郵務員工這種精神認識最眞，感動也最深。在過去的兩星期，郵局人員刻刻凝神注視着自身的職務，每有飛機降落津市，他們就搶裝信件。關於加強寄遞郵件，緊密聯繫各方，爭取時間，服務大衆，他們都在可能範圍內儘量做到無懈可擊，也無疵可指。在炮火繚繞之中，而能精勤奮發，恪盡職責如此，這焉能不贏得社會公衆的衷心尊敬？」

三、載譽郵盟

民國三十六年五月，萬國郵盟第十二屆大會在巴黎舉行，我國派駐法大使錢泰為首席代表，郵政總局聯郵處處長劉承漢、視察梅鼎及郵政儲金匯業局保險處處長汪一鶴為代表，出席會議。大會為便於與聯合國及其他國際組織聯繫，並在大會休會期間（大會每五年開會一次）主持聯郵工作，提出組織「執行暨聯絡委員會」一案。在討論此一議題時，英法提案與蘇俄提案均無法獲得多數之支持，相持不下，無法解決。我代表乃提出一折衷方案，獲得通過，委員會順利產生。我以提案人資格被推為委員國之一，復於委員會中被推為副主席（主席為法國，其餘三位副主席為英、蘇、巴西）。當時正值大戰結束，抗戰勝利，我躋身四強之一，聲譽正盛，加上我代表團的靈活運用，因而獲得國際上的尊重與地位。

郵盟原有郵件轉運費專門委員會之設，此次大會中經予改組，我國也獲選為委員國之一。

郵盟出版的刊物《郵盟月刊》原用英、法、德、西四種文字刊印，本屆大會，經長時間討論結果，決定廢除德文，增列中、蘇及阿拉伯三種文字。國際性之刊物中，除聯合國而外，刊列中文者，殆以此爲首創。

四、西南郵務視導團

各地的動亂，日益加劇，徐蚌會戰後，南京震動，各機關不得不有遷移的打算，但當時政府曾有禁止疏遷的命令。在此兩難的情形下，郵政總局的幾位主管（副局長沈養義、人事室主任劉承漢、視察梅鼎）商議結果，擬組織一「西南郵務視導團」，以總局各處室主管或副主管一人爲團員，攜帶必要之檔卷，前往廣州，萬一京畿告急，即可在廣州繼續執行總局職權，維持不輟。此一擬議，獲得長官之同意[1]。

三十七年十二月十七日，郵政總局令廣東郵政管理局，並鈔發廣西、湖南、福建各管理局，其主要內容如下[1]：

一、爲應公務需要，組織「西南郵務視導團」，前往廣州等地，視察局務。

二、視導團由下列人員組成：

[1] 施有強〈郵政總局撤遷臺灣經過〉《郵政資料》第一集，郵政博物館。

主任：劉承漢

團員：洪蓀祥、梁維康、何建祥、曾慶祿、翁學洪、施有強、楊光鑑

隨員：蔡尚華、沈尚德、王述調、陳潤東

視導團遂於三十八年一月八日抵穗，即假粵管局之白雲樓辦公。南京總局，亦經裁減人手，依志願疏調各區，留用人員，則分批攜帶檔卷，移滬辦公，京中僅由局長、副局長率領少數人員留駐，以與部、院聯繫。郵政儲金匯業局亦由京分撤滬、穗兩地辦公，局長谷春藩率少數人員駐滬，其餘大部分人員則由副局長何縱炎率領至穗❷。

未幾，戰爭迫近京畿，交通部各主管於三十一日乘機抵穗，總局代局長霍錫祥亦奉命同機到達，即駐西南郵務視導團辦公，上海總局則由副局長沈養義代爲主持❸。

二月間，視導團劉承漢、施有強二人分別奉南京交通部及上海郵政總局之召，遄返京、滬，未幾，仍回廣州，當時京滬情勢，已極緊張，二人在滬搭機返穗前夕，曾與總局遷滬及滬管局同仁聚晤，當時情景，劉氏記述如下❹：

---

❷ 同❶。

❸ 三十八年二月三日總局函穗通字第元號。

❹ 劉承漢《從郵談往》(四)，頁九一〇，臺北廣文書局，民國五十八年十二月初版。

「……到滬後仍與沈養義兄同住管理局四樓……兩人鑒於時局情形，瞻念郵政前途，不知所可。緬懷前賢締造艱難，如傳至吾輩手中而中斷，實覺無以自解，如何能維持郵政於不墜，一時引為己任。乃於飛穗前夕，約同總局高級人員數人，聚於虹口之王幼常兄寓所。王其時任上海郵政管理局局長，參加者除余與沈養義兄外，尚有梅仲彝兄、陳墨士兄及現尚在臺之施有強兄。是晚天氣嚴寒，雨雪霏霏，使室內之嚴肅氣氛，益增淒涼之感。當時討論主題，在計議局勢可能轉變後，滬穗雙方在郵政上應採如何措施。僉認局勢轉變後，郵政雖陷於分裂，終有合流之一日，雙方應竭盡所能，以維護郵政之原有制度精神為共同目標，最後並以體諒彼此處境為囑。當時在座諸人，均感此番分袂，生離無殊死別，一時悲從中來，舉座為之淚下，此夕情景，畢生難忘，……」

五月二十日，上海激戰，對外交通斷絕，二十四日，視導團接得滬總局二十一日電報底張（原電未到），謂已通電各郵區，將一切文件，逕寄廣州。二十七日，接獲其最後來電，謂局屋略損，員眷平安，至此上海易幟，在廣州之視導團則於二十日在代局長霍錫祥主持下，成為郵政總局，繼續指揮我方各郵區之郵務❺。

❺ 何建祥《郵政大事記》第一集下冊。

五、撤遷來臺

先是臺灣光復後，係沿日人舊制，郵電合設，迄三十八年四月一日，始予分設，納入我國郵政原有體制。臺灣郵政管理局於是日成立，首任局長爲傅德衛❶。三十一日，在重慶設置渝、蓉、黔、滇聯區總視察段、調西川郵政管理局局長黃家德爲聯區總視察，指揮該四區郵務❶。

這段期間，通貨急劇貶值，物價則如脫韁之馬，郵政入不敷出，郵資調整頻繁，到後來幾乎都來不及調整了。平信郵資，四月十七

❶ 何建祥《郵政大事記》第一集下冊，各相關記事，郵政總局。

臺灣郵政管理局（民國三十八年）

日，調整到金圓券一千五百元，同月，郵局發行的郵票，面值高達金圓券五十萬元，加蓋改值的更高達五百萬元。一面仍須向政府請領貼補，轉濟各郵區，靠貼補度日，如八月三十一日，總局致重慶聯區總視察電云：

「重慶黃總視察夏密〈0829〉〈7〉電悉㈠員工生活艱苦極深同情惟經濟無辦法力不從心㈡七月份貼補日夜奔走頃領到少許即發渝黃金〈150〉兩蓉〈120〉兩已盡最大努力希撫慰各同人共體時艱忍耐濟渡郵政總局〈0831〉。」

當時的艱困，可見一斑。

是年六月，行政院由穗遷渝，各機關亦多隨之入川，郵政總局當時工作人員雖不多（原派之十二人中，梁維康來穗後未久即離去，曾慶祿、翁學洪二人自始即未來穗，其後在穗又加入薛聘文、王叔朋、傅德衛、陳梅芳、陸勝揆、王瑨諸人），但檔卷則甚多，千里西行，運輸殊成問題，如來臺，雖有輪運，但當時臺郵經濟情況極差，端賴貼補與貸款維持，亦非長久之計。何去何從，煞費周章，最後衆議仍照視導團成立之初的原腹案，決定遷臺，因於四日簽報交通部❷：

❷ 三十八年六月四日郵政總局代局長霍錫祥上交通部部次長密簽呈穗字第二號。

「近來以時局日益緊張，駐穗各機關已開始疏遷，有在渝成立辦事處者，有遷往其他地點者，本局為指揮西南各郵區便利起見，已仿照抗戰時期辦法，呈奉鈞部核准，派西川郵政管理局局長資深郵務長黃家德兼任聯區總視察。暫駐重慶，負責指揮東川、西川、貴州及雲南各郵區，所有各該郵區通常業務事項以及有時間性之公務，統由聯區總視察負責督飭辦理，並與移渝各機關聯繫。本局在穗工作人員為數不多，惟所存檔卷公件則達三百餘袋。如遷往重慶，目前交通工具異常困難，道路輾轉需時必久。將來萬一如再播遷，困難更多。為防公務或致停頓起見，擬於必要時派一部分重要人員隨鈞部行動，負責聯絡。其餘比較次要及無時間性之工作，則移往臺灣辦理。庶局勢無論如何變動，本局公務不致中斷，進退亦可自如，是否有當，理合簽請鑒核。」

奉部長端木傑當日批示：「可」。並加眉批：「運臺檔案可由疏運會彙運。」於是派郵務長劉承漢率領一部分人員先行來臺，一般公務，即由劉氏以視察長名義代行。劉氏等於八月二十二日抵臺，次日正式開始辦公。其餘人員，亦分批陸續來臺，代局長霍錫祥因病於廣州易手前赴港就醫。

郵政儲金匯業局於廣州局勢緊張時遷香港，十二月十日，亦自港撤遷來臺。

設在重慶之渝、蓉、黔、滇聯區總視察段於十一月二十一日撤銷，改設郵政總局駐渝辦事處，派黃家德為辦事處主任，但旋因政府撤守，該辦事處未及成立。黃氏亦由渝來臺，會霍錫祥請辭獲准，部令派黃為郵政總局副局長兼代局長，以繼霍氏之職，黃氏於三十九年一月六日接任❸，霍則改聘為交通部顧問，旋因病請辭獲准。

中華郵政，原設二十七個郵區，至此僅餘臺灣一個郵區；郵政總局原有人員四百三十人，至此減為十五人❹。但此後在臺繼續發展，郵政的傳統，也在臺繼續傳承，並發揚、光大，以期提供用郵公衆最大的便利與最佳的服務。

---

❸ 同❶。
❹ 三十九年《中華民國郵政年鑑》，郵政總局。

附錄一 上海設立東西兩洋文報總局北洋大臣李札

北洋大臣李札：據署江海關道劉瑞芬稟稱：光緒三年九月二十八日奉 總理衙門劄：准出使大臣郭 咨：上年十月間奉使出洋，設立上海文報局，派委黃游擊經理，黃游擊在招商局當差，來往公司輪船，聲息易通，亦省一切開支，其設立文報局之意，實因出使各國並以上海為出洋總匯之地，可以彙總辦理，黃游擊是否能勝此任，應由江海關道體察情形，分別核議，定有章程六條，飭道妥籌呈報。又准出使大臣咨劉咨：現在出使德國，所有文報來往，已照會江海關稅務司經理，應需信資等項，已飭上海道照章給領各等因。查本衙門奏准章程，出使各國大臣等俸薪及往返盤費駐紮各國一切經費等項，由江海關彙齊按年匯寄在案。此項章程內所云一切經費，自係將來往文報費用該括在內，惟每年文報費用，亦出使經費之一大宗，自應妥議章程，核實辦理，以省虛糜。今大臣郭所定章程各條，既交江海關道妥籌，應令該關道逐條酌核後，申報本衙門查核。至上海為出使總匯之區，所有出使東西兩洋各國大臣往來文報，本應統歸一處收遞，以專責成。現在大臣郭既派黃游擊辦理，大臣劉又照會上海稅務司經理，未免兩歧，究應統歸何處，始臻妥協之處，並令該道察核情形，一併申報本衙門酌奪等因。並先奉郭大臣劄發章程六條，飭即籌辦，又蒙函諭內開：黃游擊或改派或添幫辦，即與招商局唐道廷樞會商核復各等因，遵即移商唐道酌核，因唐道公出，未在上海，以致一時不及更改新章，仍責成黃游擊惠和一手經管，先行稟復。茲於光緒四年正月十三日奉郭大臣覆諭催劄：以公使四出，文報歸併，事屬正辦，務速議覆，並接唐道文函，出使各國文報彙歸一處遞送，誠為劃一良規，各輪船開行，皆赴稅務司處請領牌照各處文報統歸新關稅務司彙辦，仍由道派委熟諳漢洋文字人員駐關襄理，可期妥善，覆請核奪等由。伏查出使東西兩洋各國大臣往來文報，上海實為總匯之區，且文報中每有緊要機密事件，關係甚大，設有疏失，恐誤要公，非結實可靠之員經理其事，難免貽誤。且必熟悉中外情形，通曉外國語言文字者，方能勝任。向來駐美國肄業華童洋局文報書信，係由司事陸湛源在滬經理收發，其薪水信資等項，每年給銀二百兩，在區主事容道額領洋局經費項下扣給，並不由關另行開支。其出使日本何張兩星使文報，係派上海招商局王委員松森辦理，所需薪水信資由何張兩星使逕給，亦不由關開支。惟出使英國郭大臣奏派黃游擊駐滬收發文報，其薪水信資等項按月由關給發。又出使德國劉大臣派滬關稅務司經辦，其信資等項奉飭由道給領，此皆在奉撥郭劉大臣年支駐洋經費之外，另行由關於提存出使經費款內動支彙報，每月用數多少不等。黃游擊自光緒二年冬間奉委承辦，迄今載餘，尚無失誤。該游擊曾駐英國讀書有年，於英國情形及語言文字素所熟諳，辦理英國文報事件，甚為相宜，然與德美日本諸國即不相熟，非有佐理之人，深慮照料難周。滬關稅務司向有本分應辦關務，若兼理各國文報，亦恐未能專一。黃游擊駐紮招商局，凡遇各國輪船開行，無不盡悉，收寄文報，甚為便捷。上冬奉郭大臣劄知：黃游擊辦理周妥，每月於原支薪水銀二十兩外，加給十兩，並准開支司事用人薪資等因。黃游擊既經得力，應請無須改派，所有上海收發出使東西兩洋各國文報總局事宜，應即責成黃游擊總理。此外出使日本何張兩星使所派王委員松森，及美國肄業華童駐洋局區主事容道所派陸司事湛源，皆作文報總局委員司事，幫同黃游擊辦理。其王松森陸湛源薪水信資等項，仍由何張星使暨區主事容道按照向章自行逕給，不由關道支放，其黃游擊薪水信資，按月由道給發，歸入郭大臣出使用款項下彙報。至德國劉大臣文報，光緒四年二月初七日奉到南洋通商大臣沈劄：准總理衙門咨：具 奏出使英國大臣請議經費各節分別酌辦一片，四年正月十二日奉 旨依議，欽此。咨行遵辦。並蒙鈔片內開：各國出使大臣往來文報均歸招商局員一手經理等因。是此後德國文報，亦應由黃游擊收遞，所有滬關稅務司自奉劉大臣委辦至今用過信資等款，俟吉司稅開單函取，即當在關庫提存出使經費項下動支照付，彙冊造銷。謹將上海設立文報總局奉郭大臣劄發議章六條，遵飭籌酌，另開清摺稟送。是否有當，仰祈察核示遵。並請咨明總理衙門酌奪等情。查該道所議章程，尚屬周妥，除鈔摺咨送總理衙門查核外，合行劄飭。光緒四年二月二十八日劄津海關。

遵飭籌議章程六條

一、奉發定章，內開：凡來往奏摺夾板部文及各省印文均關緊要，宜設立號簿，挨次掛號，倘遇輪船疏失，即可查照號簿，按照各省遞來文件，行文知照各處迅速補發遞寄。如有託寄信件及附寄物件，亦當知會原人趕緊補發遞寄前件。查文報總局收發文函等，必須將何衙門及何處於何年月日發行幾角幾件逐細登簿，何月日交何輪船寄洋及分送何處交收，亦須詳載，以備稽考。遇有疏失，由局知照原處補發，此則最關緊要之事，應請遵照郭大臣定章辦理。

二、奉發定章，內載：文報局倚附招商局辦理，除酌給委員薪水外，無須開支局費，其繕寫司事遞送文報工役，每項酌用一二人，均應發給工食，每月應需紙張筆費，亦應酌定數目，一切核實開支，以十金內外爲率，如須另設一局，所需局費，即令核議前件，查文報總局現仍附入招商局，無需另支房租等費，黃游擊應用繕寫書識送文工役各項人數以及工食紙張等款，每月額給銀若干，已由黃游擊稟請郭大臣核示，應俟奉批，由道照發。惟黃游擊總理各國文報，較之僅辦英國一處事務增繁，恐用款不免稍多，其幫辦之王松森陸湛源所需寫字書識送文工役，不須另僱，應由黃游擊彙總併辦。

三、奉發定章，內載：凡發遞電報及包封信資郵鈔申報等費，黏有圖記爲憑，分兩多寡，均有定價，自應核實開支，無任浮冒，前件查黃游擊轉寄文函，向交外國書信館由輪船遞送，每次信資多寡，以包封之輕重爲定，所付信資若干，由書信館給發收據，即電報價値，亦有一定，不能浮冒，應由黃游擊遵照郭大臣定章，隨時核實開支，並取收據存查，以昭信實。

四、奉發定章，內載：設立文報局，不獨往來公牘信件應當經理周密，並各處地方或有水旱偏災及遇有緊要事件關係中外大局者，均應隨時報知，俾廣見聞，不得故意隱瞞，爲無名之謹愼。前件查上海《新報》申報，凡遇中外新聞，無不列報。黃游擊已將新申報隨時購寄。此外如有地方要務，爲各報所不載者，自應由局員稟報。倘有風聞謠傳不實不盡之事，以及不經之談，則未便妄稟。蓋恐徒亂人意，有礙要公，必須眞知灼見，確實無疑者，據實上聞。此在局員臨時斟酌，既不可拘泥緘默，亦不宜妄言生事。

五、奉發定章，內載：凡備買物件及遞送家信各費，何人出名，即責成何人備送，文報局不得墊付。家信由信局轉遞，均於信面批明，送到各家時，加給信資，庶可不致遺失。前件查各人私信，原難動用公款，惟外洋來信，由局轉寄，每有不能直抵其家，必須轉託數處，方能達到者，其各家寄往外洋之信，亦有不能直達上海，必須轉寄數處，始抵滬局者，既須數處轉送，其信資不能不由局給，且為數無多，空信每封不過數百文，滬局若不照付，其信必致遺失，重洋遠隔，望信者每有一紙家書抵萬金之勢，自應格外體恤，擬請滬局遇有外洋隨員人等家信，有不能直寄其家，及各家來信，由各處轉寄到滬，未能由其家屬付給信資，必須由局照給，每封不及一千文者，准其由局付給，彙總具領造報，免由本員繳還。其往來家信，附入公文包封彙寄者，亦免攤派信資。惟各人家信物件，由滬局代為專寄者，其信資水腳等項，自應由本人及家屬付給，不得開銷公款。似此分別辦理，於體恤遠行之中，仍寓限制之意，是否可行，伏候鈞裁。

六、奉發定章，內載：現在出使德國　欽差，已照會稅務司遞送文報，自應另行辦理。其餘出使各國文報，均應彙歸該局委員遞送以免紛歧。前件現於光緒四年二月初七日奉到南洋通商大臣劄：准總理衙門咨：本衙門具奏出使英國大臣郭嵩燾請核議開支經費各節分別酌辦一片，光緒四年正月十二日奉　旨依議，欽此。咨行遵辦。並奉鈔片內開：各國出使大臣出洋後往來文報，以上海為總匯，應於該處設局，派員收遞，前據郭嵩燾派游擊黃惠和經理，該員在招商局當差，輪船往來亦便，嗣因劉錫鴻又派上海稅務司經理，本衙門以辦理兩歧，劄關查覆在案。應請　飭下南洋大臣轉飭江海關道，將以後所有出使往來文報，均歸招商局員一手經理，如果黃惠和不能勝任，另行遴派該局內熟悉浮文之員接辦，其費用即在該關按年彙寄各國出使經費內支給，不得另款開銷等因。是此後德國劉大臣文報亦應改由黃惠和收遞，無須再由稅司經管。此外，出使東西兩洋各國大臣文報，概由招商局員接遞，已奉總理衙門奏明有案，應請遵照奏案辦理。

以上六條係就郭大臣劄發章程核覆。

附錄二　民信局沿革概略

查我國未開辦郵政之前，所有政府官署公文，按站設驛，以資傳遞。民間書函，則有民業信局代爲收寄，以資通訊。自郵政開辦以後，逐漸推廣，至民國元、二年後，全國各省驛站一律裁撤（民國元、二年間，惟新疆邊陲未設郵局地方酌留驛站數處，其後改爲郵路，亦即裁撤。），所有政府官署公文，一概交由郵局寄遞。至民信局則情形不同，雖其營業逐漸衰落，或多關閉，但猶有延續至今而仍存留者。

民信局以江浙閩廣爲最多，其業務於寄遞信件外，兼營帶運款項包裹，所有收寄各件，均登記簿內，如有遺失損壞，其賠償責任並無一定限度。其運寄方法：水程則用船舶，旱路則有專班，並僱用專差投遞，其所收資費，或由寄件人收件人各半給與，或由寄件人或收件人酌量給與，亦無一定。各處民信局或互爲聯號，或另設分號，對於收寄遞送事務，互相協助，其寄遞路程近者數縣，遠者數省，互相往來，而以前清道光咸豐同治光緒年間爲最盛。

光緒二十二年三月間，前清總理衙門奏請設立郵政局，並由總稅務司赫德專管其事，奉批依議。當時郵政正在創辦時期，先就通商口岸及通都大邑設立局所，至民信局則營業已久，彌漫全國，故對於民信局採取寬容主義，准其仍舊開設，爲便於整理，以一事權起見，訂有章則，凡民信局應赴郵局報明，掛號領取執據爲憑。所收信件，途經通商口岸，交由輪船寄送者，均須裝成總包，交由郵局轉寄。至郵局所收信件，如係寄往未設郵局之地方，則交與掛號之民信局代遞送，而認民信局爲郵政代理機關之一種，以期將來消納於郵政之中。

嗣後郵政發展極速，內省各地郵政局、所亦逐漸設立，郵局所收內地信件，亦不由民局遞送，而民局則利用郵局，將其所收遠道信件，交由郵局寄遞，其餘有利之一部分，則自行寄遞。當時各輪船公司鐵路局等均與郵局訂有郵運合同，不得帶運郵局交寄以外之信件，但民局走私（即將所收信件不交與郵局轉寄，而私自派人遞送。）之風，仍甚熾盛。

查民局交與郵局轉寄之信件，係彙束封入總包，包面書明寄與接收之民局，包內信件由接收之民局自行分送，其資費多少，或按件、或按節、或向寄件人、或向收件人收取，亦由民局自便。

郵局對於前項總包，係按照包面所書地址代爲轉寄，其資費初則照通商口岸章程收取岸資，繼則按照重量磅數酌收資費，嗣經一概豁免。光緒三十年間，又復酌收。三十一年間，另定新章，所有民局總包信件，交郵局由輪船火車代寄者，照其總包重量，按信函資例減半收費。如係寄往郵路郵差所通之處，則照納全數。光緒三十二年，各民局聯署呈請：總包信件，無論寄往何處及用何項方法運寄，均予免費，並以罷業相挾，經予駁斥。至宣統三年七月間，郵傳部奏定：民局總包，一律繳納全費。同年郵傳部又訂定：郵局未經承認之民局，應飭令關閉之辦法，咨行各省查照。

入民國後，民局以政體共和，人民應享自由幸福爲詞，力倡自由寄遞，不受郵局干涉，曾聯盟呈請北京交通部，要求寄遞自由，經交通部嚴加駁斥，各民局復組織駐滬信業聯合會，以圖抵制。

民國十年十一月間郵政條例公布，第一條「郵政事業專由國家經營」，第二條「信函明信片之收取寄發及投遞為郵政事業」，第五條「無論何人不得經營第二條之事業」，惟當時恃民局信客為業者衆多，為維持其生活起見，故同條例第四十六條又規定：「本條例施行前以第二條之事項為營業，曾經郵政局許可，或於本條例施行後三個月以內，呈請郵政局許可者，視為郵政局代理之機關，不適用第五條之規定。但郵政局認為必要時得停止其營業。」是於取締之中，仍寓有體恤之意。民國十七年間，全國交通會議議決：所有民信局儘十九年以內一律取銷。嗣據駐滬各省信業聯合會寧波縣商會等各方迭次聲請暫緩取締，俾各民局得有充分時間以為改業準備，而維生計，當於十九年間呈奉部令核准，將十九年以內一律取銷一節，暫緩實行。惟各民局務須一律照章掛號，並將所收信件封作總包，交郵寄遞。因即擬訂暫行民局掛號領照辦法五條，呈奉　部令核准，通飭各區遵照：

一、所發民局執照，嗣後概由本總局填交各管理局轉發。

二、民局已掛號者，應將舊執照繳由各該管管理局轉呈更換新照。其未掛號者，應向所在地郵局請求轉呈掛號領照，其掛號期限，以本年年底為止。

三、每年換發新照一次，以資信守。

四、所有各區已掛號、未掛號、已請領新照、未請領新照，各民局之詳情於本年年底分別列表呈報，又每月月報內亦應列入，以資查考。

五、所有民局收寄信件，均須封作總包交由郵局寄遞。

至二十年間，各區民局掛號尚在聲請辦理之間，當再呈奉　部令核准，將前項辦法第二條掛號期限展至二十年年底為止，惟仍以二十年以前始業之民局為限。但抗不聲請掛號領照者，尚屬不少，大都以信件有內河外江之分，外江之信件既交由郵局轉寄，內河信件如再悉交由郵局轉寄，則妨礙其生計甚鉅爲詞，或請暫緩取締，或請再行展緩掛號期限，或請緩過磅（過磅二字，即指將信件交由郵局轉寄而須按重量納費而言。）當經迭次呈報並將前項辦法第五條修正如下：

所有民局收寄信件均須封作總包交由郵局寄遞。但發自或寄交之地方，如未設有郵務局所或信櫃，或其地爲村鎭信差投遞所不及，准暫由民局自行寄遞。惟中途經過之地方，設有二處或二處以上之郵局，同時設有該民局之分局或代理人者，仍應交由郵局寄遞。其民局或信客營業所及之地點，應由民局開具清單，呈送當地郵局備查。

自經此次修改之後，對於民局已格外從寬辦理，各民局仍多抗不遵行。江蘇方面，曾由江蘇省政府、上海市公安局迭次查禁，迄無相當效果。而各處走私之風亦仍甚熾盛，常有查獲，依照郵政規章處罰。其或頑抗者，則送請司法機關審辦。

茲將光緒三十一年起至民國二十年度止（即截至民國二十一年六月止）民局交由郵局轉寄之郵件數目列表如左：

年份	總包數目	重量（公斤）	總包內裝信件數目	備註
光緒三十一年	二六二九〇二	一〇四九二九	八八九六七八二	收寄與轉寄總數
三十二年	二四六九七七	九〇七九八	七八九二一三四	同上

三十三年	三四一五六二	七四七一〇	六三八九三七四	同上
三十四年	四一五七一二	八三〇二九	八〇四二九五三	同上
宣統元年	四六六八〇〇	九四〇一四	八四一一六〇〇	同上
二年	四四一四〇〇	八六〇八〇	七四〇九六〇〇	同上
三年	三六八二三〇	五九四五二	五九一三一〇〇	同上
民國元年	二〇四一二〇	五一八四二	二七四九六〇〇	同上
二年	二四八八〇〇	三〇〇一八	四七九六一〇〇	同上
三年	二九三四〇〇	三二四二八	六〇四一九〇〇	同上
四年	一五五四九六	一八二五八	三三六六二二七	收寄數目
五年	一五五四一七	二〇八〇八	二六二四三〇一	收寄數目
六年	一六一四六四	二一三八八	二七三〇二四四	同上
七年	一五六六六八	二一五三七	二五五九三一四	同上
八年	一六三八一二	二三二九四	二九〇三三五二	同上
九年	一九〇三五〇	二四九七九	三〇一七四六三	同上
十年	一七五八五〇	二五五三八	三三八三五五〇	同上
十一年	一六六〇一九	二六五六四	三四三五〇一一	同上

十二年	一八七二六四	三二九一二	四四五四五一〇	同上
十三年	一六九五〇〇	二八二九一	三三五二七三〇	同上
十四年	一六五一五〇	二九二九六	三三八九七二〇	同上
十五年	一五一八九〇	三〇五七四	三六九一九四〇	同上
十六年	一二〇八三一	二四五六六	二八〇二七八〇	同上
十七年	一三七九六七	三〇二五四	三五五一一〇	同上
十八年	一四三六六〇	三二五四〇	三七六九三〇〇	同上
十九年上半年	七七二八〇	一五七二四	一七六〇六一〇	同上
十九年度	一五二八二〇	三三七一二	四〇九〇六五〇	十九年七月至二十年六月收寄數目
二十年度	一四二六八〇	三四一八〇	三九二七七〇〇	二十年七月至二十一年六月收寄數目

再查江蘇浙江一帶民局，係收寄國內各處信件，福建廣東一帶民局，則多兼營或專營往來國外華僑之信件與匯款，又名批局。民國二十一年六、七月間，本局曾派員分赴江、浙各地如上海、寧波、溫州、蘇州、南通等民局繁多處所詳細調查，查得民局工作狀況如下：

一、民局收寄信件每有派人前往寄件人（商家或個人）處收取。

二、寄件人可不預付資費，俟信件送到後，向收件人收取或按節彙算。

三、收寄各件，長短大小包裝式樣以及輕重，並無一定限制。零星小件，附於信內，並不另收資費。笨重物件，亦可按包裹類交寄。

四、資費數目，亦無一定，有時或較郵局爲廉。

五、收寄及投遞各件均登記入簿，即普通信件，亦可追查。

六、對於信件內容亦負責任，且准許寄件人將値價，在封面上詳細注明。

七、對於輪船開行時間之更改特別注意，並立即通知各商家，且其封包時刻，與發遞時間甚近。

八、分送信件，有時較郵局迅速。蘇州、湖州、常熟間則由腳划船遞送，夜半開行，清晨到達，尤爲快捷。

九、內地居民不識字者多，民局能代帶口信或代寫書信。

十、民局所僱專差，人地熟悉，信件封面上所書收件人姓名不全或住址不清，亦能妥爲投遞。

就以上各點觀察：民局所以能得社會上一部分信用與營業，以資維持者，亦自有相當緣由。惟上開第二點、第三點、第六點均與郵政章程抵觸，非郵局所能辦理。第五點、第九點亦非郵局所能辦到。其他各點，自當詳細考慮，在可能範圍內設法逐漸進行，以期郵遞業務益得推廣，或可使民局逐漸消納於郵政之中，而收統一之效。

批局工作狀況：

福建、廣東兩省內地人民，前往國外謀生者，祇就南洋馬來各島（即新加坡、吉隆坡、怡保、太平、麻剌甲、庇能、芙蓉等處）而言：共有僑民二、三百萬，各該處地近熱帶，土地肥沃，出產豐富，以橡皮椰子檳榔黃梨爲大宗，種植易於牟利。更有錫礦多處，易於開採，故能容納如許工人。惟前往各該處之我國僑民，大都智識薄弱，不諳文義，其每月一次或數月一次匯寄家園之款項，因不知匯兌方法，託由批局辦理。故批局於承寄信件之外，兼營匯兌業務。

因此設在南洋之批局，對於新到僑民，即招徠在店，將其本人及家屬之姓名住址職業等項詳細登記，並編列號碼，備具副本，送交設在廈門汕頭等地之聯號批局存查，以後該僑民如有款項匯歸，其批信上即僅書號碼及其家人姓名，寄到廈汕批局聯號時，翻閱登記副本，即可將其家屬住址填入，派人連同款項送交收款人查收，並當面索得回信，以爲收據（名曰回批），如收款人不諳文義，則批局之投遞差亦能代爲繕寫，隨手帶回。

又是項款項，南洋僑民係用新加坡幣發匯，寄到我國後，折合國幣究係多少，以及如何算法，僑民之家屬每不知曉，類多由批局代爲辦理，不與計較，更任其扣除回批郵費（間有匯款預付回信郵資者），此外收到款項如多，則另以酬費給與來人。

南洋批局，每月一次或數次，派人至華僑聚集地方收攬匯款，或代匯款人書寫家信，故華僑匯款回國，除應付匯費及往來郵資外，尚須另付酬費。間有華僑欲匯款而無現金，批局亦可代爲墊匯，則須另加利息。其實批局收到匯款，每不即代匯寄，常俟彙成大宗總數，始交由銀行寄匯，或購買商品，運回銷售，再以售得之款，分別送交收款人，故批局獲利頗厚。

對於民局寄往南洋群島及馬來聯邦信件之郵資應行改訂之理由：

查民局來往外洋各處之信件，原係彙束封成總包，交郵轉寄，按照總包重量收取信函類國際郵資。嗣以總包辦法與國際郵政公約（一九二九年倫敦國際郵政公約第三十三條第四節：信函內不得裝有書交收信人以外何人或與收信人同居何人之信函字樣或他項實具個人書信性質之文件）之規定不合，民國十六年起，美國菲列濱和東印度法屬安南等處先後取銷總包辦法，改按國際郵費資例，逐封黏貼郵票，再行彙束。至十九年四月一日起，吉隆坡郵政（馬來聯邦及南洋群島郵政總局係設在吉隆坡地方）將所有民局寄交我國內地之信件，每封每重一英兩收取郵費新嘉坡幣六分（約合我國國幣一角二分），即其國際郵資一角二分（約合我國國幣二角四分）之半數。我國亦自同年五月一日起，按照我國當時國際郵資二十五金生丁姆折合國幣一角之數，減半收費，即每重二十公分收國幣五分。現在金價迭漲，我國國際郵資二十五金生丁姆之折合率已由國幣一角增至二角五分，其半數應爲一角二分半，前項批局信件之郵資，原係按國際郵資之半數收取，自應亦由五分改爲一角二分半，且郵局對於是項郵件之運費，須按金佛郎支付，賠累實多，當此郵政經濟異常竭蹶之時，自不能長此賠累，亟應設法彌補。

又查吉隆坡郵政對於南洋民局寄交我國內地之信件，已於民國二十一年十月一日起，由新加坡幣六分增至八分（約合我國國幣一角六分），合其國際郵資一角二分之三分之二，我國似亦可按照國際郵資二角五分收取三分之二（即國幣一角六分半），茲體恤僑艱起見，仍擬維持減半收費之原則，祇按二十五金生丁姆折合國幣二角五分之二分之一收取一角二分半，已屬特別通融。

據前視察員林卓午十八年十一月二十六日報告：廈門民局寄往南洋群島及馬來聯邦信件，半月之內，約有四萬件。若照國際郵資半數收取郵費，即廈門一處每年約可增收七萬二千元。又查前汕頭管理局十九年十二月份月報，該十二月份汕頭寄往南洋群島及馬來聯邦之批信係十萬零八千三百九十二封，依此估計：每年約一百二十九萬件，若每件所收郵資均照國際郵資半數計算，則汕頭一處，每年約可增收九萬六千餘元。但近年南洋因樹膠價格慘，以致華僑失業返國者為數極鉅，故批信亦隨之而減。據汕頭局二十一年統計，寄往南洋之批信，已降為八十三萬一千七百零九件，約減去三分一之數，此外尚有閩侯、番禺、瓊山、嘉積、北海等處民局，亦有少數批信寄往南洋，如果一併計算，則每年約可增加十餘萬元。

民局寄往北婆羅島及暹羅信件之郵資亦應同樣改訂之理由：

查北婆羅島亦係英國屬地，寄往該處之信件不多，但亦應將郵資按照南洋群島及馬來聯邦同樣改訂，每件每重二十公分收費一角二分半，以歸一律。至我國寄往暹羅之信件，現係按總包重量每二十公分收取國際郵資二角五分，而暹羅寄來之民局信件，則自民國十九年起每件按其國際郵資收取十五薩當（折合國幣二角二分），查暹羅批信每件重量不過四公分，是重二十公分之總包，可裝批信五封，今我國郵局每包重二十公分僅收二角五分，即每封僅收五分，如改按每封收費一角二分半，其收入增加，當亦不少。且據調查所得，我國寄往暹羅之批信，約占寄往外洋各處信件全數之半，故改訂寄往北婆羅島及暹羅信件之郵資，實屬必需。倘能實行，祇就暹羅一處而言，郵局收入，每年約可增加十餘萬元。

以上所陳，均係約略言之，其詳細情形，已見交通史第一冊第一章第四節。茲附全國現有民局表，以備參考。

全國民局表

郵區	已掛號民局數目	未掛號民局數目	備考
廣西	無	無	
山西	無	無	
雲南	無	無	
貴州	無	無	
陝西	無	無	
湖南	無	無	
湖北	二〇	無	
上海	三七	一九	
江西	三二	無	
河北	七	無	
河南	三	無	
山東	六	無	

北平	九	無	
浙江	四三	二一	
以上係各區遵照本局通飭第一〇一七號查報之數目			
蘇皖	一七七	無	
東川	六	無	
西川	無	無	
廣東	一七九	五	汕頭有已掛號之民局八十八家
福建	二三四	一五	廈門有已掛號之民局一百六十九家
新疆	無	無	
以上係根據各該區以前查報之數目			
共計	七五三	二五〇	

附注：福建民局中經營國外華僑之信件與匯款者：廈門一處一五三家，其他各處三二家，共一八五家。

廣東民局中經營國外華僑之信件與匯款者：汕頭一處六六家，其他各處二七家，共九三家。

附錄三　上海工部書信館簡章

一、辦工時刻　平常日期自午前八點鐘至午後六點鐘，星期日午前自九點鐘至十點鐘午後自三點鐘至四點鐘。

二、通郵事務　茲將本館收發郵件往來各地方之名單列左：

廈門、煙臺、鎮江、福州及羅星塔、漢口、宜昌（經由漢口轉寄）、九江、南京、牛莊、寧波、北京、汕頭、大沽、天津、溫州、蕪湖。

所有本館封發之郵件，概係交由輪船運寄，如有信件等物，須交由中國海關所辦之步差郵班寄遞者，即應用海關所發之郵票，預先貼足資費，至若大英輪船公司、大法國火輪船公司等輪船，本館概不交其運帶郵件。

三、郵費　茲將本館寄遞往來上列各處之郵件所收之資費列左：信函每重量半盎司（英兩）收制錢六十文。新聞紙每件收制錢二十文。包裹每重一磅之四分之一或其畸零收制錢二十文。寄交本城投遞之信函每封收制錢二十文。快信每封收銀二錢五分。

四、包裹　包裹每件重不得逾五磅，長不得逾一英尺六寸，寬不得逾九英寸，厚不得逾六英寸。凡寄包人未將包裹內裝之物書明，本館即不予收寄。所有包裹內之物，其性質須無危險者。

五、郵件上所書之姓名住址　郵件上所書之姓名住址，必須清晰完備，僅書姓名而不書住址者，難以尋找，所有各項新聞紙以及傳單等類，每件應用英漢文書收件人姓名住址，否則不予收寄。凡寄往北京之郵件，應加納一項資費，以便在天津交由中國海關所辦之步差郵班轉寄。

六、本館不負責任　凡遇郵件因未經投送或經誤送而發生金錢損失，或一切不便之事，本館概不負責。包裹遇有損壞之情事，本館亦不負責。

七、認捐本館經費　凡每年認捐本館經費銀三十兩者，本館即代其寄遞信函等物，不另取資。惟此項捐款對於快遞信函，不得包括在內。寄遞快遞信函應另收費。尤有應行注意者，認捐之人不得將未認捐之人所發之信件傳單等物，交由本館免費寄遞。

八、明信片　本館發行明信片，專供認捐人之用，各該認捐人可向本館領取，毋須納費。

九、未認捐之人　凡未認捐之人對於發寄信件等物，必須預付資費，所有由外埠寄來之郵件書交未認捐之人者，投遞時亦須納費。

十、投遞時刻及次數　英租界（中部即係可能走到之各地方）每半小時一次。虹口兆豐路東及法國租界（相距太遠之他方不包括在內）每小時一次。靜安寺路及附近，英租界西首之地方以及虹口公共租界兆豐路北方各地方暨法國租界距離較遠之地方，即係金利源及東門等處，每二小時一次。即係上午九點、十一點、下午一點、三點、五點。浦東及停於港內之船隻，每日兩次，上午十點鐘一次，下午四點鐘一次。星期日以上各處僅送兩次，即上午十點鐘一次，下午四點鐘一次。快遞信件除星期日不計外，每日投遞之時間，係上午九點鐘一次，十點半鐘一次，下午一點半鐘一次，四點鐘一次。

十一、信筒　茲將本館安設信筒之地方及開取各該信筒之時刻列左：

上海總會

設在上海總會之信筒，平常辦公日期，每日上午八時四十分開取一次，九點四十分一次，十一點四十分一次，下午一點四十分一次，三點四十分一次，五點四十分一次，星期日僅下午三點半鐘開取一次。

靜安寺路

第一號信筒設於卡德路與新閘路交叉之處，平常辦公日期，係每日上午七點鐘開取一次，下午一點半鐘開取一次，星期日僅於下午二點半鐘開取一次。

第二號信筒設於阿禮佛宅附近之地方，平常辦公日期，係每日上午七點十分開取一次，下午一點四十分開取一次，五點四十分開取一次，星期日係下午二點四十分開取一次。

第三號信筒設於斜橋衖，平常辦公日期，係每日上午七點二十分開取一次，下午一點五十分及五點五十分各開取一次，星期日僅於下午二點五十分開取一次。

第四號信筒設於猶太人墳地附近地方，平常辦公日期，係每日上午七時半鐘開取一次，下午二點及六點各開取一次，星期日係下午三點開取一次。

虹口

第五號信筒設於百老滙路及兆豐路交叉之處，平常辦公日期，每日自上午八點二十分鐘起每兩小時開取一次，星期日僅於下午三點二十分鐘開取一次。

第六號信筒設於百老滙路及基昌路交叉之地方，平常辦公日期，每日自上午八時二十五分鐘起每兩小時開取一次，星期日僅於下午三點二十五分鐘開取一次。

第七號信筒設於西華德路界內閔行路及南潯路之間，平常辦公日期，每日自上午八點半鐘起，每兩小時開取一次，星期日僅於下午三點半鐘開取一次。

第八號信筒設於黃浦路接近美國領事館，平常辦公日期，每日自上午八點三十五分鐘起每兩小時開取一次，星期日僅於下午三點三十五分鐘開取一次。

第九號信筒設在禮查飯店，平常辦公日期每日自上午八點四十分鐘起，每兩小時開取一次，星期日僅於下午三點四十分鐘開取一次。

第十號信筒設於圓明園路與英領事館正門相近，平常辦公日期每日自上午八點四十五分鐘起，每兩小時開取一次，星期日僅於下午三點四十五分鐘開取一次。

十二、郵票等項 本館現用之郵票，其價值種類計開於左：

二十文一枚者　四十文一枚者　六十文一枚者　八十文一枚者　一百文一枚者

明信片之售價每張計錢二十文

十三、聲訴等事 凡遇本館事務，查有弊端，即如人員溺職之情事，務須隨時向本館聲訴。蓋各項情弊，一次失察，難免有再而三，非致他人遭受損失不止，是以遇有以上情事，務須立即函知本館主任，並須將有關之信封或包套一併附於函內，惟該項封套必須蓋有本館之戳記等項，始克有效。

附錄四 光緒十四年正月三十日臺灣郵政總局關於開辦臺灣郵政告示

臺灣郵政總局為出示曉諭事案奉 爵撫憲 劉札開照得臺灣各縣，向設驛站，現擬變通裁撤，倣照郵政章程辦法，仰即遵照，悉心參酌，妥議覆辦，等因。遵將 憲擬郵政辦法條目十二條並妥議推廣十二條詳覆在案。茲奉憲批：據詳並摺均悉，所有推廣擬增各條，暨總局事宜，尚為妥洽，其恆春原設之萬里得等站及各縣未留之腰站，應即裁撤，餘俱照議辦理。仰即諏定日期，稟報開辦，一面將稟定章程，先期出示曉諭，並候通飭各地方衙門暨各防營局所，一體遵照，繳各摺存，等因，奉此。本總局擇於二月初十日即在臺北府城設局，開辦郵政事務，其一切章程，均照條目辦理。至於商民人等，亦准就於各該處郵站照章買票，附遞信件，合行列條出示曉諭，為此示仰全臺軍、民商賈人等知悉，爾等如有由站附遞信物者，務須遵章買票，一體轉遞，倘有貽誤，挨站查究、失物照賠，各宜凜遵毋違，特示。

計開條款

一、刊刻空白郵票，分給署局營所及沿途郵站，所用繁多，即以署局營所郵站地名上擇一字編立字號，以便稽查。撫轅即編撫字，餘以類推，各署局營所用去若干，每月彙報總局一次，各該站書一旬一報本管各該衙門，由本管衙門一月一報總局。

二、此項空白郵票，應由局按郵站地名擇一字編號，移送鎮署，鎮署分給站書時，須認明字號分發，以專責成。惟站書雖係土著有身家之人，然貧苦居多，既經分售郵票，而所收票價與所遞信銀，皆有銀錢經手之責，限令每旬將所售出郵票號數，應收票價若干，若每日卯未兩班遞過銀信件數、收發日時程限，詳細聲明，按程申報本各該管衙門，各該管衙門月終彙送總局備查，不准藉口遲延。

三、臺站地段里道，應以此次改設站地爲定，腰站不計，如路在一站以內，信重一兩以內者，粘票一張，票價取錢二十文。如遠至兩站以內，信重在一兩五錢以內，應加票一張，加票價錢二十文，至旁站如新竹之三叉河、大湖，彰化之南投、葫蘆墩、罩蘭埤埔裡社之集集、水里社、埔裡社，埤南之埤南、寮北、絲鬮等處，文報稀少，站夫照正站減半，商民郵遞函信，票價自應加增，每張每站票錢三十文，信重分兩亦應照加，一兩以外，每五錢加錢三十文。至商民私函遞送南北中內山一帶，遞至末站，接遞何處應，按一里加力錢十文，如送到埤南之北絲鬮站，由北絲鬮站轉遞何處，即每里取錢十文，餘以類推，有站地方，不准藉口私收。

四、沿途旱路有站可稽，日有兩班，中有三時，既經按站加票加價，無論風雨，定可到站，自無違誤。惟查沿途溪河間阻，或遇雨水積漲，不無阻隔，站夫積習，每逢耽誤要公，動行藉口疾病水漲天雨等情，此番改辦伊始，應責成該管官弁隨時認眞稽查，如遇春夏水漲時，水退即遞，不得藉詞延誤。

五、總局設臺北，即以臺北文報局爲總站臺，內改設郵政，接遞文報應照局章，海內來往公文，仍照舊接收發遞各衙門。臺南即以臺南文報局爲總站，按照臺北文報局辦理。

六、由營派各站頭目站書兵丁，務須由各該管衙門造具年貌籍貫箕斗冊，送總局備查。

七、各站收發郵票，務照票上塡注年月日時，或收或發，載之於簿，以便按旬申報各該管衙門，各該管衙門月終彙報總局。

八、票根字號，各站應照塡寫，按旬申報各該管衙門時，票根隨繳，各署局營所及各該管衙門月終彙報總局時，票根交應同繳，以備查考。

九、程限應宜核定里道，嚴示限制，查臺地站道遠近不等，每日自卯至酉足有六時，每時限遞十九里，計一日六時，可遞一百十四里，庶免偸安諉卸。

十、南北正站，每日卯酉兩班，接遞處所，應指定站地，以專責成。自臺北總局發遞，南路者，譬如卯刻由總站發遞，限午未到中壢站。中壢未刻發遞，限酉刻到新竹竹塹城站。竹塹城站卯刻發，限午未到後壠站。後壠站未刻發，限酉刻到大甲站。大甲站卯刻發，限午未到彰化城站。彰化城站未刻發，限酉刻到張厝站。張厝站卯刻發，限午未到嘉義城站。嘉義城站未刻發，限酉刻到茅港尾站。茅港尾站卯刻發，限午未到臺郡城站。臺郡城站未刻發，限酉刻到鳳山城站，鳳山城站卯刻發，限午未到枋寮站。枋寮站未刻發，限酉刻到恆屬楓港站。楓港站卯刻發，限午未到恆春城站。自臺北總站發北路者，總站卯刻發，限午未到基隆站。基隆站未刻發，限酉刻到頂雙溪站。頂雙溪站卯刻發，經過大里簡腰站、頭圍腰站，限酉刻到宜蘭縣城。以上各站，或收或發、或來或往，一體照限謹遞。如查核月報冊內，何站所遞文件程限不符，從嚴查究。

十一、站途較遠者，宜設腰站，以恤兵力。如臺北總站至中壢，應留桃仔園為腰站，來往接遞，以期捷速。中壢至竹塹，應留大湖口為腰站。竹塹至後壠，無須腰站。後壠至大甲，應留吞霄為腰站。大甲至彰化，無須腰站。彰化至張熙厝，應留挖仔街為腰站。張熙厝至嘉義，應留大埔林為腰站。嘉義至茅港尾，應留急水溪為腰站。茅港尾至臺郡城站，應留看西為腰站。臺郡城站至鳳山，應留橋仔頭為腰站。鳳山至枋寮，應留東港為腰站。枋寮至楓港，無須腰站。楓港至恆春，無須腰站。北路自郡城總站至基隆，應留水返腳為腰站。基隆至頂雙溪，應留龍潭堵為腰站。頂雙溪至宜蘭，中間大里簡頭圍均留為腰站。其餘除正站外，未留為腰站者，應遵裁撤。

十二、傍站如宜蘭之利澤簡站、蘇澳站，淡水之滬尾站，新竹之三叉河站、大湖站，彰化之南投站、葫蘆墩站、罩蘭站，埔裡社廳之集集站、水里社站、埔裡社站，內有道里已定者，又有道里未定者，總以按一時遞十九里為限。倘查核各該管衙門每月月冊內各站所遞程限不符，從嚴查究。

十三、粘票張數多寡，應宜核定。如臺北郡總站發至南路者，粘票一張，遞至中壢站，中壢接遞，又粘票一張，中蓋縫章，餘以類推。如商民信件，無論何站接遞，每粘票一張，取錢二十文，挨站照算。如臺北總站發到新竹縣城者，計兩站，應收票錢四十文。分兩加重，亦照算，餘以類推。其信件送至何處，需要在接收信件之站全收票錢，不能挨站零收。

十四、收公文及商民信件，分兩未便較論，分釐如九錢重者，九錢數分重者，均算一兩。不滿九錢者，均算五錢照加，如四錢數分者，均算五錢，不滿四錢者不算，以昭公允。

十五、腰站專為接遞起見，不給空白郵票，祇須字識一名，能掛草號者，責任較輕，薪工應照正站酌減，兵役亦照正站減半，其時刻應由來往正站稽查，倘時限不符，即時登記，以便查究。

十六、恆春以上發遞內山埤南文報，其設站處所仍由屯番接遞來往，一體照舊辦理，以免陳虞。

光緒拾肆年正月三十日給告示

附錄五　一八六七年三月四日赫德致津海關稅務司狄妥瑪第七號函及附件開辦京津郵差班通告

隨文附送我在北京發的郵政通告一件。按照通告規定，天津海關每星期六下午二時封發寄北京的郵件；自歐洲或美洲於星期日至星期三寄到天津的郵件，如果送到天津海關，應當派專差遞送北京。

本署每星期四中午封發寄往天津的郵件，信差應當在星期六的中午到達津海關，並在收到你當天封發的北京郵件後，立刻啓程回北京。這個信差的工資由本署發給。

星期日至星期三到達的歐美笨重郵件，你可以僱用專差遞送，並在天津付給費用。付出的費用應當在現金簿內登記，但不必列入第一、二、三季的收支報告內，到年度終了，即十二月十五日，你可以將全年支出的津平銀總數報來，我再指示你如何在第四季收支報告內入帳。

星期四去天津的信差，由我發給由京去津的護照，寫在一張大頁洋紙上；你可以在背面寫一個由津去京的護照，並簽字蓋印，這個護照可以在一八六七年內應用。護照上面另附一張單子，本署和你關可以將每次交給他的郵件包數記入，以便對方查考。

派專差送郵件時，由你每次發給一張這樣的護照，上面也將帶運件數注明，到北京由我簽證後帶回去交給你作爲收據。

附件：郵政通告

1.北京寄天津和上海的郵件，每星期四中午由本署封發一次。

2.天津寄北京的郵件，每星期六下午二時由天津海關封發一次。

3.自歐洲或美洲寄來的郵件於星期日、星期一、星期二或星期三運到天津並交付稅務司的，由專差遞送北京；星期四至星期六到達的郵件，由信差於星期六遞送。

4.凡每屆交費銀三十兩的，每次由北京封發郵件時，得享有隨寄郵件一袋的權利，但是重量不得超過三斤。

5.各地寄交上述北京納費人的郵件，至少每星期由天津發來一次；倘因遞送外來的笨重郵件發生額外費用，須於每屆年底即十二月十五日由各交費人均攤。

6.凡寄遞非納費人的來往信件，須向其收取下列資費：

信件重量不超過一英兩　收銀四分

信件重量超過一英兩但不超過四英兩　收銀二錢

信件重量超過四英兩但不超過八英兩　收銀五錢

新聞紙每件　收銀二分

以上寄費在北京收取。

附錄六　華洋書信館招商入股章程

謹將華洋書信館招商入股章程列後

一華洋書信館之設，本爲裕　國便民起見，現於京都天津牛庄烟台上海五處先行開設試辦，其餘長江各口暨南洋各埠及內地省垣城鎮，即當次第舉行

一招徠商股，以收衆擎易舉之效，本館現擬招集股銀十萬兩，分作一千股，每股關平銀一百兩，自一股至百股均可附搭，定於註册之日先行收銀五拾兩，即發收票一紙，其餘銀五十兩，俟光緒五年二月收足，即將收票撤回，[illegible]股票並給股摺一摺爲憑

一商股官利以常年一分爲算，其年至光緒五年二月[illegible]計

三

所收半股銀兩、均按收期遠近截算。按數付清、自收足以後每年均於二月分照付常年一分之利、其有光緒五年二月以後入股者、隨時收足一百兩、亦按收期遠近截算、至次年二月爲止、分別照付、以後均於每年二月分照付一年之利、以免參差而歸劃一、

一、入股者務將姓名籍貫住址報明、以便時通音問、所有股分銀兩在何口入股者、卽就近交該口華洋書信館照收、先發收單、至於收足股分後、票摺悉由滬館塡發、以昭愼重、

一、商人入股有一商而入至五十股者、准派一人到館司事、

仍由本商另出保單、該人能當何任、應得薪水若干、均由
滬館酌定、倘不合用、儘可辭退、再請另派、以昭核寔、
一按年取利、均以票摺為憑、倘已入之股、有欲更名過戶者、
須赴滬館報明、將原領票摺撤銷、另給票摺、以憑收執、
一入股之銀、既以關平為準、則各館一切進出銀兩、自應一
律折歸關平、計數、以昭劃一、
一各館資本、概由滬館酌發、所有進出銀錢帳目、均按月開
報一次、而以滬館為總滙、別口為分館、分館帳目、按月寄
呈滬館歸併彙算、一年一結、三年為一總結、刊册分送入
股之人、以憑核閱、所有盈餘款項、除經費銀利外、以十分

計之三分助充國餉、四分歸入股者均攤、一分作各館辦事勤勞者酌給花紅、其餘一分留存滬館、以備後日經費不敷之用、

一各館司事司帳送信人等、均有切實保人填給保單、以本人材幹酌給薪水、按月給發、不得預支移借各館經費、除飯食房金薪水油燭紙張什物等、按照實數開銷外、所有以外靡費、一概不准開銷、以重公項、

一事屬創始、即當推廣而行、所有現設各口、除上海地處衝繁、又屬總滙、經費浩繁外、將來長江各口、南洋各埠、以及內地省垣城鎮、次第舉行、所需經費、大口約須千餘金、小

日亦須數百金以商股十萬而論約可開設百餘處後館務振興再思推廣所需經費即當續招商股十萬兩以備支用其續招之股應由舊股之人先行湊合倘有不敷再招新股

一將來分館有大小遠近之別即出息有厚薄難易之分結算帳目自應總核各口以爲盈虛不得偏執一口以爲[illegible]論

一通商各口以及內地通都大邑布置周妥後如東洋等處亦當極力創辦以固中國利權

一股本如有多餘應分存通商各要口以爲免寄滙[illegible]之用

五

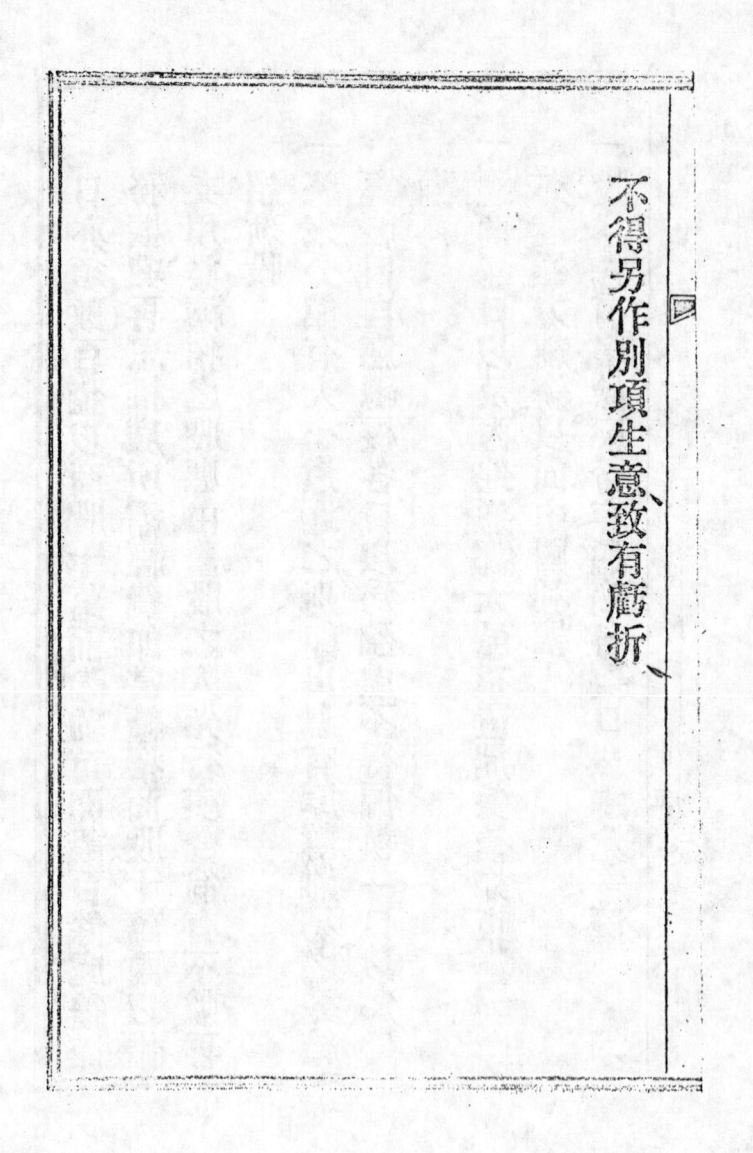

不得另作別項生意、致有虧折、

序

蓋聞便民即所以裕國創舉尤賴乎衆擎以我
中國幅員之廣人民之多素稱財富之區宜擅變通之利方
今四海通聘局面一新即如輪船之行煤礦之啓無非因時
制宜力求強富而泰西郵政之設尤爲利權在上下民便之
蓋泰西郵政特派大臣視爲要務每歲所入經費而外可餘
一二百萬至五六百萬兩不等尤屬裕國便民之明驗即上
海香港等處亦已設有書信館以分我
中國利權天津關德稅務司 璀琳 久司榷務洞晰輿情邇
來殫誠當途倚賴而於郵政一端尤所留意見泰西之能獲

利。料中國無難舉行。於是尋繹西例刻意講求。稍事變通。議
歸商辦。奉經
直隸爵閣督部堂李 核准在於京城天津牛庄烟台上海
五處設立華洋書信館。先行試辦。玆以垂蒙不棄謭荷招邀。
勉竭駑駘。彙集資本。遵於本年六月二十五日在京城天津
牛庄烟台上海五處先行一律開設。雖遞寄仍由輪船而收
送較為妥速。自開辦以來。承蒙 仕商適格垂青。尺素寸緘。
紛紛投送。振興之象不卜可知。惟是既立根基。當思推廣。所
有長江各口暨南洋各埠以及內地省垣城鎮自當次第舉
行。聲氣既通。措施更易。推而至於東洋等埠再遠則歐美各

洲無不可以分設是利權歸我不慮侵移。裕 國便民可期
立致。即將來郵政之興亦莫不基於此矣。第念廈廣需闊。寧
恃功於尺木。山高九仞。難收效於一坏。是股分之招正有不
容暫緩者。行遠自邇。幸始基之已安。集少成多。惟羣策之是
望。所冀望風遙集。欣欣者悉然肯來。庶幾不日而成。源源者
招之即至。特此奉啟並附章程統乞
青垂不勝引領
光緒四年歲次戊寅仲夏之月謹啟

存根式

股分票存根

華洋書信館今收到　　省　　府　　縣人

股本　　股計關平實紋銀　　兩正當經

本館照數收訖應付利息常年一分到期由本館先爲知

照憑摺支付合發股分票一紙股摺一扣章程一本收執

爲據須至股票存根者

經收

光緒　　年　　月　　日給　　第　　號

也字第　　號股票　　存

股分票式

股分票

華洋書信館今收到　　省　　府　　縣人

股本　　股計關平實紋銀　　兩正當經

本館照數收訖應付利息常年一分到期由本館先為知

照憑摺支付合發股分票一紙股摺一扣章程一本收執

為據須至股票者

經收

光緒　　年　　月　　日給

第　　號

收銀單式

股分收銀單

華洋書信館今與收單事茲准　省　府　縣人
附搭股分　股計關平實紋　兩正今
先收到一半計關平銀　兩合發股分收銀單爲
照其餘銀　兩定於光緒五年二月收足卽將收
單撤回換發股票一紙股摺一扣章程一本收執爲據須
至收單者
經收
光緒　年　月　日給
第　號

存根式

股分收銀單存根

華洋書信館今與收單事茲准　省　府　縣人
附搭股分　股計關平實紋　兩正今
先收到一半計關平銀　兩合發股分收銀單為
照其餘銀　兩定於光緒五年二月收足即將此
單撤回換發股票一紙股摺一扣章程一本收執為據須
至收單存根者
經收
光緒　年　月　日給
第　號

股摺式

華洋書信館今由

交到股本第　　號至第　　號計　　股關平實

紋銀　　兩正當經本館核數收訖除塡發股票外合

立股摺一扣每年官利以及盈餘分潤憑摺支付須至股摺

者

光緒　　年　　月　　日給

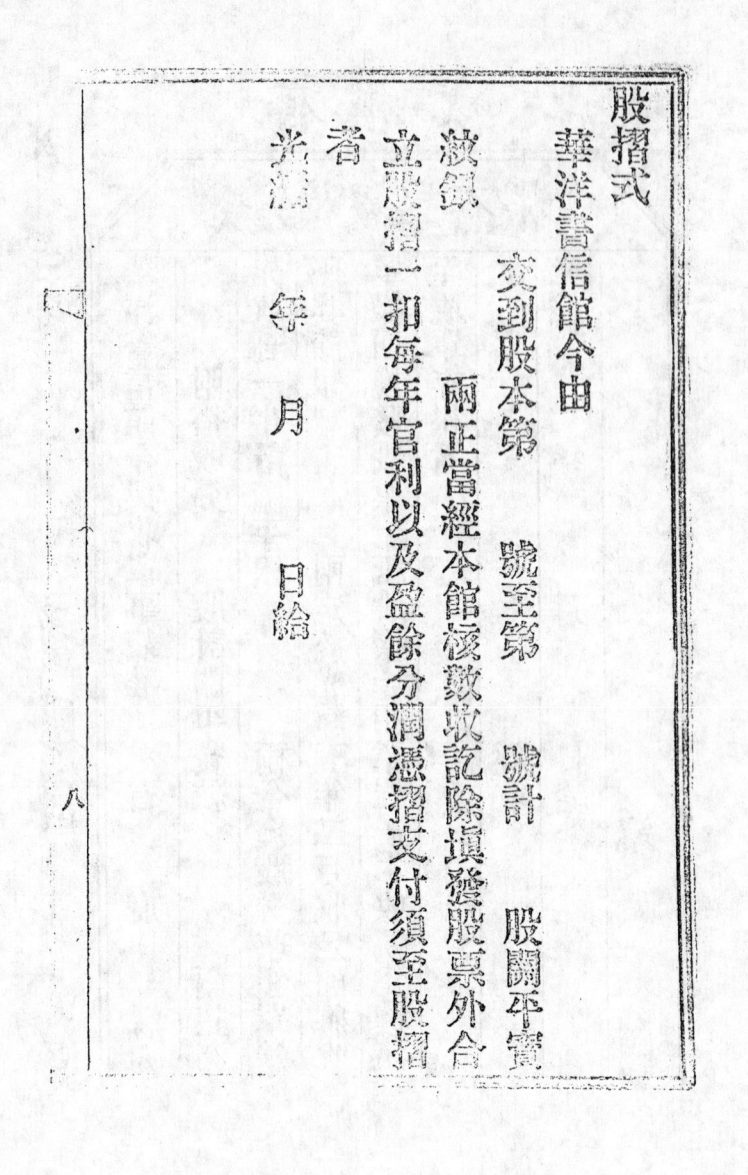

八

附錄七　華洋書信館收送書信章程

附刊本館收送書信章程

一本館專爲裕　國便民而設凡中外　士商來往書信皆可傳遞

一本館現在京都天津牛莊烟台上海五處先行設館試辦其餘通商各口及省垣府縣城鎮均趕緊陸續添設如刻下有信到館亦可代爲滙寄決無遲誤

一中外　各憲緊要公文以及中外交涉文件願交本館遞送者本館亦當妥爲遞寄送來時由本館塡發收單備查

一輪船進口凡有　士商書信本館當時分送決不遲誤

一輪船出口凡有寄往各口書信在開船之先本館派人在

外收取或 上商自行送至本館彙集附寄郵由他口之館另送決不有誤

一京都至天津來往書信皆由陸路馬遞每日下午五點鐘收信次早准到風雨無阻惟貨物概不代寄

一冬令封河後輪船均不開赴北洋其由上海寄北各信先由輪船寄至鎮江專用馬遞間一日飛遞一次不過十日可到津京南北往來一律辦理

一凡附寄銀洋滙票者必須信面上開明數目送至本館隨發收單以憑查核而昭慎重、

一信內封有珍重之物必須眼同估價封固信面上仍宜開

明以便給發收單庶無疑誤如信已封固未經本館眼同
估值則殊目難分本館亦難受咎也
一寄往通商口岸之信如附有應納關稅之零星物件皆可
由本館代報照新關則例完納正半等稅以免被罰入官
如有可免稅者無不極力求免但須開船之日十二點鐘
以前並應完正半稅銀先行送來方可代報如遲則須次
日寄遞矣
一附寄零星物件大不過四方一尺長不過二尺重不過五
斤倘有大件之貨另行由本館報關裝載決不誤事
一本館現已招攬信資格外便宜凡係行棧字號或逢月繳

十

明以便給發收單庶無疑誤如信已封固未經本館眼同估値則珠目難分本館亦難受咎也

一寄往通商口岸之信如附有應納關稅之零星物件皆可由本館代報照新關則例完納正半等稅以免被罰入官如有可免稅者無不極力求免但須開船之日十二點鐘以前並應完正半稅銀先行送來方可代報如遲則須次日寄遞矣

一附寄零星物件大不過四方一尺長不過二尺重不過五斤倘有大件之貨另行由本館報關裝載決不誤事

一本館現已招攬信資格外便宜凡係行棧字號或逢月逢

節併算皆可

一違禁物件槪不附寄

一洋商書信本館一律代寄其信資照華商例價收取

附錄八　華洋書信館新設馬遞章程

一、本館自開辦以來，荷蒙士商不棄，往來書信，日見增多。現以北口封河在即，輪船不便行駛，議定新章，改由陸路用馬馳遞，以期妥速，而免遲誤。

二、由南而北，自北而南，皆以山東濟南府城爲總匯。現於山東之周村、德州、濟南，江蘇之清江、揚州等處，設立分館，承辦接遞之事，並接收客信，附寄南北。

三、上海往北之信，由輪船寄至鎮江，交馬馳遞。北方寄上海之信，馬遞至鎮江，交輪船寄滬。

四、牛莊於十一月二十二日起馬，以後每一禮拜開行兩次。

五、天津於十一月十五日起馬，除往來京都仍照向例逐日馳遞外，其由津往南之信，以後皆隔一日起行一次。

六、煙臺於十一月十五日起馬，以後皆逢五逢十啓行。

七、鎮江於十一月十六日起馬，以後皆隔日啓行一次。

八、天津至濟南到鎮江計程二十二站，沿途設立馬棚四十四處，置馬八十八匹，逐日沿棚往來遞送，每六十里限四點鐘馳到。另用巡馬十二匹，沿途稽查，以免延誤等弊。由天津至鎮江限期十日准到，風雨無阻。

九、天津至山海關到牛莊計程十五站，沿途設馬棚二十八處，置馬五十六匹，另置巡馬十匹。

十、煙臺至濟南府計程十一站，置快足二十二名，因全係山路，崎嶇異常，不便用馬也。

十一、此信既係馬遞，即非輪船可比，凡重墜之物，皆不便帶，每次包封共以三十觔爲度。

十二、此信係由馬遞，較輪船艱難十倍，而力金仍極便宜，今將酌定價目，開列於後：

	京城	牛莊	天津	煙臺	濟南	清江	揚州	鎮江
京城								
牛莊	200							
天津	50	150						
煙臺	240	200	200					
濟南	200	200	150	100				
清江	200	240	200	160	80			
揚州	200	260	200	200	120	40		
鎮江	210	280	200	200	140	60	20	
上海	240	300	200	200	180	100	60	40

十三、以上價目，一律足數大錢，衹在一處收取，不收二次。但均指空信重一兩者而言，若重至一兩以外

者，每兩照單加半。如有願兩頭分付者，即請於封面注明已付若干信到找付若干等字，概不多取分文。凡托寄銀洋匯票及重物件，均須面議，以昭愼重。

華洋書信館訂

附錄九　光緒二十二年二月初七日總理衙門請開辦郵政奏附開辦章程

光緒二十二年二月初七日本衙門謹奏爲遵　旨議辦郵政，請由海關現設郵遞推廣，並與各國聯會，以便商民，而收利權，恭摺仰祈　聖鑒事：竊臣衙門准署南洋大臣張之洞咨鈔：擬請設立郵政，請　飭議章程一片，光緒二十一年十二月初三日欽奉電傳　諭旨，郵政一節，業經總署籌議，粗有頭緒矣，欽此，欽遵，仰見　聖主周恤商旅通志類情之至意。查原奏內稱：泰西各國，郵政重同鐵路，特設大臣綜理，取資甚微，獲利甚鉅，權有統一，商民並利，近來英、法、美、德、日本在上海及各口設局，實背萬國通例，曾經前南洋大臣曾國荃據道員薛福威委員李圭稅務司葛顯禮等往復條議，咨由總理衙門飭總稅務司赫德詳議，謂此舉裕國便民，爲辦得到之事。至稅關所辦郵遞，因與國家所設體制不同，故推廣每多窒礙。現復與葛顯禮面加籌議，知其情形熟悉，各關稅務司熟諳辦法者，當亦不乏，請　飭總理衙門轉飭赫德妥議章程開辦，即推行沿江沿海各省及內地水陸各路，務令各國將所設信局全撤，並與各國聯會，彼此傳遞文函等語。臣等查光緒二年間，赫德因議滇案，請設送信官局，爲郵政發端之始，經臣衙門函商北洋大臣李鴻章，於四年間覆稱：擬開設京城、天津、煙臺、牛莊、上海五處，略仿泰西郵政辦法，交赫德管理，嗣因各國紛紛在上海暨各口設立郵局，慮佔華民生計，九年間，值德國使臣巴蘭德來請派員赴會，十一年，曾國荃咨稱州同李圭條陳郵政利益各節，並據寧海關稅務司葛顯禮申稱：香港英監督有願將上海英局改歸華關自辦之語，經臣衙門先後飭據江海關道總稅務司籌議，咨行南北洋大臣查核，十六年二月，劄行赫德，以所擬辦法，既於民局無損，即就通商各口推廣辦理，擬俟辦有規模，再行請旨定設，此該大臣張之洞所稱各稅關試辦郵遞之權輿也。臣等復查寧海江海各關道來稟，每謂稅關郵局，未經奏定，外人得以藉口。十八年冬，赫德亦以數年來創辦艱難，若再不奏請設立官郵政局，恐將另生枝節。十九年五月，迭接李鴻章、劉坤一咨據江海關道聶緝槼稟稱：上海英美工部局現議增設各口信局，異日中國再議推廣，必更維艱各等語。是原奏所稱體制不同，推廣每多窒礙，誠爲洞見癥結之論。至各國通行歲收鉅帑一節，考泰西郵政，自乾隆初年，普國始議代民經理，統以大臣，位齊卿貳，各國以爲上下交便，仿而效之。光緒十九年，葛顯禮呈送萬國郵政條例，聯約者六十餘國，大端以先購圖記紙粘貼信面送局，以抵信資，其費每封口信重五錢者取銀四分，道遠酌加，其取資既微，又有定期，而無遺折，百貨騰跌，萬里起居，隨時徑達，至有事時，並可查禁敵國私函，誠如原奏所稱：權有統一，爲利商利民，即以利國之要政也。又查十八年以來，美國一國郵局清單，一歲所收銀圓至六十四兆二十萬九千四百九十元之多，張之洞所舉英國收數當中銀三四千萬兩，尙係約略之辭，利侔鐵路，誠爲不虛。且西國郵政與電局相輔，以火車輪船爲遞送，近年法國設立公司輪船十艘，統名曰信船，遇口停泊，信包未到，不得開椗，其鄭重如此。中國工商旅居新舊金山、檀香山、新加坡、檳榔嶼、古巴、祕魯者，不下數百萬人，據李圭稟稱：該工等有一紙家書，十年不達者，緣郵會有扣阻無約國文函之例也。中國郵政若行，即以獲資置備輪船出洋，藉遞信以流通商貨，其挽回利權，所關尤鉅。臣等博訪周諮，知爲當務之急，爰於十九年劄飭赫德詳加討論，是否確於小民生計無礙，上年六月至十二月，復與該總稅務司面商屢屢，先後據其遞到四項章程計四十四款，臣等詳加披閱，大致釐然，自應及時開辦，相應請　旨敕下臣衙門轉飭總稅務司赫德專司其事，仍由臣衙門總其成，略如各口新關規制，即照赫德現擬章程定期開辦，應製單紙亦由赫德一手經理，遇有應行酌改增添之處，隨時呈由臣衙門核定，期於有利無弊。至赫德原呈內稱萬國聯約郵政公會，係在瑞士國，應備照會寄由出使大臣轉交該國執政大臣，爲入會之據，自可援萬國通例，轉告各國，將在華所設信局一律撤回，按咸豐八年俄約、光緒十二年法約，本載明兩國公文信件互相遞送，中國既經入會開局，各國當無從藉口。以上所議，如蒙　俞允，即由臣衙門欽遵，分別咨照劄飭辦理。俟辦有頭緒，即推行內地水陸各路，尅期興辦，一面咨行沿江沿海及內地各直省將軍督撫知照，屆期即將簡要辦法，飭地方州縣曉諭商民，咸知利便。凡有民局，仍舊開設，不奪小民之利，並准赴官局報明領單，照章幫同遞送，期與各電局相爲表裡，其江海輪船及將來鐵路所通處所，應如何交寄文信，由該總稅務司與各該局員會商辦理。官郵政局歲入暨開支款目，由總稅務司按結申報臣衙門彙核奏報。所有遵議推廣海關郵遞、開設官局、並與各國聯會各緣由，理合專摺具陳。赫德所擬章程條款，另具清單，恭呈　御覽，伏乞　皇上聖鑒訓示，謹　奏。

奉　硃批依議，欽此。

謹將總稅務司赫德所議開辦郵政章程敬繕清單恭呈　御覽

郵政開創之初，訂立章程，無須過繁甚細，但宜大概酌訂、分晰門類、俾外人易於知曉，並使在事員役得所遵循，俟行之既熟，體察情形，再爲因時制宜，酌立詳章，分歸各類登記奉行，所有中國開辦郵政、擬訂之章，宜分四大類，以清眉目：通商各口往來寄遞一也，通商口岸往來內地寄遞二也，通商口岸往來外國寄遞三也，開辦郵政總章四也，茲將擬訂之章開列於左：

郵政開辦章程

一、通商口岸互相往來寄遞。
二、通商口岸往來內地寄遞。
三、通商口岸往來外國寄遞。
四、郵政總章。

一、**通商口岸互相往來寄遞：**

郵局處所

㈠各新關已設之寄信局，現擬改爲郵政局，凡設有郵政局之處，應謂爲聯約處所，其未設有郵政局之處，應謂爲不聯約處所。

㈡通商各口郵政局仍歸稅務司等管理，照他項關務會同監督商辦。

㈢除通商各口設立外局，尙有京都總稅務司署中寄信局應改爲郵政總局，管轄各口郵局，凡一切事宜，轉呈總理衙門核辦。

㈣上海通商口岸為中國寄遞適中之區，分赴南北暨入長江並往外海，較為事繁任重，應特派員役辦理，仍歸稅務司會同監督管轄。

㈤上海已設有造冊處稅務司一員，擬委兼管郵政事宜。各口分局，均應報由兼管郵政稅務司轉呈總稅務司核辦。

㈥現將京都、天津、牛莊、煙臺、重慶、宜昌、沙市、漢口、九江、蕪湖、鎮江、上海、蘇州、杭州、寧波、溫州、福州、廈門、汕頭、廣州、瓊州、北海、蒙自、龍州等處所設之寄信局統作為郵政局。

㈦以上各處現開設之郵政局，俟辦有端倪，即在附近處所隨設分局，即如天津之唐沽、大沽，並鐵路電線沿途各站，上海之吳淞，寧波之鎮海，福州之羅星塔，廣州之黃浦，沙市之陸谿口，九江之武穴、湖口，蕪湖之安慶、大通，鎮江之南京等處，所有各該處分局，應由該稅務司會同監督派人管理。

㈧等款，俟嗣後有同類應載事宜，即添注於此。

㈨寄送信件

㈠信件之類分為封口信、及明信片、與貿易冊、並刊印各件共四項。

㈡各局收發之件宜分兩項：一為總包，一為零件。

㈢此局收到彼局所交之總包，有應原包轉送者，有應開包就近分投者，尚有轉寄之件須復行裝成總包另寄，此外又有本處交局之零件，亦須分別辦理。各局轉送、分投暨復封等事，以及何時可收，何時須發，均須遵照總局所示辦理，並在附近示告衆人知曉。

㈣各局所發之件，有應將零件在本處分投者，有應自作總包與收到總包轉寄他處者，若寄送通商口岸，即用往來通商口岸之輪船，若寄送內地，即用已設之民局代遞，各局均須自行就近酌擬辦法，仍聽總局之指示遵行，並示告衆人知曉。

㈤各局所發總包須隨有開錄之清單，由接收之局查對單包相符，即將收條字據送交原局。

㈥㈦等款，俟嗣後有同類應載事宜，即添註於此。

徵收信資

㈠寄送信件既分口岸、內地、外海三項，其信資亦當分晰爲三：一爲岸資、一爲內資、一爲外資。

㈡往來外國之信件應取信資若干，須照萬國郵政聯約即信會條例第五第六兩款所定之外資辦理。若外國信件送到本局轉寄不聯約之處，其內地運送之資，應由收信之人付給。若由不聯約之處將信件送到本局轉寄外國，其內地運送之資，應由交信之人付給。所有民局運送之資（即內資），聽民局自行酌訂收取。

㈢通商口岸聯約處所往來信件之信資本有自定之權，所擬之資（即岸資）列後：明信片每張應收洋銀一分，封口信每件計重（二錢五分；五錢；一兩）以下應收洋銀（二分；四分；八分），餘以此類推，新聞紙（華；洋）每張應收洋銀（一；二）分，貿易冊並刊印各件計重二兩應收洋銀二分，若由不聯約之處將信件送到本局轉寄聯約他處，其內地運送之內資，應由交信之人付給。若至聯約他處後尚欲送赴不聯約之處，內地運送之內資，應由收信之人付給。所有民局運送之內資，聽其自行酌訂收取。

(四)凡往來外國暨通商各口之信件，在郵局掛號與否，均聽自便。如掛號，應另納號資，掣取收單。其往來外國信件，應按聯約條例第五第六第七等款辦理；其往來通商各口信件，應按岸資之例辦理。若欲收信人之回單，則須於另納號資外加倍付給。

(五)凡往來內地不聯約各處之信件，其內資多寡，應由民局自行酌定，一面報明附近郵政局曉諭衆知。

(六)郵政局須製造信票，以便粘貼信面，作爲寄送外國暨通商各口之信資，俟分定岸資外資各信票之式樣，再行宣示衆知。

(七)凡將信件交付郵政局寄送，必須於信面上粘貼郵政局之信票，作爲信資。

(八)信票係在各處郵政局並郵政局託售之鋪店等處均可購買。

(九)僞造信票應按僞造銀錢票據之罪懲辦。

(十)(一)等款，俟嗣後有同類應載事宜，即添註於此。

匯寄銀票鈔

(一)各國郵局於寄送信件外，亦代爲匯寄銀鈔，以期便利，其准匯寄之款，立有定額。其匯費亦應有定數。

中國開辦郵政局，亦應照辦，以便商民。現擬如有人欲將銀鈔自此聯約處所送交彼聯約處所，其數不得過一百兩以外，即可代爲匯送，按照所定匯費，掣取匯單寄往。此項詳細章程，須俟隨後酌訂宣示。

(二)(三)等款，俟嗣後有同類應載事宜，即添注於此。

寄送包裹

(一)各國郵局於寄送信件外，現時亦代爲寄送包裹等項。中國郵政局開辦有頭緒後，亦擬一律代爲寄送，須俟隨後將包裹之尺寸輕重與運送之規矩費用等項，酌定明晰，再爲宣示。

(二)(三)等款，俟嗣後有同類應載事宜，即添注於此。

專款

(一)凡民局之信件，途經通商口岸，交輪船寄送者，均須由該局將信件封固，裝成總包，交由郵政局轉寄，不得逕交輪船寄送，並應按往來通商口岸之章，完納岸資。至其輕重大小，隨後酌定，由各該郵政局曉諭衆知，所有在內地往來之內資，由該民局自行酌定收取。

(二)郵政局接運民局之封固總包，應寄交書明處所之同行民局查收，取回收單備查。

(三)凡民局開設聯約處所，應赴郵政局掛號，領取執據爲憑，無須另納規費。倘該民局領有執據後，不願復行承辦此項事件，應先赴郵政局呈明，將執據繳銷。

(四)(五)等款，俟嗣後有同類應載事宜，即添注於此。

示禁

(一)凡郵政局之員役等，若有私行拆動信封及傳揚洩漏等事，除照局中定章罰辦外，猶須按其本國律例治罪。

(二)凡有郵政局之處，除掛號之民局外，所有商民人等，不得擅自代寄信件，違者每件罰銀五十兩。

(三)輪船進出通商各口，除承寄郵政局所交之信件外，所有行主、船主、水手、搭客等，俱不准攜帶郵政局應寄之信函等件，惟露寄之字紙，如薦書暨辦事之隨身單據等類，與本船之本行本船本貨各情之書件等項，不在其內，違者每次罰銀五百兩。

㈣㈤等款，俟嗣後有同類應載事宜，即添注於此。

帳目

㈠各郵政局應將進出款目按月具報造冊處管理郵政稅務司，按結轉報總稅務司查核，俟每屆年底，由總稅務司彙報總理衙門鑒查，其具報樣式隨後酌定。

㈡㈢等款，俟嗣後有同類應載事宜，即添注於此。

冊帳

㈠凡郵政局應將信件各類往來若干隨時登記冊簿，其冊簿式樣，應照聯約條例第四第十七款暨第二十三與二十四條詳章辦理。

㈡㈢等款，俟嗣後有同類應載事宜，即添注於此。

冬季封河

㈠凡值冬季封河之時，北方各處之郵政局，如北京、天津、牛莊、煙臺、至鎮江，收發信件，來往須由陸路遞送，應由各該郵政局將陸路遞寄之章隨時宣示衆知。

㈡㈢等款，俟嗣後有同類應載事宜，即添注於此。

雜款

㈠重慶一處之郵政局，暫時祇寄零件信函，不代寄總包。如民局欲將信包轉寄他處，即須自己送赴宜昌，交彼處郵政局代遞。

㈡蒙自、龍州之郵政局，亦不代寄總包，暫時祇寄零件信函。

㈢長江六處，如：陸谿口、武穴、湖口、安慶、大通等處，以及南京之郵政局，係由稅務司會同監督，派人管理。各該處民局信件總包，亦須由郵政局轉交輪船代寄，或將輪船寄來信件總包，轉交民局查收。

㈣
㈤等款，俟嗣後有同類應載事宜，即添注於此。

示諭

㈠郵政局開創之初，暫照各關現辦寄信章程辦理，俟開辦就緒，再為體察情形，將以上章程所載各事，復行明晰示諭各局員役遵行。

㈡
㈢等款，俟嗣後有同類應載事宜，即添注於此。

二、**通商口岸往來內地寄遞**：

㈠凡由聯約處所與不聯約處所往來寄送信件，或係民局將信件交由郵政局轉寄，抑或郵政局將信件交由民局轉寄，其內地遞寄之信資，應由民局照舊自定、自取，與郵政局無涉。

㈡凡民局開在設有郵政局聯約處所，應赴郵政局掛號，領取執據為憑。無須另納掛號規費。倘該民局領有執據後，不願復行承辦，應先赴郵政局呈明，將執據繳銷。

(三)凡民局將封固之總包交郵政局代寄，該郵政局應照所書寫寄交他處之郵政局轉交彼處之掛號同行民局查收。

(四)凡郵政局接到別局或外海送來之零件信函，寄赴不聯約處所者，均應交付掛號之民局承寄，該民局應向接收信件之人收取內地運送之資。

(五)(六)等款，俟嗣後有同類應載事宜，即添注於此。

三、通商口岸往來外國寄遞：

(一)凡郵政局將信件寄送聯約各國者，一切條規，自應入會後，俱照萬國聯約條例辦理。

(二)凡外海寄來之信件，必須交由本口郵政局轉交，應收各人，不得自行另交轉送，惟上海一處暫時不在此例。若有須寄往內地不聯約處所投遞者，即由郵政局交給掛號之民局轉寄，其內地運送之資方，可由民局向收信之人按其自定條規收取。

(三)凡郵政局若在無船開往外國之處，須將信件送交有船之處轉寄，其規費一切，悉照信會條例辦理。

(四)(五)等款，俟嗣後有同類應載事宜，即添注於此。

四、郵政總章：

開辦郵政總章現經奏明將以上各章作爲開辦章程，嗣後隨時體察情形，因時制宜，增添更改，均可隨時添入，當經奉　旨准行照辦。

以上所擬四項章程，足爲開創郵政。嗣後應增應減，再當隨時隨勢詳細擬議，仍一面奏明遵行，爲要。

仝日奉　硃批：覽，欽此。

滄海叢刊書目㈠

國學類

中國學術思想史論叢㈠～㈧	錢　穆　著
現代中國學術論衡	錢　穆　著
兩漢經學今古文平義	錢　穆　著
宋代理學三書隨劄	錢　穆　著
論語體認	姚式川　著
西漢經學源流	王葆玹　著
文字聲韻論叢	陳新雄　著
楚辭綜論	徐志嘯　著

哲學類

國父道德言論類輯	陳立夫　著
文化哲學講錄㈠～㈥	鄔昆如　著
哲學與思想	王曉波　著
內心悅樂之源泉	吳經熊　著
知識、理性與生命	孫寶琛　著
語言哲學	劉福增　著
哲學演講錄	吳　怡　著
後設倫理學之基本問題	黃慧英　著
日本近代哲學思想史	江日新　譯
比較哲學與文化㈠㈡	吳　森　著
從西方哲學到禪佛教——哲學與宗教一集	傅偉勳　著
批判的繼承與創造的發展——哲學與宗教二集	傅偉勳　著
「文化中國」與中國文化——哲學與宗教三集	傅偉勳　著
從創造的詮釋學到大乘佛學——哲學與宗教四集	傅偉勳　著
中國哲學與懷德海	東海大學哲學研究所主編
人生十論	錢　穆　著
湖上閒思錄	錢　穆　著
晚學盲言(上)(下)	錢　穆　著
愛的哲學	蘇昌美　著
是與非	張身華　譯

邁向未來的哲學思考	項退結 著
逍遙的莊子	吳怡 著
莊子新注（內篇）	陳冠學 著
莊子的生命哲學	葉海煙 著
墨子的哲學方法	鍾友聯 著
韓非子析論	謝雲飛 著
韓非子的哲學	王邦雄 著
法家哲學	姚蒸民 著
中國法家哲學	王讚源 著
二程學管見	張永儁 著
王陽明——中國十六世紀的唯心主義哲學家	張君勱著、江日新譯
王船山人性史哲學之研究	林安梧 著
西洋百位哲學家	鄔昆如 著
西洋哲學十二講	鄔昆如 著
希臘哲學趣談	鄔昆如 著
中世哲學趣談	鄔昆如 著
近代哲學趣談	鄔昆如 著
現代哲學趣談	鄔昆如 著
現代哲學述評㈠	傅佩榮 編譯
中國十九世紀思想史(上)(下)	韋政通 著
存有・意識與實踐—— 熊十力體用哲學之詮釋與重建	林安梧 著
先秦諸子論叢	唐端正 著
先秦諸子論叢(續編)	唐端正 著
周易與儒道墨	張立文 著
孔學漫談	余家菊 著
中國近代新學的展開	張立文 著
哲學與思想——胡秋原選集第二卷	胡秋原 著
從哲學的觀點看	關子尹 著
中國死亡智慧	鄭曉江 著
道德之關懷	黃慧英 著

宗教類

天人之際	李杏邨 著
佛學研究	周中一 著

佛學思想新論　楊惠南 著
現代佛學原理　鄭金德 著
絕對與圓融——佛教思想論集　霍韜晦 著
佛學研究指南　關世謙 譯
當代學人談佛教　楊惠南 編著
從傳統到現代——佛教倫理與現代社會　傅偉勳 主編
簡明佛學概論　于凌波 著
修多羅頌歌　陳慧劍 譯著
禪話　周中一 著
佛家哲理通析　陳沛然 著
唯識三論今詮　于凌波 著

自然科學類

異時空裡的知識追逐
——科學史與科學哲學論文集　傅大為 著

應用科學類

壽而康講座　胡佩鏘 著

社會科學類

中國古代游藝史
——樂舞百戲與社會生活之研究　李建民 著
憲法論叢　鄭彥棻 著
憲法論集　林紀東 著
國家論　薩孟武 譯
中國歷代政治得失　錢穆 著
先秦政治思想史　梁啓超原著、賈馥茗標點
當代中國與民主　周陽山 著
釣魚政治學　鄭赤琰 著
政治與文化　吳俊才 著
世界局勢與中國文化　錢穆 著
海峽兩岸社會之比較　蔡文輝 著
印度文化十八篇　糜文開 著
美國的公民教育　陳光輝 譯
美國社會與美國華僑　蔡文輝 著
文化與教育　錢穆 著

開放社會的教育	葉學志 著
大眾傳播的挑戰	石永貴 著
傳播研究補白	彭家發 著
「時代」的經驗	汪琪、彭家發 著
書法心理學	高尚仁 著
清代科舉	劉兆璸 著
排外與中國政治	廖光生 著
中國文化路向問題的新檢討	勞思光 著
立足臺灣，關懷大陸	韋政通 著
開放的多元化社會	楊國樞 著
臺灣人口與社會發展	李文朗 著
財經文存	王作榮 著
財經時論	楊道淮 著
宗教與社會	宋光宇 著

史地類

古史地理論叢	錢穆 著
歷史與文化論叢	錢穆 著
中國史學發微	錢穆 著
中國歷史研究法	錢穆 著
中國歷史精神	錢穆 著
憂患與史學	杜維運 著
與西方史家論中國史學	杜維運 著
清代史學與史家	杜維運 著
中西古代史學比較	杜維運 著
歷史與人物	吳相湘 著
共產國際與中國革命	郭恒鈺 著
抗日戰史論集	劉鳳翰 著
盧溝橋事變	李雲漢 著
歷史講演集	張玉法 著
老臺灣	陳冠學 著
臺灣史與臺灣人	王曉波 著
變調的馬賽曲	蔡百銓 譯
黃　帝	錢穆 著
孔子傳	錢穆 著
宋儒風範	董金裕 著

增訂弘一大師年譜	林子青	著
精忠岳飛傳	李　安	著
張公難先之生平	李飛鵬	著
唐玄奘三藏傳史彙編	釋光中	編
一顆永不殞落的巨星	釋光中	著
新亞遺鐸	錢　穆	著
困勉強狷八十年	陶百川	著
困強回憶又十年	陶百川	著
我的創造・倡建與服務	陳立夫	著
我生之旅	方　治	著

語文類

文學與音律	謝雲飛	著
中國文字學	潘重規	著
中國聲韻學	潘重規、陳紹棠	著
詩經研讀指導	裴普賢	著
莊子及其文學	黃錦鋐	著
離騷九歌九章淺釋	繆天華	著
陶淵明評論	李辰冬	著
鍾嶸詩歌美學	羅立乾	著
杜甫作品繫年	李辰冬	著
唐宋詩詞選——詩選之部	巴壺天	編
唐宋詩詞選——詞選之部	巴壺天	編
清眞詞研究	王支洪	著
苕華詞與人間詞話述評	王宗樂	著
元曲六大家	應裕康、王忠林	著
四說論叢	羅　盤	著
紅樓夢的文學價值	羅德湛	著
紅樓夢與中華文化	周汝昌	著
紅樓夢研究	王關仕	著
中國文學論叢	錢　穆	著
牛李黨爭與唐代文學	傅錫壬	著
迦陵談詩二集	葉嘉瑩	著
西洋兒童文學史	葉詠琍	著
一九八四	George Orwell原著、劉紹銘	譯
文學原理	趙滋蕃	著

文學新論	李辰冬 著
分析文學	陳啓佑 著
解讀現代・後現代 ——文化空間與生活空間的思索	葉維廉 著
學林尋幽——見南山居論學集	黃慶萱 著
中西文學關係研究	王潤華 著
魯迅小說新論	王潤華 著
比較文學的墾拓在臺灣	古添洪、陳慧樺 主編
從比較神話到文學	古添洪、陳慧樺 主編
神話即文學	陳炳良等 譯
現代文學評論	亞菁 著
現代散文新風貌	楊昌年 著
現代散文欣賞	鄭明娳 著
實用文纂	姜超嶽 著
增訂江皋集	吳俊升 著
孟武自選文集	薩孟武 著
藍天白雲集	梁容若 著
野草詞	韋瀚章 著
野草詞總集	韋瀚章 著
李韶歌詞集	李韶 著
石頭的研究	戴天 著
留不住的航渡	葉維廉 著
三十年詩	葉維廉 著
寫作是藝術	張秀亞 著
讀書與生活	琦君 著
文開隨筆	糜文開 著
印度文學歷代名著選(上)(下)	糜文開 編譯
城市筆記	也斯 著
歐羅巴的蘆笛	葉維廉 著
移向成熟的年齡——1987~1992詩	葉維廉 著
一個中國的海	葉維廉 著
尋索：藝術與人生	葉維廉 著
山外有山	李英豪 著
知識之劍	陳鼎環 著
還鄉夢的幻滅	賴景瑚 著
葫蘆・再見	鄭明娳 著

大地之歌	大地詩社　編
往日旋律	幼　柏　著
鼓瑟集	幼　柏　著
耕心散文集	耕　心　著
女兵自傳	謝冰瑩　著
詩與禪	孫昌武　著
禪境與詩情	李杏邨　著
文學與史地	任遵時　著
抗戰日記	謝冰瑩　著
給青年朋友的信(上)(下)	謝冰瑩　著
冰瑩書柬	謝冰瑩　著
我在日本	謝冰瑩　著
大漢心聲	張起鈞　著
人生小語㈠～㈥	何秀煌　著
記憶裏有一個小窗	何秀煌　著
回首叫雲飛起	羊令野　著
康莊有待	向　陽　著
湍流偶拾	繆天華　著
文學之旅	蕭傳文　著
文學邊緣	周玉山　著
文學徘徊	周玉山　著
種子落地	葉海煙　著
向未來交卷	葉海煙　著
不拿耳朶當眼睛	王讚源　著
古厝懷思	張文貫　著
材與不材之間	王邦雄　著
忘機隨筆——卷一・卷二	王覺源　著
詩情畫意——明代題畫詩的詩畫對應內涵	鄭文惠　著
文學與政治之間——魯迅・新月・文學史	王宏志　著
洛夫與中國現代詩	費　勇　著
老舍小說新論	王潤華　著

美術類

音樂人生	黃友棣　著
樂圃長春	黃友棣　著
樂苑春回	黃友棣　著

樂風泱泱	黃友棣 著
樂境花開	黃友棣 著
音樂伴我遊	趙琴 著
談音論樂	林聲翕 著
戲劇編寫法	方寸 著
戲劇藝術之發展及其原理	趙如琳譯著
與當代藝術家的對話	葉維廉 著
藝術的興味	吳道文 著
根源之美	莊申 著
樂浦珠還	黃友棣 著
扇子與中國文化	莊申 著
從白紙到白銀	莊申 著
水彩技巧與創作	劉其偉 著
繪畫隨筆	陳景容 著
素描的技法	陳景容 著
建築鋼屋架結構設計	王萬雄 著
建築基本畫	陳榮美、楊麗黛 著
中國的建築藝術	張紹載 著
室內環境設計	李琬琬 著
雕塑技法	何恆雄 著
生命的倒影	侯淑姿 著
文物之美——與專業攝影技術	林傑人 著

滄海美術叢書

儺(ㄋㄨㄛˊ)史——中國儺文化概論	林河 著
挫萬物於筆端——藝術史與藝術批評文集	郭繼生 著
貓。蝶。圖——黃智溶談藝錄	黃智溶 著
中國美術年表	曾堉 著
美的抗爭——高爾泰文選之一	高爾泰 著
萬曆帝后的衣櫥——明定陵絲織集錦	王岩 編撰